广视角·全方位·多品种

权威·前沿·原创

皮书系列为
"十二五"国家重点图书出版规划项目

中国社会科学院创新工程学术出版资助项目

城市竞争力蓝皮书
BLUE BOOK OF URBAN COMPETITIVENESS

中国城市竞争力报告 No.12
ANNUAL REPORT ON CHINA'S URBAN COMPETITIVENESS (No.12)

沪苏浙皖：一个世界超级经济区已经浮现
Shanghai, Jiangsu, Zhejiang and Anhui: A world Super Economic Region Has Emerged

顾　　问 /	王伟光	李　扬	张卓元	江小涓	仇保兴
	陶斯亮	牛文元	裴长洪	高培勇	郝寿义
	樊　纲	姚景源	王　元	李晓西	王诚庆
	邓淑德	吴志良			
主　　编 /	倪鹏飞				
副 主 编 /	侯庆虎	李　超	李　冕		
特邀主编 /	沈建法	林祖嘉	刘成昆		

社会科学文献出版社
SOCIAL SCIENCES ACADEMIC PRESS (CHINA)

图书在版编目(CIP)数据

中国城市竞争力报告.12,沪苏浙皖:一个世界超级经济区已经浮现/倪鹏飞主编.—北京:社会科学文献出版社,2014.5
(城市竞争力蓝皮书)
ISBN 978-7-5097-5918-9

Ⅰ.①中… Ⅱ.①倪… Ⅲ.①城市-竞争力-研究报告-中国 Ⅳ.①F299.2

中国版本图书馆 CIP 数据核字(2014)第 073366 号

城市竞争力蓝皮书
中国城市竞争力报告 No.12
——沪苏浙皖:一个世界超级经济区已经浮现

| 主　　编 / 倪鹏飞
| 副 主 编 / 侯庆虎 李 超 李 冕

| 出 版 人 / 谢寿光
| 出 版 者 / 社会科学文献出版社
| 地　　址 / 北京市西城区北三环中路甲 29 号院 3 号楼华龙大厦
| 邮政编码 / 100029

| 责任部门 / 皮书出版分社 (010) 59367127　责任编辑 / 陈晴钰 王 颉
| 电子信箱 / pishubu@ssap.cn　　　　　　　　责任校对 / 师敏革
| 项目统筹 / 桂　芳　　　　　　　　　　　　　责任印制 / 岳 阳
| 经　　销 / 社会科学文献出版社市场营销中心 (010) 59367081　59367089
| 读者服务 / 读者服务中心 (010) 59367028

| 印　　装 / 北京季蜂印刷有限公司
| 开　　本 / 787mm×1092mm　1/16　　印　　张 / 28.5
| 版　　次 / 2014 年 5 月第 1 版　　　　　字　　数 / 461 千字
| 印　　次 / 2014 年 5 月第 1 次印刷
| 书　　号 / ISBN 978-7-5097-5918-9
| 定　　价 / 89.00 元

本书如有破损、缺页、装订错误,请与本社读者服务中心联系更换
△ 版权所有 翻印必究

《中国城市竞争力报告 No.12》
编 委 会

顾　　问　　王伟光　李　扬　张卓元　江小涓　仇保兴
　　　　　　陶斯亮　牛文元　裴长洪　高培勇　郝寿义
　　　　　　樊　纲　姚景源　王　元　李晓西　王诚庆
　　　　　　邓淑德　吴志良

主　　编　　倪鹏飞

副 主 编　　侯庆虎　李　超　李　冕

特邀主编　　沈建法　林祖嘉　刘成昆

核心成员　（排名不分先后）
　　　　　　李　超　李　冕　李清彬　李光全　蔡书凯　刘　艺
　　　　　　刘金伟　王　晖　李　肃　赵英伟　董振兴　魏劭琨
　　　　　　邹琳华　杨　杰　杨　慧　郭　晗　董　杨　魏　婕
　　　　　　周晓波　刘成昆　林祖嘉　沈建法　陈小龙　梁　华
　　　　　　侯庆虎　倪鹏飞

中国社会科学院财经战略研究院简介

中国社会科学院财经战略研究院（NATIONAL ACADEMY OF ECONOMIC STRATEGY, CASS）简称"财经院"，成立于1978年6月。其前身为中国社会科学院经济研究所财政金融研究组和商业研究组。初称"中国社会科学院财贸物资经济研究所"。1994年，更名为"中国社会科学院财贸经济研究所"。2003年，更名为"中国社会科学院财政与贸易经济研究所"。2011年12月29日，作为中国社会科学院实施哲学社会科学创新工程的一个重大举措，也是在创新工程后成立的首批跨学科、综合性、创新型学术思想库和新型研究机构，以财政与贸易经济研究所为基础，组建综合性、创新型国家财经战略研究机构——财经战略研究院，并从此改用现名。

著名经济学家刘明夫、张卓元、杨圣明、刘溶沧、江小涓、裴长洪、高培勇先后担任所长。现任院长为高培勇教授，党委书记为揣振宇编审。

作为中国社会科学院直属的研究机构，自成立以来，财经院与祖国的改革开放事业共同成长，始终以天下为己任，奋进在时代前列。几代财经院人，不辱使命，在中国经济社会发展进程中的几乎每一个环节，都留下了自己的印记。经过30多年的努力，今天的财经院，已经发展成为拥有财政经济、贸易经济和服务经济等主干学科板块、覆盖多个经济学科领域的中国财经科学的学术重镇。

中国社会科学院竞争力模拟实验室简介

中国社会科学院竞争力模拟实验室是中国社会科学院城市与竞争力研究中心成员经过对城市与竞争力十余年的跟踪研究,建立的涵盖国家竞争力、城市竞争力、城市联系度、教育竞争力、人才竞争力、商务环境、住房发展等多个方面的大型综合模拟实验室,实验室的数据库目前已经拥有数百项指标的数据,样本包括世界主要国家和地区、全球500个城市、中国300个城市,是全球有关城市与竞争力的最重要数据库之一。数据库系统性总结了中心专家十余年调研成果,构建了城市与竞争力案例库。

为保证数据权威性与准确性,模拟实验室将资料来源、数据处理方法和指数合成方法等附在数据之中,便于数据库的使用者随时查阅。库藏城市与竞争力案例库是经由中心联合国内外专家悉心总结,综合中心多部著作及调研成果,制作了包含数百个经典案例的城市与竞争力案例库。

中国社会科学院城市与竞争力研究中心简介

中国社会科学院城市与竞争力研究中心是 2010 年 4 月 26 日成立的一个有关城市与竞争力的院级非实体研究中心。中心的主要任务是组织国内外各界相关研究人员，开展城市经济、城市管理、城市化、城市竞争力、房地产经济、房地产金融相关的学术研究，发表城市与房地产领域相关的研究论文、出版专著和研究报告；开展国内外学术交流，组织中心学者进行国际学术访问；组织国内外相关领域专家、城市市长等各界人士召开城市竞争力国际论坛以及相关学术会议；与相关单位开展合作研究、社会实践、专项调研等活动；承担国内外政府、企业、非政府组织等委托，开展相关的政策和战略咨询研究；可接受研究生实习、学者学术访问，通过举办高级研修班等多种形式的培训，培养学以致用的学术和城市管理人才。

近年来，中国社会科学院这支研究团队在城市与竞争力方面做了许多的创新探索，关于中国城市竞争力的研究获得了"孙冶方经济科学奖"；关于中国住房发展的研究获国家重大社科基金支持。城市竞争力蓝皮书等已成为中国社会科学院重要的学术品牌，在国内外产生了十分广泛的影响，进一步确立了中国社会科学院在这些领域的全国领先地位，也为中央及地方政府的相关决策提供了参考。中心组织和联合全世界的城市竞争力研究专家，成立全球城市竞争力项目组，与世界银行集团及世界著名城市学者开展相关领域的高端合作，举办城市竞争力国际论坛，扩大了中国社会科学院在相关国际学术领域的话语权和影响力。

主要编撰者简介

倪鹏飞 男，南开大学经济学博士。中国社会科学院城市与竞争力研究中心主任，中国社会科学院财经战略研究院院长助理，研究员，博士生导师。曾获第十一届"孙冶方经济科学奖"。主要研究领域：国家竞争力、城市竞争力、城市经济学与房地产经济学。

侯庆虎 男，南开大学数学博士，天津大学应用数学中心教授，博士生导师。主要研究领域：机械证明、城市竞争力计量。

沈建法 男，伦敦经济学院地理学博士，香港中文大学香港亚太研究所教授，亚太城市与区域发展研究计划主任。主要研究领域：城市竞争力与中国城市化。

林祖嘉 男，加州大学洛杉矶分校经济学博士，台湾政治大学经济学教授。主要研究领域：城市竞争力与房地产经济。

刘成昆 男，南开大学经济学博士，澳门科技大学行政与管理学院副教授、课程协调主任。主要研究领域：城市和区域经济、澳门经济。

李　超 男，经济学博士，中国社会科学院财经战略研究院助理研究员，中国社会科学院城市与竞争力研究中心特约成员。主要研究领域：区域经济协调发展与产业结构演进。

李　冕 男，中国社会科学院研究生院金融学博士研究生。主要研究领域：城市与房地产金融。

摘　要

《中国城市竞争力报告 No.12》在前十一份报告的基础上，将城市竞争力理论又向前推进了一步，使其理论框架更加清晰，政策含义更加鲜明。将城市竞争力明确区分为产出的、当前的和短期的城市综合经济竞争力，过程的、由投入向产出转化的宜居和宜商城市竞争力，投入的、可持续的和长期的城市可持续竞争力三个组成部分。城市综合经济竞争力即城市创造价值的能力，体现为城市创造价值的规模、速度和效率；宜居和宜商城市竞争力即城市吸引人才、企业等本体集聚的能力，进而决定了城市产业体系的层次与结构；城市可持续竞争力即城市的要素与环境状况，包括经济、社会、生态、文化、城乡一体、对外开放六大方面，分别体现为创新驱动的知识城市、公平包容的和谐城市、环境友好的生态城市、多元一本的文化城市、城乡一体的全域城市、开放便捷的信息城市。根据这样的理论框架设计指标体系，我们对中国294个城市的综合经济竞争力和289个城市的宜居、宜商、可持续竞争力进行了分析，并结合"两横三纵"的城镇化战略格局进行比较，发现问题、找出差距，为推动实现新型城镇化战略提供理论和政策参考。

在长期研究中，我们还得到一个重大发现：长三角地区已经在原有基础上浮现出一个更大范围的世界超级经济区。在此基础上，我们大胆设想、小心求证，以"沪苏浙皖：一个世界超级经济区已经浮现"为主题，论证了一个在综合经济、交通体系、市场体系、产业体系等领域实现全面一体化，包括沪、苏、浙、皖40个城市的世界超级经济区，已经浮现在北至陇海线，南抵浙南山区，西至京九线，东临黄海、东海的广袤空间里。顺应这一客观趋势，因势利导，促进沪苏浙皖长三角超级经济区的建设，将带动我国区域经济格局的互补互动、互联互通，有力支撑"两个百年"中国梦的这一伟大奋斗目标的实现。

Abstract

Based on the researches in the past eleven reports, *Annual Report on China's Urban Competitiveness* (No. 12) has achieved new progress in urban competitiveness theories with clearer theoretical framework and policy implications. We distinguish clearly among the three parts of urban competitiveness, of which urban general economic competitiveness is the output, current and short-term aspect of urban competitiveness; urban livable and business-friendly competitiveness are in the process from input to output; urban sustainable competitiveness is the input, sustainable and long-term aspect of urban competitiveness. Urban general economic competitiveness shows cities' ability to create value, which is reflected by the scale, speed and efficiency of cities' value creation activity. Urban livable and business-friendly competitiveness show cities' ability to attract economic entities, such as talented person, enterprise, thereby determine the level and structure of urban industrial system. Urban sustainable competitiveness is cities' conditions of factors and environment, which includes six aspects of economy, society, ecology, culture, urban and rural integration, opening, and is illustrated from innovation-driven knowledge city, fair and inclusive harmonious city, environment-friendly eco-city, genuine and diversified cultural city, urban and rural integrated city, open and convenient information city respectively. Based on the index system following the theoretical framework above, we analyze the urban general economic competitiveness of 294 cities and the urban livable competitiveness, business-friendly competitiveness and sustainable competitiveness of 289 cities in China, then compare them combined with "two vertical and three horizontal" strategic pattern of urbanization, in order to identify problems, and provide a reference for both theories and policies to promote the realization of new path of urbanization.

In long-term studies, we also get a major discovery: the Yangtze River Delta is forming a world super economic region with larger volume. On this basis, this annual report has the theme of "Shanghai, Jiangsu, Zhejiang and Anhui: A World

Super Economic Region Has Emerged". With bold vision and careful verification, we demonstrate that a world super economic region including 40 cities of Shanghai city and Jiangsu, Zhejiang, Anhui provinces, which is achieving full integration in fields of comprehensive economy, transportation, market and industrial system, has emerged in the vast space north to the Long-hai line, south to the mountain area of southern Zhejiang, west to the Beijing-Kowloon line, east to Yellow Sea and East China Sea. Following this objective trend and promoting the construction of the Yangtze River Delta super economic region will accelerate the interaction of our regional economic structure, and support the achieving of "Two century" Chinese dream.

目 录

BⅠ 总体报告

B.1 中国城市竞争力2013年度排名 ………………………………… / 001
B.2 中国城市竞争力2013年度综述 ……………… 倪鹏飞 李 超 / 024

BⅡ 主题报告

B.3 沪苏浙皖：一个世界超级经济区已经浮现 …… 倪鹏飞 李 冕 / 051

BⅢ 城市竞争力分项报告

B.4 中国宜居城市竞争力报告
　　——迈向以人为本的宜居城市 ………………………… 李光全 / 083
B.5 中国宜商城市竞争力报告
　　——迈向创业至上的宜商城市 ………………………… 李清彬 / 106
B.6 中国知识城市竞争力报告
　　——迈向创新驱动的知识城市 ………………… 赵英伟 董振兴 / 125
B.7 中国和谐城市竞争力报告
　　——迈向公平包容的和谐城市 ………………………… 刘金伟 / 143
B.8 中国生态城市竞争力报告
　　——迈向环境友好的生态城市 ………………………… 魏劭琨 / 160

001

B.9 中国文化城市竞争力报告
　　——迈向多元一本的文化城市 …………… 王　晖　李　肃 / 181

B.10 中国全域城市竞争力报告
　　——迈向城乡一体的全域城市 ……………………… 蔡书凯 / 198

B.11 中国信息城市竞争力报告
　　——迈向开放便捷的信息城市 ………………………… 刘　艺 / 215

B Ⅳ　区域报告

B.12 中国（东南地区）城市竞争力报告 …………………… 邹琳华 / 242

B.13 中国（环渤海地区）城市竞争力报告 ………………… 杨　杰 / 268

B.14 中国（东北地区）城市竞争力报告 …………………… 杨　慧 / 292

B.15 中国（中部地区）城市竞争力报告 …………………… 郭　晗 / 312

B.16 中国（西南地区）城市竞争力报告 ……… 董　杨　邹琳华 / 345

B.17 中国（西北地区）城市竞争力报告 …………………… 魏　婕 / 374

B.18 中国（港澳台地区）城市竞争力报告
　　………………………………… 沈建法　刘成昆　周晓波 / 403

B.19 附录 ……………………………………………………………… / 421

B.20 后记 ……………………………………………………………… / 435

CONTENTS

B I General Reports

B.1 Annual Ranking of Urban Competitiveness amoug Chinese Cities
in 2013 / 001

B.2 Reviews of Urban Competitiveness of Chinese Cities in 2013
Ni Pengfei, Li Chao / 024

B II Topic Report

B.3 Shanghai, Jiangsu, Zhejiang and Anhui: A World Super Economic
Region Has Emerged *Ni Pengfei, Li Mian* / 051

B III Reports on Classified Urban Competitiveness

B.4 Report on Urban Livability Competitiveness: People-Oriented
Livable City *Li Guangquan* / 083

B.5 Report on Urban Business Competitiveness: Entrepreneurship
Encouraged Business-Friendly City *Li Qingbin* / 106

B.6 Report on Urban Knowledge Competitiveness: Innovation-Driven
Knowledge City *Zhao Yingwei, Dong Zhenxing* / 125

B.7 Report on Urban Social Cohesion Competitiveness: Fair and
Inclusive Harmonious City　　　　　　　　　　　　*Liu Jinwei* / 143

B.8 Report on Urban Ecological Competitiveness: Environment-
Friendly Eco-City　　　　　　　　　　　　　　*Wei Shaokun* / 160

B.9 Report on Urban Cultural Competitiveness: Genuine and
Diversified Cultural City　　　　　　　　　　*Wang Hui, Li Su* / 181

B.10 Report on Urban Space Cohesion Competitiveness: Urban and
Rural Integrated City　　　　　　　　　　　　　*Cai Shukai* / 198

B.11 Report on Urban Information Competitiveness: Open and
Convenient Information City　　　　　　　　　　　*Liu Yi* / 215

B IV Regional Reports

B.12 Urban Competitiveness Report on Southeast China　　*Zou Linhua* / 242

B.13 Urban Competitiveness Report on Bohai Rim of China　　*Yang Jie* / 268

B.14 Urban Competitiveness Report on Northeast China　　*Yang Hui* / 292

B.15 Urban Competitiveness Report on Middle China　　*Guo Han* / 312

B.16 Urban Competitiveness Report on Southwest China
　　　　　　　　　　　　　　　　　　Dong Yang, Zou Linhua / 345

B.17 Urban Competitiveness Report on Northwest China　　*Wei Jie* / 374

B.18 Urban Competitiveness Report on Hong Kong, Macao and
Taiwan Regions of China　　*Shen Jianfa, Liu Chengkun and Zhou Xiaobo* / 403

B.19 Appendix　　　　　　　　　　　　　　　　　　　　　　　　 / 421

B.20 Postscript　　　　　　　　　　　　　　　　　　　　　　　 / 435

总 体 报 告

General Reports

B.1

中国城市竞争力 2013 年度排名

一 2013 年中国 294 个城市综合经济竞争力 (见表 1-1)

表 1-1 2013 年中国 294 个城市综合经济竞争力

城 市	综合经济竞争力指数	排名	综合增量竞争力指数	排名	综合效率竞争力指数	排名
香 港	1.000	1	0.363	18	0.733	3
深 圳	0.886	2	0.694	6	0.297	4
上 海	0.778	3	1.000	1	0.156	5
台 北	0.653	4	0.106	82	1.000	1
广 州	0.526	5	0.779	4	0.086	9
北 京	0.443	6	0.869	2	0.051	17
苏 州	0.437	7	0.689	7	0.065	14
天 津	0.430	8	0.842	3	0.049	18
佛 山	0.412	9	0.457	9	0.089	8
澳 门	0.405	10	0.038	213	0.917	2
无 锡	0.375	11	0.433	12	0.076	11

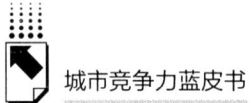

续表

城市	综合经济竞争力指数	排名	综合增量竞争力指数	排名	综合效率竞争力指数	排名
东 莞	0.332	12	0.266	30	0.099	7
武 汉	0.294	13	0.448	10	0.041	22
南 京	0.291	14	0.384	17	0.048	19
成 都	0.266	15	0.473	8	0.029	29
青 岛	0.262	16	0.440	11	0.031	27
新 北	0.252	17	0.108	80	0.134	6
厦 门	0.242	18	0.157	55	0.083	10
大 连	0.237	19	0.419	13	0.025	35
郑 州	0.235	20	0.324	22	0.034	24
宁 波	0.234	21	0.342	20	0.032	26
沈 阳	0.229	22	0.409	15	0.023	37
长 沙	0.228	23	0.388	16	0.024	36
杭 州	0.224	24	0.413	14	0.022	38
常 州	0.215	25	0.225	37	0.042	21
重 庆	0.210	26	0.726	5	0.006	126
唐 山	0.201	27	0.342	19	0.021	40
济 南	0.200	28	0.273	25	0.028	31
中 山	0.197	29	0.131	68	0.063	15
南 通	0.195	30	0.266	29	0.026	34
烟 台	0.193	31	0.336	21	0.018	47
泉 州	0.182	32	0.283	23	0.020	43
淄 博	0.177	33	0.209	38	0.028	30
西 安	0.176	34	0.264	31	0.020	44
合 肥	0.168	35	0.269	28	0.016	51
嘉 兴	0.167	36	0.153	57	0.035	23
高 雄	0.159	37	0.074	120	0.068	13
徐 州	0.158	38	0.240	33	0.016	53
镇 江	0.155	39	0.145	60	0.031	28
福 州	0.155	40	0.244	32	0.015	61
长 春	0.148	41	0.276	24	0.010	89
绍 兴	0.148	42	0.175	45	0.021	41
石 家 庄	0.146	43	0.233	34	0.013	70
扬 州	0.146	44	0.171	50	0.020	42
南 昌	0.143	45	0.175	46	0.019	46
泰 州	0.143	46	0.159	54	0.021	39

中国城市竞争力2013年度排名

续表

城市	综合经济竞争力指数	排名	综合增量竞争力指数	排名	综合效率竞争力指数	排名
潍 坊	0.139	47	0.228	36	0.011	83
东 营	0.136	48	0.166	52	0.017	50
温 州	0.134	49	0.174	47	0.015	59
济 宁	0.133	50	0.192	40	0.013	72
台 中	0.131	51	0.041	204	0.074	12
珠 海	0.131	52	0.074	119	0.042	20
大 庆	0.128	53	0.208	39	0.009	102
鞍 山	0.127	54	0.169	51	0.013	69
泰 安	0.124	55	0.148	59	0.015	57
哈 尔 滨	0.124	56	0.271	26	0.004	173
威 海	0.123	57	0.126	69	0.019	45
台 州	0.122	58	0.141	66	0.015	58
沧 州	0.120	59	0.180	42	0.009	98
邯 郸	0.120	60	0.163	53	0.012	77
包 头	0.120	61	0.233	35	0.005	137
盐 城	0.118	62	0.181	41	0.008	107
洛 阳	0.116	63	0.174	48	0.009	101
临 沂	0.116	64	0.180	43	0.008	108
汕 头	0.114	65	0.069	133	0.032	25
鄂尔多斯	0.113	66	0.269	27	0.002	234
金 华	0.112	67	0.138	67	0.011	80
芜 湖	0.109	68	0.114	75	0.014	63
惠 州	0.109	69	0.143	61	0.009	97
台 南	0.108	70	0.036	224	0.052	16
许 昌	0.107	71	0.101	89	0.016	52
太 原	0.106	72	0.104	84	0.015	56
枣 庄	0.103	73	0.089	97	0.017	49
聊 城	0.103	74	0.118	73	0.011	82
吉 林	0.101	75	0.171	49	0.004	170
焦 作	0.100	76	0.081	109	0.018	48
德 州	0.100	77	0.120	72	0.010	93
昆 明	0.100	78	0.154	56	0.006	127
呼和浩特	0.099	79	0.142	64	0.006	122
营 口	0.099	80	0.102	88	0.012	75
南 宁	0.098	81	0.149	58	0.005	151

003

续表

城市	综合经济竞争力指数	排名	综合增量竞争力指数	排名	综合效率竞争力指数	排名
保 定	0.097	82	0.143	62	0.006	135
襄 阳	0.097	83	0.142	63	0.005	138
滨 州	0.097	84	0.112	78	0.010	92
江 门	0.097	85	0.109	79	0.010	90
廊 坊	0.096	86	0.091	95	0.013	73
榆 林	0.095	87	0.176	44	0.003	216
宜 昌	0.095	88	0.141	65	0.005	149
岳 阳	0.093	89	0.123	71	0.006	121
淮 安	0.093	90	0.106	83	0.009	105
湖 州	0.093	91	0.082	108	0.013	68
揭 阳	0.093	92	0.086	100	0.012	76
漳 州	0.092	93	0.113	76	0.007	115
新 乡	0.089	94	0.093	94	0.009	99
舟 山	0.089	95	0.041	203	0.027	32
马 鞍 山	0.088	96	0.070	131	0.014	62
日 照	0.088	97	0.079	111	0.012	79
菏 泽	0.088	98	0.107	81	0.006	120
南 阳	0.087	99	0.124	70	0.004	164
衡 阳	0.087	100	0.112	77	0.006	132
盘 锦	0.087	101	0.070	132	0.014	65
茂 名	0.087	102	0.095	93	0.008	111
常 德	0.087	103	0.115	74	0.005	156
湛 江	0.086	104	0.100	91	0.006	119
贵 阳	0.086	105	0.090	96	0.009	103
安 阳	0.086	106	0.084	105	0.010	88
莆 田	0.086	107	0.067	139	0.013	71
连 云 港	0.086	108	0.083	106	0.009	96
平 顶 山	0.085	109	0.084	102	0.010	94
株 洲	0.085	110	0.100	90	0.007	114
乌鲁木齐	0.085	111	0.103	86	0.006	124
宿 迁	0.083	112	0.084	103	0.008	110
湘 潭	0.083	113	0.070	126	0.011	81
柳 州	0.081	114	0.103	85	0.004	163
德 阳	0.081	115	0.070	124	0.010	91
咸 阳	0.081	116	0.086	101	0.007	117

续表

城市	综合经济竞争力指数	排名	综合增量竞争力指数	排名	综合效率竞争力指数	排名
铜 陵	0.078	117	0.031	234	0.027	33
周 口	0.076	118	0.076	116	0.006	128
肇 庆	0.076	119	0.087	99	0.004	162
兰 州	0.076	120	0.084	104	0.005	147
开 封	0.074	121	0.062	153	0.008	106
邢 台	0.074	122	0.075	118	0.006	131
海 口	0.073	123	0.037	216	0.016	54
松 原	0.073	124	0.087	98	0.003	194
商 丘	0.073	125	0.070	130	0.006	125
漯 河	0.072	126	0.041	207	0.015	60
新 余	0.072	127	0.047	192	0.012	74
黄 石	0.072	128	0.054	174	0.010	87
通 辽	0.071	129	0.102	87	0.001	259
本 溪	0.071	130	0.067	140	0.006	123
自 贡	0.071	131	0.050	183	0.009	100
锦 州	0.070	132	0.067	141	0.006	134
郴 州	0.070	133	0.079	112	0.003	186
辽 阳	0.070	134	0.051	181	0.009	95
龙 岩	0.070	135	0.078	115	0.003	192
九 江	0.069	136	0.079	113	0.003	188
抚 顺	0.069	137	0.068	136	0.005	152
内 江	0.069	138	0.056	167	0.008	109
驻马店	0.069	139	0.070	128	0.004	165
宝 鸡	0.069	140	0.076	117	0.003	193
长 治	0.069	141	0.072	122	0.004	159
安 庆	0.069	142	0.068	135	0.004	175
淮 南	0.069	143	0.039	210	0.014	66
秦皇岛	0.068	144	0.057	164	0.007	116
南 充	0.068	145	0.065	147	0.004	166
桂 林	0.068	146	0.079	114	0.002	221
赤 峰	0.068	147	0.097	92	0.001	278
四 平	0.067	148	0.071	123	0.003	185
信 阳	0.067	149	0.070	125	0.003	189
三 明	0.066	150	0.073	121	0.003	217
赣 州	0.066	151	0.080	110	0.002	241

续表

城市	综合经济竞争力指数	排名	综合增量竞争力指数	排名	综合效率竞争力指数	排名
绵　　阳	0.066	152	0.070	127	0.003	205
孝　　感	0.066	153	0.058	162	0.005	139
三　门　峡	0.066	154	0.062	154	0.005	153
资　　阳	0.066	155	0.053	175	0.005	142
黄　　冈	0.065	156	0.066	143	0.003	201
宜　　宾	0.065	157	0.064	149	0.004	168
濮　　阳	0.065	158	0.037	215	0.011	84
玉　　林	0.065	159	0.057	163	0.004	174
渭　　南	0.065	160	0.068	138	0.004	176
吕　　梁	0.064	161	0.070	129	0.003	214
清　　远	0.064	162	0.066	142	0.003	215
衢　　州	0.064	163	0.054	172	0.005	146
娄　　底	0.064	164	0.049	186	0.005	144
铁　　岭	0.064	165	0.063	152	0.003	187
银　　川	0.063	166	0.053	176	0.006	136
上　　饶	0.063	167	0.065	146	0.002	220
荆　　州	0.063	168	0.059	158	0.004	179
宁　　德	0.063	169	0.057	165	0.003	184
莱　　芜	0.063	170	0.031	238	0.014	67
宜　　春	0.063	171	0.064	148	0.003	208
乐　　山	0.062	172	0.059	157	0.004	183
荆　　门	0.062	173	0.057	166	0.004	177
达　　州	0.062	174	0.061	155	0.003	199
鄂　　州	0.062	175	0.026	249	0.016	55
呼伦贝尔	0.062	176	0.082	107	0.000	292
泸　　州	0.062	177	0.058	159	0.004	180
齐齐哈尔	0.062	178	0.065	145	0.001	255
遵　　义	0.062	179	0.068	134	0.002	236
乌　　海	0.062	180	0.030	241	0.014	64
曲　　靖	0.061	181	0.068	137	0.002	230
丹　　东	0.061	182	0.058	160	0.003	207
延　　安	0.061	183	0.064	150	0.001	247
滁　　州	0.061	184	0.054	171	0.003	195
朝　　阳	0.061	185	0.063	151	0.002	231
蚌　　埠	0.061	186	0.041	206	0.007	118

中国城市竞争力2013年度排名

续表

城市	综合经济竞争力指数	排名	综合增量竞争力指数	排名	综合效率竞争力指数	排名
潮　州	0.060	187	0.031	236	0.010	85
西　宁	0.060	188	0.048	189	0.005	150
承　德	0.060	189	0.066	144	0.001	250
萍　乡	0.060	190	0.037	219	0.009	104
阜　阳	0.059	191	0.046	195	0.004	160
益　阳	0.059	192	0.052	178	0.004	181
宿　州	0.059	193	0.048	190	0.004	169
晋　城	0.059	194	0.047	191	0.005	157
临　汾	0.059	195	0.056	168	0.003	210
十　堰	0.059	196	0.058	161	0.002	238
朔　州	0.059	197	0.051	180	0.004	172
玉　溪	0.058	198	0.049	185	0.003	209
阳　江	0.058	199	0.043	200	0.005	155
永　州	0.058	200	0.055	170	0.002	229
牡丹江	0.058	201	0.060	156	0.001	262
运　城	0.058	202	0.050	182	0.004	182
遂　宁	0.058	203	0.037	217	0.006	133
邵　阳	0.057	204	0.052	179	0.002	228
鹤　壁	0.057	205	0.026	253	0.012	78
绥　化	0.057	206	0.054	173	0.001	254
衡　水	0.057	207	0.038	211	0.005	141
梧　州	0.056	208	0.044	198	0.003	206
北　海	0.056	209	0.032	232	0.008	112
眉　山	0.056	210	0.039	209	0.005	158
钦　州	0.056	211	0.045	196	0.003	203
吉　安	0.056	212	0.052	177	0.002	239
六　安	0.056	213	0.047	193	0.002	224
张家口	0.056	214	0.055	169	0.001	246
淮　北	0.056	215	0.026	250	0.010	86
广　安	0.055	216	0.038	212	0.005	145
南　平	0.055	217	0.050	184	0.002	240
晋　中	0.055	218	0.048	187	0.003	212
通　化	0.055	219	0.047	194	0.002	218
咸　宁	0.054	220	0.040	208	0.003	191
汕　尾	0.054	221	0.032	230	0.005	143

续表

城市	综合经济竞争力指数	排名	综合增量竞争力指数	排名	综合效率竞争力指数	排名
怀　化	0.054	222	0.048	188	0.001	244
丽　水	0.053	223	0.042	202	0.002	223
抚　州	0.053	224	0.043	201	0.002	232
辽　源	0.053	225	0.031	233	0.005	154
攀枝花	0.052	226	0.036	221	0.004	161
韶　关	0.051	227	0.041	205	0.002	227
景德镇	0.051	228	0.029	242	0.005	140
宣　城	0.051	229	0.035	226	0.003	211
亳　州	0.051	230	0.031	235	0.004	178
克拉玛依	0.050	231	0.028	245	0.005	148
河　源	0.050	232	0.036	220	0.002	235
大　同	0.050	233	0.036	223	0.003	202
三　亚	0.049	234	0.014	272	0.007	113
巴彦淖尔	0.049	235	0.045	197	0.000	282
毕　节	0.049	236	0.043	199	0.001	252
贵　港	0.049	237	0.031	239	0.003	204
佳木斯	0.048	238	0.037	218	0.001	270
梅　州	0.048	239	0.033	229	0.002	226
白　山	0.048	240	0.035	227	0.001	245
随　州	0.048	241	0.028	246	0.003	213
汉　中	0.048	242	0.036	222	0.001	260
白　城	0.048	243	0.035	225	0.001	266
葫芦岛	0.047	244	0.031	240	0.003	196
鹰　潭	0.047	245	0.022	259	0.006	129
六盘水	0.047	246	0.033	228	0.003	197
乌兰察布	0.046	247	0.038	214	0.001	281
阳　泉	0.046	248	0.023	256	0.006	130
防城港	0.046	249	0.026	251	0.003	190
双鸭山	0.044	250	0.029	243	0.001	265
酒　泉	0.044	251	0.032	231	0.000	294
百　色	0.044	252	0.031	237	0.001	272
阜　新	0.043	253	0.027	248	0.002	222
鸡　西	0.043	254	0.027	247	0.001	263
云　浮	0.043	255	0.022	258	0.003	198
崇　左	0.043	256	0.023	255	0.001	249

中国城市竞争力 2013 年度排名

续表

城市	综合经济竞争力指数	排名	综合增量竞争力指数	排名	综合效率竞争力指数	排名
忻 州	0.043	257	0.029	244	0.001	264
庆 阳	0.042	258	0.024	254	0.001	275
来 宾	0.042	259	0.026	252	0.002	237
池 州	0.040	260	0.019	262	0.002	225
昭 通	0.040	261	0.021	260	0.001	268
安 康	0.040	262	0.020	261	0.001	274
七 台 河	0.040	263	0.017	264	0.002	219
石 嘴 山	0.039	264	0.017	266	0.004	167
黄 山	0.039	265	0.015	269	0.002	233
河 池	0.039	266	0.022	257	0.001	277
巴 中	0.038	267	0.015	271	0.001	251
雅 安	0.038	268	0.016	267	0.001	261
广 元	0.038	269	0.018	263	0.001	257
商 洛	0.037	270	0.017	265	0.001	271
天 水	0.036	271	0.013	274	0.001	256
贺 州	0.035	272	0.013	276	0.001	248
鹤 岗	0.035	273	0.013	275	0.001	267
铜 仁	0.035	274	0.015	270	0.001	269
保 山	0.034	275	0.013	277	0.001	276
张 家 界	0.034	276	0.011	279	0.001	242
铜 川	0.034	277	0.009	284	0.003	200
黑 河	0.034	278	0.014	273	0.000	293
普 洱	0.034	279	0.012	278	0.000	290
武 威	0.034	280	0.009	283	0.000	287
白 银	0.034	281	0.015	268	0.001	273
嘉 峪 关	0.033	282	0.008	286	0.004	171
安 顺	0.031	283	0.010	281	0.001	243
临 沧	0.031	284	0.009	282	0.000	283
吴 忠	0.030	285	0.011	280	0.001	279
平 凉	0.030	286	0.009	285	0.001	258
张 掖	0.029	287	0.007	287	0.000	291
伊 春	0.029	288	0.006	290	0.000	289
中 卫	0.028	289	0.007	288	0.001	280
丽 江	0.028	290	0.004	291	0.000	286
定 西	0.028	291	0.003	293	0.000	285
金 昌	0.027	292	0.007	289	0.001	253
陇 南	0.027	293	0.003	292	0.000	288
固 原	0.022	294	0.000	294	0.000	284

009

二 2013年中国289个城市宜居、宜商和可持续竞争力（见表1-2）

表1-2 2013年中国289个城市宜居、宜商和可持续竞争力

城市	宜居城市竞争力	排名	宜商城市竞争力	排名	知识城市竞争力	排名	和谐城市竞争力	排名	生态城市竞争力	排名	文化城市竞争力	排名	全域城市竞争力	排名	信息城市竞争力	排名	可持续竞争力	排名
香 港	0.978	2	1.000	1	0.749	4	1.000	1	1.000	1	1.000	1	1.000	1	0.959	4	1.000	1
上 海	0.758	10	0.921	2	0.816	2	0.597	12	0.706	30	0.945	2	0.668	6	0.970	2	0.809	2
深 圳	0.812	6	0.891	4	0.741	7	0.675	4	0.723	26	0.492	26	0.998	3	1.000	1	0.795	3
北 京	0.636	41	0.918	3	1.000	1	0.631	8	0.549	92	0.862	3	0.690	5	0.884	5	0.793	4
澳 门	0.733	12	0.517	34	0.503	51	0.747	2	0.941	3	0.643	5	0.999	2	0.750	16	0.787	5
广 州	0.730	14	0.861	5	0.741	6	0.563	17	0.718	27	0.713	4	0.626	7	0.964	3	0.738	6
杭 州	0.761	9	0.671	11	0.742	5	0.528	23	0.750	19	0.629	6	0.527	14	0.838	8	0.679	7
厦 门	0.842	5	0.561	25	0.658	13	0.709	3	0.661	46	0.352	64	0.535	12	0.772	12	0.617	8
青 岛	0.734	11	0.662	14	0.594	27	0.647	7	0.647	51	0.561	11	0.433	23	0.779	11	0.612	9
南 京	0.675	27	0.699	9	0.765	3	0.444	58	0.498	123	0.595	10	0.515	15	0.843	6	0.612	10
东 莞	0.518	89	0.448	53	0.604	23	0.439	62	0.589	75	0.396	46	0.765	4	0.809	10	0.601	11
宁 波	0.667	29	0.581	24	0.610	20	0.649	6	0.452	144	0.543	14	0.498	18	0.841	7	0.599	12
无 锡	0.768	8	0.588	23	0.616	19	0.554	20	0.611	63	0.509	22	0.528	13	0.761	14	0.596	13
大 连	0.619	47	0.555	26	0.668	10	0.672	5	0.799	9	0.297	99	0.442	20	0.690	26	0.594	14
苏 州	0.732	13	0.624	17	0.632	17	0.552	21	0.451	145	0.625	8	0.555	10	0.752	15	0.594	15
沈 阳	0.609	51	0.630	16	0.655	14	0.613	10	0.612	62	0.550	12	0.430	24	0.702	23	0.593	16
武 汉	0.684	23	0.726	6	0.714	8	0.611	11	0.472	136	0.625	7	0.401	30	0.733	17	0.592	17

续表

城市	宜居城市竞争力	排名	宜商城市竞争力	排名	知识城市竞争力	排名	和谐城市竞争力	排名	生态城市竞争力	排名	文化城市竞争力	排名	全域城市竞争力	排名	信息城市竞争力	排名	可持续竞争力	排名
成都	0.651	35	0.705	7	0.661	12	0.563	18	0.651	49	0.514	19	0.382	37	0.708	21	0.577	18
中山	0.729	15	0.451	52	0.602	25	0.575	15	0.631	58	0.515	18	0.502	17	0.647	37	0.576	19
济南	0.582	63	0.663	13	0.666	11	0.591	14	0.497	124	0.540	15	0.407	29	0.728	19	0.568	20
天津	0.654	33	0.702	8	0.713	9	0.404	90	0.436	151	0.550	13	0.440	22	0.819	9	0.555	21
长沙	0.648	37	0.668	12	0.646	16	0.613	9	0.619	60	0.451	40	0.410	28	0.612	47	0.553	22
烟台	0.576	65	0.535	30	0.580	29	0.423	70	0.771	15	0.486	28	0.362	41	0.670	31	0.542	23
福州	0.682	24	0.592	22	0.565	34	0.466	43	0.656	48	0.501	24	0.337	55	0.766	13	0.542	24
佛山	0.681	25	0.610	20	0.561	36	0.523	25	0.502	120	0.517	17	0.503	16	0.671	29	0.539	25
珠海	1.000	1	0.464	48	0.628	18	0.435	66	0.572	84	0.300	95	0.575	9	0.732	18	0.532	26
西安	0.648	36	0.611	19	0.653	15	0.560	19	0.385	187	0.611	9	0.303	77	0.719	20	0.530	27
南昌	0.595	55	0.531	31	0.574	32	0.406	89	0.788	12	0.466	36	0.293	82	0.661	35	0.522	28
扬州	0.673	28	0.397	70	0.526	45	0.295	185	0.867	6	0.369	54	0.399	32	0.647	38	0.506	29
合肥	0.679	26	0.645	15	0.610	21	0.548	22	0.597	71	0.367	55	0.288	86	0.666	32	0.501	30
镇江	0.700	19	0.409	64	0.575	31	0.479	35	0.585	80	0.480	31	0.347	48	0.609	50	0.501	31
常州	0.724	16	0.492	40	0.582	28	0.482	34	0.463	140	0.391	47	0.391	34	0.672	28	0.483	32
泉州	0.448	136	0.471	45	0.482	56	0.417	77	0.645	53	0.475	32	0.288	85	0.661	34	0.481	33
长春	0.637	40	0.495	39	0.601	26	0.407	86	0.715	28	0.362	60	0.275	97	0.600	52	0.479	34
嘉兴	0.584	61	0.373	75	0.561	37	0.430	68	0.349	198	0.469	33	0.441	21	0.693	25	0.476	35
重庆	0.463	127	0.675	10	0.552	38	0.252	210	0.668	44	0.507	23	0.269	103	0.670	30	0.471	36
哈尔滨	0.418	160	0.480	43	0.603	24	0.452	51	0.465	139	0.521	16	0.279	93	0.597	53	0.471	37
绍兴	0.611	49	0.369	78	0.524	46	0.418	74	0.428	155	0.513	20	0.424	25	0.610	49	0.471	38

续表

城市	宜居城市竞争力	排名	宜商城市竞争力	排名	知识城市竞争力	排名	和谐城市竞争力	排名	生态城市竞争力	排名	文化城市竞争力	排名	全域城市竞争力	排名	信息城市竞争力	排名	可持续竞争力	排名
惠州	0.570	68	0.357	81	0.420	77	0.528	24	0.601	69	0.298	98	0.378	38	0.682	27	0.469	39
海口	0.871	3	0.489	41	0.453	67	0.404	92	0.525	104	0.497	25	0.316	62	0.702	22	0.467	40
南宁	0.415	165	0.480	42	0.487	55	0.251	211	0.844	7	0.300	94	0.292	83	0.625	42	0.449	41
威海	0.657	32	0.465	47	0.532	44	0.440	60	0.644	54	0.221	158	0.384	36	0.567	63	0.447	42
太原	0.535	81	0.540	29	0.609	22	0.362	121	0.132	276	0.509	21	0.454	19	0.701	24	0.442	43
呼和浩特	0.486	113	0.454	51	0.552	39	0.418	75	0.399	173	0.485	29	0.325	57	0.585	58	0.442	44
肇庆	0.482	115	0.289	125	0.374	91	0.476	37	0.773	14	0.302	92	0.284	88	0.548	69	0.441	45
郑州	0.517	90	0.621	18	0.577	30	0.460	46	0.236	245	0.490	27	0.345	49	0.647	39	0.440	46
南通	0.589	57	0.504	38	0.533	43	0.449	54	0.522	107	0.415	44	0.231	136	0.602	51	0.439	47
鄂尔多斯	0.556	76	0.463	49	0.221	187	0.446	57	0.903	4	0.305	90	0.394	33	0.452	118	0.434	48
温州	0.587	59	0.513	35	0.512	48	0.502	28	0.410	163	0.350	65	0.298	80	0.615	46	0.427	49
宜昌	0.503	95	0.417	59	0.457	64	0.475	41	0.705	31	0.390	48	0.204	163	0.449	119	0.426	50
秦皇岛	0.716	17	0.408	65	0.335	105	0.406	88	0.486	129	0.462	39	0.316	63	0.662	33	0.423	51
金华	0.638	39	0.441	56	0.507	50	0.325	153	0.457	141	0.462	38	0.322	60	0.589	54	0.423	52
芜湖	0.697	20	0.384	72	0.497	53	0.375	116	0.680	38	0.214	170	0.304	75	0.575	59	0.419	53
乌鲁木齐	0.472	121	0.412	63	0.538	42	0.213	239	0.454	142	0.281	110	0.594	8	0.561	64	0.419	54
舟山	0.789	7	0.356	83	0.450	68	0.457	49	0.503	119	0.338	73	0.388	35	0.499	89	0.417	55
漳州	0.618	48	0.275	136	0.364	92	0.328	147	0.777	13	0.353	62	0.218	149	0.536	73	0.406	56
保定	0.414	169	0.322	101	0.401	84	0.386	109	0.615	61	0.338	72	0.271	100	0.521	81	0.398	57
九江	0.603	52	0.359	80	0.352	97	0.424	69	0.766	17	0.211	173	0.209	157	0.549	68	0.394	58
三亚	0.854	4	0.292	119	0.276	142	0.257	206	0.729	24	0.346	67	0.277	95	0.622	44	0.393	59

续表

城市	宜居城市竞争力	排名	宜商城市竞争力	排名	知识城市竞争力	排名	和谐城市竞争力	排名	生态城市竞争力	排名	文化城市竞争力	排名	全域城市竞争力	排名	信息城市竞争力	排名	可持续竞争力	排名
梅州	0.463	126	0.214	187	0.295	128	0.417	78	0.690	37	0.346	68	0.262	108	0.497	93	0.393	60
昆明	0.434	149	0.511	36	0.564	35	0.268	202	0.312	215	0.448	41	0.283	89	0.628	41	0.392	61
江门	0.562	71	0.373	76	0.436	69	0.357	124	0.538	99	0.223	155	0.322	59	0.625	43	0.392	62
桂林	0.488	109	0.349	91	0.472	59	0.212	241	0.704	32	0.467	35	0.250	122	0.383	150	0.389	63
石家庄	0.568	70	0.597	21	0.541	41	0.436	65	0.254	236	0.366	56	0.330	56	0.559	65	0.389	64
黄山	0.561	72	0.291	122	0.307	123	0.324	155	0.969	2	0.246	129	0.177	186	0.447	122	0.386	65
贵阳	0.628	42	0.509	37	0.509	49	0.418	73	0.376	192	0.268	118	0.312	68	0.575	60	0.384	66
潍坊	0.494	104	0.542	28	0.453	66	0.411	81	0.375	193	0.287	107	0.358	43	0.570	62	0.383	67
徐州	0.392	185	0.550	27	0.462	62	0.423	71	0.449	146	0.311	86	0.188	174	0.618	45	0.382	68
湖州	0.621	46	0.340	94	0.496	54	0.324	154	0.395	179	0.265	122	0.357	44	0.612	48	0.382	69
银川	0.390	186	0.356	82	0.481	57	0.240	222	0.398	176	0.484	30	0.360	42	0.484	100	0.382	70
洛阳	0.500	99	0.518	33	0.427	75	0.490	32	0.317	213	0.467	34	0.212	155	0.528	76	0.381	71
大庆	0.428	153	0.415	60	0.470	60	0.414	79	0.495	125	0.331	75	0.354	46	0.364	163	0.378	72
铜陵	0.660	30	0.287	126	0.387	88	0.503	27	0.436	150	0.228	145	0.340	52	0.513	83	0.374	73
鹰潭	0.415	166	0.222	177	0.172	223	0.567	16	0.679	39	0.242	135	0.200	166	0.539	70	0.373	74
景德镇	0.575	66	0.242	158	0.308	120	0.384	110	0.740	20	0.371	53	0.237	131	0.357	166	0.372	75
绵阳	0.514	92	0.355	84	0.466	61	0.413	80	0.726	25	0.201	182	0.175	189	0.417	136	0.372	76
东营	0.482	114	0.475	44	0.519	47	0.278	195	0.444	147	0.289	105	0.347	47	0.494	95	0.367	77
包头	0.491	106	0.456	50	0.458	63	0.294	186	0.386	186	0.363	58	0.365	40	0.498	91	0.366	78
连云港	0.545	78	0.404	67	0.431	73	0.374	117	0.507	113	0.179	209	0.219	146	0.652	36	0.366	79
承德	0.381	195	0.230	166	0.219	188	0.470	42	0.736	21	0.444	42	0.248	125	0.242	242	0.365	80

续表

城市	宜居城市竞争力	排名	宜商城市竞争力	排名	知识城市竞争力	排名	和谐城市竞争力	排名	生态城市竞争力	排名	文化城市竞争力	排名	全域城市竞争力	排名	信息城市竞争力	排名	可持续竞争力	排名
淄博	0.611	50	0.468	46	0.500	52	0.327	150	0.327	206	0.405	45	0.281	90	0.503	87	0.362	81
鞍山	0.403	177	0.346	93	0.422	76	0.595	13	0.162	271	0.328	77	0.338	53	0.495	94	0.361	82
泰州	0.587	60	0.368	79	0.431	70	0.393	103	0.531	101	0.224	153	0.268	104	0.492	97	0.361	83
三明	0.447	137	0.322	102	0.301	124	0.381	111	0.797	10	0.195	189	0.255	117	0.379	153	0.355	84
丹东	0.561	73	0.270	140	0.286	132	0.336	142	0.504	118	0.305	91	0.311	69	0.554	66	0.353	85
克拉玛依	0.691	22	0.248	154	0.418	79	0.336	141	0.568	87	0.203	179	0.547	11	0.225	250	0.353	86
丽水	0.653	34	0.274	137	0.397	85	0.317	162	0.712	29	0.325	80	0.153	207	0.391	148	0.352	87
湘潭	0.623	45	0.335	95	0.476	58	0.501	29	0.403	170	0.259	123	0.241	128	0.408	141	0.352	88
锦州	0.499	100	0.405	66	0.411	81	0.458	48	0.188	262	0.289	104	0.306	74	0.636	40	0.350	89
本溪	0.365	207	0.251	152	0.309	118	0.393	102	0.406	166	0.294	101	0.354	45	0.524	79	0.348	90
十堰	0.454	130	0.173	225	0.286	133	0.372	118	0.890	5	0.223	156	0.256	113	0.242	243	0.346	91
株洲	0.598	54	0.400	69	0.541	40	0.404	91	0.389	181	0.164	222	0.258	112	0.503	86	0.345	92
龙岩	0.490	107	0.413	62	0.339	102	0.325	152	0.670	42	0.215	165	0.222	144	0.482	102	0.341	93
牡丹江	0.358	211	0.314	105	0.375	90	0.318	161	0.640	55	0.154	227	0.269	101	0.478	105	0.339	94
清远	0.405	175	0.175	224	0.239	174	0.345	133	0.646	52	0.237	141	0.247	126	0.507	84	0.339	95
衢州	0.695	21	0.349	90	0.403	82	0.290	192	0.414	162	0.423	43	0.213	154	0.478	106	0.338	96
兰州	0.417	162	0.442	54	0.570	33	0.306	174	0.236	246	0.343	69	0.344	50	0.418	135	0.335	97
南平	0.421	156	0.315	104	0.327	110	0.376	115	0.605	67	0.215	168	0.198	167	0.483	101	0.335	98
韶关	0.415	168	0.262	144	0.328	109	0.159	261	0.649	50	0.246	130	0.285	87	0.536	74	0.334	99
盐城	0.419	159	0.383	73	0.431	72	0.326	151	0.521	108	0.203	180	0.219	148	0.497	92	0.334	100
淮安	0.568	69	0.313	106	0.360	95	0.289	193	0.526	103	0.328	76	0.166	194	0.523	80	0.333	101

续表

城市	宜居城市竞争力	排名	宜商城市竞争力	排名	知识城市竞争力	排名	和谐城市竞争力	排名	生态城市竞争力	排名	文化城市竞争力	排名	全域城市竞争力	排名	信息城市竞争力	排名	可持续竞争力	排名
新 余	0.646	38	0.255	147	0.334	107	0.497	31	0.524	106	0.101	260	0.187	176	0.525	78	0.329	102
湛 江	0.432	150	0.311	109	0.278	140	0.389	107	0.598	70	0.149	234	0.234	132	0.504	85	0.326	103
沧 州	0.381	194	0.334	96	0.230	181	0.422	72	0.403	171	0.298	97	0.256	116	0.537	72	0.324	104
蚌 埠	0.507	94	0.277	133	0.335	106	0.372	119	0.511	110	0.151	231	0.239	130	0.538	71	0.324	105
赣 州	0.368	204	0.349	89	0.309	117	0.275	198	0.581	82	0.267	121	0.121	230	0.585	56	0.323	106
汕 头	0.523	86	0.271	139	0.456	65	0.309	171	0.322	208	0.175	212	0.291	84	0.585	57	0.323	107
廊 坊	0.530	83	0.311	108	0.402	83	0.409	85	0.301	218	0.267	119	0.277	96	0.479	104	0.323	108
黄 石	0.435	147	0.289	124	0.348	98	0.476	38	0.398	175	0.208	175	0.254	118	0.449	120	0.322	109
岳 阳	0.493	105	0.347	92	0.309	119	0.463	44	0.621	59	0.270	116	0.175	188	0.292	209	0.322	110
马鞍山	0.588	58	0.325	99	0.339	101	0.522	26	0.286	221	0.228	146	0.307	73	0.445	124	0.321	111
北 海	0.591	56	0.222	179	0.258	159	0.321	157	0.692	35	0.270	117	0.170	192	0.413	138	0.321	112
宣 城	0.466	125	0.221	180	0.282	136	0.139	269	0.767	16	0.353	63	0.112	236	0.460	116	0.318	113
抚 顺	0.489	108	0.291	120	0.336	104	0.498	30	0.272	227	0.279	111	0.344	51	0.378	154	0.317	114
晋 城	0.502	97	0.245	157	0.218	189	0.448	55	0.316	214	0.375	52	0.263	107	0.470	109	0.314	115
佳木斯	0.254	263	0.227	169	0.316	114	0.245	219	0.573	83	0.277	112	0.232	134	0.438	128	0.312	116
吉 林	0.406	174	0.307	113	0.343	100	0.322	156	0.501	121	0.297	100	0.261	109	0.355	168	0.312	117
新 乡	0.400	180	0.276	134	0.346	99	0.451	53	0.381	189	0.187	198	0.208	159	0.486	99	0.308	118
日 照	0.598	53	0.333	98	0.296	127	0.223	235	0.589	77	0.172	214	0.190	172	0.589	55	0.308	119
滨 州	0.404	176	0.298	116	0.419	78	0.482	33	0.194	259	0.215	167	0.281	92	0.465	112	0.307	120
上 饶	0.502	96	0.149	241	0.207	193	0.355	127	0.790	11	0.151	230	0.135	222	0.412	139	0.307	121
济 宁	0.411	172	0.371	77	0.378	89	0.327	149	0.341	203	0.340	70	0.219	147	0.441	127	0.306	122

续表

城市	宜居城市竞争力	排名	宜商城市竞争力	排名	知识城市竞争力	排名	和谐城市竞争力	排名	生态城市竞争力	排名	文化城市竞争力	排名	全域城市竞争力	排名	信息城市竞争力	排名	可持续竞争力	排名
柳州	0.361	209	0.426	58	0.389	87	0.341	136	0.343	202	0.321	81	0.261	110	0.391	147	0.306	123
黄冈	0.180	281	0.179	220	0.262	154	0.352	129	0.735	22	0.224	154	0.196	168	0.276	215	0.306	124
西宁	0.549	77	0.334	97	0.395	86	0.294	187	0.284	222	0.241	136	0.399	31	0.428	130	0.305	125
台州	0.544	79	0.435	57	0.412	80	0.078	283	0.483	131	0.318	82	0.213	153	0.531	75	0.303	126
宝鸡	0.451	135	0.287	127	0.338	103	0.274	199	0.670	41	0.293	102	0.165	195	0.290	210	0.303	127
邯郸	0.476	119	0.354	86	0.314	115	0.410	82	0.271	228	0.326	79	0.232	135	0.472	108	0.302	128
安庆	0.510	93	0.312	107	0.273	145	0.328	148	0.595	74	0.307	89	0.150	211	0.370	159	0.301	129
唐山	0.528	85	0.521	32	0.428	74	0.396	97	0.217	253	0.229	144	0.250	123	0.493	96	0.300	130
辽阳	0.556	74	0.239	159	0.280	138	0.476	39	0.229	247	0.219	161	0.308	71	0.498	90	0.299	131
泰安	0.627	43	0.403	68	0.361	94	0.356	125	0.369	194	0.362	59	0.163	198	0.397	144	0.298	132
潮州	0.498	102	0.175	223	0.274	143	0.264	203	0.489	128	0.240	137	0.274	98	0.463	113	0.298	133
吉安	0.446	139	0.291	121	0.270	148	0.300	181	0.546	96	0.219	160	0.130	227	0.527	77	0.295	134
郴州	0.358	212	0.308	112	0.258	160	0.455	50	0.611	64	0.134	241	0.108	244	0.424	133	0.295	135
营口	0.357	213	0.226	171	0.279	139	0.353	128	0.281	224	0.253	126	0.315	64	0.500	88	0.293	136
呼伦贝尔	0.180	280	0.246	155	0.119	253	0.261	205	0.729	23	0.246	128	0.319	61	0.303	203	0.293	137
齐齐哈尔	0.286	248	0.200	197	0.287	130	0.409	84	0.561	88	0.225	151	0.208	158	0.269	222	0.289	138
盘锦	0.584	62	0.257	145	0.270	150	0.316	163	0.346	201	0.253	124	0.370	39	0.402	143	0.289	139
通化	0.264	258	0.193	206	0.237	176	0.434	67	0.482	132	0.179	208	0.299	79	0.325	184	0.289	140
伊春	0.137	286	0.149	242	0.244	169	0.393	101	0.559	90	0.227	147	0.218	150	0.314	197	0.288	141
临沂	0.377	199	0.442	55	0.356	96	0.342	135	0.390	180	0.144	236	0.206	161	0.514	82	0.288	142
咸阳	0.330	224	0.392	71	0.284	134	0.479	36	0.262	233	0.365	57	0.179	184	0.382	151	0.287	143

中国城市竞争力 2013 年度排名

续表

城市	宜居城市竞争力	排名	宜商城市竞争力	排名	知识城市竞争力	排名	和谐城市竞争力	排名	生态城市竞争力	排名	文化城市竞争力	排名	全域城市竞争力	排名	信息城市竞争力	排名	可持续竞争力	排名
宿迁	0.434	148	0.220	182	0.241	172	0.394	100	0.568	86	0.189	195	0.225	142	0.323	185	0.286	144
宁德	0.477	118	0.254	148	0.240	173	0.297	183	0.673	40	0.152	229	0.148	213	0.412	140	0.282	145
襄阳	0.416	164	0.413	61	0.297	125	0.407	87	0.380	190	0.244	133	0.188	173	0.394	146	0.280	146
焦作	0.470	122	0.296	118	0.364	93	0.347	132	0.321	210	0.275	114	0.264	105	0.330	179	0.278	147
衡阳	0.482	116	0.375	74	0.292	129	0.403	93	0.409	164	0.137	239	0.187	177	0.468	110	0.278	148
常德	0.413	170	0.298	117	0.271	147	0.393	104	0.589	76	0.185	201	0.132	226	0.312	198	0.275	149
怀化	0.303	244	0.232	162	0.164	225	0.439	63	0.608	66	0.217	163	0.160	200	0.292	207	0.274	150
衡水	0.375	201	0.220	181	0.261	157	0.318	159	0.396	178	0.226	150	0.203	164	0.468	111	0.273	151
德阳	0.441	141	0.257	146	0.310	116	0.443	59	0.400	172	0.184	203	0.181	181	0.354	170	0.273	152
滁州	0.456	128	0.216	186	0.277	141	0.367	120	0.544	97	0.096	263	0.122	229	0.463	114	0.272	153
攀枝花	0.571	67	0.311	110	0.323	112	0.475	40	0.283	223	0.192	193	0.337	54	0.248	236	0.270	154
揭阳	0.327	228	0.299	115	0.199	202	0.222	236	0.596	72	0.091	265	0.263	106	0.481	103	0.269	155
池州	0.580	64	0.156	239	0.205	196	0.293	188	0.636	57	0.244	132	0.102	248	0.360	165	0.267	156
莆田	0.657	31	0.227	170	0.258	161	0.224	233	0.510	111	0.165	220	0.133	223	0.550	67	0.266	157
大同	0.417	161	0.309	111	0.250	166	0.256	208	0.156	272	0.465	37	0.256	115	0.443	125	0.264	158
阳江	0.399	182	0.220	183	0.227	182	0.316	165	0.506	115	0.106	257	0.217	151	0.447	123	0.262	159
张家口	0.437	145	0.228	167	0.242	171	0.341	137	0.388	184	0.197	187	0.221	145	0.427	132	0.262	160
荆门	0.455	129	0.253	150	0.167	224	0.436	64	0.469	138	0.198	186	0.172	190	0.372	156	0.262	161
三门峡	0.321	232	0.209	191	0.262	156	0.360	122	0.399	174	0.206	176	0.240	129	0.341	174	0.260	162
南阳	0.290	246	0.351	87	0.270	149	0.275	197	0.484	130	0.315	85	0.108	241	0.354	169	0.260	163
嘉峪关	0.498	101	0.226	172	0.188	213	0.198	248	0.365	196	0.300	93	0.414	27	0.335	177	0.259	164

017

续表

城市	宜居城市竞争力	排名	宜商城市竞争力	排名	知识城市竞争力	排名	和谐城市竞争力	排名	生态城市竞争力	排名	文化城市竞争力	排名	全域城市竞争力	排名	信息城市竞争力	排名	可持续竞争力	排名
河源	0.451	134	0.148	243	0.207	194	0.152	263	0.529	102	0.082	267	0.256	114	0.573	61	0.259	165
随州	0.198	278	0.116	263	0.266	152	0.140	267	0.703	33	0.217	164	0.149	212	0.317	193	0.258	166
许昌	0.343	218	0.275	135	0.280	137	0.302	179	0.429	154	0.149	235	0.302	78	0.328	180	0.257	167
萍乡	0.520	88	0.198	201	0.215	191	0.446	56	0.389	182	0.242	134	0.179	183	0.309	199	0.255	168
白山	0.329	227	0.285	128	0.143	238	0.359	123	0.481	133	0.240	139	0.314	65	0.243	241	0.255	169
防城港	0.530	82	0.162	234	0.104	264	0.348	131	0.572	85	0.163	224	0.226	140	0.362	164	0.254	170
长治	0.441	140	0.350	88	0.251	165	0.401	95	0.117	279	0.339	71	0.254	119	0.405	142	0.253	171
阜新	0.377	200	0.191	209	0.274	144	0.462	45	0.121	278	0.240	138	0.295	81	0.370	160	0.252	172
辽源	0.294	245	0.146	248	0.146	234	0.316	164	0.588	79	0.185	200	0.269	102	0.246	238	0.250	173
葫芦岛	0.481	117	0.140	251	0.238	175	0.302	178	0.386	185	0.169	216	0.187	175	0.461	115	0.249	174
开封	0.372	202	0.161	235	0.265	153	0.417	76	0.245	242	0.308	88	0.181	180	0.328	181	0.249	175
玉溪	0.389	189	0.211	189	0.322	113	0.225	231	0.548	93	0.349	66	0.100	249	0.198	263	0.248	176
黑河	0.222	275	0.084	268	0.134	243	0.332	145	0.506	114	0.168	217	0.308	72	0.289	212	0.247	177
荆州	0.306	241	0.204	195	0.330	108	0.335	143	0.407	165	0.130	245	0.158	202	0.377	155	0.247	178
铁岭	0.446	138	0.175	222	0.188	211	0.402	94	0.321	209	0.212	171	0.259	111	0.338	175	0.244	179
乌海	0.467	124	0.273	138	0.182	216	0.377	112	0.215	254	0.273	115	0.416	26	0.238	244	0.240	180
宜宾	0.320	234	0.279	132	0.232	180	0.410	83	0.525	105	0.227	149	0.113	235	0.193	264	0.240	181
汉中	0.244	269	0.168	229	0.197	203	0.263	204	0.662	45	0.290	103	0.120	231	0.165	270	0.240	182
六安	0.402	179	0.195	204	0.150	231	0.376	113	0.595	73	0.142	237	0.058	274	0.371	158	0.239	183
德州	0.342	219	0.354	85	0.307	122	0.271	200	0.240	244	0.211	174	0.206	160	0.455	117	0.238	184
咸宁	0.283	250	0.132	255	0.216	190	0.144	266	0.826	8	0.071	274	0.154	204	0.277	214	0.238	185

中国城市竞争力2013年度排名

续表

城市	宜居城市竞争力	排名	宜商城市竞争力	排名	知识城市竞争力	排名	和谐城市竞争力	排名	生态城市竞争力	排名	文化城市竞争力	排名	全域城市竞争力	排名	信息城市竞争力	排名	可持续竞争力	排名
四平	0.150	285	0.170	227	0.199	201	0.451	52	0.259	234	0.183	204	0.273	99	0.321	189	0.238	186
鄂州	0.713	18	0.209	192	0.162	227	0.302	180	0.388	183	0.201	181	0.223	143	0.395	145	0.235	187
邢台	0.387	190	0.211	190	0.248	167	0.292	191	0.276	226	0.284	109	0.248	124	0.316	195	0.233	188
安阳	0.382	193	0.231	163	0.323	111	0.395	98	0.068	283	0.356	61	0.203	165	0.317	194	0.233	189
信阳	0.323	229	0.222	178	0.188	212	0.209	244	0.692	36	0.136	240	0.088	257	0.348	172	0.232	190
鹤壁	0.488	110	0.187	215	0.177	219	0.460	47	0.245	241	0.190	194	0.229	138	0.337	176	0.228	191
梧州	0.334	223	0.199	198	0.202	199	0.246	217	0.472	137	0.131	244	0.142	218	0.442	126	0.228	192
松原	0.354	215	0.108	265	0.121	251	0.376	114	0.608	65	0.097	262	0.177	187	0.256	228	0.228	193
邵阳	0.436	146	0.204	194	0.192	205	0.440	61	0.508	112	0.075	272	0.142	217	0.270	220	0.226	194
乐山	0.470	123	0.223	174	0.282	135	0.339	138	0.420	158	0.220	159	0.148	214	0.215	253	0.226	195
酒泉	0.440	142	0.165	231	0.190	209	0.158	262	0.539	98	0.299	96	0.233	133	0.203	261	0.225	196
遂宁	0.284	249	0.187	213	0.126	250	0.303	177	0.701	34	0.092	264	0.108	243	0.289	211	0.225	197
云浮	0.417	163	0.117	262	0.192	207	0.247	216	0.382	188	0.171	215	0.245	127	0.371	157	0.223	198
莱芜	0.625	44	0.268	141	0.307	121	0.277	196	0.044	287	0.189	196	0.303	76	0.487	98	0.222	199
延安	0.168	282	0.253	149	0.204	197	0.167	258	0.506	116	0.327	78	0.147	215	0.252	233	0.222	200
遵义	0.274	253	0.182	216	0.233	179	0.332	146	0.493	126	0.267	120	0.116	233	0.149	273	0.219	201
聊城	0.423	155	0.305	114	0.431	71	0.350	130	0.017	288	0.246	131	0.171	191	0.365	162	0.217	202
益阳	0.352	216	0.205	193	0.262	155	0.388	108	0.404	169	0.178	210	0.088	258	0.260	226	0.217	203
宜春	0.377	198	0.203	196	0.175	220	0.310	170	0.437	149	0.212	172	0.092	255	0.352	171	0.217	204
茂名	0.370	203	0.222	176	0.189	210	0.304	175	0.439	148	0.067	281	0.251	121	0.320	190	0.215	205
白城	0.310	238	0.083	269	0.132	244	0.395	99	0.367	195	0.227	148	0.180	182	0.266	223	0.215	206

019

续表

城市	宜居城市竞争力	排名	宜商城市竞争力	排名	知识城市竞争力	排名	和谐城市竞争力	排名	生态城市竞争力	排名	文化城市竞争力	排名	全域城市竞争力	排名	信息城市竞争力	排名	可持续竞争力	排名
娄底	0.399	181	0.230	165	0.213	192	0.201	247	0.546	95	0.115	252	0.169	193	0.322	186	0.215	207
晋中	0.514	91	0.264	143	0.192	206	0.168	257	0.253	237	0.380	51	0.178	185	0.390	149	0.214	208
丽江	0.528	84	0.158	237	0.126	249	0.179	254	0.659	47	0.382	50	0.111	238	0.104	282	0.213	209
泸州	0.256	261	0.248	153	0.236	177	0.390	106	0.499	122	0.176	211	0.097	252	0.155	272	0.212	210
鸡西	0.319	235	0.188	212	0.119	254	0.224	232	0.422	157	0.187	197	0.279	94	0.308	200	0.210	211
双鸭山	0.351	217	0.142	250	0.127	247	0.332	144	0.377	191	0.200	183	0.309	70	0.193	265	0.209	212
广元	0.452	132	0.228	168	0.145	235	0.300	182	0.535	100	0.151	232	0.112	237	0.295	206	0.209	213
汕尾	0.522	87	0.069	274	0.140	240	0.233	224	0.427	156	0.074	273	0.206	162	0.449	121	0.207	214
濮阳	0.453	131	0.239	160	0.223	183	0.390	105	0.288	220	0.215	166	0.151	209	0.260	225	0.207	215
天水	0.360	210	0.131	257	0.272	146	0.223	234	0.404	167	0.275	113	0.105	245	0.222	251	0.202	216
安康	0.273	255	0.148	244	0.093	269	0.225	230	0.669	43	0.186	199	0.075	264	0.248	237	0.201	217
永州	0.251	264	0.252	151	0.147	233	0.296	184	0.490	127	0.106	255	0.074	265	0.381	152	0.201	218
南充	0.430	152	0.222	175	0.200	200	0.269	201	0.588	78	0.119	248	0.099	250	0.218	252	0.201	219
抚州	0.556	75	0.128	259	0.175	222	0.292	190	0.404	168	0.181	205	0.104	246	0.326	183	0.199	220
菏泽	0.330	225	0.290	123	0.267	151	0.315	166	0.078	281	0.234	142	0.161	199	0.427	131	0.199	221
鹤岗	0.378	196	0.153	240	0.120	252	0.342	134	0.293	219	0.205	177	0.314	66	0.204	260	0.198	222
榆林	0.385	191	0.323	100	0.144	236	0.147	265	0.396	177	0.387	49	0.165	196	0.236	246	0.197	223
淮南	0.541	80	0.230	164	0.286	131	0.303	176	0.276	225	0.133	242	0.185	179	0.274	217	0.194	224
雅安	0.486	112	0.113	264	0.259	158	0.248	215	0.559	89	0.104	258	0.141	219	0.143	275	0.194	225
枣庄	0.415	167	0.283	129	0.296	126	0.318	160	0.228	248	0.140	238	0.154	205	0.317	192	0.193	226
张家界	0.420	157	0.198	200	0.054	283	0.232	226	0.582	81	0.232	143	0.085	260	0.263	224	0.192	227

续表

城市	宜居城市竞争力	排名	宜商城市竞争力	排名	知识城市竞争力	排名	和谐城市竞争力	排名	生态城市竞争力	排名	文化城市竞争力	排名	全域城市竞争力	排名	信息城市竞争力	排名	可持续竞争力	排名
阳泉	0.502	98	0.194	205	0.162	226	0.280	194	0.050	286	0.200	184	0.323	58	0.432	129	0.192	228
驻马店	0.247	266	0.172	226	0.179	217	0.310	168	0.429	153	0.172	213	0.099	251	0.253	230	0.191	229
巴彦淖尔	0.281	252	0.245	156	0.118	255	0.231	228	0.418	161	0.198	185	0.193	169	0.281	213	0.191	230
临汾	0.402	178	0.216	185	0.255	162	0.178	255	0.211	255	0.317	84	0.142	216	0.308	201	0.185	231
淮北	0.440	143	0.199	199	0.243	170	0.310	169	0.256	235	0.068	279	0.217	152	0.315	196	0.185	232
石嘴山	0.312	237	0.189	211	0.234	178	0.105	277	0.221	250	0.205	178	0.313	67	0.322	187	0.183	233
赤峰	0.244	270	0.283	131	0.205	195	0.233	225	0.267	231	0.116	251	0.155	203	0.413	137	0.181	234
漯河	0.368	205	0.191	208	0.157	230	0.356	126	0.192	260	0.133	243	0.128	228	0.422	134	0.181	235
金昌	0.378	197	0.180	218	0.186	214	0.102	279	0.350	197	0.214	169	0.251	120	0.258	227	0.176	236
平顶山	0.267	257	0.267	142	0.244	168	0.399	96	0.090	280	0.162	225	0.212	156	0.252	231	0.175	237
商洛	0.452	133	0.069	275	0.204	198	0.106	276	0.505	117	0.193	191	0.094	253	0.238	245	0.172	238
庆阳	0.385	192	0.040	286	0.128	246	0.338	139	0.553	91	0.165	221	0.063	271	0.073	284	0.168	239
商丘	0.167	283	0.226	173	0.175	221	0.243	220	0.176	268	0.219	162	0.133	224	0.368	161	0.167	240
孝感	0.367	206	0.190	210	0.196	204	0.251	213	0.197	257	0.158	226	0.110	239	0.356	167	0.158	241
内江	0.281	251	0.163	232	0.116	258	0.308	173	0.330	205	0.180	206	0.087	259	0.246	239	0.158	242
张掖	0.495	103	0.157	238	0.221	186	0.161	260	0.241	243	0.336	74	0.137	221	0.166	268	0.157	243
自贡	0.340	220	0.132	256	0.178	218	0.232	227	0.349	199	0.197	188	0.132	225	0.174	267	0.157	244
玉林	0.390	187	0.187	214	0.221	184	0.233	223	0.339	204	0.077	269	0.046	283	0.333	178	0.155	245
渭南	0.339	221	0.182	217	0.221	185	0.320	158	0.067	284	0.284	108	0.108	242	0.249	235	0.154	246
乌兰察布	0.354	214	0.146	249	0.076	275	0.254	209	0.140	273	0.239	140	0.281	91	0.249	234	0.153	247
崇左	0.335	222	0.044	285	0.110	262	0.095	280	0.513	109	0.117	250	0.069	268	0.327	182	0.151	248

续表

城市	宜居城市竞争力	排名	宜商城市竞争力	排名	知识城市竞争力	排名	和谐城市竞争力	排名	生态城市竞争力	排名	文化城市竞争力	排名	全域城市竞争力	排名	信息城市竞争力	排名	可持续竞争力	排名
运城	0.323	230	0.219	184	0.254	164	0.135	271	0.070	282	0.318	83	0.192	170	0.253	229	0.149	249
阜阳	0.321	233	0.318	103	0.191	208	0.251	212	0.312	216	0.068	277	0.046	284	0.347	173	0.148	250
周口	0.257	260	0.165	230	0.110	260	0.207	245	0.476	134	0.049	284	0.093	254	0.269	221	0.146	251
朔州	0.363	208	0.236	161	0.061	278	0.312	167	0.139	274	0.288	106	0.150	210	0.252	232	0.146	252
百色	0.159	284	0.148	246	0.142	239	0.211	242	0.418	160	0.060	282	0.078	263	0.292	208	0.146	253
吕梁	0.438	144	0.197	202	0.094	268	0.150	264	0.271	229	0.253	125	0.159	201	0.272	219	0.145	254
通辽	0.254	262	0.283	130	0.185	215	0.181	253	0.195	258	0.167	219	0.190	171	0.273	218	0.143	255
达州	0.408	173	0.212	188	0.086	272	0.167	259	0.453	143	0.113	254	0.151	208	0.209	258	0.141	256
钦州	0.413	171	0.121	261	0.075	276	0.229	229	0.310	217	0.035	286	0.054	277	0.473	107	0.141	257
资阳	0.309	239	0.175	221	0.107	263	0.207	246	0.605	68	0.068	278	0.082	261	0.105	281	0.140	258
七台河	0.229	272	0.101	266	0.060	280	0.210	243	0.325	207	0.223	157	0.225	141	0.122	279	0.139	259
巴中	0.321	231	0.076	272	0.033	285	0.250	214	0.639	56	0.106	256	0.074	266	0.060	286	0.138	260
铜川	0.431	151	0.169	228	0.254	163	0.174	256	0.054	285	0.225	152	0.229	137	0.225	249	0.138	261
中卫	0.222	276	0.161	236	0.081	274	0.293	189	0.249	238	0.151	233	0.104	247	0.276	216	0.136	262
定西	0.188	279	0.000	289	0.148	232	0.241	221	0.474	135	0.103	259	0.056	276	0.131	276	0.136	263
武威	0.420	158	0.049	284	0.092	270	0.139	268	0.418	159	0.251	127	0.118	232	0.124	278	0.135	264
忻州	0.316	236	0.179	219	0.158	229	0.079	282	0.246	239	0.310	87	0.116	234	0.213	257	0.130	265
白银	0.235	271	0.122	260	0.160	228	0.338	140	0.172	269	0.053	283	0.154	206	0.213	255	0.124	266
普洱	0.286	247	0.076	271	0.110	261	0.104	278	0.547	94	0.070	275	0.067	270	0.148	274	0.116	267
眉山	0.229	273	0.129	258	0.143	237	0.308	172	0.176	267	0.126	247	0.110	240	0.176	266	0.115	268
亳州	0.389	188	0.163	233	0.083	273	0.246	218	0.183	264	0.185	202	0.033	287	0.302	205	0.113	269

中国城市竞争力2013年度排名

续表

城市	宜居城市竞争力	排名	宜商城市竞争力	排名	知识城市竞争力	排名	和谐城市竞争力	排名	生态城市竞争力	排名	文化城市竞争力	排名	全域城市竞争力	排名	信息城市竞争力	排名	可持续竞争力	排名
保山	0.269	256	0.050	282	0.139	241	0.121	274	0.430	152	0.067	280	0.048	282	0.206	259	0.109	270
广安	0.245	268	0.147	247	0.118	256	0.218	237	0.347	200	0.081	268	0.071	267	0.166	269	0.107	271
陇南	0.000	289	0.000	288	0.059	281	0.000	289	0.762	18	0.118	249	0.040	285	0.000	289	0.103	272
朝阳	0.274	254	0.196	203	0.117	257	0.007	288	0.177	266	0.193	192	0.164	197	0.320	191	0.103	273
贺州	0.304	243	0.057	279	0.102	266	0.076	284	0.245	240	0.167	218	0.053	279	0.308	202	0.098	274
固原	0.475	120	0.056	280	0.126	248	0.213	240	0.220	251	0.195	190	0.090	256	0.060	287	0.089	275
临沧	0.393	183	0.050	283	0.074	277	0.257	207	0.319	211	0.017	288	0.060	273	0.163	271	0.086	276
宿州	0.428	154	0.135	253	0.089	271	0.126	272	0.218	252	0.077	270	0.054	278	0.321	188	0.085	277
安顺	0.227	274	0.148	245	0.096	267	0.183	252	0.318	212	0.028	287	0.056	275	0.201	262	0.085	278
河池	0.488	111	0.071	273	0.129	245	0.071	285	0.266	232	0.087	266	0.069	269	0.244	240	0.082	279
吴忠	0.247	265	0.061	278	0.136	242	0.114	275	0.182	265	0.163	223	0.140	220	0.127	277	0.081	280
绥化	0.260	259	0.007	287	0.113	259	0.052	287	0.270	230	0.180	207	0.020	288	0.213	254	0.079	281
贵港	0.307	240	0.064	277	0.026	286	0.184	251	0.199	256	0.075	271	0.052	280	0.303	204	0.077	282
米泉	0.305	242	0.083	270	0.056	282	0.190	249	0.135	275	0.097	261	0.050	281	0.233	247	0.062	283
平凉	0.392	184	0.095	267	0.061	279	0.213	238	0.167	270	0.152	228	0.079	262	0.087	283	0.062	284
铜仁	0.330	226	0.192	207	0.023	287	0.185	250	0.123	277	0.129	246	0.185	178	0.107	280	0.060	285
曲靖	0.206	277	0.135	252	0.103	265	0.058	286	0.189	261	0.115	253	0.061	272	0.213	256	0.058	286
六盘水	0.059	288	0.135	254	0.018	288	0.124	273	0.000	289	0.069	276	0.228	139	0.228	248	0.044	287
毕节	0.246	267	0.054	281	0.034	284	0.083	281	0.186	263	0.038	285	0.034	286	0.060	288	0.000	288
昭通	0.118	287	0.068	276	0.000	289	0.138	270	0.223	249	0.000	289	0.000	289	0.073	285	0.000	289

023

B.2
中国城市竞争力2013年度综述

倪鹏飞 李 超*

一 引言：中国梦，城市梦

21世纪被认为是中国的城市世纪。在这场史无前例的城市化加速进程中，城市化本身已不仅是社会转型过程的一部分，而且也将是当前中国应对转型过程中诸多挑战的重要措施。最近公布的《国家新型城镇化规划（2014～2020年）》显示，2020年我国常住人口城镇化率的预期目标为60%左右，联合国经济和社会事务部发布的《世界人口展望：2010年修订版》认为2030年中国城市化率将稳步提高到68.7%，万广华和蔡昉（2012）甚至提出了2030年中国城市化率达到80%的远景设想。但是相对于城市化的速度提升而言，城市化质量的提高显得尤为重要。改革开放以来，我国以常住人口为统计口径的城市化率已经由1978年的17.9%提高到2013年的53.7%，年均提高大约1.02个百分点，但是以户籍人口为衡量标准的真实城市化率仅为36%左右。尽管城市化率的统计口径存在差别，但是总体而言，"半城市化"现象的存在已是不争的事实。即以常住人口为统计口径的城市化率始终要高于以户籍人口为统计口径的城市化率，并且在最近十年内两者之间的差距还将逐步扩大。这就意味着有相当一部分人口脱离了农村却并未获得城镇户籍。根据国际城市化经验，一旦城市化率越过50%的临界点之后，城市化进程将会迈入由量变到质变、由粗放到集约的变革阶段，即从城市化初期的以产业发展带动城市发展，转变为城市化中后期的以"空间资

---

* 李超，经济学博士，中国社会科学院财经战略研究院助理研究员，中国社会科学院城市与竞争力研究中心特约成员，主要研究领域为区域经济协调发展与产业结构演进。

源配置"为主要驱动因素的新阶段。

党的十八大以来,城市化被新一届政府提升为国家的长远发展战略和未来中国经济增长的新引擎。从与其他国家的横向对比来看,中国当前的城镇化率不仅远低于发达国家80%的平均水平,也低于人均收入与我国相近的发展中国家60%的平均水平;从服务业发展来看,服务业增加值占国内生产总值比重不但与发达国家74%的平均水平相距甚远,与中等收入国家53%的平均水平也有较大差距。可以预期的是,这场人类历史上波澜壮阔的城镇化史诗仍将续写。随着城镇化水平的不断提高,农业剩余劳动力将会向制造业和服务业大量转移,要素配置效率也将不断提高,城镇消费群体不断扩大、消费结构不断升级、消费潜力不断释放,也会带来城市基础设施、公共服务设施和住宅建设等巨大投资需求,这将为中国经济转型和发展提供不竭动力。

2013年是"中国梦"的起航之年,也是中国城市化推进阶段的节点。从后发国家城市化的历史经验来看,如果在城市化水平在位于50%~70%的时期进展顺利,城市化的集聚效应将会助推经济收敛、技术赶超和产业升级,从而进入可持续发展的稳定轨道(以日韩为代表的"东亚模式");如果进展不顺利,城市化的负外部性将会抑制产业转型、降低国家竞争力,从而导致经济增长与社会发展脱节,易陷入"中等收入陷阱"(以巴西、阿根廷为代表的"拉美模式")。在中国城市化进程的快速推进阶段,许多处于"城市病"阵痛期的国内城市已经清醒地意识到,城市发展和竞争力提升将更加依赖于生活质量和城市活力,而后者则取决于基础设施和公共服务、节能环保技术、生态环境质量、可负担的住房以及城市或整个大城市群管理效率和决策协调能力提高等多因素的综合作用。一个以建设高效、绿色、创新城市为目标的城市化发展战略,将为中国在城市规划、都市交通、绿色技术等领域创造巨大的创新空间。成功的创新将取决于国家层面战略的精心设计以及地区层面的贯彻实施(Howells, 2005)。因此,对于一个发展中大国的城市化而言,面临的核心问题可以归结为两个方面:其一是在时间上,城市要保证自身的永续生存与发展;其二是在空间上,城市要不断巩固和提升自身在全球、国内以及城市体系中的地位。前一个方面主要表现为城市可持续发展的问题,后一个方面主要表现为城市竞争力的问题。在2013年度的《中国城市竞争力报告No.11》中,

我们通过构建综合经济竞争力和可持续竞争力指标评价体系,为中国城市规划自身发展蓝图、确定自身发展方向提供了重要决策参考。经过一年的研究积累,2014年度报告中我们将继续沿用既有的理论框架,但在指标体系上有了进一步的丰富和改进。

二 城市竞争力:现状与格局

根据城市综合经济竞争力指数,宜居城市、宜商城市竞争力指数以及可持续竞争力指数,可以分析包括港澳台在内294个城市的综合经济竞争力的现状与格局,以及港澳和内地289个城市宜居城市和宜商城市竞争力、可持续竞争力的现实状况及其与理想城市的差距。通过对各区域的统计描述比较,可以更为清晰地勾勒出中国城市竞争力的总体格局。

(一)综合经济竞争力指数

2013年综合经济竞争力指数排名前十的城市依次是:香港、深圳、上海、台北、广州、北京、苏州、天津、佛山、澳门。其中,港澳台地区占三席,东南沿海的内地城市占五席,环渤海地区占两席,而广大中西部地区没有一个城市进入综合经济竞争力十强,总体上与2012年的格局相差不大;中部地区排名最靠前的城市武汉列第13位,而西北地区排名最靠前的西安仅列第34位。可见,区位优势对城市综合经济竞争力的影响十分明显。从城市的行政等级来看,特别行政区、直辖市、副省级城市和计划单列市、省会城市的综合经济竞争力要明显高于其他地级城市。

从全国及各大区域综合经济竞争力指数来看,港澳台城市、东南沿海城市、环渤海城市的综合经济竞争力指数均值高于全国平均水平,其他区域均低于全国平均水平,各大区域排名依次是港澳台地区、东南地区、环渤海地区、东北地区、中部地区、西南地区和西北地区。从区域城市内部的综合经济竞争力差距来看,东南地区城市的变异系数最高,中部城市的变异系数最小。环渤海地区和东南地区的综合增量竞争力位列七大区域前两位,而在综合效率竞争力方面,港澳台地区以0.425的指数均值高居各大区域首位(见图2-1、表2-1)。

中国城市竞争力 2013 年度综述

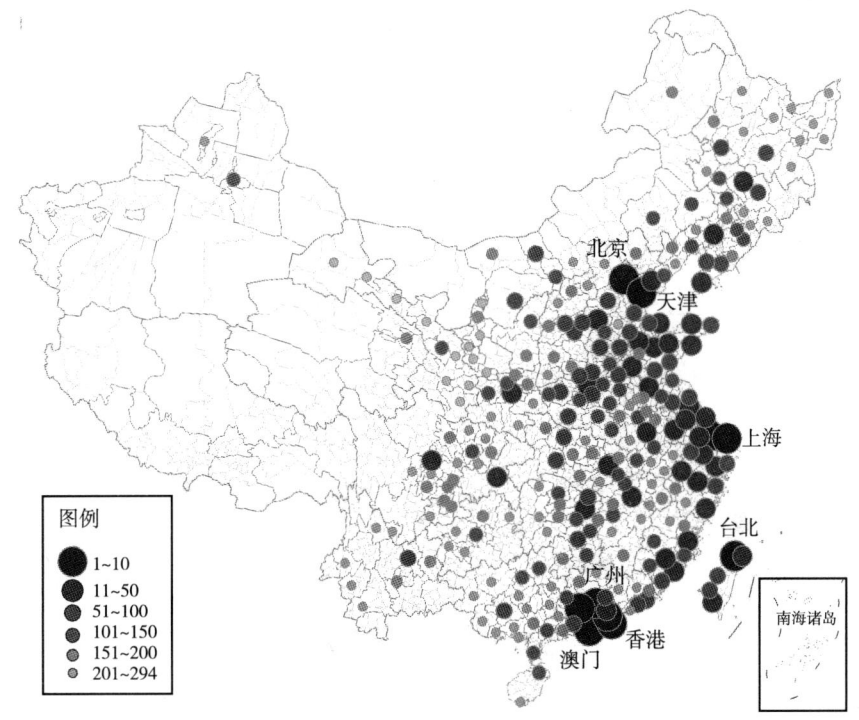

图 2-1　2013 年 294 个城市综合经济竞争力排名

注：图例中的单位为位次，"○"越大、颜色越深，代表排名越高。
资料来源：中国社会科学院城市与竞争力指数数据库。

表 2-1　2013 年全国及各大区域综合经济竞争力及分项指数

单位：个

区域范围	变量	城市	均值	标准差	最小值	最大值	变异系数
全国	综合经济竞争力	294	0.103	0.115	0.022	1.000	1.113
	综合增量竞争力	294	0.110	0.144	0.000	1.000	1.302
	综合效率竞争力	294	0.021	0.092	0.000	1.000	4.344
港澳台地区	综合经济竞争力	7	0.387	0.332	0.108	1.000	0.857
	综合增量竞争力	7	0.109	0.116	0.036	0.363	1.061
	综合效率竞争力	7	0.425	0.436	0.052	1.000	1.026
东南地区	综合经济竞争力	55	0.169	0.168	0.043	0.886	0.992
	综合增量竞争力	55	0.190	0.204	0.022	1.000	1.073
	综合效率竞争力	55	0.030	0.048	0.002	0.297	1.575
环渤海地区	综合经济竞争力	30	0.141	0.094	0.056	0.443	0.669
	综合增量竞争力	30	0.204	0.201	0.031	0.869	0.989
	综合效率竞争力	30	0.015	0.012	0.001	0.051	0.771

027

续表

区域范围	变量	城市	均值	标准差	最小值	最大值	变异系数
中部地区	综合经济竞争力	80	0.077	0.042	0.034	0.294	0.540
	综合增量竞争力	80	0.078	0.074	0.011	0.448	0.951
	综合效率竞争力	80	0.008	0.007	0.001	0.041	0.962
西南地区	综合经济竞争力	49	0.063	0.041	0.028	0.266	0.646
	综合增量竞争力	49	0.068	0.118	0.004	0.726	1.739
	综合效率竞争力	49	0.004	0.005	0.000	0.029	1.116
东北地区	综合经济竞争力	34	0.077	0.049	0.029	0.237	0.634
	综合增量竞争力	34	0.095	0.105	0.006	0.419	1.113
	综合效率竞争力	34	0.005	0.006	0.000	0.025	1.147
西北地区	综合经济竞争力	39	0.057	0.032	0.022	0.176	0.557
	综合增量竞争力	39	0.060	0.071	0.000	0.269	1.179
	综合效率竞争力	39	0.003	0.004	0.000	0.020	1.316

资料来源：中国社会科学院城市与竞争力指数数据库。

（二）宜居城市与宜商城市竞争力指数

2013年位列宜居城市十强的城市分别是：珠海、香港、海口、三亚、厦门、深圳、舟山、无锡、杭州和上海。总体来看，东部沿海城市特别是海滨城市的宜居城市竞争力指数较高，国家五大中心城市中仅有上海位居宜居城市竞争力十强；与2012年相比，2013年中国城市整体的宜居竞争力指数得到了一定程度的提升。宜商城市竞争力得分的前十名分别是香港、上海、北京、深圳、广州、武汉、成都、天津、南京和重庆，2012年位列前10名的佛山、苏州、青岛和杭州等2013年未进入十佳榜单（见图2-2）。

从宜居城市竞争力的区域分布状况来看，七大区域的排名情况分别为港澳台地区、东南地区、环渤海地区、中部地区、西南地区、东北地区和西北地区；从宜商城市竞争力的区域分布状况来看，七大区域的排名状况分别为港澳台地区、环渤海地区、东南地区、中部地区、东北地区和西北地区和西南地区（见表2-2）；从2013年宜居城市与宜商城市竞争力的相关关系来看，宜居城市建设包括人口素质的提升、市政设施和居住环境的改善，可以显著提高宜商城市竞争力（见图2-3）。因此，随着经济社会的发展和人民收入水平的提高，宜居城市建设的重要性更加凸显。

中国城市竞争力 2013 年度综述

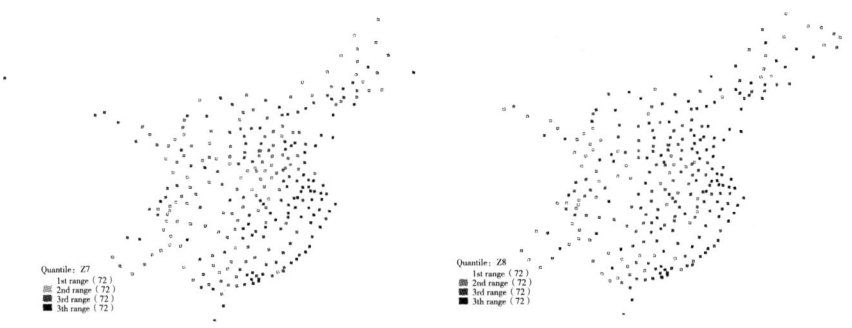

图 2-2　2013 年 289 个城市宜居（左）和宜商城市（右）竞争力指数四分位

注：竞争力指数用小方块表示，颜色越深代表竞争力指数越高。
资料来源：中国社会科学院城市与竞争力指数数据库。

表 2-2　2013 年全国及各大区域宜居城市和宜商城市竞争力指数

单位：个

区域范围	变量	城市	均值	标准差	最小值	最大值	变异系数
全国	宜居城市竞争力	289	0.454	0.159	0.000	1.000	0.350
	宜商城市竞争力	289	0.299	0.175	0.000	1.000	0.584
港澳台地区	宜居城市竞争力	2	0.855	0.173	0.733	0.978	0.202
	宜商城市竞争力	2	0.759	0.341	0.517	1.000	0.450
东南地区	宜居城市竞争力	55	0.584	0.142	0.327	1.000	0.244
	宜商城市竞争力	55	0.404	0.185	0.069	0.921	0.458
环渤海地区	宜居城市竞争力	30	0.506	0.119	0.330	0.734	0.234
	宜商城市竞争力	30	0.417	0.167	0.211	0.918	0.401
中部地区	宜居城市竞争力	80	0.444	0.124	0.167	0.713	0.280
	宜商城市竞争力	80	0.277	0.126	0.116	0.726	0.452
西南地区	宜居城市竞争力	49	0.388	0.161	0.059	0.871	0.415
	宜商城市竞争力	49	0.219	0.158	0.044	0.705	0.725
东北地区	宜居城市竞争力	34	0.382	0.132	0.137	0.637	0.344
	宜商城市竞争力	34	0.248	0.142	0.007	0.630	0.572
西北地区	宜居城市竞争力	39	0.374	0.139	0.000	0.691	0.372
	宜商城市竞争力	39	0.228	0.145	0.000	0.611	0.635

资料来源：中国社会科学院城市与竞争力指数数据库。

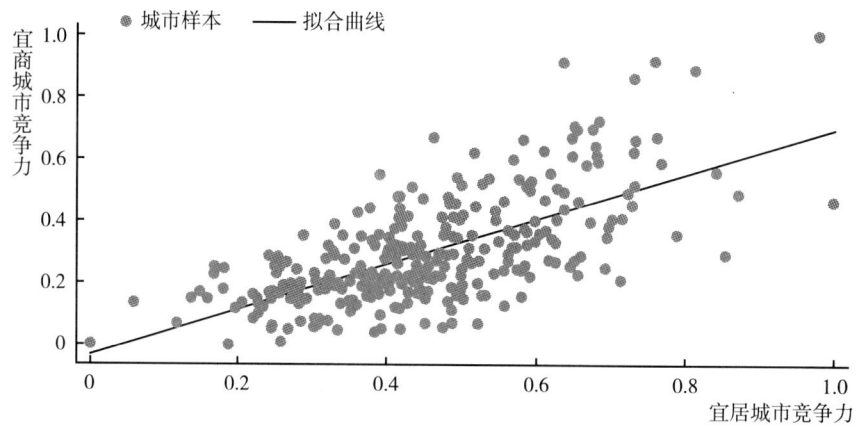

图 2-3 2013 年宜居城市与宜商城市竞争力相关关系

资料来源：中国社会科学院城市与竞争力指数数据库。

(三) 可持续竞争力指数

2013 年可持续竞争力指数排名前 10 的城市依次是：香港、上海、深圳、北京、澳门、广州、杭州、厦门、青岛、南京。与综合经济竞争力的表现一样，仍是港澳台地区、东南地区和环渤海地区三分天下。其中，港澳台地区占两席，东南地区占六席，环渤海地区占两席。东北地区排名最靠前的城市大连列第 14 位，中部地区排名最靠前的城市武汉列第 17 位，西南地区排名最靠前的城市成都列第 18 位，西北地区排名最靠前的城市西安列第 27 位（见图 2-4）。从各分项指数情况来看，多元一本的文化城市、城乡一体的全域城市得分均值较低，表明中国城市在文化建设和推进城乡一体化方面有待加强。

从全国及各大区域的可持续竞争力指数来看，港澳台城市、东南沿海城市、环渤海城市的可持续竞争力指数均值要高于全国平均水平，其他区域均低于全国平均水平，各大区域排名依次是港澳台地区、东南地区、环渤海地区、东北地区、中部地区、西北地区和西南地区。从七大区域的变异系数来看，可持续竞争力总体水平最高的港澳台地区变异系数最小，而总体水平较低的西南地区和西北地区变异系数较大，表明各区域的竞争力水平与区域内部差距之间大致呈现负相关关系（见表 2-3）。

中国城市竞争力2013年度综述

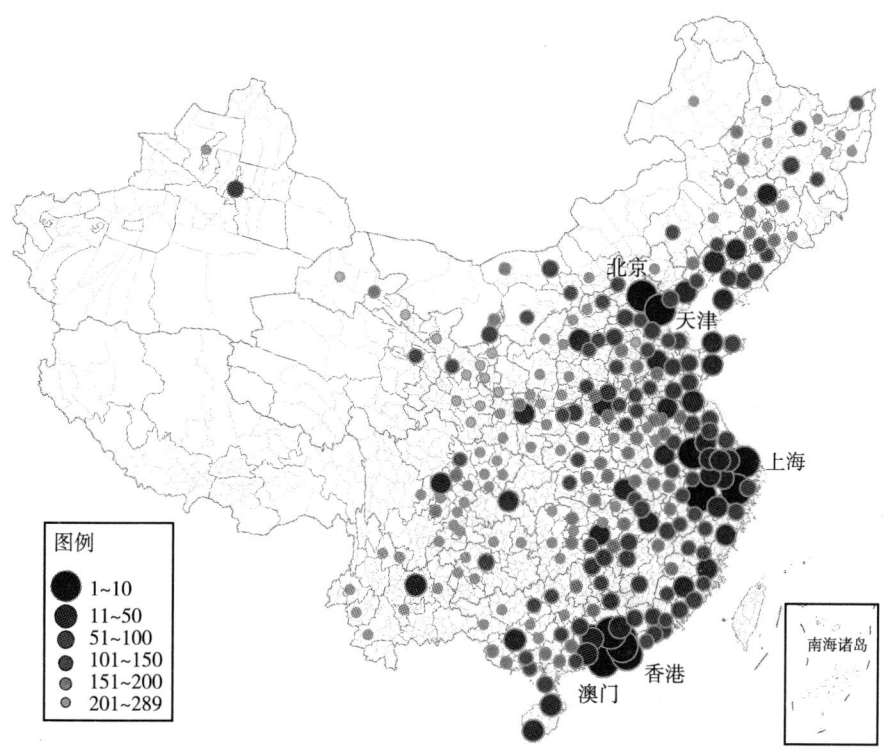

图 2-4　2013 年 289 个城市可持续竞争力排名

注：图例中的单位为位次，"○"越大、颜色越深，代表排名越高。

表 2-3　2013 年全国及各大区域可持续竞争力及分项指数

单位：个

区域范围	变量	城市	均值	标准差	最小值	最大值	变异系数
全国	可持续竞争力	289	0.303	0.152	0.000	1.000	0.502
	创新驱动的知识城市	289	0.312	0.181	0.000	1.000	0.578
	公平包容的和谐城市	289	0.339	0.139	0.000	1.000	0.411
	环境友好的生态城市	289	0.452	0.198	0.000	1.000	0.438
	多元一本的文化城市	289	0.266	0.152	0.000	1.000	0.572
	城乡一体的全域城市	289	0.242	0.150	0.000	1.000	0.620
	开放便捷的信息城市	289	0.419	0.189	0.000	1.000	0.452
港澳台地区	可持续竞争力	2	0.893	0.151	0.787	1.000	0.169
东南地区	可持续竞争力	55	0.430	0.145	0.207	0.809	0.336
环渤海地区	可持续竞争力	30	0.360	0.137	0.193	0.793	0.382

续表

区域范围	变量	城市	均值	标准差	最小值	最大值	变异系数
中部地区	可持续竞争力	80	0.276	0.100	0.085	0.592	0.363
西南地区	可持续竞争力	49	0.207	0.133	0.000	0.577	0.642
东北地区	可持续竞争力	34	0.296	0.114	0.079	0.594	0.384
西北地区	可持续竞争力	39	0.229	0.112	0.062	0.530	0.489

资料来源：中国社会科学院城市与竞争力指数数据库。

2013年中国城市的可持续竞争力与综合经济竞争力呈现典型的倒U形关系，即城市的可持续竞争力在初期会随着综合经济竞争力的上升而迅速增加，但上升至一定阶段后，可持续竞争力的上升幅度会有所趋缓，甚至会出现下行趋势。因此，提升中国城市竞争力的关键不在于现实综合经济竞争力的大小，而在于如何促进可持续竞争力的提高，增强中国城市的发展后劲，这也是未来中国经济社会发展模式转型的内在要求和不竭动力（见图2-5）。

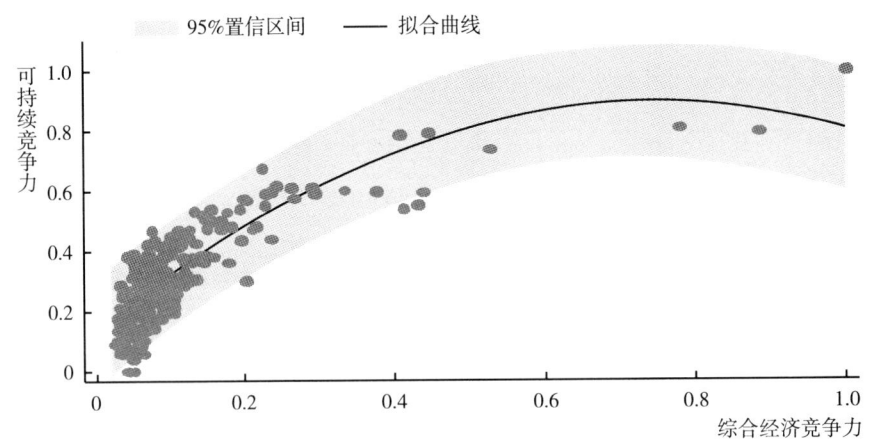

图2-5 2013年289个城市可持续竞争力与综合经济竞争力相关关系

资料来源：中国社会科学院城市与竞争力指数数据库。

（四）空间分布规律

2013年289个样本城市的综合经济竞争力指数，宜居城市、宜商城市

中国城市竞争力 2013 年度综述

竞争力指数以及可持续竞争力指数与区位因素之间的空间关系呈现不同特点。我们通过纳入各城市的经纬度，测算出各城市距离最近海港的球面距离，可以发现中国城市竞争力指数的空间变化规律。如表 2-4 所示，2013 年 289 个样本城市的综合经济竞争力指数和宜居城市竞争力指数呈现 Fujita 等（1996）所预测的典型的"〜"规律。也就是说，距离港口城市越近，城市的综合经济竞争力就越高；随着距离的增加，城市的综合经济竞争力先下降后上升，直至达到第二波峰后开始下降，这与新经济地理的结论是大致吻合的。而 2013 年 289 个样本城市的宜商城市竞争力和可持续竞争力指数却呈现正"U"形空间变化规律。即距离港口城市越近，城市的可持续竞争力就越高；随着距离的增加，城市的可持续竞争力呈现先下降后上升的态势（见表 2-4）。

表 2-4 中国城市竞争力的空间变化规律

类别	综合经济竞争力	宜居城市竞争力	宜商城市竞争力	可持续竞争力
距离最近海港距离	-0.3457***	-0.6356***	-0.3076***	-0.3426***
	(0.066)	(0.086)	(0.046)	(0.038)
距离最近海港距离平方项	0.3032***	0.5008***	0.1106***	0.1374***
	(0.085)	(0.111)	(0.027)	(0.023)
距离最近海港距离三次方项	-0.0719***	-0.0979***	—	—
	(0.025)	(0.032)	—	—
常数项	0.1711***	0.5904***	0.3937***	0.4028***
	(0.012)	(0.015)	(0.016)	(0.013)
样本数	289	289	289	289
R^2	0.161	0.313	0.165	0.243

注：括号内为标注误，*** 代表 $0.01 < p < 0.05$，** 代表 $p < 0.05$，* 代表 $p < 0.1$。
资料来源：中国社会科学院城市与竞争力指数数据库。

从综合经济竞争力指数、宜居城市、宜商城市竞争力指数以及可持续竞争力指数的 Moran's I 散点图来看，可以把所考察的 289 个城市分为四个部分，即高高 H-H、低高 L-H、低低 L-L、高低 H-L 四个区域，分别位于散点图的第Ⅰ、Ⅱ、Ⅲ、Ⅳ象限中，各表示自身值较高邻居区域值也较高、自身值较低邻居区域值却较高、自身值较低邻居区域值也较低、自身值较高邻居区域值却较低。可以发现，在四幅图中，大多数城市散点位于第Ⅰ、Ⅲ象限中，即呈现自身值较高且邻居区域值也较高、自身值较低且邻居区域值也较低的空间相关性特点。从指数之间的对比状况来看，综合经济竞争力指数、宜居城市竞争力指数和可持续竞争力指数的 Moran 值均在 0.4 以上，表现出很大的空间相关性特点，即城市的这三项竞争力指数与周边城市的竞争力状况密切相关；而宜商城市竞争力指数的 Moran 值略低于其他三项指数，表明中国城市在宜商城市环境建设上并未出现区域联动的局面，个别地区在招商引资上存在着与周边地区争利的现象（见图 2-6）。

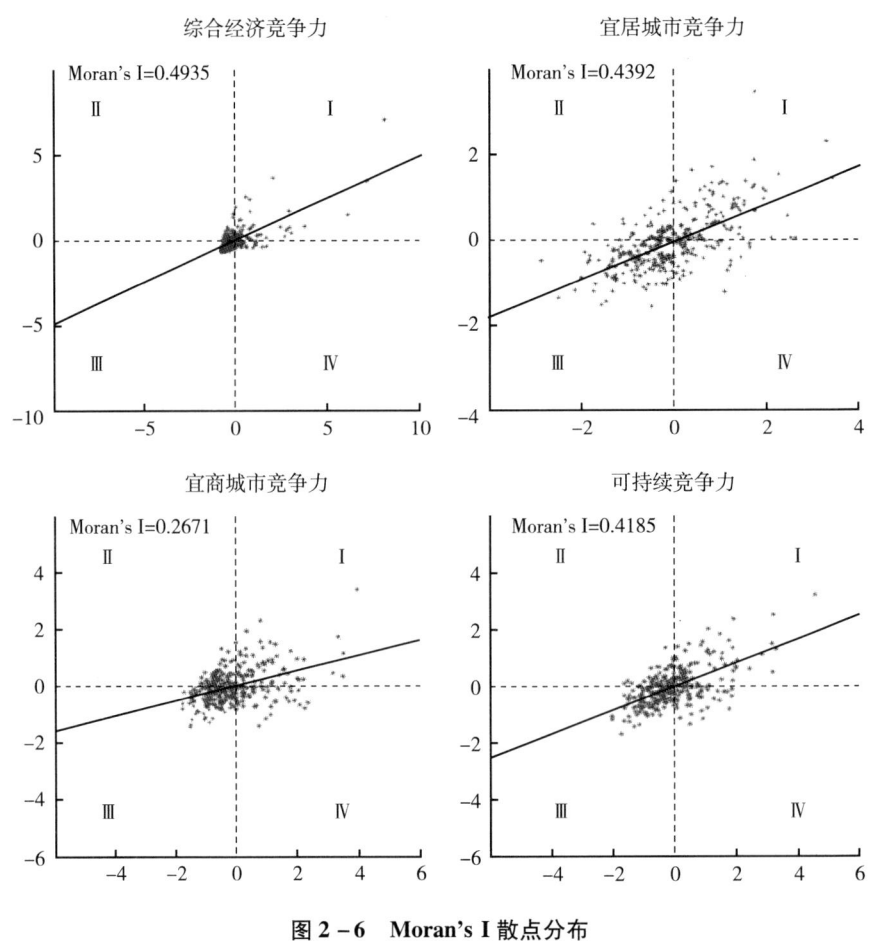

图 2-6　Moran's I 散点分布

中国城市竞争力 2013 年度综述

（五）"两横三纵"格局

"两横三纵"是《全国主体功能区规划》确定的国家城镇化战略格局，是我国当前和未来城镇化的主要区域。为了更好地从全局考察"两横三纵"的城镇化格局，本部分将 289 个城市划分为"两横"（即陆桥通道和长江通道）、"三纵"（即沿海通道、京哈京广通道、包昆通道）五个轴线带，并综合比较轴线内外城市竞争力的差异状况。其中，沿海通道轴线城市综合经济竞争力最强，其次分别为京哈京广通道、长江通道、包昆通道和陆桥通道；在可持续竞争力方面排名分别为沿海通道、京哈京广通道、长江通道、包昆通道和陆桥通道；宜居城市和宜商城市竞争力格局也大致如此，大致呈现自南向北、自东向西的递减规律（见表 2-5、图 2-7）。

表 2-5　"两横三纵"轴线内外城市竞争力统计描述

单位：个

区域范围	变量	城市	均值	标准差	最小值	最大值	变异系数
"两横"之陆桥通道	综合经济竞争力	29	0.079	0.047	0.027	0.235	0.589
	可持续竞争力	29	0.265	0.107	0.085	0.530	0.404
	宜居城市竞争力	29	0.426	0.111	0.167	0.691	0.260
	宜商城市竞争力	29	0.280	0.158	0.000	0.621	0.563
"两横"之非陆桥通道	综合经济竞争力	260	0.103	0.115	0.022	1.000	1.124
	可持续竞争力	260	0.307	0.156	0.000	1.000	0.508
	宜居城市竞争力	260	0.457	0.163	0.000	1.000	0.358
	宜商城市竞争力	260	0.301	0.177	0.000	1.000	0.586
"两横"之长江通道	综合经济竞争力	62	0.132	0.117	0.040	0.778	0.885
	可持续竞争力	62	0.371	0.148	0.107	0.809	0.399
	宜居城市竞争力	62	0.537	0.154	0.180	0.789	0.286
	宜商城市竞争力	62	0.375	0.181	0.129	0.921	0.482
"两横"之非长江通道	综合经济竞争力	227	0.092	0.107	0.022	1.000	1.173
	可持续竞争力	227	0.284	0.148	0.000	1.000	0.521
	宜居城市竞争力	227	0.431	0.153	0.000	1.000	0.355
	宜商城市竞争力	227	0.279	0.167	0.000	1.000	0.601
"三纵"之沿海通道	综合经济竞争力	68	0.193	0.188	0.046	1.000	0.974
	可持续竞争力	68	0.456	0.163	0.141	1.000	0.357
	宜居城市竞争力	68	0.615	0.140	0.327	1.000	0.227
	宜商城市竞争力	68	0.448	0.192	0.121	1.000	0.428

续表

区域范围	变量	城市	均值	标准差	最小值	最大值	变异系数
"三纵"之非沿海通道	综合经济竞争力	221	0.072	0.041	0.022	0.294	0.574
	可持续竞争力	221	0.255	0.112	0.000	0.593	0.440
	宜居城市竞争力	221	0.404	0.129	0.000	0.713	0.319
	宜商城市竞争力	221	0.253	0.140	0.000	0.726	0.554
"三纵"之京哈京广通道	综合经济竞争力	59	0.162	0.186	0.046	1.000	1.149
	可持续竞争力	59	0.382	0.182	0.079	1.000	0.475
	宜居城市竞争力	59	0.511	0.169	0.150	1.000	0.331
	宜商城市竞争力	59	0.384	0.217	0.007	1.000	0.564
"三纵"之非京哈京广通道	综合经济竞争力	230	0.084	0.073	0.022	0.778	0.869
	可持续竞争力	230	0.282	0.136	0.000	0.809	0.484
	宜居城市竞争力	230	0.439	0.153	0.000	0.871	0.349
	宜商城市竞争力	230	0.277	0.155	0.000	0.921	0.560
"三纵"之包昆通道	综合经济竞争力	31	0.081	0.052	0.028	0.266	0.637
	可持续竞争力	31	0.270	0.134	0.058	0.577	0.497
	宜居城市竞争力	31	0.392	0.135	0.168	0.651	0.345
	宜商城市竞争力	31	0.306	0.168	0.129	0.705	0.549
"三纵"之非包昆通道	综合经济竞争力	258	0.103	0.116	0.022	1.000	1.126
	可持续竞争力	258	0.307	0.154	0.000	1.000	0.501
	宜居城市竞争力	258	0.461	0.160	0.000	1.000	0.347
	宜商城市竞争力	258	0.298	0.176	0.000	1.000	0.589

注:"两横三纵"轴线上的样本城市选择参见附录。
资料来源:中国社会科学院城市与竞争力指数数据库。

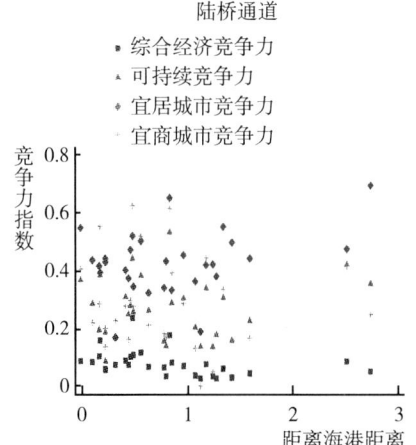

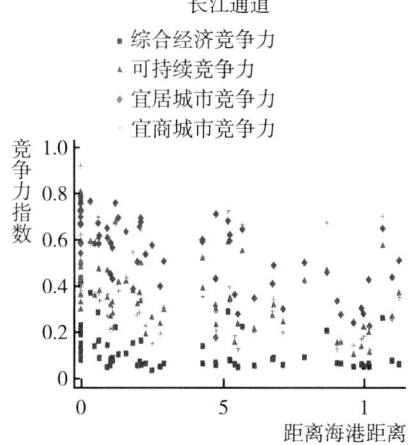

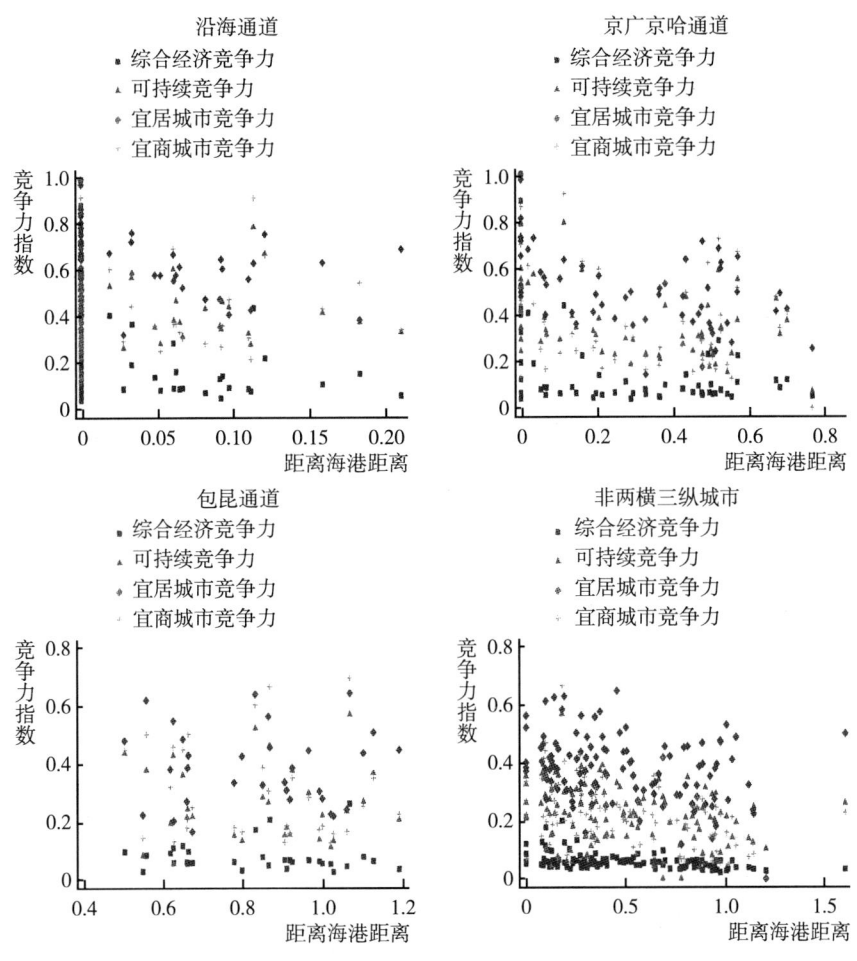

图2-7 2013年"两横三纵"轴线内外城市竞争力状况

(六)小结

通过对2013年中国城市竞争力及各分项指标的分析可见,中国城市竞争力状况存在明显的空间差异,大致呈现由东南向西北递减的态势。并且这种差距不仅体现在区域之间,在区域内部也十分明显。以294个城市的综合经济竞争力为例,在0.103均值的情况下,变异系数竟高达1.113。另外,若将各分项竞争力水平的最高值1视为理想城市的标准,我们可以清晰地发现中国城市与理想城市的状态相距甚远,各分项竞争

指数中均值多数在 0.4 以下,可见中国城市竞争力的整体提升仍任重而道远。

三 城市可持续发展:问题与挑战

2013 年中国城市化水平已达到 53.7%,已经跨越了传统意义上的由量变到质变的临界点(即城市化率为 50%)。而中国经济的长期增长,正经历着由工业化阶段结构性加速向城市化阶段结构性减速的转型过程。过去以经济发展为中心目标、以外向型工业化为中心动力、以地方政府为主导、以土地为主要内容、以规模扩张为发展方式、以物质资本大量投入为驱动要素的城镇化模式已不可持续。城市的可持续发展正处于改革转型的阵痛期,暴露出了诸多亟待解决的重要问题。主要体现在以下几个方面。

(一)宜居城市建设:雾霾和高房价成为突出难题

雾霾问题当前已经成为我国一些城市的标志性难题,而且程度正在加重、范围正在扩大。世界卫生组织下属的国际癌症研究机构(IARC),首度将空气污染列为"第一类致癌物",与烟草、石棉、砒霜等致癌物同级。IARC 的研究表明,中国、印度等亚洲国家的空气污染最为严重。2013 年雾霾已经波及 25 个省份、100 多个大中型城市,全年全国平均雾霾天数达 29.9 天,创 52 年来之最。"十面霾伏"何时破解成为宜居城市建设面临的重要挑战。同年,中国百城房价持续整年上涨,北京、上海和深圳新建住宅均价已超过 3 万元人民币,"居不易"问题更加突出。30% 的城市房价收入比超过国际公认的警戒标准,超过城镇总人口 30% 以上的居民居住在非正规住房里。目前看来,高房价成为宜居城市建设的突出制约因素,"贵城"住不起、"鬼城"无人住的问题已经成为宜居城市建设的一道难题。许多宜居程度不高的城市,已经出现了高素质和高收入居民"用脚投票"的现象,长期来看,将不利于城市的可持续发展竞争力水平的提高。此外,一些城市也面临着空间无序开发,人口过度集聚,重经济发展、轻环境保护,重城市建设、轻管理服务,城市管理运行效率不高,公共服务供给能力不足等问题,如何更有效地提出应对措施成为当前宜居城市建设面临的重要难题。

中国城市竞争力 2013 年度综述

（二）宜商城市建设：营商环境建设刻不容缓

2013 年，中国城市的宜商城市竞争力指数均值较 2012 年有小幅下滑，并且城市间的差距有所扩大。宜商城市竞争力与经济发达程度高度一致的空间不平衡状态，既是我国城市的宜商城市特征表现，也是拉低当下及未来宜商城市竞争力得分的重要因素。这一特征与经济发展的区域差距一样容易"固化"，宜商城市竞争力的这一表现更加不利于落后地区实现追赶，进一步发展受到很大限制，从而进一步扩大空间不平衡状态。同时，为了实现招商引资的目标，各地仍在围绕包括审批、土地、税收、用水用电、财政补贴支持等方面的优惠政策做工作，尽管招商承诺会带来"要素成本"的降低，但经常出现承诺难以兑现、企业落户后不断增加负担等现象让不少城市政府信用受到影响。不少城市在引资时仍缺乏目标性和长远考虑，缺乏对企业发展的恰当引导，特别是在中小微企业融资问题上，无论是大城市还是中小城市，通常都将精力和优惠政策倾向于大企业集团、知名品牌，而对中小微企业的关注不够，社会服务体系也不完善。在更为根本的商业环境营造上力度有所欠缺，忽略了发展创业至上的环境氛围。总体而言，我国城市政府在提升宜商城市竞争力方面的目标和定位尚不明确，工作思路和方法亟须转型。

（三）知识城市建设：从要素驱动到创新驱动

随着我国经济发展方式的转变，长期以来主要依靠要素投入推动城市化快速发展的模式已不可持续。工业化、信息化、城镇化和农业现代化发展不同步，导致城乡区域差距过大、产业结构不合理等诸多问题。同时，中国城市在营造创新环境方面的步伐缓慢，以科技进步为动力、以自主创新为主导、以创新文化为基础的城市形态并未建立。当前较为突出的问题是：知识城市区域发展不均衡、建设创新驱动的知识城市缺乏着重点、高等教育缺乏、专业人才供求不均衡、知识产权保护不足、知识的产业转化率低、竞争力强的城市辐射功能发挥相对不足等。2013 年中国知识城市竞争力指数均值为 0.312，与其他分项竞争力指数相比较低，而变异系数高达 0.578，高居各分项竞争力第 2 位。可见中国知识城市建设总体水平较低，并且内部差异很大。通过对各城市科技

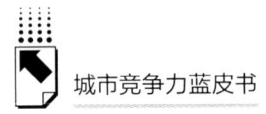

支出占财政收入比的实证分析发现，投入绝对值少、人才匮乏、以前的科技投入欠账较多等原因，使得中小城市专利申请和论文发表数量极低，严重地影响了我国知识城市的全面转型。而在沿海发达地区，许多城市政府仍希望更强大的产业政策、数量化的转型指标强力推动转型，加大投资，保持增长，这实际上已经不符合发展阶段的内在规律。因此，必须从国家层面改变这种传统发展理念，加快创新驱动的知识城市建设，以效率持续改进来推动可持续竞争力的提升。

（四）和谐城市建设：问题倒逼改革

在建设和谐社会的过程中，我国城市的和谐度总体上也得到了一定的提升，但由于我国目前正处于社会转型期，随着户籍人口与外来人口公共服务差距造成的城市内部二元结构矛盾日益凸显，主要依靠非均等化基本公共服务压低成本推动城镇化的快速发展模式已不可持续，经济社会发展不协调的矛盾比较突出，约束市场弊端的社会保护机制没有建立起来，导致我国社会整体和谐程度仍有进一步提升空间。反映在和谐城市竞争力指数上，与国外发达国家或者我国的香港、澳门地区相比，我国的和谐城市竞争力总体偏低，具有非常明显的转型国家的特征。同时又由于我国是一个区域不平衡的发展中大国，不同城市处于不同的经济发展阶段，在和谐城市建设中面临的困难和任务差别极大。随着我国城市化进程的推进，一些社会问题和社会矛盾还会进一步呈现出来，我国城市和谐竞争力水平总体上还不会得到很大提升，但不否认一些发达地区的大中城市和中小城市，在发展水平进入一定阶段后会通过主动的改革，大大提升本市的和谐竞争力水平。

（五）生态城市建设：如何走出 EKC 困局

随着我国城镇化的快速推进，城市生态环境问题日益严重，已经成为新闻媒体及"两会"最为关注的焦点问题。2013年，我国生态城市建设中面临的形势和问题更加严峻。在政府重拳治理的前提下，城市环境污染引发的重大事件仍呈爆发式增长，雾霾、水污染、植被破坏等问题也都呈现常态化趋势。这种生态环境问题已经严重影响了我国城镇化的质量，越来越多的城市居民对当前的城市环境状况不满，催生出很多"环境移民"，很多人开始因为环境问题而"逃离"大城市,选择环境更优美的中小城市或跨国移民。同时,目前我国很多地区在经济发展中,普遍存在将高污染、高排放的生产企业安置在本地区的边缘地带或将污染物排放到江河、湖泊、海洋中,这种以邻为壑的做法很容易导致"公用地悲剧"的发生,加速城市和区域之间的污染转移。可以说,生态环境问题成为影响中国未来进一步发展的瓶颈,不仅影响到我国城镇化的进程,也会影响到经济发展、社会安定等方面。在制度建设方面,与部分地方政府实施的汽车限号、转移污染企业等治标措施相比,国家层面的生态建设制度框架、环保法律法规的完善、生态补偿机制的建立、排污权交易等环境保护和治理的长效机制显得尤为重要。

(六)文化城市建设:历史积淀和特色逐步消亡

在快速城市化的过程中,一些城市景观结构与所处区域的自然地理特征不协调,部分城市贪大求洋、照搬照抄,脱离实际建设国际大都市,"建设性"破坏不断蔓延,城市的自然和文化个性被破坏。一些农村地区大拆大建,照搬城市小区模式建设新农村,简单用城市元素与风格取代传统民居和田园风光,使乡土特色和民俗文化流失,导致"千城一面""城乡一体",城市特色和历史文化底蕴逐步消亡。同时,对外来文化的理解和运用又不得要旨,不加思考地效仿国外使得主导文化出现断裂,甚至不加选择地抹去自身原有的文化,这造成部分城市在文化建设方面底气不足,无从下手。在城市规划过程中主观性和随意性较强,缺乏对城市建设规律的遵循以及对城市在精神、人文、个性方面的深层思考和理解。许多城市按照功能分区的规划理念,教条式地将城市分成商业区、居住区、行政区、娱乐区等做法,使本来饱含历史余韵、丰富多彩的城市人为地结构化、简单化,把城市生活变得机械且单调。从城市文化的物质、制度和精神层面看,在物质文化建设层面,缺乏文化意识、文化自觉以及以人为本的理念;在制度文化建设层面,缺乏大胆创新意识、科学制度设计以及系统执行力;在精神文化建设层面,塑造力度和宣传力度不强。从城市文化的内容结构来看,城市文化建设在民俗文化、节庆文化、精品文化等方面取得了不错的成就,但是休闲文化、大众文化、饮食文化、旅游文化、生态文化、体育文化等方面还需要进一步加强。

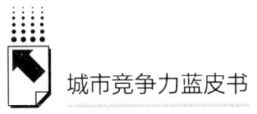

（七）全域城市建设：城乡二元结构亟待破解

当前全域城市建设面临的主要问题包括：城乡收入差距较大、公共服务供给城乡失衡、城乡基础设施差异较大、城市化落后于工业化的发展、空间布局无序。从城乡收入差距来看，城乡收入比一直超出合理的范围。从公共服务供给来看，农村在养老保险、医疗保险、生育保险、失业保险以及社会救助等方面，全面落后于城市。从城乡基础设施来看，农村基础设施供给无论在数量、质量、品种和属性等方面都落后于城市。从城市化与工业化的适应性来看，城市化发展滞后于工业化的发展，人口城乡结构落后于产业结构和就业结构，人口城市化滞后于非农产业的发展。从城市间的横向对比来看，虽然部分东南沿海城市、主要大中城市的全域城市建设已经取得了一定成绩，但由于发展城乡统一的资金约束、工农业生产率差异、城乡二元体制的制度惯性、缺乏城乡一体的合理规划以及城市倾向的经济政策，包括现行城乡分割的户籍管理、土地管理、社会保障以及财税金融、行政管理等制度，固化着已经形成的城乡利益失衡格局，制约着农业转移人口市民化，阻碍着城乡发展一体化。因此，从长期来看，中国城市的全域城市建设仍然任重而道远。

（八）信息城市建设：长效机制任重而道远

中国信息城市建设总体上还处于起步阶段，城市和区域之间的相对差异较大，大致呈现东高西低、南高北低的态势。从物质交流和信息交流上看，我国的信息基础设施目前还稍逊于交通基础设施的发展，信息基础设施建设并未与城市的发展保持同步。物联网、云计算、大数据等新一代信息技术创新应用在很多城市才刚刚起步，应用于我国关键领域的比例还严重偏低，先进信息技术研发并没有充分发挥它的创新驱动作用，信息基础设施的建设远远不能满足城市居民的生活需求。从城市与区域之间的横向对比来看，在交通设施、邮政等行业的投入上，对中、西部不发达地区的投入相对偏小。据工业和信息化部工业行业两化融合评估报告，我国24.5%的评估企业两化融合还处于起步阶段，43%处于局部覆盖阶段，不同行业的融合水平差异较大，跨部门、跨行业、跨地区的政务信息共享和业务协同还有待加强。因此，推广智能化信息应用和新型信息服务，促进城市规划管理信息化、基础设施智能化、公共服务便捷化、社会治理精细化的长效机制建设仍任重而道远。

四 理想城市：经验案例与政策启示

（一）以人为本的宜居城市：走"防治结合"的道路，确保人居环境越来越好

1. 墨尔本：城乡完美融合、古今交相辉映的生活品质之都

主要启示：注重城市文脉的保护与传承，强化城市风貌的区域管控，实现现代建筑与历史建筑的和谐统一，凸显人文宜居在现代宜居城市建设中的重要地位；优先安排居住区的公共设施用地，将居住区配套设施的达标作为房屋预售的重要前提，坚决实行居住区建设的配套设施一票否决制；大力发展公共交通，在地铁、轻轨和 BRT 等多种交通方式中因地制宜科学选择适合自己的发展重点；注重城市管理在宜居城市品质中的关键作用。

2. 珠海：人与自然和谐、经济环境协调的幸福乐居之地

主要启示：以规划理念的世界眼光、国际标准与城市发展本土优势相结合为引领，确立正确的宜居城市建设理念；以高端规划编制和坚定城市发展目标为抓手，推动宜居城市特色化和高水平发展；合理控制房价，不断提高收入房价比是确保城市居民住有宜居的关键；推进城市管理向城市治理转型，发挥政府、企业、社会多元主体在宜居城市建设中的合力。

（二）创业至上的宜商城市：走"质量领先"的道路，创造营商环境的竞争优势

1. 新加坡：政府做到良好治理和周到服务

新政府长期以来奉行亲商政策，高度重视对投资者的服务，建立"一站式"服务，精简审批项目，清理行政收费，并为招商引资实行了一系列奖励措施。除征收很少的关税外，保护性关税在逐步取消，不搞其他发展中国家通常都实行的外汇管理制和国内价格控制，不控制私人企业和私人投资，没有反垄断法，对利润汇出和资本撤回不加限制等，在法治和政府管理的框架下给商

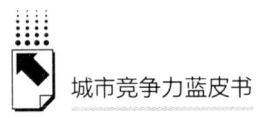

业活动提供足够的自由度。此外，新加坡将人才立法放入移民法框架内，吸引人才与吸引投资相结合，恰当地处理了补充简单劳动力和限制不需要的人员入境的关系。

2. 香港：自由规范的制度环境

香港一贯坚持经济自由的理念，被誉为"经济自由的最后堡垒"和全球最自由的经济体，在美国传统基金会和《华尔街日报》发布的《经济自由指数》报告中亦连续11年稳居榜首。综合香港经验来看，在较为完善的基础设施条件下，坚持法治精神，规范地奉行自由宽松的制度环境，时刻以市场理念为核心，尊重各个市场主体的利益，加强与世界各地的密切联系和合作，是提升宜商城市竞争力的根本所在。

（三）创新驱动的知识城市：走"创新驱动"的道路，确保城市"引领未来"

1. 伦敦：历史名城、创新引擎

雄厚文化底蕴的伦敦拥有丰富的大学资源，为提高知识城市竞争力提供有利的条件，文化多样性、开放、和谐的社会环境实现知识共享与交流，倡导低碳经济，合理规划区域划分，符合可持续发展，为知识城市提供了可持续竞争力，大力培养与引进金融人才，充分发挥金融业优势，不断创造知识经济，提高知识城市竞争力，伦敦这种提高可持续的知识城市竞争力的途径值得我们借鉴与学习。

2. 杭州：创意天堂、东方硅谷

杭州的互联网技术及电子商务业处于全国领先地位，是一个具有创意的城市，其利用自身优势，不断创新，促进高科技技术不断向前发展，并能够将科技成果结合自身优势形成更大的知识外溢与知识经济转化效益；优化知识创造环境，以企业为主体，以市场为导向，以产学研合作为纽带，搭建了一个面向国内外的知识产权创造的新平台，在知识产权工作中形成的"创造是源头、管理是基础、保护是手段、运用是目的、企业是主体、市场是导向"成功经验值得全国同类城市学习与借鉴。

（四）公平包容的和谐城市：走"包容增长"的道路，确保市民社会的"公平正义"

1. 柏林：多元、开放、高效、公平的包容性城市

主要启示：社会公平与市场经济的结合是德国社会保障制度的特点，柏林作为德国的首都不仅为一般市民提供了覆盖面比较齐全的保障体系，更是以弱势群体为重点，建立了各种社会救济、补助和促进就业的政策制度，促进了整个社会的稳定和谐。柏林虽然在经济发展上没有优异的表现，但在政府的干预下，以住房为代表的城市生活成本相对较低，既适合本地居民居住也吸引了国外各种人才到柏林创业和生活，使柏林保持了比较好的活力和创造性。在城市管理方面，在德国柏林的行政执法体制中，秩序局集中行使处罚权的成功经验，对我国推行集中行政处罚权具有借鉴意义。

2. 厦门：美丽、活力、幸福、共享的温馨和谐之城

主要启示：建设和谐城市的关键在于政府转型，由管理型政府变为服务型政府，由政府决策变成公共决策，由原来以经济建设为中心转为以社会建设为中心，提高居民的生活质量。同时，和谐城市建设既要注重城乡公平也要注重不同阶层之间、本地人与外地之间的公平，厦门市率先在全国建立的城乡一体、内外一致的"全民医保"、义务教育资源配置和社会保障体系，为其他地区提供了很好的借鉴。不设门槛的保障性住房建设，为保护中产阶层的利益发挥了重要作用，也值得其他地区借鉴。

（五）环境友好的生态城市：走"绿色发展"的道路，确保生态环境的"自然优美"

1. 伯克利：优秀理论指导下的全球最佳生态城市

主要启示：以雷吉斯特的生态城市理论为指导进行了大规模的城市规划和建设，极大地改善了本地生态环境；在土地开发过程中，伯克利主要依托就近开发、鼓励土地混合利用、高密度开发等原则，极大地提高了土地的利用效率；加大对历史文化遗产的保护力度，尽量保持"原汁原味"，并将多样性的文化和民族特征体现在生态城市中，很好地延续了伯克利的历史；以步行原则

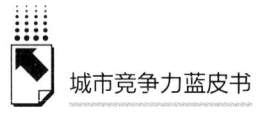

建设交通和商业区，在城市交通系统建设中，建设了大量的慢速道街道，鼓励居民步行或骑自行车出行，尽量减少小汽车的利用。

2. 黄山："对污染说不"的生态城市

主要启示：量身定制生态环境保护专项规划，重点建设生态旅游及服务业、新型工业及循环经济、生态农业及农村能源等工程；依托生态资源推动产业发展，"坚决不上一个有污染的工业项目"；在现有生态资源的基础上加大整治和保护力度，积极探索建立生态建设与保护的有效机制，通过积极推进林权制度改革，鼓励和促进社会化、市场化的多元投入，引导和激励全社会参与生态建设；建立完善的生态保护机制，着力构建政府引导、部门联动、社会参与的工作机制。

（六）多元一本的文化城市：走"守土开放"的道路，确保城市的"世界个性"

1. 巴黎：世界文化名城、时尚之都

主要启示：对老城区进行严格缜密的保护，从单纯的文物建筑局部保护上升到整体老城区的保护，从强调物质形态到在经济、社会、环境、生态等诸多领域的完善与协调中强调传统空间形式和历史氛围；鼓励民众积极参与城市文化建设，定期举办文化活动，促进市民在与城市的互动中提高、增强保护意识和文化素质；大力扶植文化创意产业发展，致力于改善环境、繁荣文化、发掘创造力。创意产业一方面来源于现实，源源不断，另一方面回归到现实，满足市场的多样化需求，促进巴黎文化创意产业的蒸蒸日上。

2. 上海：守土开放的魅力之都

主要启示：发挥文化在城市经济社会建设中的先导作用，建设相应的公共文化服务、文化产业扶持、文化市场监管政策支撑体系；促进文化事业产业协调发展，公益性文化事业与经营性文化产业实施双轮驱动、两翼齐飞；坚持本土文化和外来文化融合发展，紧密结合上海市情、地情、人情，积极发展本土文化，兼容并蓄各类优秀文化品种、样式及模式，以文化的大开放、大思维推动文化的大融合。

中国城市竞争力 2013 年度综述

（七）城乡一体的全域城市：走"融合均等"的道路，确保城市"反哺农村"

1. 杜塞尔多夫："欧洲最大的乡村"

主要启示：城市规划具有法定性、长期性、固定性、稳定性，而且综合性很强，包括土地利用、产业布局、环境保护和城市建设等方面。城市规划对统筹城市的全面发展起到了十分重要的作用，在规划决策前必须进行充分调研、反复公示，最终由议会审议、批准，并具备法律效力，任何擅自改变规划的行为都是不可能的；在进行经济结构转型的基础上，非常注重城乡联动发展，农民享有一切城市居民的权利，没有明显的城乡差别；强调市民参与城市规划，从方案的编制、修改到确定，每个环节都在公众的广泛参与下展开。

2. 深圳：没有农村的城市

首先改革行政管理体制，加大社区管理和公共服务的力度；通过土地和房屋管理制度改革，最大限度地盘活了原农村土地资源，提高了开发建设水平，集体土地所有权的转变使原农村土地和房屋产权体制与城市接轨；在户籍制度和人口管理方面，深圳市一次性办理农转非手续，将农业户口村民转为非农业户口的城市居民，并规定转置的农业户口村民享受城市居民的最低生活保障标准，在制度设计上让农转非居民享有了与城市居民一样的社会和劳动就业保障等权利；将农村市政基础设施逐步统一纳入城市管理体系中，极大地改善了农村基础设施。

（八）开放便捷的信息城市：走"迎头追赶"的道路，确保城市"沟通无限"

1. 东京：世界级智慧城市

在信息基础设施上，东京以实现"任何时间、任何地点、任何人、任何物"都可以上网的家家户户数字化为目标，通过搭建光纤数字网络等，实现了网络交通的迅速连接；在信息交通上，注重"智能化的高速公路"建设，通过物联网、传感器等的运用，实现交通设施的智能化；逐步开始新的信息技术如云计算等技术的应用，率先开始了智能政府的建设，以高效、统一、迅速

047

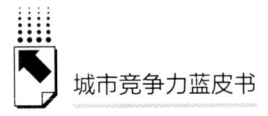

应变，满足公众的生产、生活需求；用先进的信息技术来实现节能环保，通过高新技术的应用普及，促进低碳经济的发展。

2. 广州：智慧之城、活力之都

在物质联系交流上，依托广交会和东、北、南的交通枢纽布局，着力打造国际商贸中心；在信息交流上，注重信息技术的发展应用，市辖区基本实现了光纤普及，并建立了宽带数据、交互式视频等业务平台，南沙、天河等智慧城市基础设施建设及无线城市、云计算数据中心等重点工程是广州在信息基础设施上的战略先行；通过信息技术发展将传统产业改造升级，并通过信息产业的战略发展布局，推动产业向高端化、低碳化方向发展；制定了一系列优惠政策，发挥信息主导产业的引导作用，大力发展云计算、物联网、数字新环保、新能源、新材料等产业，加快推进科技与创新应用的结合。

五 年度主题：一个世界超级经济区已经浮现

我们在城市和区域经济研究中，经过长期观察和反复比较，初步有了一个重大发现：长三角地区已经在原有基础上浮现出一个更大范围的世界超级经济区，并将带动中国区域经济格局发生重大变化。在此基础上，我们大胆设想、小心求证，从区域广化和深化的角度证明，至2020年，这一在综合经济、交通体系、市场体系、产业体系等领域实现全面一体化的世界超级经济区将出现在北至陇海线，南抵浙南山区，西至京九线，东临黄海、东海的广袤空间里，包括沪、苏、浙、皖的40个城市。

（一）长三角的区域广化

1. 时间维度：基于时间距离，"两小时经济圈"不断扩展

随着交通基础设施条件的迅速改善，各节点城市到中心城市上海的最短时间距离迅速缩短，长三角以上海为中心的"两小时经济圈"的空间范围不断扩大。至2020年，长三角"两小时经济圈"将覆盖上海、江苏、浙江全境以及安徽除亳州以外的总共40个城市。

届时，所有城市与中心城市上海之间的最短往返通勤时间将控制在4小时之内，能够实现当日工作往返，长三角将全面迈向"当日经济"。

2. 空间维度：基于引力模型，中心城市影响范围不断扩大

以 2003 年长江三角洲城市经济协调会的 16 个会员城市为标准，依据引力模型，计算这一时期中心城市上海与外围其他会员城市的吸引力指数，并分别与 2013 年长江三角洲城市经济协调会扩容后的 30 个城市，以及 2020 年长三角两小时经济圈所包括的 40 个城市进行比较。结果显示，随着城市数量的增多和空间范围的扩大，吸引力指数均值平稳上升，这进一步证明，到 2020 年，长三角将形成以上海为中心，北至连云港、徐州，西至安庆、六安，南至温州、丽水，包括沪、苏、浙、皖 40 个城市的"超级经济区"。

（二）长三角的区域深化

1. 综合经济一体化：核心城市带动外围城市，区域经济显著收敛

以地均 GDP 和 GDP 增量分别衡量经济发展效率和增长潜力。通过对长三角经济区 40 个城市 2001~2010 年地均 GDP 和 GDP 增量进行考察，发现长三角在这十年间出现了明显的区域经济收敛，地区间差距进一步缩小，综合经济一体化程度不断加深。

2. 交通一体化：区域交通高速化、网络化，可达性水平全面提升

以加权最短出行时间（Average Weighted Travel Times）测度长三角的区域可达性水平，结果显示，1990~2020 年，长三角可达性水平将不断提升，交通一体化水平全面改善，且区域内部的可达性水平更加均衡，外围城市的可达性迅速提升，长三角的整体空间格局由极化向均衡化发展。

3. 市场一体化："冰山"成本降低，区域共同市场逐步形成

以地区间相对价格法测度长三角市场一体化程度，结果显示，1990~2010 年，长三角的相对价格方差呈现整体收窄的趋势，并逐渐平滑，最终稳定在极小区间里。在市场力和政府力的双重作用下，长三角的市场一体化程度不断加强。

4. 产业一体化：产业结构趋同，区域合作实现集群优势

通过产业结构相似度和产业结构转换速度来测度长三角的产业一体化程度。结果显示，2004 年之后，长三角整体的产业结构相似度系数均值连续 7

年持续上升,2010年达到0.795,发生了明显的产业同构现象。随着产业关联度的提升,长三角各地的产业结构转换速度呈现明显的同向变化趋势,产业一体化程度显著提升,产业同构成为一体化的基础,长三角作为一个整体进行产业升级和结构调整,并形成集群优势,对外参与国际分工与竞争。

(三)结论与展望

伴随长三角明显的区域广化和深化,一个覆盖沪、苏、浙、皖40个城市的世界超级经济区已经浮现。若政府能够顺应这一客观趋势,因势利导,克服目前在战略规划、空间布局、体制机制、公共治理、产业体系、基础设施等方面存在的问题,制定促进区域合作的战略规划,优化带动纵深发展的空间布局,完善平衡各方利益的协调机制,建立深化区域一体的公共治理体系,培育提升竞争优势的产业集群,构建支撑全域开发的基础设施体系,促进这一超级经济区的建设,对于实现"两个百年"中国梦的奋斗目标将具有重大的战略意义。

参考文献

倪鹏飞:《新型城镇化的基本模式、具体路径与推进对策》,《江海学刊》2013年第1期。
倪鹏飞:《中国城市竞争力报告 No.11》,社会科学文献出版社,2013。
《国家新型城镇化规划(2014~2020年)》,http://news.sina.com.cn/c/2014-03-16/212029721385.shtml。

主题报告

Topic Report

B.3
沪苏浙皖：一个世界超级经济区已经浮现

倪鹏飞 李冕*

一 引言

随着全球化和信息化发展到一个新的阶段，经济活动越来越突破单一地理区域的限制，加强区域合作，实施区域一体化战略已成为国家发展和民族复兴的必由之路。我国目前初步形成了长三角、珠三角和环渤海这三大最具活力的经济区，其中长三角的一体化进程起步最早、水平最高，无论是经济总量，还是产业结构，都处于领先水平。

我们在城市和区域经济研究中，经过长期观察和反复比较，初步有了一个重大发现：长三角地区已经在原有基础上浮现出一个更大范围的世界超级经济

---

* 李冕，中国社会科学院研究生院金融学博士研究生，主要研究领域为城市与房地产金融。

区，并将带动中国区域经济格局发生重大变化。在此基础上，我们进一步大胆设想、小心求证。

在区域广化方面，从时间维度，基于时间距离，发现1990~2020年，长三角"两小时经济圈"的范围不断扩大；从空间维度，基于引力模型，通过对不同时期长三角地区吸引力指数的比较进一步证明，至2020年，长三角将形成以上海为中心，北至连云港、徐州，西至安庆、六安，南至温州、丽水，包括沪、苏、浙、皖40个城市的超级经济区。

在区域深化方面，基于区域收敛性分析、可达性水平测度、地区间相对价格比较以及产业结构相似度和转换速度的测算，证明长三角的一体化水平全面提升，至2020年，一个在综合经济、交通体系、市场体系、产业体系等领域实现全面一体化的世界超级经济区将出现在北至陇海线，南抵浙南山区，西至京九线，东临黄海、东海的广袤空间里。

伴随明显的区域广化和深化过程，这一范围更大的世界超级经济区已经浮现。然而，目前长三角在战略规划、空间布局、体制机制、公共治理、产业体系、基础设施等方面仍存在不少问题，严重制约了这一超级经济区的形成。政府若能顺应这一客观趋势，因势利导，妥善解决以上问题，促进沪苏浙皖长三角超级经济区的建设，将具有重大的战略意义：对内能够优化三大战略，实现区域经济各大板块的互补互动、互联互通，带动陆海全域发展；对外能够形成全球第一大城市群，更好地参与国际竞争与合作；最终有力支撑"两个百年"中国梦这一伟大奋斗目标的实现。

表3-1 长三角一体化进程重大事件回顾

时间	事件
1982年12月22日	国务院决定成立上海经济区，形成长三角的最早雏形
1983年3月22日	上海经济区规划办公室成立，上海经济区的范围包括上海、苏州、无锡、常州、南通、杭州、嘉兴、湖州、宁波、绍兴等10个城市
1983年8月18日	召开第一次上海经济区规划工作会议，建立包括上海、江苏和浙江"两省一市"在内的"首脑"会议制度
1984年12月6日	安徽省成为上海经济区成员
1988年6月1日	国家计划经济委员会撤销上海经济区规划办公室，长三角一体化进程暂时中断

沪苏浙皖：一个世界超级经济区已经浮现

续表

时间	事件
1992年	上海、无锡、宁波、苏州、扬州、舟山、杭州、绍兴、南京、南通、常州、湖州、嘉兴、镇江等14市建立长三角城市协作部门主任联席会议制度
1997年	15市（泰州加入）成立长江三角洲城市经济协调会
2003年8月19日	台州加入长江三角洲城市经济协调会，成员城市扩大至16个
2004年11月2日	长江三角洲城市经济协调会联席会议由每两年召开一次改为每一年一次
2005年	《长三角都市圈高速公路网规划》出台，《长江三角洲地区城际轨道交通网规划》获批
2008年9月7日	国务院通过《关于进一步推进长江三角洲地区改革开放和经济社会发展的指导意见》
2010年6月22日	国务院批复《长江三角洲地区区域规划》，规划范围包括上海、江苏、浙江"两省一市"
2013年4月13日	长三角城市经济协调会第十三次市长联席会议召开，正式吸收徐州、芜湖、滁州、淮南、丽水、温州、宿迁、连云港等8座城市成为长三角城市经济协调会成员，至此，会员城市扩容至30个，包括上海市、江苏省、浙江省全境以及安徽省的合肥、芜湖等5地市

二 长三角的区域广化：区域范围的纵深扩展

1982年12月22日，国务院决定成立上海经济区，形成了长三角的最早雏形，拉开了长三角一体化的序幕，最早的上海经济区只包括上海、苏州、无锡、常州、南通、杭州、嘉兴、湖州、宁波、绍兴等10个城市。随着一体化进程的不断推进，长三角发生了明显的区域广化，即区域范围不断扩展。1997年，长江三角洲城市经济协调会正式成立，首次提出了长三角经济圈的概念。长江三角洲城市经济协调会不断扩容，到2003年，已包括了上海、无锡、宁波、苏州、扬州、舟山、杭州、绍兴、南京、南通、常州、湖州、嘉兴、镇江、泰州、台州等16个城市，这16市也是较早被一致公认的长三角的空间范围。截至2013年，长江三角洲城市经济协调会的会员城市扩充至30个，范围包括上海市、江苏省、浙江省全境以及安徽省的合肥、芜湖等5地市。长三角的区域广化在时间维度上表现为"两小时经济圈"的扩展，在空间维度上表现为中心城市影响范围的扩大，至2020年，长三角经济区的范围将扩展至沪、苏、浙、皖40个城市。

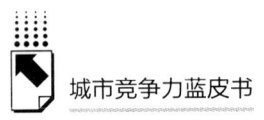

（一）时间维度："两小时经济圈"的扩展——基于时间距离

长三角经济区的范围扩展首先得益于交通基础设施条件的迅速改善，2000年以来，《长三角都市圈高速公路网规划》《长江三角洲地区城际轨道交通网规划》等一系列着眼于区域一体化的重大专项交通规划相继出台。特别是近年来，高速铁路的快速建设有力地推动了长三角迈向同城时代，各节点城市到中心城市上海的最短时间距离迅速缩短。随着时间距离的不断缩短，长三角以上海为中心的"两小时经济圈"的空间范围不断扩大（见表3-2）。

表3-2 长三角城市与上海的最短时间距离一览

单位：小时

城市\年份	1990	2000	2010	2020
南 京	2.81	2.01	1.13	0.94
无 锡	1.20	0.86	0.48	0.40
徐 州	6.00	4.29	4.29	2.00
常 州	1.63	1.16	0.65	0.54
苏 州	0.86	0.61	0.34	0.29
南 通	6.25	2.43	0.88	0.32
连云港	7.61	5.61	3.63	1.43
淮 安	5.79	4.24	3.25	1.29
盐 城	6.38	3.30	2.18	0.88
扬 州	3.52	2.52	1.80	0.88
镇 江	2.26	1.61	1.61	0.75
泰 州	4.02	2.87	1.83	0.71
宿 迁	6.59	4.84	4.29	1.96
杭 州	1.74	1.24	0.70	0.58
宁 波	3.21	2.29	1.72	1.07
温 州	4.90	3.50	2.73	1.89
嘉 兴	0.88	0.63	0.35	0.29
湖 州	2.43	1.83	1.17	0.79
绍 兴	2.23	1.60	1.07	0.74
金 华	4.20	3.09	2.37	1.11
衢 州	5.50	4.06	2.93	1.37
舟 山	4.37	3.17	2.87	1.65
台 州	5.67	4.14	2.65	1.53

续表

城市\年份	1990	2000	2010	2020
丽 水	5.60	4.14	2.99	1.39
合 肥	4.16	2.97	1.66	1.39
芜 湖	4.32	2.62	2.62	1.22
蚌 埠	4.48	3.20	3.20	1.49
淮 南	5.36	3.60	2.45	1.68
马鞍山	3.65	2.32	2.32	1.08
淮 北	6.91	4.97	4.74	2.46
铜 陵	5.63	3.14	3.14	1.46
安 庆	7.13	3.75	3.75	1.75
黄 山	5.21	3.72	3.72	1.20
滁 州	3.33	2.38	2.38	1.11
阜 阳	7.62	4.45	2.87	2.08
宿 州	5.36	3.83	3.83	1.79
六 安	4.91	3.51	2.27	1.64
亳 州	9.12	6.68	3.87	3.12
池 州	6.37	3.48	3.48	1.63
宣 城	4.42	3.31	2.28	1.23

注：计算中设定高速铁路时速为 250～300 千米/小时，高速公路为 120 千米/小时，普通铁路为 100～140 千米/小时，国道为 80 千米/小时，省道为 60 千米/小时。

资料来源：中国社会科学院城市与竞争力指数数据库。

1990 年，长三角"两小时经济圈"只能辐射无锡、常州、苏州、杭州、嘉兴等少数城市，这些城市均位于沪宁、沪杭通道上，且与上海距离较近。

至 2000 年，随着高速公路的建设，镇江、湖州、绍兴进一步融入，长三角"两小时经济圈"逐渐贯穿沪宁、沪杭通道全线。

至 2010 年，随着苏通大桥、杭州湾大桥等跨江跨海大桥的建成通车，长三角"两小时经济圈"的南北两翼更加丰满，向北跨过长江纳入苏中的南通、扬州、泰州三市，向南跨过杭州湾，以宁波为节点，辐射浙江沿海。

至 2020 年，高速铁路和城市轨道交通网络将进一步扩大长三角"两小时经济圈"的范围。特别是随着沿海、沿江以及沪宁合高铁的全线贯通，浙东南沿海、浙西南山区以及苏北和皖江淮地区也将全面融入长三角。考虑到高速铁路仍有进一步提速空间，长三角"两小时经济圈"将覆盖上海、江苏、浙

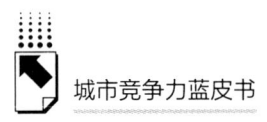

江全境以及安徽除亳州以外的共40个城市。

届时,所有城市与中心城市上海之间的最短往返通勤时间将控制在4小时之内,能够实现当日工作往返,长三角将全面迈向"当日经济"。以"两小时经济圈"为划分标准,到2020年,长三角将形成以上海为中心,北至连云港、徐州,西至安庆、六安,南至温州、丽水,覆盖沪、苏、浙、皖40个城市的超级经济区。

(二)空间维度:中心城市影响范围的扩大——基于引力模型

界定经济区的方法主要可以分为两类:一类是基于空间联系的实证分析,一类是基于空间相互作用的理论模型。空间联系具体体现为各种流,例如帕克用报纸流来界定城市贸易区(Trade Area),乌尔曼和克里斯塔勒利用长途电话流来确定中心城市的影响区,布奇利用资金流来研究美国主要金融城市的腹地范围。这种方法简便易行,但由于空间联系的高度复杂性,往往面临指标是否具有代表性的问题,指标的差异可能会导致截然不同的区域划分结果。

构建空间相互作用模型进行区域划分,是与流分析相对应的方法,由于空间的相互作用引导着区域间的各种流,这种方法具有更强的综合性。引力模型(即重力模型)是研究空间相互作用中应用最广泛的模型,能够有效评估城市的影响范围和作用强度。利用引力模型,通过比较不同时期、范围不断扩大的长三角地区吸引力指数,对长三角的区域广化进行论证。

引力模型的一个重要特点,是保持基本形式不变,只要对其变量和参数做出适当的调整,就可用于研究不同的问题。引力模型的一般形式为:

$$M_{ij} = KY_i Y_j / D_{ij}$$

K为常数(通常也称为引力系数),Y_i和Y_j为内生变量,D_{ij}为i、j两地的空间距离。

康维斯(P. D. Converse,1949)曾对引力模型的一般形式做出改进,并提出"断裂点"公式,用以计算城市的引力范围。两城市的引力计算模型为：

$$F_{ij} = K P_i P_j / d_{ij}^r$$

P_i、P_j 分别为 i、j 两地的人口数量，d_{ij} 为两地之间的空间距离，K 为引力常数，r 为距离摩擦系数。

这一模型仍然存在不完善之处：第一，康维斯用人口数作为城市规模的主要衡量指标，一些学者（如 W. Isard，1965）则认为城市规模还与城市的综合实力有关，应考虑城市综合实力指数；第二，传统模型中的两地距离为空间距离，无法考量交通条件改善所带来的时间距离缩减，这一点从 20 世纪 50 年代起就广受批评。

针对以上两点进行改进，两地之间的引力模型用以下公式表示：

$$I_{ij} = K \times \frac{W_i P_i W_j P_j}{d_{ij}}$$

其中，P_i、P_j 分别代表中心城市 i 和城市 j 的人口数量；w_i、w_j 分别为中心城市 i 和城市 j 的综合实力指数，以地区生产总值占比表示；d_{ij} 为城市 j 到中心城市 i 的最短时间距离，由此可以计算出中心城市 i 对城市 j 的吸引力指数，衡量其空间作用强度。

2003 年长江三角洲城市经济协调会的 16 个会员城市构成了较早被一致公认的长三角空间范围，以此为标准，依据引力模型，计算这一时期中心城市上海与外围其他会员城市的吸引力指数，并分别与 2013 年长江三角洲城市经济协调会扩容后的 30 个城市以及 2020 年长三角"两小时经济圈"所包括的 40 个城市进行比较。

计算结果显示，长三角的吸引力指数均值从 2003 年的 4.014，上升至 2013 年的 4.129，至 2020 年将达到 4.562，呈现平稳上升的态势，即随着城市数量的增多和空间范围的扩大，中心城市上海对整个区域的作用强度保持稳定（见表 3-3）。这进一步证明，若以长三角传统 16 市的吸引力指数为标准，到 2020 年，一个世界超级经济区将出现在北至陇海线，南抵浙南山区，西至京九线，东临黄海、东海的广袤空间里，包括沪、苏、浙、皖的 40 个城市（见图 3-1）。

表3-3 不同时期长三角经济区吸引力指数比较

城市	2003年 长三角经济协调会 16成员城市	2013年 长三角经济协调会 30成员城市	2020年 长三角"两小时经济圈" 40个城市
上 海	—	—	—
南 京	3.588	7.506	9.262
无 锡	7.823	13.650	16.700
徐 州	—	1.725	4.039
常 州	2.151	4.110	5.111
苏 州	21.703	42.311	51.255
南 通	2.576	7.320	21.234
连云港	—	0.420	1.141
淮 安	—	0.602	1.644
盐 城	—	2.184	5.752
扬 州	0.932	1.380	2.983
镇 江	0.850	0.819	1.850
泰 州	0.814	1.381	3.757
宿 迁	—	0.370	0.865
杭 州	8.704	14.251	16.255
宁 波	3.426	4.013	5.939
温 州	—	1.957	2.544
嘉 兴	3.626	5.194	6.043
湖 州	0.551	0.678	0.964
绍 兴	2.362	2.730	3.668
金 华	—	0.983	1.997
衢 州	—	0.155	0.336
舟 山	0.042	0.053	0.094
台 州	1.062	1.178	1.827
丽 水	—	0.145	0.310
合 肥	—	3.396	5.041
芜 湖	—	0.517	1.347
蚌 埠	—	—	0.435
淮 南	—	0.145	0.225
马鞍山	—	0.227	0.535

沪苏浙皖：一个世界超级经济区已经浮现

续表

城 市	2003年 长三角经济协调会 16成员城市	2013年 长三角经济协调会 30成员城市	2020年 长三角"两小时经济圈" 40个城市
淮 北	—	—	0.106
铜 陵	—	—	0.065
安 庆	—	—	0.921
黄 山	—	—	0.097
滁 州	—	0.344	0.831
阜 阳	—	—	0.912
宿 州	—	—	0.643
六 安	—	—	0.771
池 州	—	—	0.087
宣 城	—	—	0.341
均 值	4.014	4.129	4.562

注：计算中2012年以后的人口数据根据过去10年的加权平均增长率依次测算。
资料来源：中国社会科学院城市与竞争力指数数据库。

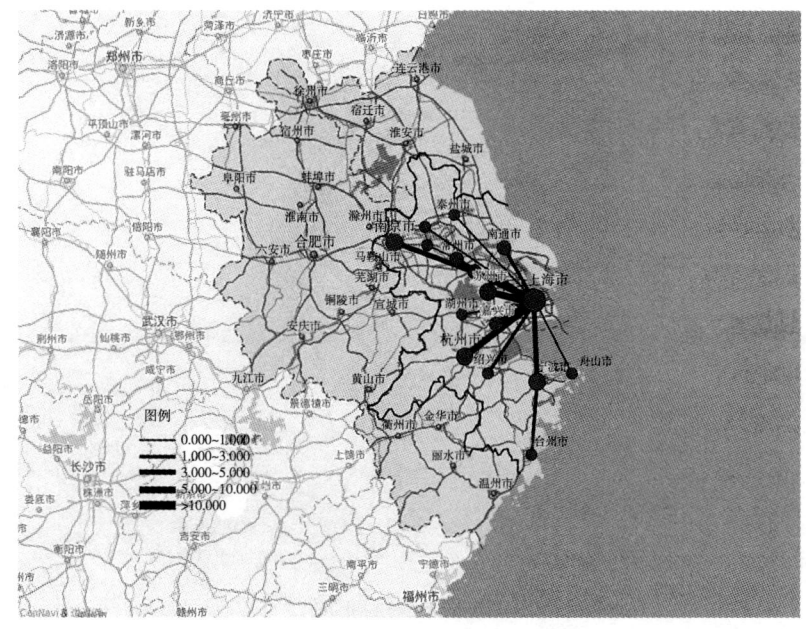

2003年长三角16市

059

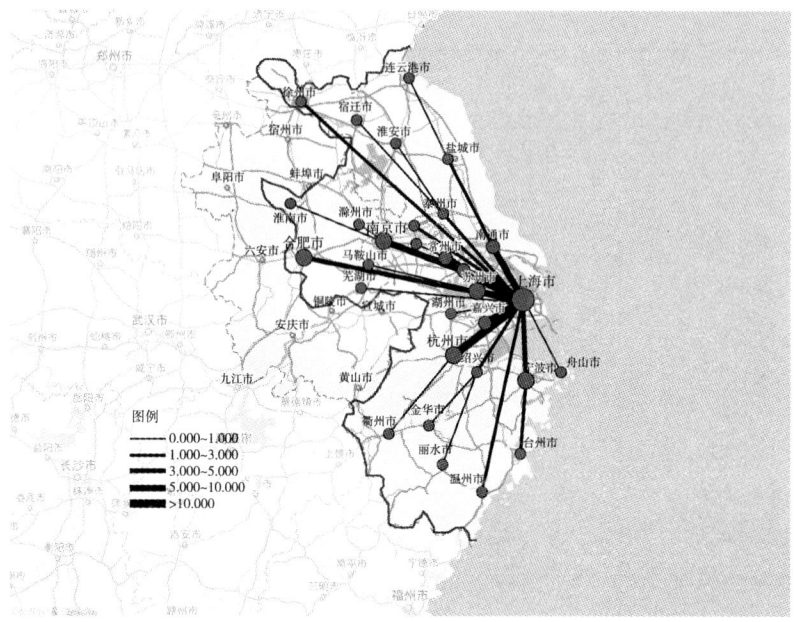

2013年长三角30市

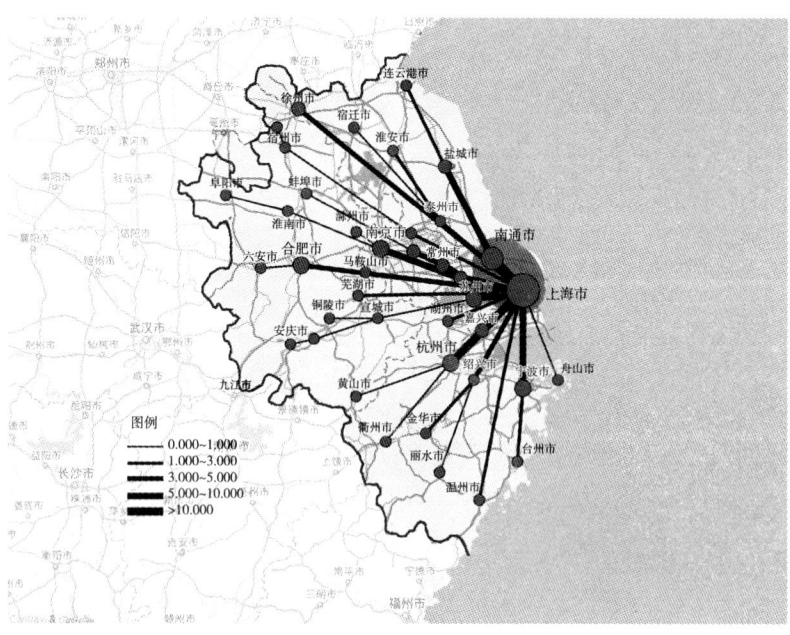

2020年长三角40市

图3-1 长三角经济区引力作用空间示意

三 长三角经济区的区域深化：一体化程度的全面提升

（一）综合经济一体化：核心城市带动外围城市，区域经济显著收敛

城市的综合经济竞争力由综合效率竞争力和综合增量竞争力两方面构成：综合效率竞争力以地均 GDP 衡量，反映经济发展的效率和水平；综合增量竞争力以 GDP 增量衡量，反映城市货币收益增加的速度和规模。通过对长三角经济区 40 个城市 2001~2010 年地均 GDP 和 GDP 增量进行考察，发现长三角在这十年间出现了明显的区域经济收敛，地区间差距进一步缩小，一体化程度进一步加深。

从地均 GDP 来看，长三角全部 40 市与核心 16 市的变异系数呈现平稳下降的趋势，内部差距不断缩小。而长三角外围 24 市的变异系数在 2005 年以前呈上升趋势，直到 2005 年之后才趋于平缓，并接近核心 16 市的水平（见图 3-2）。这在一定程度是由于外围 24 市在早期处于低水平的相对均衡状态，2000 年芜湖长江大桥通车后，皖东部分城市率先融入长三角，外围 24 市内部发展差距进一步拉大；而在 2004 年之后，随着安庆长江大桥与合宁城际铁路以及苏通大桥的建成通车，整个苏北和皖江淮地区全面融入长三角经济区，在核心城市的带动下，各城市之间的发展差距逐渐收敛。

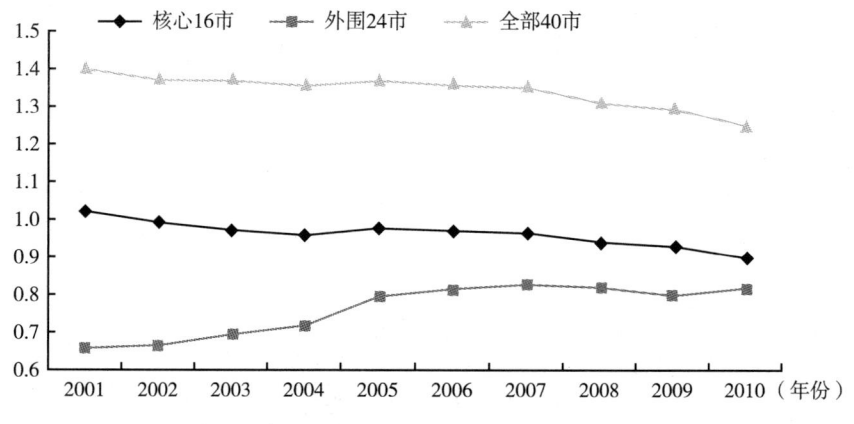

图 3-2　长三角城市地均 GDP 变异系数走势

资料来源：中国社会科学院城市与竞争力指数数据库。

从长三角全部40市、核心16市和外围24市这三组城市之间的地均GDP变异系数来看，在这十年间，特别是2003年之后呈现明显的下降趋势，这说明作为一个整体，长三角经济区各城市经济发展的效率与水平是逐渐趋于平衡的（见图3-3）。

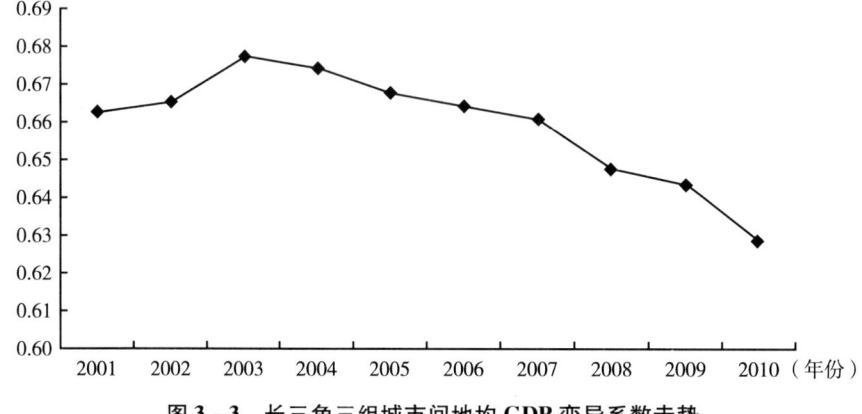

图3-3　长三角三组城市间地均GDP变异系数走势

资料来源：中国社会科学院城市与竞争力指数数据库。

从GDP增量来看，长三角全部40市、核心16市、外围24市以及这三组城市间的变异系数在十年间均呈现下降趋势，且全部40市2010年的变异系数为1.086，已接近甚至低于核心16市2001年的变异系数1.094。这说明在核心城市的带动下，长三角城市的增长规模与潜力也得到了全面提升（见图3-4、图3-5）。

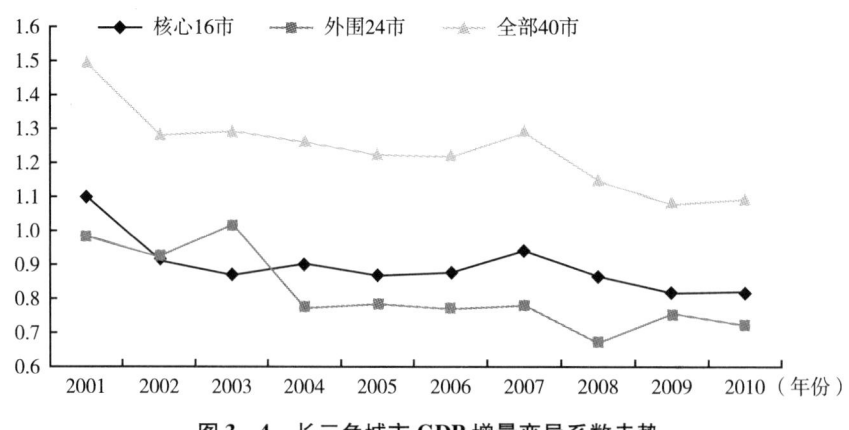

图3-4　长三角城市GDP增量变异系数走势

资料来源：中国社会科学院城市与竞争力指数数据库。

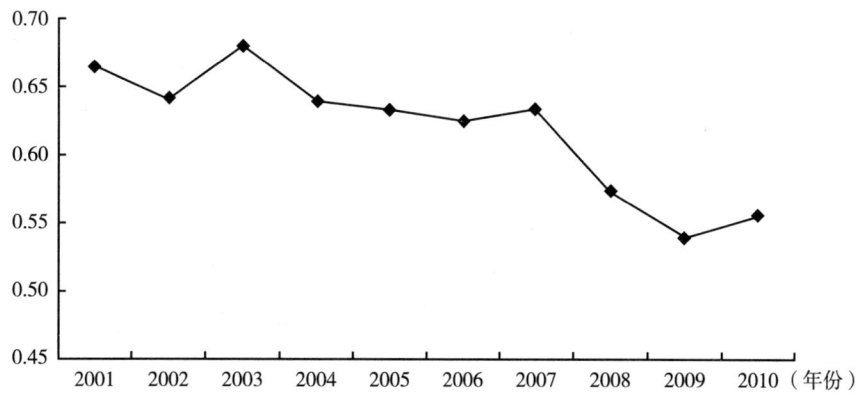

图 3-5　长三角三组城市间 GDP 增量变异系数走势

资料来源：中国社会科学院城市与竞争力指数数据库。

（二）交通一体化：区域交通高速化、网络化，可达性水平全面提升

在市场机制作用下，各地区资源分布不平衡是制约经济一体化发展的主要瓶颈，为提高资源使用效率，必须首先实行交通基础设施一体化，促进区域间资源共享，形成规模效应。回顾历史，长三角区域一体化正是以交通一体化为先导的，特别是近年来高速铁路的建设大大缩短了城市之间的时间距离，全面提升了区域可达性水平，促进了区域空间结构均衡化，推动了长三角一体化进程。

1. 铁路时代（1990 年以前）：要发展，先修路

改革开放初期，全国掀起以"经济建设为中心"的热潮，但公路交通成为国民经济发展中最突出的薄弱环节，"要发展，先修路"成为全社会的普遍共识。

长三角在这一时期也开始加快公路建设，但由于缺乏统一规划，呈现初始阶段"各自为政"的局面，公路建设未纳入区域一体化的框架之中，即使在国家层面也直到 1992 年才初次确定全国"五纵七横"的国道主干线系统布局。

这一时期长三角的公路建设主要集中在国道、省道、乡镇道路等较低级别道路上，几乎没有高速公路。直到 1988 年 10 月 31 日，沪嘉高速公路建成通

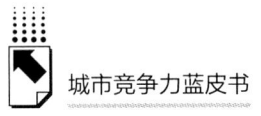

车,结束了我国大陆没有高速公路的历史。

总体而言,20世纪80年代长三角的公路建设在一定程度上缓解了交通运输紧张的局面,但这一时期的主要交通方式仍是依托沪宁合、沪杭甬两条铁路联系上海、杭州、宁波、南京和合肥等主要城市,支撑起长三角传统的"Z"字形结构。

2. 公路时代（1991~2000年）：高速公路建设快速推进

"九五"期间,国家层面确定了"两纵两横"的高等级公路干线主骨架长远建设规划,其中"两横"与沿海的"一纵"交会于长三角地区,极大地推进了长三角的高速公路建设,合宁高速、沪宁高速、宣广高速、沪杭高速、杭甬高速、宁马高速、上三高速相继建成通车（见表3-4）。

表3-4 20世纪90年代长三角主要高速公路一览

高速公路	通车时间	起点	终点	车道数
合宁高速公路	1995年	合肥	南京	双向4车道
沪宁高速公路	1996年	上海	南京	双向4车道
宣广高速公路	1997年	宣城	广德	双向4车道
沪杭高速公路	1998年	上海	杭州	双向6车道
杭甬高速公路	1998年	杭州	宁波	双向4车道
宁马高速公路	1999年	南京	马鞍山	双向6车道
上三高速公路	2000年	绍兴上虞	台州三门	双向6车道

这一阶段高速公路的选线大多集中在上海、杭州、宁波、南京和合肥等特大城市之间,还未形成覆盖长三角全域的网络化格局。特大城市之间和沿线主要城市依托高速公路,形成高效交通走廊。这些城市与区域其他城市则主要通过国道、省道等较低级别公路进行连通。

3. 大桥时代（2001~2010年）：高速公路网络化,"跨江追海"促进互通互融

进入21世纪,长三角区域交通一体化提速。2005年,近期至2010年、远期至2020年的《长三角都市圈高速公路网规划》出台,编织了一张"七纵十横"的骨干高速公路网。目标为:长三角地区的城市均能纳入核心城市上海的"三小时都市圈",中心城市沪、宁、杭之间,实现三小时互通;县及县

沪苏浙皖：一个世界超级经济区已经浮现

级以上城市、10 万人口以上城镇、重要运输枢纽和旅游景点，全部纳入 20 分钟高速公路网范围；长三角都市圈城市间可以实现一日往返。截至 2010 年，该规划中由上海通往江苏、浙江、安徽的主要通道已基本建成，长三角的高速公路网络初步形成。

在这一阶段，一系列跨江跨海大桥相继建成通车（见表 3-5）。特别是 2008 年，苏通大桥与杭州湾大桥的建成，带来了整个长三角经济版图的重构。

表 3-5　长三角重要跨江跨海大桥一览

大桥	通车时间	作用
南京长江大桥	1968 年	连接南京市鼓楼区和浦口区
江阴大桥	1999 年	连接泰州与无锡
芜湖长江大桥	2000 年	连接合肥和芜湖，是芜合高速的重要组成部分
南京长江二桥	2001 年	南京长江大桥下游 11 公里处，是宁洛高速的重要组成部分
安庆长江大桥	2004 年	连接安庆市与池州市，是沪渝高速的重要组成部分
南京长江三桥	2005 年	南京长江大桥上游 19 公里处，是沪蓉高速的重要组成部分
润扬大桥	2005 年	连接镇江与扬州，连通京沪、宁沪、宁杭三条高速公路
苏通大桥	2008 年	连接苏州和南通，建立了上海、苏南与苏北的联系
杭州湾大桥	2008 年	连接上海与宁波，建立了上海与温州、台州等浙东南城市群的联系
舟山跨海大桥	2009 年	连接宁波与舟山
崇启大桥	2011 年	南接上海长江大桥，北至南通启东
马鞍山长江大桥	2013 年	连接合肥与马鞍山

苏通大桥南岸连接沿江高速（苏州至上海段），北岸连接盐通高速，由上海开辟出新的北向通道，辐射苏中、苏北地区，特别是与上海隔江而望的南通，彻底改变了"南不通"的格局，使南通融入"上海一小时都市圈"，随后建成的崇启大桥进一步加深了这种联系；杭州湾大桥使沪甬陆上距离缩短了 120 公里，依托宁波这个节点，核心枢纽上海能够向浙东南沿海、浙西南山区更为广阔的腹地扩散。这两座大桥的建成，使长三角的南北两翼更加丰满。

在核心区以西，芜湖长江大桥、安庆长江大桥、马鞍山长江大桥的相继建成通车，促进了安徽与长三角核心地区的无缝对接，推动了皖江淮城市群融入长三角经济区。

"大桥时代"彻底打破了江河湖海"天堑"对长三角传统沪宁、杭甬"Z"字形结构的制约,整个长三角向沪、苏、浙、皖三省一市的纵深方向发展,以上海为中心的扇形结构彻底被打开。

4. 高铁时代(2010 年以后):城际轨道交通催生同城效应,高铁实现"两小时经济圈"

2005 年,《长江三角洲地区城际轨道交通网规划》获批通过,自 2010 年起,一系列城际轨道线路相继建成通车,将逐步形成以上海、南京、杭州、合肥为中心,覆盖长三角地区所有地级以上城市以及城镇的城际轨道交通网络,实现主要城市之间一至两小时的交通圈和相邻城市之间的同城效应(见表 3-6)。

表 3-6 长三角重要城际轨道交通线路一览

城际轨道交通	通车时间	设计时速(千米/小时)	铁路等级	沿线主要城市
合宁城际铁路	2008 年	250	高速铁路	合肥、南京
沪宁城际铁路	2010 年	200~250	高速铁路	上海、苏州、无锡、常州、镇江、南京
沪杭城际铁路	2010 年	300	高速铁路	上海、嘉兴、杭州
甬台温城际铁路	2010 年	200	一级双线电气化铁路	宁波、台州、温州
杭宁城际铁路	2013 年	350	高速铁路	南京、宜兴、湖州、杭州
宁安城际铁路	预计 2015 年	250	高速铁路	南京、马鞍山、芜湖、铜陵、池州、安庆
沪通城际铁路	建设中	200	一级双线铁路	上海、太仓、常熟、张家港、南通
连盐城际铁路	建设中	200	一级双线电气化铁路	连云港、盐城
连淮扬镇城际铁路	建设中	300	高速铁路	连云港、淮安、扬州、镇江
徐宿淮盐城际铁路	建设中	250	一级双线铁路	徐州、宿迁、淮安、盐城

特别是沪通城际铁路(上海至南通)、连盐城际铁路(连云港至盐城)、甬台温城际铁路(宁波至台州、温州)的建设,加强了沿海城市之间的联系。若能在此基础上进一步实现这几条线路之间的互通互联,必能一举打通长三角的沿海通道。

然而,在现行规划建设中,部分城际轨道交通的设计缺乏前瞻性,未上升为高速铁路。未来长三角城际轨道交通应全面对接高铁网络建设，逐步实现城际轨道交通高速化目标。长三角高铁系统涉及全国高铁"四纵四横"结构中的"两横"与"两纵"，随着覆盖长三角全域的高铁网络的建成，将全面提升区域可达性水平，更有力地推进长三角一体化发展。

到2020年，长三角将形成以上海为中心、北至连云港、西北至徐州、西至安庆、西南至衢州、南至温州的"两小时经济圈"。

5. 长三角可达性水平测度

可达性是指从某一区位到达指定区位的便捷程度，是评价交通网络和交通区位的常用指标。本报告以加权最短出行时间（Average Weighted Travel Times）来衡量各个时期以上海为中心的长三角区域可达性水平。加权最短出行时间是指在不同交通方式下，某一节点城市到达中心城市上海的最短时间距离加权社会经济发展水平后的综合时间成本。

第一，以最短时间距离能够直观测度各节点城市与中心城市上海之间的联系便利度；第二，除去空间区位和交通设施的可达性外，地区经济社会综合发展水平也影响着空间流动的方向及能级，可选取地区生产总值进行加权处理。

加权最短出行时间的可达性计算公式为：

$$A = \sum_{i=1}^{n}(T_i \cdot M_i) / \sum_{i=1}^{n} M_i$$

其中T_i为节点城市i到中心城市上海的最短时间距离，M_i为节点城市i的权重，本文采用地级市的地区生产总值来计算，n为除上海以外的节点城市总数，A为该地区的可达性系数，A值越小，可达性越好，交通一体化程度越高。

从计算结果来看，首先，长三角的交通可达性水平全面提升。1990年、2000年、2010年和2020年，长三角的可达性系数分别为223.027、187.844、136.372和82.201，呈下降的趋势，这说明长三角交通一体化水平全面改善（见图3-6、表3-7）。

其次，长三角区域内部的可达性水平更加均衡。1990年、2000年、2010年和2020年，长三角各城市到上海的可达性系数标准差分别为3.91、3.46、2.49和1.51，这反映了随着高速公路和高速铁路的普及，外围城市的可达性迅速提升，长三角的整体空间格局由极化向均衡化发展。

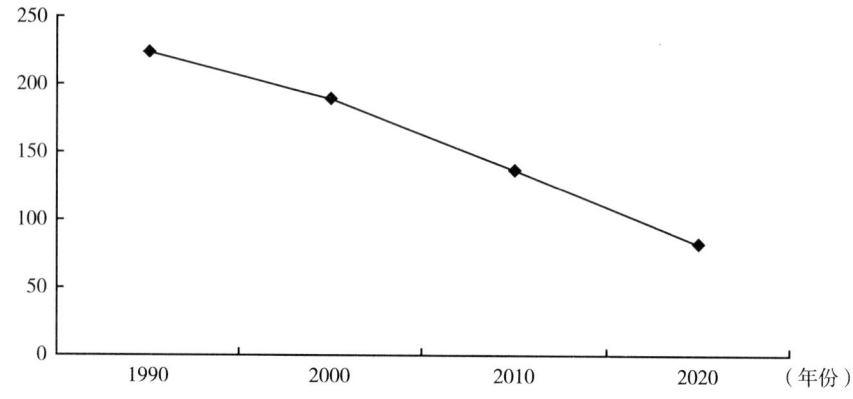

图 3-6 长三角可达性系数走势

资料来源：中国社会科学院城市与竞争力指数数据库。

表 3-7 长三角城市可达性系数一览

城市＼年份	1990	2000	2010	2020
南 京	15.455	9.205	5.903	5.449
无 锡	4.900	4.628	2.831	2.419
徐 州	15.099	12.398	12.850	6.928
常 州	4.407	3.124	2.015	1.738
苏 州	2.769	4.214	3.195	2.827
南 通	12.175	8.024	3.105	1.212
连云港	9.734	7.323	4.410	1.933
淮 安	4.705	5.533	4.593	2.118
盐 城	11.508	8.117	5.178	2.299
扬 州	4.969	5.335	4.086	2.148
镇 江	3.242	3.263	3.258	1.633
泰 州	2.323	5.215	3.817	1.593
宿 迁	5.012	4.355	4.648	2.508
杭 州	9.872	7.687	4.240	3.313
宁 波	11.569	12.073	9.041	5.002
温 州	6.901	12.996	8.130	4.799
嘉 兴	1.280	1.528	0.820	0.628
湖 州	4.473	3.101	1.551	0.980
绍 兴	2.096	5.594	3.045	1.940
金 华	2.902	7.572	5.091	2.220
衢 州	3.043	2.947	2.254	1.060
舟 山	5.183	1.621	1.883	1.120
台 州	9.238	12.530	6.547	3.067

续表

城市＼年份	1990	2000	2010	2020
丽水	1.701	2.539	2.019	0.966
合肥	10.141	4.325	4.566	5.803
芜湖	5.304	2.356	2.957	2.225
蚌埠	6.536	2.291	2.075	1.111
淮南	8.157	2.034	1.505	1.105
马鞍山	5.051	1.313	1.916	1.161
淮北	7.421	2.205	2.228	1.251
铜陵	4.067	1.032	1.492	0.788
安庆	6.389	4.245	3.773	1.930
黄山	2.238	1.356	1.172	0.404
滁州	2.483	2.729	1.686	0.962
阜阳	3.377	4.001	2.109	1.600
宿州	0.975	3.058	2.537	1.337
六安	1.226	2.690	1.563	1.237
池州	2.540	0.907	1.066	0.605
宣城	2.567	2.381	1.220	0.784
可达性系数	223.027	187.844	136.372	82.201

资料来源：中国社会科学院城市与竞争力指数数据库。

（三）市场一体化："冰山"成本降低，区域共同市场逐步形成

区域经济一体化离不开区域市场的一体化。在市场经济条件下，市场对资源配置发挥着决定性作用。统一开放、竞争有序的市场体系的建立，是深入推进长三角一体化的必要前提。国内学者已对此进行了大量研究：刘志彪（2004）认为，长三角一体化进程的推进，关键是要形成一个不被行政关系和垄断力量所扭曲的共同市场，让经济主体能够在其中进行公平、有序、充分的市场竞争；洪银兴（2007）指出，共同市场是长三角一体化的重要依托，长三角一体化的目标之一就是要建设以上海为主导的区域共同市场；张兆安（2007）指出，商品市场和要素市场的一体化是长三角区域经济一体化的基本特征。

本报告以地区间相对价格法来测度长三角市场一体化程度，该理论源于Samuelson的"冰山成本"（Iceberg Cost）理论。"冰山成本"理论对"一价定律"进行了修正，"一价定律"认为，在没有交易成本的自由竞争市场上，以同一种货币表示的相同商品的价格相等，而"冰山成本"理论则认为贸易中的交易成本就

像冰川在运输途中会融化掉一部分一样是客观存在的，因此两地的商品价格会在一定区间内上下波动，并不会完全相等。以 i、j 两地为例，假设某种商品的价格为 P_i、P_j，被"融化"掉的"冰山"成本为该商品的一个比例 c（$0<c<1$），只有当 $P_i(1-c)>P_j$ 或 $P_j(1-c)>P_i$ 时，两地之间才会出现套利机会，否则，商品相对价格 P_i/P_j 将在无套利区间 $[1-c, 1/(1-c)]$ 内波动。所以，即使两地市场充分一体化，相对价格 P_i/P_j 也不必趋于1，而是在一定区间内波动。然而，随着运输费用、贸易壁垒等交易成本的下降，两地相对价格的波动区间会趋于收窄。因此，依据"冰山成本"理论，可以根据两地间商品相对价格波动幅度的大小来衡量市场一体化程度，即如果两地商品相对价格的方差 $Var(P_i/P_j)$ 随时间而趋于收窄，则说明"冰山"成本 c 降低，无套利区间 $[1-c, 1/(1-c)]$ 收窄，贸易壁垒减弱，两地间市场一体化程度有所提升。

采用三维面板数据（$t \times m \times k$），其中 t 为时间，m 为地区，k 为商品种类。以历年《中国统计年鉴》中各省（市）连续统计的9类商品零售价格指数作为原始数据。这9类商品分别为粮食、鲜菜、饮料烟酒、服装鞋帽、中西药品、书报杂志、文化体育用品、日用品和燃料类，尽管在1993年和2003年，部分商品名称有所微调，但为了充分利用更多的数据，计算中不考虑这些细微的变动。

对于该三维面板数据的方差形式，若固定时间 t 和地区 m，可算出给定某时期内两地各类商品相对价格的方差 $Var(P_{it}/P_{jt})$，计算所得方差个数为 $t \times m \times (m-1)/2$。第一，方差 $Var(P_{it}/P_{jt})$ 为时序数据，能够用于检验一个完整时间序列中市场一体化程度的变化趋势；第二，方差 $Var(P_{it}/P_{jt})$ 包括了9类商品，是对商品市场的整体评估。

考虑到统计年鉴中各地区商品零售价格分类指数一般为环比指数，通过便于利用环比数据的差分形式来构造市场一体化的指标。采用一阶差分形式，即 $\Delta P_{ij}^k = \ln(P_{it}^k/P_{jt}^k) - \ln(P_{it-1}^k/P_{jt-1}^k)$，当相对价格 Q_{ijt}^k 收敛时，差分 ΔQ_{ijt}^k 也会收敛，因此 Q_{ijt}^k 和 ΔQ_{ijt}^k 具有等效的数据特征。通过转换可得：

$$\Delta Q_{ijt}^k = \ln(P_{it}^k/P_{jt}^k) - \ln(P_{it-1}^k/P_{jt-1}^k) = \ln(P_{it-1}^k/P_{it-2}^k) - \ln(P_{jt}^k/P_{jt-1}^k)$$

其中，P_{it}^k/P_{it-1}^k 和 P_{jt}^k/P_{jt-1}^k 为商品零售价格的环比指数。考虑到在计算中，i

地与 j 地位置的调换会导致 ΔQ_{ijt}^k 符号的反向,为避免影响,均以绝对值来衡量,即 $Var(|\Delta Q_{ijt}^k|)$。此外,采用去均值法避免商品异质性导致的不可加性,对给定年份的 $|\Delta Q_t^k|$ 取各地之间的平均值 $\overline{|\Delta Q_t^k|}$,再分别将该均值减去,令 $q_{ijt}^k = |\Delta Q_{ijt}^k| - \overline{|\Delta Q_t^k|}$,最终计算的方差为 $Var(q_{ijt}^k)$。求得各地之间的相对价格方差后,通过均值计算可以求得长三角整体的相对价格方差(见表3-8)。

表3-8 长三角地区及各地之间相对价格方差一览

地区\年份	1990	1995	2000	2005	2010
沪苏	0.000584	0.000922	0.000456	0.000154	0.000212
沪浙	0.000669	0.000791	0.000356	0.000214	0.000198
沪皖	0.000425	0.000311	0.000511	0.000274	0.000222
苏浙	0.000266	0.000456	0.000333	0.000234	0.000146
苏皖	0.000381	0.000731	0.000264	0.000186	0.000187
浙皖	0.001194	0.000942	0.000546	0.00016	0.000142
均值	0.000587	0.000692	0.000411	0.000204	0.000185

资料来源:中国社会科学院城市与竞争力指数数据库。

从计算结果来看,1990~2010年,长三角的相对价格方差呈现整体收窄的趋势,这说明了长三角的市场一体化程度是在不断加强的(见图3-7)。

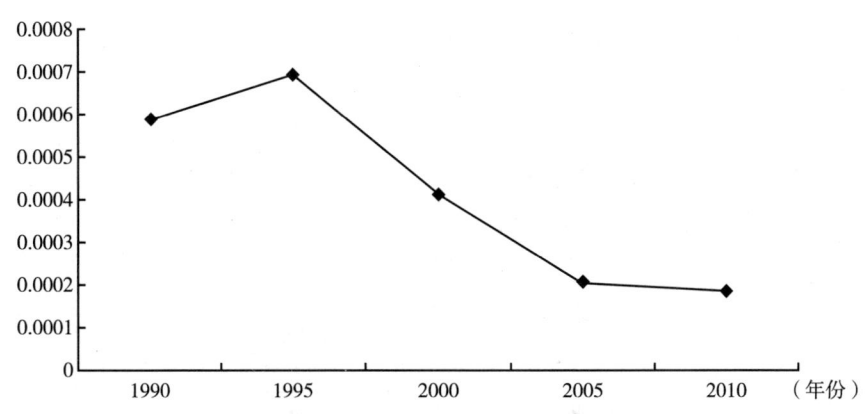

图3-7 长三角地区相对价格方差走势

资料来源:中国社会科学院城市与竞争力指数数据库。

从 1990 年起，相对价格方差经历了短暂的放大，1995 年到达 0.000692 的峰值。放大的主要原因是 20 世纪 80 年代后，中国的改革一直沿着"地方分权+市场化竞争"的路径推进，与之相匹配的一个趋势，就是地区间竞争的强化。20 世纪 90 年代前期，虽然上海浦东开发为长三角联动发展和共同繁荣带来了新的契机，然而，由于担心浦东开发会吸走当地资本、企业、人才等优质资源，对自身发展造成不利影响，江浙等外围地区在政策上并未出台具体措施促进长三角一体化，这导致了该段时期长三角共同市场并未很好地形成。

1995 年之后，长三角相对价格方差不断收窄，直到 2010 年，降低至 0.000185，揭示出这一时期长三角商品市场逐步整合，一体化的格局基本形成。1997 年，16 个城市市长级别的长江三角洲城市经济协调会制度正式建立，并不断扩大范围，大大加强了区域合作与交流，有效破除了行政边界所导致的市场壁垒，有力地推进了长三角的市场一体化。

特别是进入 21 世纪后，在全球化和市场化两大动力的共同驱动下，上海提出了"服务长三角"的发展定位，苏、浙、皖等外围省市也开始在"接轨上海"方面迈出实质性的步伐。从各地之间的相对价格方差来看，2000 年之后，各地的方差走势逐渐趋于一致，并逐渐平滑，最终稳定在 [0.0001, 0.0003] 的极小区间里，这说明在市场和政府的双重作用下，长三角市场一体化得到日益巩固和加强（见图 3-8）。

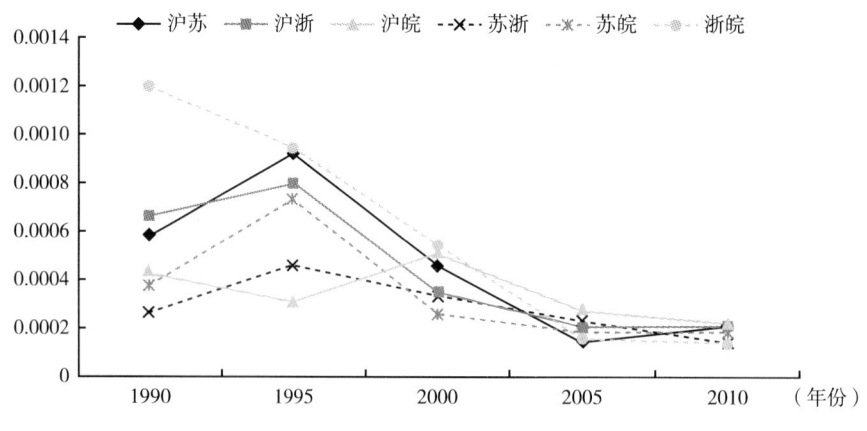

图 3-8 长三角各地相对价格方差走势

资料来源：中国社会科学院城市与竞争力指数数据库。

（四）产业一体化：产业结构趋同，区域合作实现集群优势

长三角作为我国最大的城市群和最有活力的经济区，参与国际分工与竞争，不再是城市或省区的单独行为，而应集整个区域之力，充分进行资源整合、产业协作，发挥整体竞争优势。本报告通过产业结构相似度和产业结构转换速度来测算长三角的产业一体化程度。

产业结构相似度的计算公式为：

$$S_{ij} = \frac{\sum X_{ik} X_{jk}}{\sqrt{\sum X_{ik}^2 \sum X_{jk}^2}}$$

S_{ij} 为 i、j 两地的产业结构相似度系数，X_{ik}、X_{jk} 分别代表 i、j 两地产业 k 所占的比重（一般为产值、从业人员等）。$0 \leqslant S_{ij} \leqslant 1$，$S_{ij}$ 值越接近 1，说明两地产业结构相似性越强；反之，则说明差异性越强。

基于数据的可得性，本报告选取了规模以上工业企业的产值数据，通过制造业 29 个行业的数据来测度长三角的产业结构相似度，资料来源于《上海统计年鉴》《江苏统计年鉴》《浙江统计年鉴》和《安徽统计年鉴》。

从计算结果来看，2004 年之后，长三角整体的产业结构相似度系数均值水平总体呈上升趋势，2010 年达到 0.795，发生了明显的产业同构现象（见表 3-9、图 3-9）。

表 3-9　长三角地区 2001~2010 年产业结构相似度系数一览

地区\年份	2001	2002	2003	2004	2005	2006	2007	2008	2009	2010
沪苏	0.834	0.848	0.873	0.904	0.917	0.909	0.907	0.912	0.906	0.895
沪浙	0.698	0.709	0.676	0.647	0.652	0.700	0.687	0.696	0.682	0.693
沪皖	0.785	0.754	0.700	0.630	0.628	0.656	0.632	0.662	0.672	0.687
苏浙	0.929	0.913	0.864	0.828	0.813	0.847	0.844	0.845	0.854	0.855
苏皖	0.804	0.764	0.704	0.699	0.714	0.732	0.743	0.791	0.806	0.805
浙皖	0.763	0.737	0.700	0.700	0.694	0.730	0.756	0.801	0.816	0.834
均值	0.802	0.788	0.753	0.734	0.736	0.762	0.761	0.785	0.789	0.795

资料来源：中国社会科学院城市与竞争力指数数据库。

从长三角各地之间的产业结构相似度水平来看，上海与江苏、江苏与浙江的产业结构相似度水平较高，近年来分别保持在 0.9 和 0.85 左右，而上海与浙江的

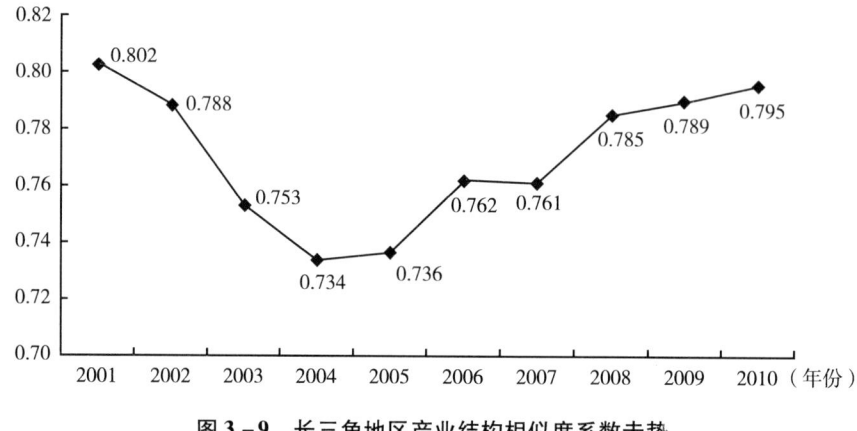

图3-9 长三角地区产业结构相似度系数走势

资料来源：中国社会科学院城市与竞争力指数数据库。

产业结构相似度系数仅仅保持在0.7左右，这说明江苏的产业结构介于上海与浙江之间。此外，安徽与上海、江苏、浙江的产业结构相似度系数普遍较低，这说明安徽在产业结构上与长三角核心地区还存在一定的差异，但从变化趋势上来看，2004年以后，安徽与上海、江苏、浙江的产业结构相似度持续上升，特别是与江苏、浙江的相似度系数快速上升，达到0.8以上。这说明安徽正在通过产业结构调整逐步融入长三角，而这一过程也呈现明显的梯度性，即先与江苏、浙江全面对接，再逐步接受上海的辐射，最终完全融入长三角的产业分工体系（见图3-10）。

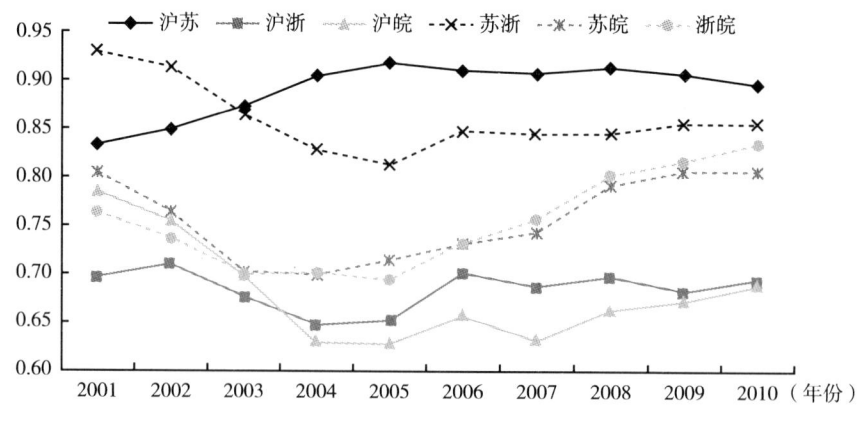

图3-10 长三角各地产业结构相似度系数走势

资料来源：中国社会科学院城市与竞争力指数数据库。

沪苏浙皖：一个世界超级经济区已经浮现

为进一步研究长三角的产业一体化，本报告通过产业结构转换速度系数来衡量长三角产业结构变化的速度。根据罗斯托的产业扩散效应理论，一个地区不同产业的增长速度存在差异，这种差异越大，说明该地区产业结构转换速度越快；反之，如果各产业增长速度相当，则该地区产业结构转换速度慢。产业结构转换速度系数的计算公式为：

$$V = \sqrt{\sum (A_i - Y)^2 K_i / Y}$$

其中 A_i 是产业 i 的年均增长速度，Y 是整个制造业的年均增长速度，K_i 是产业 i 占制造业的比重。V 值越大，说明某地不同产业的增长速度差异越大，则产业结构变化速度越快。

从计算结果来看，在2004年出现明显的产业同构之后，长三角三省一市的产业结构转换速度也呈现同向变化趋势，特别是上海、江苏、浙江的结构调整紧密联系，产业一体化已经发展到了一定层次（见表3-10、图3-11）。

表3-10 长三角地区各省市产业结构转换速度一览

地区\年份	2001	2002	2003	2004	2005	2006	2007	2008	2009	2010
上海	0.548	0.519	0.199	0.328	0.221	0.263	0.259	0.452	0.714	0.212
江苏	0.177	0.204	0.462	0.293	0.199	0.223	0.126	0.212	0.322	0.088
浙江	0.213	0.151	0.224	0.407	0.173	0.229	0.173	0.359	0.532	0.150
安徽	0.707	0.374	0.407	0.495	0.356	0.412	0.246	0.302	0.395	0.212

资料来源：中国社会科学院城市与竞争力指数数据库。

2001~2010年，长三角地区整体的产业结构相似度系数呈现两边高、中间低的"U"形走势，但结合产业结构转换速度系数来看，这十年间首尾两端产业同构的实质已发生了明显的改变。在以传统劳动密集型产业为主导的阶段，由于产业链较短，各地之间分工协作的关系尚不明显，产业同构往往意味着同质竞争，从这一阶段各地的产业结构转换速度系数来看，也呈现此消彼长的态势，未能形成一体化发展。而随着产业结构逐渐向资本和技术密集型产业转变，产业链不断拉长，单个地区已无法完成所有的生产环节，只能专注于大产业下的细分领域，区域间的分工协作不断增强，形成了产业集群。2004年

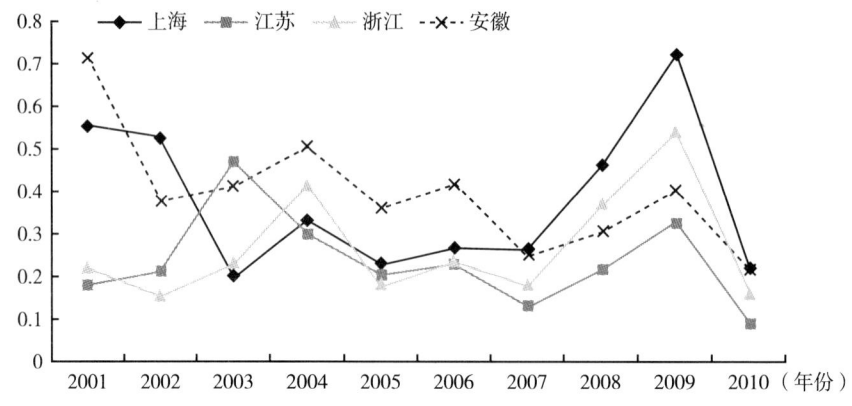

图3-11 长三角地区各省市产业结构转换速度走势

资料来源：中国社会科学院城市与竞争力指数数据库。

之后的产业结构转换速度系数也充分印证了这一点，随着产业关联度的提升，长三角各地的产业结构转换速度呈现明显的同向变化趋势，产业一体化程度显著提升，产业同构成为一体化的基础，长三角作为一个整体进行产业升级和结构调整，并形成集群优势，对外参与国际分工与竞争。

四 建设沪苏浙皖长三角超级经济区的重大意义

随着长三角经济区在空间上向三省一市的纵深方向扩展以及在综合经济、交通体系、市场体系和产业体系等方面一体化程度的全面提升，一个覆盖沪、苏、浙、皖40个城市的世界超级经济区已经浮现。若政府能够顺应这一客观趋势，因势利导，促进沪苏浙皖长三角超级经济区的建设，对于实现"两个百年"中国梦的奋斗目标，将具有重大的战略意义。

（一）建设沪苏浙皖长三角超级经济区，是实现中华民族伟大复兴的有力支撑

新一届领导集体提出的实现"两个百年"中国梦的伟大目标，激发和点燃了全国人民的热情和希望。但要实现这一伟大目标，不仅需要有"杀出一条血路"的战略意志，亦需要采取气魄非常的战略举措。过去30多年来，中

国的经济中心上海及长三角地区已经获得较快发展并对中国经济起到了一定的带动作用，不久前做出的建设中国（上海）自贸区的重大决策，也将进一步提升这一区域的制高点地位，更好地发挥带动中国持续发展的作用。但我国是疆域辽阔、人口众多的巨型经济体，从全局着眼，目前经济中心的资源总量和空间规模，还很难承担带动整盘复兴的重任，必须在此基础上进一步建设体量更大、层次更高、纵深更广的沪苏浙皖长三角超级经济区，来支撑我国这一巨型经济体的快速可持续发展。

（二）建设沪苏浙皖长三角超级经济区，是应对日益激烈的国际竞争的必然要求

21世纪是中国城市的世纪，国家之间的竞争本质上就是城市的竞争，特别是超级城市群的竞争。

放眼全球，目前已形成六大城市群：美国独享位居前两位的以纽约为中心的大西洋沿岸城市群和以芝加哥为中心的北美五大湖区城市群，成为世界第一强国；日本、伦敦、巴黎分别拥有以东京为中心的太平洋沿岸城市群、以伦敦为中心的城市群、以巴黎为中心的欧洲西北部城市群；以上海为中心的长三角城市群在经济规模、城市化水平等方面与以上五大城市群均存在一定差距，仅排在第六位。纵观历史，任何大国的崛起都离不开超级城市（群）的支撑，城市的地位决定了国家的地位。

建设沪苏浙皖长三角超级经济区，能够充分整合区域资源，扬长避短，形成以上海为中心，能匹敌和超越纽约、伦敦、东京的全球第一大城市群，带动中国跻身世界顶级强国之列，在日益激烈的国际竞争中掌握主动权。

（三）建设沪苏浙皖长三角超级经济区，是优化三大战略，实现陆海全域发展的重要举措

要实现中华民族的伟大复兴，就必须要优化长江、沿海、海洋三大战略，实现陆海全域发展。长江战略横跨东、中、西部三大地区，依托上海、武汉、重庆三大中心城市，带动沿江七省二（直辖）市发展；沿海战略南北贯穿1.8万公里大陆岸线和"三大四小"七个经济圈（三大指珠三角、长三角、环渤

海、四小指北部湾、海峡西岸、江苏沿海、辽宁沿海），是我国生产力最集中最发达的地区；海洋战略涵盖领海、大陆架和专属经济区约300万平方公里海域，逐步形成了"四海一洋多岛"的海洋开发格局。三大战略联动东西、贯通南北、统筹陆海，辐射陆海全域。

然而，现在的三大战略存在的问题是，未能实现互补、互动、互联、互通：长江战略"头轻尾重"，地区发展差距巨大，东西缺乏联动；沿海战略"四小"地区发展相对滞后，导致"三大"经济圈相互分离，沿海开发呈"点状"布局，南北未能互通；海洋战略尚处于起步阶段，还没有形成由陆域向海域的纵深开发格局。

三大战略交会于长三角地区，实现互补、互动、互联、互通的关键在于将长三角建成体量更大、层次更高、纵深更广的超级经济区。

五 目前长三角经济区存在的问题

（一）战略与规划相对滞后

《长江三角洲地区区域规划（2009~2020）》明确了长三角的发展目标和战略定位，是金融危机后指导长三角发展改革的纲领性文件。但作为一项长期规划，规划未能充分预判长三角逐步向沪、苏、浙、皖三省一市纵深发展的客观趋势，在战略层面未能充分把握这一趋势对于实现"两横三纵"的城镇化战略格局，以及长江、沿海、海洋三大战略实现互补、互动、互联、互通的重大意义，规划的广度、深度和高度都有待于进一步加强。

（二）空间瓶颈制约核心区经济外溢，城市病日益凸显

长三角长期以来囿于长江以南，核心区16市主要集中于传统的"Z"字形轴线，并缓慢向南翼拓展，发展空间严重不足。特别是上海市域面积仅为6340平方千米，位列全国四个直辖市之末（北京、天津、重庆市域面积分别为16411、11760、82829平方千米），交通拥堵、环境污染、住房紧张等"城市病"日益凸显。而长江以北的苏北地区以及西部的皖江淮地区发展空间广

阔，资源要素禀赋优越，却未能充分分享到上海及南长三角的巨大经济外溢效益，以实现城市群外部正效应的最大化。

（三）区际利益协调机制有待完善

尽管长江三角洲城市经济协调会的成立为深化区域合作搭建了重要平台，但随着一体化程度的不断加深，所涉及的利益安排也更加细致。目前区域合作还缺乏"讨价还价"的协调机制，利益交换或让渡很难实现，进而导致了地方保护、以邻为壑、重复建设等恶性竞争现象层出不穷，区域合作的进一步深化面临体制机制障碍。

（四）区域公共治理体系严重缺失

目前政府的管理体系是垂直隶属而水平不隶属的关系。公共治理体系的缺失导致长三角在治理理念上还未跳出单一行政的圈子，依然囿于传统的"内向型行政"。由于缺乏区域领导机构的组织和协调以及统一管理制度的规范和引导，地方政府各自为政的现象影响了长三角的整体协调发展，严重制约了资源在区域内的高效配置。

（五）产业集群程度与创新能力有待进一步提升

虽然长三角已经出现了产业集群化发展的趋势，但目前的集群程度与配套水平还不够高。特别是地方行政分割和功能定位不明确，导致了区域产业链的协同水平较低，各地区、各环节的专业分工不够细，协作能力不够强。部分高能耗高污染产业创新能力不足，价值链不完善，核心竞争力不突出，这些都极大地制约了长三角的产业升级和一体化发展。

（六）基础设施体系缺乏协调，衔接不够

尽管近年来长三角高速公路和高速铁路网络的快速建设极大地提升了区域可达性水平，但由于缺乏完整的区域综合规划，航空、铁路、公路、水运等不同交通方式间缺乏协调，空港、海港、铁路站点等换乘枢纽衔接不够，城际轨

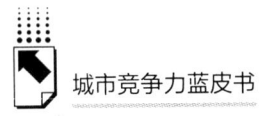

道交通与高铁建设未能充分整合,信息网络建设明显滞后于交通体系,这对全面提升长三角的互联互通水平提出了巨大的挑战。

六 建设沪苏浙皖长三角超级经济区的基本对策

建设沪苏浙皖长三角超级经济区,一定不是政府主导下的造城运动,也不是仅仅依靠中央大规模的优惠政策和投入,而是采取"政府引导、市场运作、各方参与"的开发模式:政府承担战略决策、统筹规划、环境建设、管理服务职能,全力引导;市场发挥资源配置的决定性作用,吸引各方要素汇聚。

(一)制定促进区域合作的战略规划

坚持规划引领,制定长三角一体化合作发展的战略规划。确定区域发展的目标、定位、范围、层次,明确各城市的规模等级和职能分工,统筹经济、社会、环境、文化、基础设施等领域,充分整合资源、取长补短,制定长三角经济区在诸多领域和维度上展开合作的战略框架。

(二)优化带动纵深发展的空间布局

长三角经济区在沪苏浙皖的纵深发展已彻底冲破传统"Z"字形结构的束缚,应顺应这一趋势,坚持"北进南优、西联东拓、中扩提"的布局原则,优化区域空间布局,构建以上海为中心的扇形空间结构。

北进:北翼向江北挺进,构建以南京、南通、连云港(徐州)为支点的新型北三角,将扬州建成江北苏州,将泰州建成江北无锡,将连云港建成江北宁波,形成多对"双子城",实现长三角的跨江发展,彻底转变长三角"南强北弱"的不平衡格局。南优:南翼进一步优化提升,构建以杭州、宁波、温州为支点的新型南三角,加快这一区域的质量提升和功能优化。西联:西翼在联动南京城市群和江淮城市群的基础上,构建以南京、合肥、芜湖(蚌埠)为支点的新型西三角,完善大长三角的西部城市体系。东拓:向东开拓更广的海洋战略空间,统筹陆海,由陆域向海域纵深开发,逐步形成"四海一洋多岛"的海洋开发格局,实现海洋强国战略目标。中扩提:进一步做大做强区域中心，扩大其空间纵深，提升其功能定位。

要克服上海的空间瓶颈、充分发挥其经济外溢效应，就必须开拓更加广阔的战略空间。第一方案是在现有的行政区划之下，提升南通的战略定位与行政级别，建设"江北上海"，并将通州湾新区提升为国家级新区，迅速打造战略制高点，联动上海浦东新区，形成两岸对称的超级中心，支撑这一超级经济区的发展；第二方案是通过行政区划调整将南通划入上海，形成"两江三岸一岛"的大上海（两江为黄浦江、长江，三岸为浦西、浦东、江北南通，一岛为崇明岛）。尽管区域间存在利益竞争，但这一调整会为各方期待，上海将获得巨大的发展空间，江苏省及省内其他城市在全国的定位也将获得重大提升。

（三）完善平衡各方利益的协调机制

区域之间以及区域内部均存在合作和竞争的双重关系，要调动各方积极性，必须搭建磋商平台，建立各方"讨价还价"的利益协调机制。合作各方不论大小、强弱、行政级别，均可作为平等主体，围绕合作内容，根据所付出的成本及其将要获得的收益，按照等价交易原则，就成本支出、损失补偿、利益交换、权益让渡、收益分配等进行协商，实现多方共赢。

（四）建立深化区域一体的公共治理体系

要深化区域合作，必须着眼于全局，实现从地方政府的单一型治理到区域整体的网络化治理。建立跨区域的领导和协调机构，制定统一的管理制度，规范竞争规则；减少行政审批，强化市场引导和服务，改善区域营商环境；统筹基础设施、环境保护等重大专项事务，实现区域正外部性最大化和负外部性最小化。区域内政府、企业及其他主体，都应纳入统一的区域治理体系之中，按照"责权对称"的公平原则，履行合作义务，分享合作收益。

（五）培育提升竞争优势的产业集群

产业一体化的关键是突破地方行政分割，通过差异化功能定位优化各地产业布局，通过专业化分工协作加强产业链协同水平，通过创新战略和人才战略

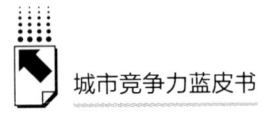

实现要素高级化、产业高端化和集群高度化,提升这一超级经济区在全球化生产网络中参与国际分工的竞争优势。

(六)构建支撑全域开发的基础设施体系

构建空港、海港、铁路、公路、通信等多位一体、无缝对接的"网络化、枢纽型、多节点"基础设施体系,促进跨区域分工合作和功能互补,全面提升长三角三省一市全域范围共建共享和互联互通水平,支撑长三角超级经济区的全覆盖、一体化发展。

参考文献

Richard B. Andrews, Mechanics of the Urban Economic Base: The Problem of Base Area Delimitation, *Land Economics*, 1954.

Parsley, David C, Shang-Jin Wei, Convergence to the Law of One Price without Trade Barriers or Currency Fluctuations, *Quarterly Journal of Economics*, 1996.

Paul A. Samuelson, Theoretical Note on Trade Problem, *Review of Economics and Statistics*, 1964.

张颢瀚:《长江三角洲一体化进程研究》,社会科学文献出版社,2007。

刘志彪:《长三角区域经济一体化》,人民大学出版社,2010。

邹卫星、周立群:《区域经济一体化进程剖析:长三角、珠三角与环渤海》,《改革》2010年第10期。

姜玲、杨开忠:《中国标准经济区划分方法研究》,《湖北社会科学》2007年第6期。

杨凤华、王国华:《长江三角洲区域市场一体化水平测度与进程分析》,《管理评论》2012年第1期。

赵丹、张京祥:《高速铁路影响下的长三角城市群可达性空间格局演变》,《长江流域资源与环境》2012年第4期。

禚金吉、魏守华、刘小静:《产业同构背景下长三角产业一体化发展研究》,《现代城市研究》2011年第2期。

范剑勇:《长三角一体化、地区专业化与制造业空间转移》,《管理世界》2004年第11期。

城市竞争力分项报告

Reports on Classified Urban Competitiveness

B.4
中国宜居城市竞争力报告
——迈向以人为本的宜居城市

李光全*

一 引言：雾霾和房价成为城市宜居面临的标志性难题

雾霾问题当前已经成为我国一些城市的标志性难题，而且程度正在加重，范围正在扩大。2013年，世界卫生组织下属的国际癌症研究机构（IARC），首度将空气污染列为"第一类致癌物"，与烟草、石棉、砒霜等致癌物同级。IARC的研究表明，中国、印度等亚洲国家的空气污染最为严重。"十面霾伏"何时破解成为城市宜居面临的重要挑战①。同年，中国百城房价持续整年上涨，北京、上海和深圳新建住宅均价已超过3万元/平方米，"居不易"问题

---

* 李光全，经济学博士，青岛行政学院管理学部讲师，首届孙冶方经济科学基金会青年精英奖获得者，中国第三产业研究中心特约研究员，研究方向为城市经济与区域创新发展。
① 李光全：《健康城镇化内涵与实现路径的理论建构》，《北华大学学报》（社会科学版）2013年第6期。

更加突出。宜居城市的建设如何更有效地抓准问题的关键成为当前面临的重要难题。我们认为宜居城市建设包含人口素质、社会环境、生态环境、居住环境、市政设施等五个方面（见表4-1）。在有效认识和分解宜居城市竞争力影响分项的基础上，进一步构建出宜居城市的竞争指数。其构建方法是先采用标准化方法再进行等权相加从而获得宜居城市竞争力指数。

表4-1 宜居城市竞争力指标体系

指标含义	指标	指标衡量方法	数据来源
人口素质	人均预期寿命	—	国家统计局
	大专以上人口比例	—	各城市六普公报
社会环境	每万人拥有医生数	—	国家统计局
	千人小学数	—	国家统计局
	每万人刑事案件数	—	国家统计局
生态环境	空气质量	城市空气质量等级	环保部及各省环保厅环境公报
	气温舒适度	年平均温度	中国天气网
	绿化覆盖率	—	国家统计局
居住环境	房价收入比	（住宅平均售价×90）/（城镇居民人均可支配收入×3）	国家统计局
	每万人餐饮购物场所数	—	Google 地图搜索
市政设施	人均道路面积	—	国家统计局
	排水管道密度	—	国家统计局
	用水普及率	—	国家统计局

二 宜居城市竞争力的整体格局

（一）十强格局：宜居城市十强东南占据七席，珠海夺魁上海首进第十

珠海、香港、海口、三亚、厦门、深圳、舟山、无锡、杭州和上海等10个城市的宜居竞争力水平最高，成为2013年度全国宜居城市十强（见表4-2、图4-1）。值得关注的是，珠海超越香港成为年度宜居竞争力最强的城市；国家五大经济中心城市中仅有上海进入宜居城市竞争力十强。从前10名宜居竞争力指数看，城市之间差距较大，位居第10位的上海与位居首位的珠海城之间指数差距竟接近25%。

表4-2 宜居城市竞争力前10强

排序	城市	省份	区域	指数
1	珠海	广东	东南	1.000
2	香港	香港	港澳台	0.978
3	海口	海南	西南	0.871
4	三亚	海南	西南	0.854
5	厦门	福建	东南	0.842
6	深圳	广东	东南	0.812
7	舟山	浙江	东南	0.789
8	无锡	江苏	东南	0.768
9	杭州	浙江	东南	0.761
10	上海	上海	东南	0.758

资料来源：中国社会科学院城市与竞争力指数数据库。

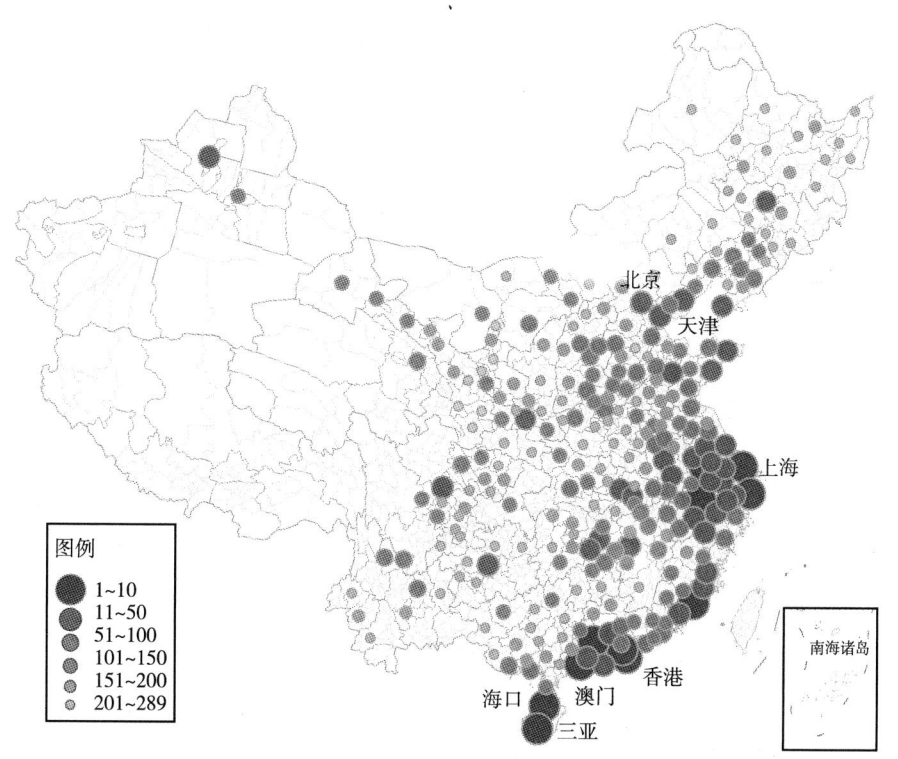

图4-1 2013年289个城市宜居城市竞争力排名

注：图例中的单位为位次，"○"越大、颜色越深，代表排名越高。

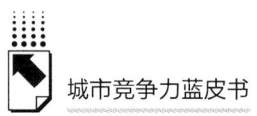

（二）整体现状：城市宜居水平整体得以改善，最好最差组内城市差距较大

与2012年相比，2013年中国城市整体的宜居竞争力指数得到了一定程度的提升。按照六个级别，对全国289个城市进行比较（见表4-3）。整体来看，宜居城市竞争力最好这一级别的城市宜居平均水平与相邻级别的平均水平相比差距较大，宜居城市竞争力中等偏上、中等偏下和较差三个级别之间平均宜居水平的差距相对较小。此外，从标准差和变异系数来看，在宜居城市竞争力最好和宜居城市竞争力最差这两个级别内，城市之间宜居水平差距较大；在宜居城市竞争力较好、中等偏上、中等偏下和较差四个级别内，内部城市之间宜居竞争力水平的差距相对较小（见表4-4）。

表4-3 289个城市的宜居城市竞争力分类

城市分类	划分依据	主要城市
宜居竞争力最好	1~50名	珠海、香港、海口、三亚、厦门、深圳、舟山、无锡、杭州、上海、青岛、澳门、苏州、广州、中山、常州、秦皇岛、鄂州、镇江、芜湖、衢州、克拉玛依、武汉、福州、佛山、合肥、南京、扬州、宁波、铜陵、莆田、威海、天津、丽水、成都、西安、长沙、新余、金华、长春、北京、贵阳、泰安、莱芜、湘潭、湖州、大连、漳州、绍兴、淄博
宜居竞争力较好	51~100名	沈阳、九江、日照、株洲、南昌、北海、南通、马鞍山、温州、泰州、嘉兴、盘锦、济南、池州、烟台、景德镇、攀枝花、惠州、淮安、石家庄、江门、黄山、丹东、辽阳、抚州、鄂尔多斯、西宁、连云港、台州、淮南、太原、防城港、廊坊、丽江、唐山、汕头、汕尾、萍乡、东莞、郑州、晋中、绵阳、安庆、蚌埠、宜昌、上饶、晋城、阳泉、洛阳、锦州
宜居竞争力中等偏上	101~150名	嘉峪关、潮州、张掖、潍坊、岳阳、包头、龙岩、抚顺、桂林、鹤壁、河池、雅安、呼和浩特、东营、肇庆、衡阳、葫芦岛、宁德、邯郸、固原、乌鲁木齐、焦作、乐山、乌海、宣城、梅州、重庆、滁州、荆门、十堰、濮阳、广元、商洛、河源、宝鸡、泉州、三明、铁岭、吉安、长治、德阳、酒泉、淮北、吕梁、张家口、邵阳、黄石、宿迁、昆明、湛江

续表

城市分类	划分依据	主要城市
宜居竞争力中等偏下	151~200名	铜川、南充、大庆、宿州、聊城、南平、张家界、武威、盐城、哈尔滨、大同、兰州、云浮、襄阳、南宁、鹰潭、枣庄、韶关、保定、常德、钦州、济宁、达州、吉林、清远、滨州、鞍山、临汾、六安、新乡、娄底、阳江、临沧、平凉、徐州、银川、玉林、亳州、玉溪、邢台、榆林、庆阳、安阳、沧州、承德、鹤岗、金昌、宜春、临沂、阜新
宜居竞争力较差	201~250名	衡水、开封、茂名、赣州、漯河、孝感、本溪、朔州、柳州、天水、牡丹江、郴州、营口、乌兰察布、松原、益阳、双鸭山、许昌、德州、自贡、渭南、崇左、梧州、咸阳、菏泽、铜仁、白山、揭阳、信阳、运城、巴中、三门峡、阜阳、宜宾、鸡西、忻州、石嘴山、白城、资阳、贵港、荆州、来宾、贺州、怀化、辽源、南阳、普洱、齐齐哈尔、遂宁、咸宁
宜居竞争力最差	250名以后	内江、巴彦淖尔、遵义、朝阳、安康、保山、平顶山、通化、绥化、周口、泸州、通辽、佳木斯、永州、吴忠、驻马店、毕节、广安、汉中、赤峰、白银、七台河、眉山、安顺、黑河、中卫、曲靖、随州、定西、呼伦贝尔、黄冈、延安、商丘、百色、四平、伊春、昭通、六盘水、陇南

资料来源：中国社会科学院城市与竞争力指数数据库。

表4-4 宜居城市竞争力指数整体比较

城市分类	均值	标准差	最大值	最小值	变异系数	总值
最好	0.703	0.087	1.000	0.611	0.124	35.135
较好	0.551	0.033	0.609	0.499	0.061	27.538
中等偏上	0.465	0.021	0.498	0.432	0.045	23.230
中等偏下	0.403	0.016	0.431	0.377	0.040	20.166
较差	0.332	0.027	0.375	0.283	0.080	16.578
最差	0.217	0.062	0.280	0.000	0.285	8.463

注：1~50名为最好，51~100名为较好，101~150名为中等偏上，151~200名为中等偏下，201~250名为较差，250名之后为最差。
资料来源：中国社会科学院城市与竞争力指数数据库。

（三）区域比较：东南最为宜居但优势下降，中部和西南地区相对有所改善

为了更好地观察城市宜居竞争力水平的区域差异，按照区域进行再次分类

(见表4-5)。从城市区域分布来看，除香港、澳门外，前50位城市中，东南地区城市占据了24个席位，比2012年略有下降；环渤海和中部地区均有8个，与2012年相比，中部地区增加了2个，环渤海地区减少了2个；东北、西北地区的城市数量均在3个以下；西南地区为4个，比2012年增加了3个。宜居竞争力最好的城市在东南地区呈绝对的集中分布态势但优势有所下滑，中部和西南地区相对有所改善。排位250名之后的宜居竞争力差的城市区域分布，主要集中在西北和西南两个地区。在宜居城市竞争力较好、中等偏上、中等偏下和较差四个级别上，中部地区都具有分布集中的相对优势。此外，如果从六大区域的视角来审视宜居城市的级别分布，东南地区城市宜居水平的数量分布呈好多差少的倒三角形分布，西南地区、东北地区城市宜居水平的数量呈好少差多的正三角形分布，环渤海、西北和中部三个地区则呈一般水平多、两端少的纺锤体形分布。

表4-5 我国城市宜居水平分布的区域比较（除港澳台）

单位：个

地 区	最好	较好	中等偏上	中等偏下	较差	最差	合计
东 北	2	5	3	6	10	8	34
环渤海	8	6	4	9	3	0	30
西 北	2	2	10	8	5	12	39
中 部	8	20	15	13	17	7	80
西 南	4	5	8	7	13	12	49
东 南	24	12	10	7	2	0	55

注：1~50名为最好，51~100名为较好，101~150名为中等偏上，151~200名为中等偏下，201~250名为较差，250名之后为最差。

资料来源：中国社会科学院城市与竞争力指数数据库。

（四）房价收入比空间表现

1. 排序比较：房价收入比与宜居竞争力整体排序存在趋势一致性，前者成为重要致因

建设城市的最终目的，在于使居民幸福地生活。宜居城市建设的关键在于使市民具备在城市"居得起"和"居得住"的能力。要推进"以人为核心"

的新型城镇化,只有有效破除上述能力缺乏的限制,才能真正解决农业转移人口的市民化和高素质人口的集聚问题,才谈得上幸福宜居的现代化城市建设。目前看来,高房价成为城市宜居的突出制约因素,"贵城"住不起、"鬼城"无人住的问题已经成为宜居城市建设的一道难题。与此同时,高房价的城市一般情况下其居民收入也相对较高。换言之,房价对宜居城市建设的制约重点在于房价收入比,问题不是价格高与低的问题,而是是否具有相应的收入支撑和支付能力。从房价收入比指数排名和国内宜居城市竞争力排名的比较看,两者之间呈现较强的正相关,房价收入比的合理性是城市宜居水平高低的重要致因。

2. 分组比较:房价收入比指数最好最差两组与城市实力、活力明显相关

从国内目前房价收入比指数排名前 50 名和 250 名之后的具体城市来看(见表 4-6),前者基本集中了目前经济实力强和经济活力足的大部分城市,后者则基本集中了经济实力弱、活力低、知名度小的大部分城市。较为合理的房价收入比对创业者和高端人才具有较大的吸引力,城市发展活力和发展内生力较为强劲。

表 4-6　289 个城市的房价收入比指数分类

城市分类	划分依据	主要城市
房价收入比最具竞争力	1~50 名	固原、三亚、深圳、温州、北京、香港、珠海、厦门、杭州、上海、福州、广元、舟山、海口、宁波、大连、太原、广州、天津、天水、宁德、乌鲁木齐、丽水、长春、衢州、武汉、台州、金华、绍兴、汕头、苏州、湛江、佛山、哈尔滨、无锡、成都、南京、南充、自贡、南昌、兰州、平凉、赣州、青岛、合肥、秦皇岛、武威、清远、莆田、扬州
房价收入比较具竞争力	51~100 名	汕尾、南宁、蚌埠、沈阳、阜阳、肇庆、庆阳、六安、云浮、贵阳、北海、河源、芜湖、泰州、济南、廊坊、常州、嘉兴、潮州、唐山、西安、鹤岗、江门、抚顺、镇江、南平、张掖、漳州、湖州、茂名、乐山、西宁、石家庄、宜昌、淮南、泉州、滁州、雅安、三明、中山、抚州、内江、牡丹江、郑州、淮北、鸡西、惠州、昆明、宣城、铜陵

续表

城市分类	划分依据	主要城市
房价收入比竞争力水平中等偏上	101~150名	池州、黄山、日照、阳江、淮安、重庆、银川、定西、宿迁、承德、七台河、长沙、亳州、松原、白银、南通、绥化、榆林、吉林、九江、龙岩、宿州、达州、贵港、宜春、东莞、吉安、巴中、佳木斯、鹰潭、开封、柳州、齐齐哈尔、绵阳、眉山、丹东、襄阳、张家界、荆州、保山、桂林、大庆、阜新、烟台、梅州、铜仁、上饶、昭通、泰安、安庆
房价收入比竞争力水平中等偏下	151~200名	遂宁、盐城、徐州、连云港、十堰、沧州、吴忠、菏泽、酒泉、保定、赤峰、枣庄、德阳、邯郸、本溪、张家口、鄂州、淄博、辽阳、景德镇、营口、陇南、韶关、延安、鞍山、安康、咸阳、遵义、大同、宜宾、晋城、铁岭、聊城、攀枝花、澳门、双鸭山、黄石、广安、钦州、洛阳、玉溪、伊春、资阳、德州、信阳、商丘、安顺、济宁、汉中、荆门
房价收入比竞争力水平较差	201~250名	萍乡、孝感、毕节、随州、普洱、邢台、乌海、威海、新余、揭阳、黄冈、六盘水、临沧、泸州、葫芦岛、湘潭、鹤壁、锦州、潍坊、邵阳、许昌、焦作、朝阳、铜川、丽江、东营、周口、咸宁、中卫、石嘴山、巴彦淖尔、盘锦、梧州、商洛、晋中、平顶山、衡水、常德、临汾、衡阳、辽源、株洲、长治、宝鸡、濮阳、三门峡、鄂尔多斯、呼伦贝尔、呼和浩特、南阳
房价收入比竞争力水平最差	250名以后	嘉峪关、安阳、郴州、防城港、马鞍山、黑河、曲靖、白山、克拉玛依、通化、崇左、玉林、新乡、临沂、益阳、忻州、乌兰察布、岳阳、包头、百色、渭南、白城、莱芜、驻马店、吕梁、河池、滨州、四平、漯河、阳泉、怀化、娄底、运城、通辽、来宾、金昌、永州、朔州、贺州

资料来源：中国社会科学院城市与竞争力指数数据库。

3. 区域比较：东南中部分居高低两端，其他四区呈现纺锤体分布

从区域比较看（见表4-7），东南地区房价收入比指数相对较高，55个城市中有25个位居全国前50位；中部地区房价收入比指数相对较低，80个城市中有38个城市位于全国200名之后；西南、西北、环渤海和东北四个区域房价收入比指数排位的城市，呈现明显的中间多、两端少的纺锤体分布。

表4-7 我国城市房价收入比分布的区域比较（除港澳台）

单位：个

地 区	最好	较好	中等偏上	中等偏下	较差	最差	合计
东 北	3	5	9	7	5	5	34
环渤海	4	4	4	10	5	3	30
西 北	6	4	4	8	10	7	39
中 部	5	12	15	10	22	16	80
西 南	6	7	11	10	7	8	49
东 南	25	18	7	4	1	0	55

注：1~50名为最好，51~100名为较好，101~150名为中等偏上，151~200名为中等偏下，201~250名为较差，250名之后为最差。

资料来源：中国社会科学院城市与竞争力指数数据库。

三 "两横三纵"城镇化战略格局与宜居城市竞争力指数

（一）轴线内与轴线外城市比较："两横三纵"宜居水平较高，城镇化主阵地功能明显

"两横三纵"是《全国主体功能区规划》确定的国家城镇化战略格局，是我国当前和未来城镇化的主要区域（见表4-8）。为了更好地从全局观察"两横三纵"的城镇化格局，本研究将289个城市划分为"两横三纵"城镇化轴线内和轴线外两大部分，其中轴线外的城市有114个，轴线内的城市有175个。对这两大部分城市的数据测算比较显示：①轴线内城市：宜居竞争力平均水平较高但轴线内城市的方差较大，宜居竞争力指数最高的广东珠海位居全国首位，但宜居竞争力指数最低的吉林四平位居全国第283位。②轴线外城市：宜居竞争力平均水平相对较低但轴线外城市的方差较小，宜居指数最高的江西新余位居全国第38位，但宜居竞争力指数最低的甘肃陇南位居全国第289位。③轴线内城市与轴线外城市的变异系数比较显示（见表4-9），两者数值较为接近，轴线内与轴线外城市的变量离散程度都相对较高。综上所述，"两横三纵"的国家城镇化战略格局与宜居城市竞争力水平具有较高的关联性，城镇化战略的国家轴线城市具有相对较高的宜居水平，适合作为未来城镇化及人口吸纳的主阵地。

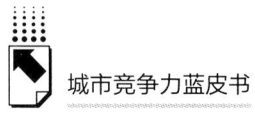

表4-8 "两横三纵"城镇化战略格局涉及的具体城市

轴线		涵盖城市
"两横"	陆桥通道	乌鲁木齐、克拉玛依(天山北坡城市群)、西宁、兰州、酒泉、张掖、金昌、武威、定西、天水(兰州—西宁城市群)、西安、宝鸡、咸阳、渭南、铜川(关中城市群)、郑州、洛阳、开封、三门峡、新乡、焦作、许昌、商丘(中原城市群)、徐州、枣庄、淮北、宿州、宿迁、连云港(徐州城市群)
	长江通道	上海、南京、苏州、无锡、徐州、镇江、扬州、南通、泰州、淮安、盐城、连云港、宿迁、常州、杭州、宁波、嘉兴、湖州、绍兴、台州、金华、温州、丽水、衢州、舟山(长三角城市群)、合肥、芜湖、六安、淮南、蚌埠、滁州、马鞍山、铜陵、池州、安庆(皖江城市群)、九江、南昌(昌九城市群)、武汉、黄石、鄂州、黄冈、孝感、咸宁、荆州、宜昌(武汉城市群)、长沙、株洲、湘潭、岳阳、常德、益阳(长株潭城市群)、重庆、成都、眉山、遂宁、内江、南充、资阳、自贡、广安、绵阳、德阳(成渝城市群)
"三纵"	沿海通道	大连、锦州、营口、盘锦、葫芦岛、北京、天津、廊坊、唐山、秦皇岛、东营、潍坊、烟台、威海、青岛、日照(环渤海城市群)、上海、南京、苏州、无锡、徐州、镇江、扬州、南通、泰州、淮安、盐城、连云港、宿迁、常州、杭州、宁波、嘉兴、湖州、绍兴、台州、金华、温州、丽水、衢州、舟山(长三角城市群)、福州、厦门、泉州、漳州、莆田、宁德、汕头、潮州、揭阳(海峡西岸城市群)、广州、深圳、香港、澳门、珠海、惠州、东莞、肇庆、佛山、中山、江门(珠三角城市群)、南宁、北海、钦州、防城港、湛江、海口、三亚(北部湾城市群)
	京哈京广通道	哈尔滨、大庆、绥化、长春、吉林(哈长城市群)、沈阳、四平、铁岭、抚顺、本溪、辽阳、盘锦、锦州、葫芦岛(辽中南城市群)、北京、天津、唐山、秦皇岛、廊坊、保定、石家庄、邢台、邯郸(京津冀城市群)、太原、阳泉、晋中(太原城市群)、安阳、鹤壁、新乡、郑州、洛阳、开封、许昌、漯河、驻马店、信阳(中原城市群)、孝感、武汉、黄石、鄂州、黄冈、咸宁(武汉城市群)、岳阳、长沙、株洲、湘潭、衡阳、郴州(长株潭城市群)、韶关、清远、广州、深圳、珠海、香港、澳门、东莞、佛山、中山、江门(珠三角城市群)
	包昆通道	包头、呼和浩特、鄂尔多斯、榆林、延安(呼包鄂榆城市群)、银川、石嘴山、中卫(宁夏沿黄河城市群)、铜川、西安、宝鸡、咸阳、渭南、汉中(关中城市群)、成都、重庆、广元、绵阳、德阳、眉山、遂宁、内江、资阳、自贡、攀枝花(成渝城市群)、贵阳、安顺、遵义(黔中城市群)、昆明、曲靖、玉溪(滇中城市群)

表4-9 轴线与非轴线城市的比较

类别	均值	方差	最大值	最小值	变异系数
轴线城市	0.505	0.026	1.000	0.150	0.320
非轴线城市	0.373	0.013	0.646	0.000	0.311

资料来源:中国社会科学院城市与竞争力指数数据库。

（二）不同轴线之间横向比较：沿海通道宜居水平最高，"两横三纵"北向西向递减

"两横三纵"的城镇化战略格局包括陆桥通道、长江通道、沿海通道、京哈京广通道和包昆通道等五条轴线。①从"两横"的比较来看，长江通道城市的宜居竞争力指数平均水平较高，但通道内部城市之间的差异比陆桥通道更为显著。②从"三纵"的比较来看，城市宜居竞争力指数平均水平整体呈现按沿海通道、京哈京广通道、包昆通道依次递减的特点，沿海通道内部城市的差异相对较小。③从"两横三纵"的比较来看，沿海通道城市宜居竞争力指数平均水平最高，包昆通道平均水平最低；包昆通道内部城市的宜居竞争力水平差异最大，五大通道中宜居竞争力指数最高和最低的城市同时集中于京哈京广通道；陆桥通道内部城市间差异最小（见表4-10）。

表4-10 五大通道横向比较

	轴线	均值	方差	最大值	最小值	变异系数
"两横"	陆桥通道	0.437	0.010	0.691	0.321	0.232
	长江通道	0.537	0.024	0.789	0.180	0.286
"三纵"	沿海通道	0.573	0.018	1.000	0.327	0.234
	京哈京广通道	0.511	0.029	1.000	0.150	0.331
	包昆通道	0.382	0.019	0.651	0.168	0.355

资料来源：中国社会科学院城市与竞争力指数数据库。

（三）五大轴线内部：陆桥整体东向递减，其他通道节点崛起明显

1. 陆桥通道：整体宜居水平不高，通道东向递减特征明显

陆桥通道主要包括天山北坡城市群、兰州-西宁城市群、关中城市群、中原城市群和徐州城市群等五大城市群29个城市。①从陆桥通道整体来看，城市宜居竞争力指数不高，低于0.5；城市之间差异不大，方差仅为0.010，变异系数为0.232。②从轴线内五大城市群的比较来看，天山北坡

城市群宜居水平最高，中原城市群宜居水平最低且是唯一低于陆桥通道平均水平的城市群；陆桥通道的天山北坡城市群、兰州-西宁城市群、关中城市群和中原城市群的宜居竞争力平均水平呈现逐步降低的梯次分布；徐州城市群和兰州-西宁城市群内部宜居水平的均质化程度明显偏高（见表4-11）。

表4-11 陆桥通道内部城市群比较

类 别	均值	方差	最大值	最小值	变异系数
陆桥通道	0.437	0.010	0.691	0.321	0.232
天山北坡城市群	0.582	0.024	0.691 克拉玛依	0.472 乌鲁木齐	0.266
兰州—西宁城市群	0.445	0.004	0.549 西宁	0.360 天水	0.145
关中城市群	0.440	0.016	0.648 西安	0.330 咸阳	0.291
中原城市群	0.386	0.013	0.517 郑州	0.167 商丘	0.296
徐州城市群	0.442	0.003	0.545 连云港	0.392 徐州	0.120

资料来源：中国社会科学院城市与竞争力指数数据库。

2. 长江通道：长三角相对优势突出，成渝宜居水平最低

长江通道主要包括长三角城市群、皖江城市群、昌九城市群、武汉城市群、长株潭城市群和成渝城市群等六大城市群62个城市。①从长江通道整体来看，整体城市宜居竞争力指数一般，达到0.537；城市之间差异较小，方差仅为0.024，变异系数为0.286。②从轴线内六大城市群的比较来看，长三角城市群宜居水平最高且具有明显的比较优势，成渝城市群宜居水平最低，武汉、成渝和长株潭三大城市群的宜居竞争力指数均低于长江通道平均水平，长江通道中西部城市群的宜居水平相对不高；长三角、皖江和昌九三大城市群的平均宜居水平较高，且各自城市群内部宜居水平的差异化程度明显较低（见表4-12）。

表 4-12　长江通道内部城市群比较

类　别	均值	方差	最大值	最小值	变异系数
长江通道	0.537	0.024	0.789	0.180	0.286
长三角城市群	0.629	0.012	0.789 舟山	0.392 徐州	0.171
皖江城市群	0.562	0.010	0.697 芜湖	0.402 六安	0.174
昌九城市群	0.599	0.004	0.603 九江	0.595 南昌	0.011
武汉城市群	0.434	0.036	0.713 鄂州	0.180 黄冈	0.438
长株潭城市群	0.521	0.015	0.648 长沙	0.352 益阳	0.233
成渝城市群	0.402	0.017	0.651 成都	0.245 广安	0.325

资料来源：中国社会科学院城市与竞争力指数数据库。

3. 沿海通道：海峡西岸宜居水平最低，北部湾城市间宜居指数差距突出

沿海通道主要包括环渤海城市群、长三角城市群、海峡西岸城市群、珠三角城市群和北部湾城市群等五大城市群68个城市。①从沿海通道整体来看，整体城市宜居竞争力指数相对较高，达到0.573；城市之间差异较小，方差仅为0.018，变异系数为0.234。②从轴线内五大城市群的比较来看，珠三角城市群宜居水平最高且全国最具宜居竞争力城市珠海也位于该城市群；海峡西岸城市群宜居水平相对最低，成为唯一一个宜居竞争力平均指数低于沿海通道的城市群。值得特别指出的是，环渤海城市群的平均宜居水平虽不高但城市之间差异较小，北部湾城市群的平均宜居水平虽较高但城市之间差异较大（见表4-13）。

表 4-13　沿海通道内部城市群比较

类　别	均值	方差	最大值	最小值	变异系数
沿海通道	0.573	0.018	1.000	0.327	0.234
环渤海城市群	0.577	0.010	0.734 青岛	0.357 营口	0.173
长三角城市群	0.629	0.012	0.790 舟山	0.392 徐州	0.171

续表

类　　别	均值	方差	最大值	最小值	变异系数
海峡西岸城市群	0.564	0.023	0.842 厦门	0.327 揭阳	0.270
珠三角城市群	0.652	0.030	1.000 珠海	0.482 肇庆	0.266
北部湾城市群	0.613	0.042	0.871 海口	0.413 钦州	0.336

资料来源：中国社会科学院城市与竞争力指数数据库。

4. 京哈京广通道："北端和中部"塌陷，"珠三角、长株潭、环渤海"节点崛起

京哈京广通道主要包括哈长城市群、辽中南城市群、京津冀城市群、太原城市群、中原城市群、武汉城市群、长株潭城市群和珠三角城市群等八大城市群59个城市：①从京哈京广通道整体来看，整体城市宜居竞争力指数相对一般，为0.511；城市之间差异较大，方差为0.029，变异系数为0.331。②从轴线内八大城市群的比较来看，珠三角城市群宜居水平最高且优势十分突出；八大城市群中仅有珠三角、长株潭、京津冀和太原四大城市群的宜居水平高于京哈京广通道的平均水平，整个通道呈现"北端和中部"塌陷和"珠三角、长株潭、环渤海"节点崛起的明显布局特点。值得特别指出的是，武汉城市群内部城市之间的差异远高于整个通道城市间的平均差异水平，中原城市群和太原城市群城市之间的差异远低于整个通道城市间的平均差异水平（见表4-14）。

表4-14　京哈京广通道内部城市群比较

类　　别	均值	方差	最大值	最小值	变异系数
京哈京广通道	0.511	0.029	1.000	0.150	0.331
哈长城市群	0.430	0.018	0.637 长春	0.260 绥化	0.314
辽中南城市群	0.464	0.019	0.609 沈阳	0.150 四平	0.300

续表

类别	均值	方差	最大值	最小值	变异系数
京津冀城市群	0.545	0.012	0.654 天津	0.387 邢台	0.202
太原城市群	0.517	0.000	0.535 太原	0.502 阳泉	0.033
中原城市群	0.394	0.007	0.517 郑州	0.247 驻马店	0.217
武汉城市群	0.444	0.046	0.713 鄂州	0.180 黄冈	0.485
长株潭城市群	0.534	0.012	0.648 长沙	0.358 郴州	0.206
珠三角城市群	0.687	0.040	1.000 珠海	0.405 清远	0.292

资料来源：中国社会科学院城市与竞争力指数数据库。

5. 包昆通道："南端"塌陷和"成渝、关中"中端崛起的布局明显

包昆通道主要包括呼包鄂榆城市群、宁夏沿黄河城市群、关中城市群、成渝城市群、黔中城市群和滇中城市群等六大组团31个城市。①从包昆通道整体来看，整体城市宜居竞争力指数较低，为0.382；城市之间差异较大，方差为0.019，变异系数为0.355。②从轴线内六大城市群的比较来看，成渝城市群宜居水平最高但优势并不十分突出；六大城市群中仅呼包鄂榆、关中、成渝等三大城市群的宜居水平高于包昆通道的平均水平，整个通道呈现"南端"塌陷和"成渝、关中"中端崛起的明显布局特点。值得特别指出的是，宁夏沿黄河城市群和滇中城市群内部城市之间的差异远低于整个通道城市间的平均差异水平，黔中城市群内部城市之间的差异远高于整个通道城市间的平均差异水平（见表4-15）。

表4-15 包昆通道内部城市群比较

类别	均值	方差	最大值	最小值	变异系数
包昆通道	0.382	0.019	0.651	0.168	0.355
呼包鄂榆城市群	0.417	0.023	0.560 鄂尔多斯	0.168 延安	0.365
宁夏沿黄河城市群	0.308	0.007	0.390 银川	0.222 中卫	0.274

续表

类　别	均值	方差	最大值	最小值	变异系数
关中城市群	0.407	0.020	0.648 西安	0.244 汉中	0.343
成渝城市群	0.423	0.019	0.651 成都	0.229 眉山	0.324
黔中城市群	0.376	0.048	0.628 贵阳	0.227 安顺	0.582
滇中城市群	0.343	0.015	0.434 昆明	0.206 曲靖	0.351

资料来源：中国社会科学院城市与竞争力指数数据库。

四　国内外案例分析

（一）国外案例：墨尔本——城乡完美融合、古今交相辉映的品质生活之都

1. 主要表现及原因

（1）主要表现：墨尔本并不是突然冒出的"新星"，在多家国际知名机构的多次评价中，墨尔本击败常胜军加拿大温哥华，成为全球最适合人居的城市之首。近几年，荣获的大洲及全球级别荣誉包括：1990~2006年连续十多年获国际人口行动组织的"世界上最适合人类居住的城市"，2011、2012和2013年连续三年获联合国人居署"最适合人类居住的城市"排名第一，2011、2012和2013年连续三年在英国《经济学家》信息部"全球城市宜居度"排行榜独占鳌头等多项荣誉。

（2）原因分析：墨尔本自然人文风光的秀美、文化艺术层面的多元、具备满足感官娱乐的特色与全面，使其成为一个古代传统文化与现代文明和谐统一、自然美景与人文底蕴交相辉映的品质生活之城。墨尔本是"花园之州"——维多利亚州的首府和澳大利亚最有体育精神的城市，拥有澳式足球的发源地、南半球首个夏奥会举办地以及澳网公开赛、F1澳大利亚分站赛、墨尔本杯赛马国际一级赛事的主办地等众多头衔。同时也是南半球的"教堂

之城"和南半球最有浪漫格调和艺术家云集的城市,是"澳大利亚的文化首都"和艺术与时尚之都,拥有全澳乃至南半球最为著名的商业街及奢侈品购物集中地——南半球最大、全球第三大的查斯顿购物中心。

2. 主要做法

(1) 注重现代与古老、城市与田园的有机结合。对历史古建筑的保护与现代城市设计的双重注重,使得墨尔本既拥有在全球数量仅次于伦敦的维多利亚式建筑以及数量不少的意大利风格和德式风格建筑,也拥有有"旋舞的裙子"之称的世界知名建筑维多利亚艺术中心、现代维多利亚式建筑的典范墨尔本演奏中心、以碧蓝塔身闻名于世的奥图大厦双塔、曾是世界最高纯住宅大厦的发现大楼等现代地标建筑。但众多的新式建筑与代表着城市发展史的古老建筑之间并不突兀,反而交相辉映,景象独特。与此同时,墨尔本特别注重城市商业街、步行街、广场、公园和雕塑等的精心设计与周围环境的结合,这使得以灰色为主色调的城市在色彩鲜艳的雕塑的点缀下显得既朴实又有现代活力。此外,墨尔本对公园建设和花园般城市外观的塑造也给予了高度重视,城市绿化面积高达40%,404个公园星罗棋布地点缀在现代化高楼大厦与古老的英国式建筑中,城市兼具现代化的繁荣与田园般的绚丽风光。

(2) 强调居住区的公共设施优先建设。在医疗卫生、教育和基础设施等项目上获评高分是墨尔本在全球140个参评城市中脱颖而出的重要原因。墨尔本强调,居民住宅开发之初必须首先进行整体布局规划。规划要优先保证道路、运动场、公共绿地、幼儿园、学校、商店、高尔夫球场、泳池等公共用地。住宅开建前,政府强制性要求开发商优先建设与住宅配套的道路、行道树、公共绿地,形成宽阔平展、四通八达的道路,整齐的行道树和草坪、花木等绿化雏形。

(3) 注重城市管理的社会参与。墨尔本的规划管理有一整套严格的公示和听证会制度,关于建筑的容积率、使用性质、建筑高度、建筑形式、绿化率、建筑退线等方面需要经过居民和单位同意。同时,目前大约有15000人对墨尔本今后20~30年的发展提出了自己的意见,他们普遍认为墨尔本应该是一个大胆、有远见和可持续发展的城市。城市管理的多元参与,还体现在对城市包容精神的塑造与多元文化的推广上。墨尔本对使用180多种语言以及来自

全球233个国家和地区的移民和116种宗教信仰,坚持以包容大度的城市精神和及时调节的公共政策与社会思维来和谐接纳,形成了城市管理社会居民广泛参与的坚实基础。

(4)坚持生态友好型的城市发展道路。近20年来,墨尔本坚持推进"零资源浪费政策""零尾气排放战略"和"城市蓄水战略",最大限度地减少浪费和资源消耗。政府大力发展公共交通和绿色交通,保留有轨电车,有轨电车在城市公共交通中的主力军地位再加上四通八达的市内火车网,使得城市公共交通免于堵车和塞车的"恐惧"。政府积极实施"标记所有的水"战略,大量建设湿地,利用其过滤废水、蓄水和净水功能来解决公园浇灌等缺水难题。大力支持研发绿色技术的企业参与尾气排放降低和节水蓄水设施兴建,形成生态城市建设的可持续机制。特别需要指出的是,墨尔本并不盲目开发地铁,这不仅是因为地质结构不适合地铁,同时也与城市内轨道交通发达有关。

3. 主要启示

①注重城市文脉的保护与传承,强化城市风貌的区域管控,实现现代建筑与历史建筑的和谐统一,凸显人文宜居在现代宜居城市建设中的重要地位。②优先安排居住区的公共设施用地,将居住区配套设施的达标作为房屋预售的重要前提,坚决实行居住区建设的配套设施一票否决制。③大力发展公共交通,在地铁、轻轨和BRT等多种交通方式中因地制宜科学选择适合自己的发展重点,切忌一窝蜂或大干快上地盲目发展地铁。④注重城市管理在宜居城市品质中的关键作用,不少城市的"城市病"难题来源于规划管理、建设管理与运行管理的能力不足和水平不高,要将城市管理提升与城市治理的多元参与作为未来工作的两大重要方向。此外,墨尔本宜居的环境、相对远低于温哥华的房屋价格使其在南半球高端人才集聚、居民幸福感相对较高,这一点也成为国内宜居城市建设值得关注和借鉴的一个方面。

(二)国内案例:珠海——人与自然和谐、经济环境协调的幸福乐居之地

1. 主要表现及原因

(1)主要表现:珠海生态环境优美,山水相间,陆岛相望,气候宜人,人居环境一流。获得的荣誉主要包括：我国最早获得联合国"国际改善居住环境最佳范例奖"的城市、全国唯一以整体城市景观入选"全国旅游胜地四十佳"的城市、国家工商总局商标局正式授予的"幸福之城"商标持有者、第三届中国和谐城市可持续发展高层论坛"中国十佳和谐可持续发展城市"和"中国十佳休闲宜居生态城市"、"全国精神文明建设十佳城市"、"国家园林城市"、首批"国家环保模范城市"和"生态文明建设试点城市"、"国家卫生城市"、"国家级生态示范区"、"中国十大魅力城市"、"中国优秀旅游城市"、2012年度"中国特色魅力城市"、2012年城市科学发展指数十强城市、2013年"中国十佳宜居城市"和"中国最美城市"等。

（2）原因分析：宜居的资源环境的先天优势和后天坚持不懈、持之以恒的保护是珠海今日人与自然和谐发展、经济环境协调的重要原因。倚山临海、百岛蹲伏、海天一色、气候宜人是珠海的先天优势，使得珠海成为国内影视摄制单位普遍看好的外景地。珠海生态资源保护较好，拥有全国最大的海岸滩涂湿地保护区、全国最大的红树林保护区、全国罕见的水松林保护区、全国唯一的中华白海豚保护区，增添了珠海的生态魅力。城市文化氛围浓郁，拥有民居文化、民俗文化、留学文化、传记文化、海洋文化、度假文化、休闲文化、酒吧文化、沙滩文化、演艺文化、影视文化、宗祠文化、堂倌文化、餐饮文化、生态文化、广场文化等宜居生活全业态"大文化"，传统文化与现代文化交相辉映且具备经济推力的"大文化"塑造了城市的人文宜居魅力。

2. 主要做法

（1）坚持依法推进，注重制度保障。从立法到监督、从政府到企业、从技术支撑到财政扶持，制度保障始终是推进生态文明建设的重要保障，也是珠海生态文明品牌成型的一大支点。珠海拥有地方立法权后制定的第一项法规就是《珠海市环境保护条例》；《珠海市生态文明建设规划》《珠海市环境保护条例》《珠海市水土保持管理办法》则以刚性约束确立了珠海产业布局、污染治理和排放、旅游发展及岸线保护等方面的机制保障；《关于创建全国生态文明示范市的决定》、"四年行动计划"、考核实施办法及指标体系、《珠海市创建国家生态市实施方案》以及正在审议的《珠海经济特区生态文明促进条例》等系列纲领性文件，对生态文明建设工作目标、工作重点、重点工程及职责分工、实施进度和监督考核等内容加以明确,生态绿化、生态环保、生态修复等绿色GDP指标被纳入干部政绩考核体系。

（2）以高端规划支撑宜居建设。坚持"环境宜居与欧美先进国家相媲美"为奋斗目标,全方位推动宜居城市建设。珠海坚持在"规划先行"上的"领悟高端思维,接受科学熏陶",邀请新加坡、美国、日本、瑞典以及中国澳门和大陆的十余位世界一流行业的领军人物,专题召开"环境宜居如何与欧美先进国家相媲美"高端专家论证会。同时聘请国内外著名专家为珠海城市战略规划顾问,为珠海宜居城市建设提供持续"外脑"支持和国际一流的智库。以新加坡、维也纳等先进城市为学习的榜样,采取全球高端研究的形式,邀请国内外专业团队参与珠海市发展战略规划研究,为创建世界级宜居城市提供战略性意见。"新加坡规划之父"刘太格领衔的珠海《城市概念性空间发展规划》和世界顶级规划大师、TOD理念创始人彼得·卡尔索普规划的珠海北站成为高端规划支撑宜居建设的典型代表。

（3）政府社会合力推进。逐渐从单纯政府行政主导向"政府主导、企业自觉、社会支持"的多元化转变以及更加强调公众参与和互动,是珠海市整个生态文明建设实践的突出特点。政府积极利用特区立法权和较大市立法权,形成生态文明的一揽子顶层战略设计与具体行动方案设计,引导全民全面参与。政府始终保持经济增长与生态保护共赢的高度自觉,着力推进生态产业化和产业生态化。全社会以生态文明示范市建设为抓手,坚持"生态文化向主流文化大力培育"与"生态意识成为全民意识、主流意识"两大方向,建立健全绿色使者、绿色学校、绿色社区、环境友好企业等环保志愿者队伍,实现"他律"向"自律"的生态行为转型。

3. 主要启示

①以规划理念的世界眼光、国际标准与城市发展本土优势相结合为引领,确立正确的宜居城市建设理念。②以高端规划编制和坚定城市发展目标为抓手,推动宜居城市特色化和高水平发展。③合理控制房价,不断降低房价收入比是确保城市居民住有所居的关键。④推进城市管理向城市治理转型,发挥政社企多元主体在宜居城市建设中的合力。总而言之,珠海宜居城市的建设要坚持规划的科学前瞻性与稳定持续性相结合,以保护资源、保护环境就是保护城

市健康发展的可持续性为指导，实现生态与经济发展的高水平均衡，且能保持较高的房价收入比，使市民和外来人才愿意来、"居得住"且具有较强的幸福感，这一点很有借鉴意义。

六 重要结论与政策建议

（一）重要结论

1. 城市宜居竞争力的差异分化更加突出

整体看来，城市宜居水平得以改善，但宜居城市竞争力最好最弱组内的城市差距较大，表明城市宜居竞争力水平的城市分化更加突出。值得关注的是，上海首次进入宜居城市竞争力的前十强成为2013年度一亮点。

2. 高房价与低收入的耦合成为城市宜居水平不高和活力不足的重要致因

房价收入比与宜居整体排序存在趋势一致性。在区域分布上，东南中部分居高低两端，其他四区呈现纺锤体分布。分析看出，"居不易"问题的产生既起因于传统意义上的高房价，也缘于城市居民的收入不高。同时，房价收入比指数最好最差两组与城市实力活力明显相关。寻找各个城市房价收入比的合理区间，成为城市提高宜居水平和增强活力必须解决的难题。这也是墨尔本和珠海作为宜居标杆城市的重要经验。

3. 高水平宜居城市在"两横三纵"格局中的城镇化主阵地功能明显

"两横三纵"宜居水平较高，整体呈现沿海最高、"两横三纵"北向西向递减、陆桥整体东向递减、其他通道节点崛起的明显特点。

（二）政策建议：让宜居不再成为"奢望"

1. 多元手段并用，加快推进住房由"居不易"向"易居化、逸居化"转变

针对整个房地产市场现状，政策的设置应该着眼于释放存量交易和调控增量趋向。要严格实施房地产限购政策，按照人均40～60平方米的标准确定房产税免征范围，同时实施面积的累进税制，在建设和交易环节上大力推进中小户型。在管控人均住房面积的市场手段调节基础上，实施"二套限购、三套

管死、持有征税但交易减税"的政策设计,鼓励房产投资主体积极释放自身房产持有存量,增大市场供应量同时降低市场价格上涨预期,实现房地产价格的有效回落。此外,将房价收入比的改善作为各地政府考核民生问题的关键性指标,实现"人人住有所居"的梦想。

2. 以规划严格实施为抓手,推进可持续的宜居城市建设

要优先安排居住区的公共设施用地,将居住区配套设施的达标作为房屋预售的重要前提,坚决实行居住区建设的配套设施一票否决制。要注重城市文脉的保护与传承,强化城市风貌的区域管控,实现现代建筑与历史建筑的和谐统一,凸显人文宜居在现代宜居城市建设中的重要地位[①]。要坚持规划的科学前瞻性与稳定持续性相结合,以保护资源、保护环境就是保护城市健康发展的可持续性为指导,实现生态与经济发展的不断高水平均衡,且能保持合理的房价收入比,使市民和外来人才愿意来、"居得住"且具有较强的幸福感

3. 大力改善城市环境,实现"雾霾无霾化、交通畅通化"等宜居品质提升

要大力发展公共交通,在地铁、轻轨和 BRT 等多种交通方式中因地制宜科学选择适合自己的发展重点,针对一窝蜂或大干快上盲目发展地铁的行为,要严格审批行为、实施审批权回收。要高度注重城市管理在宜居城市品质中的关键作用,将城市管理提升与城市治理的多元参与作为未来工作的两大重要方向。加大城市大气污染、水污染等行为的专项整治和严格管控,以智慧化城市管理提升城乡的管理效率和效果。

参考文献

Rasoolimanesh, etc, City Development Strategies and Sustainable Urbanization in Developing World, *Procedia-Social and Behavioral Sciences*, 2012.

仇保兴:《简论我国健康城镇化的几类底线》,《住宅产业》2013 年第 10 期。

姚士谋等:《应当推进健康城镇化新战略》,《决策》2013 年第 5 期。

---

① 李光全:《创新管理强化治理,推进城镇化健康发展》,《青岛日报》(理论版)2013 年 12 月 21 日。

魏后凯：《追求有质量的健康城镇化》，《今日国土》2013年第2期。

倪鹏飞等：《中国城市竞争力报告No.11》，社会科学文献出版社，2013。

方向新：《湖南城镇化健康发展研究》，中央文献出版社，2007。

牛文元：《2013中国新型城市化报告》，科学出版社，2013。

魏后凯等：《中国城镇化质量综合评价报告》，《经济研究参考》2013年第31期。

王凯、陈明：《中国城镇化的速度与质量》，中国建筑工业出版社，2013。

李光全：《一体化背景下跨域协调机制建设的思路与对策研究》，《领导科学》2013年第4期。

李光全：《温哥华为何能成为宜居城市》，《学习时报》2013年6月10日。

聂华林、王宇辉、李长亮、李光全：《区域可持续发展经济学》，中国社会科学出版社，2007。

B.5
中国宜商城市竞争力报告
——迈向创业至上的宜商城市

李清彬[*]

一 引言

一个城市的宜商城市竞争力指的是其适宜各种经济商业活动开展的程度。在过往城市发展实践中，招商引资、鼓励创业等是城市主政者孜孜以求的，也常常成为城市官员政绩的重要表现。未来的发展以科学发展观为指导，注重经济社会协调发展，但最根本的经济基础仍是不可忽视的，一个城市在多大程度上适宜经济和商业发展？这是经商投资者在进行城市区位选择时十分关心的问题，城市的宜商城市竞争力是城市竞争力的重要一环。我们持续对城市宜商城市竞争力进行研究，试图找到一个既简便又具有相对通用性质的指标体系来对城市的宜商城市状况进行评估。通过这一评估，我们可以看清楚一个城市在经济和商业活动方面的基本准备情况，可以弄清楚哪些城市是更适宜的，哪些是有待进一步努力的以及该从哪些方向努力。这对我们更进一步推动宜商城市的建设发展，逐步增强城市的综合竞争力有重要意义。

虽然基于不同立场和出发点，各个主体在"宜商城市"概念上所关注的侧重点存在一定差异，但本质上就是看一个城市在基础条件、制度环境、市场需求等维度上的表现。在2012年的宜商城市竞争力报告的理论框架部分，本研究提出，一个理想的宜商城市，其目标是要形成"创业至上"的营商环境，即一方面对外来资本和各类项目有很大吸引力和市场潜力，另一方面对本地企业的发展有完善的扶持激励体系，利于新企业创立、各产业健康持续发展。同

---

[*] 李清彬，南开大学经济学博士，国家发展和改革委员会经济研究所助理研究员，主要研究方向为财政体制和政策、收入分配、发展经济学，2009年起连续参与《中国城市竞争力报告》的撰稿。

中国宜商城市竞争力报告

时从企业、政府、社会和市场本身等行为主体出发，以一个金字塔模型描述了宜商城市，认为市场需求是基础，政府和社会服务是支撑，企业是结果表现和进一步产生市场需求的动力。经过一年的研究积累，我们继续坚持对宜商城市的界定和理论框架，但在指标体系上有了进一步的丰富和改进。

我们设计了一个六维度、19个二级指标来评估一个城市的宜商城市竞争力（见表5-1）。六个维度分别是企业本体、当地要素、当地需求、制度环境、主体联系和基础设施。与2012年的指标体系相比，新的指标体系主要增加了"主体联系"和"基础设施"维度，同时对其他维度的名称和包含指标做了调整。经过测算分析和反复验证，我们认为这一评价指标更为丰富，也更为合理，能够更全面科学地对我国城市的宜商城市竞争力做出评价。

表5-1 宜商城市竞争力指标体系

指标含义	指标	指标衡量方法	数据来源
企业本体	大企业指数	世界500强及上市公司数	《财富》500强名单、上海证券交易所、深圳证券交易所和香港交易及结算所有限公司网站
	企业增长指数	企业数量增长率+企业规模增长率	国家统计局
	企业经营指数	销售额资产比、产值资产比和利税资产比方差加权	国家统计局
当地要素	大专以上人口比例	—	各城市六普公报
	专利指数	专利申请授权量	国家统计局
	人均存款余额	—	国家统计局
当地需求	GDP规模	—	国家统计局
	社会消费品零售总额	—	国家统计局
	限额以上批发零售贸易业商品销售总额	—	国家统计局
制度环境	开办企业便利度	证件办理指数+企业开办指数+经营纳税指数+资质认定指数	中国软件测评中心政府网站绩效测评
	企业税收负担	地方财政一般预算内收入占GDP比重	国家统计局
	信贷不良率	—	《中国地区金融生态环境评价（2009~2010）》

107

续表

指标含义	指标	指标衡量方法	数据来源
主体联系	城市货运总量	—	国家统计局
	城市客运总量	—	国家统计局
	国际商旅人员数	接待海外商旅人数	国家统计局
基础设施	公路交通便利程度	连接城市的国高、国道和省道数	交通部中国公路信息网
	铁路交通便利程度	连接城市的高铁、双线电气化铁路、单线电气化铁路、双线铁路、单线铁路数及是否有主要车站	铁道部铁路运营图及高铁线路图
	航空交通便利程度	机场飞行区等级和起降架次	全国运输机场生产统计公报及各机场网站
	利用海运便利程度	城市距最近海港距离和距天津、上海及香港距离	根据 Google 地图城市经纬度数据计算

二 宜商城市竞争力的总体格局

在上述框架和指标体系的基础上，我们分析了包括香港、澳门在内的 289 个城市的宜商城市竞争力，从中可以分析我国城市在宜商城市方面的表现。

（一）整体得分特征：表现一般，城市间差距较大

我国城市宜商城市竞争力整体得分不高，289 个宜商城市竞争力得分均值和标准差分别是 0.299、0.175，均值略低于 2012 年的 0.317，标准差则略高于 2012 年（见表 5-2）。这在一定程度上说明我国城市宜商城市竞争力整体上有所下滑，而城市间差距却有所扩大，虽幅度不大，但也应引起注意。

表 5-2 289 个城市宜商城市竞争力得分基本描述

单位：个

样本	均值	中位数	标准差	最小值	最大值
289	0.299	0.257	0.175	0.000	1.000

资料来源：中国社会科学院城市与竞争力指数数据库。

各城市得分的分布特征与2012年状况保持一致。宜商城市竞争力得分的均值高于中位数，从图5-1可以明显看出，排在前面的几个城市拉高了整体均值。各城市宜商城市竞争力得分的核密度分布图也验证了这一点：相对于正态分布，宜商城市竞争力的分布整体偏左且波峰更高。据此，我们判断：我国城市的宜商城市竞争力表现一般，城市间的表现差距较大，各方面潜力有待挖掘。

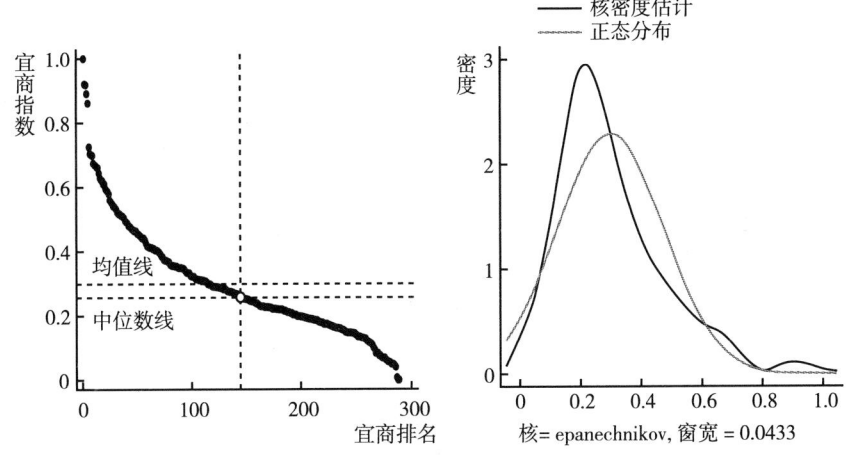

图5-1 宜商城市竞争力指数分布

我们将各城市的宜商城市竞争力得分绘制在地图上以便更直观的展示。从前后10名来看，2013年宜商城市竞争力得分的前10名分别是香港、上海、北京、深圳、广州、武汉、成都、天津、南京和重庆。2012年位列前10名的佛山、苏州、青岛和杭州等2013年未上十佳榜，新晋的四位正是2012年排在前10的后四位。从具体得分上看，香港是最佳标杆，上海和北京得分在0.9以上，深圳、广州紧随其后，得分高于0.85。后面几个城市相差不大，在0.67~0.72的水平上，属于十佳榜的第三梯队（见表5-3）。从前10名的所属区域上看，东南有4个、环渤海和西南各有2个、中部有1个。从前10名来看，东南区域的城市在宜商城市竞争力上的表现明显领先于其他区域。2013年宜商城市竞争力后10名是固原、毕节、保山、临沧、武威、崇左、庆阳、绥化、陇南、定西。与2012年对照，绥化和定西继续留在后10名（见表5-4）。从得分上看，这些城市都在0.06以下，宜商城市竞争力表现很差。从所属区域上看，后10名城市基本是在西南、西北区域。因而，这与我们通常的逻辑是一致的，宜商城市竞争力与经济发展程度紧密相关。

表5-3 宜商城市竞争力前10名及其综合排名情况

单位：位

城市	香港	上海	北京	深圳	广州	武汉	成都	天津	南京	重庆
所属区域	港澳台	东南	环渤海	东南	东南	中部	西南	环渤海	东南	西南
宜商城市竞争力排名	1	2	3	4	5	6	7	8	9	10
宜商城市竞争力指数	1	0.921	0.918	0.891	0.861	0.726	0.705	0.702	0.699	0.675

资料来源：中国社会科学院城市与竞争力指数数据库。

表5-4 宜商城市竞争力后10名及其综合排名情况

单位：位

城市	固原	毕节	保山	临沧	武威	崇左	庆阳	绥化	陇南	定西
所属省份	宁夏	贵州	云南	云南	甘肃	广西	甘肃	黑龙江	甘肃	甘肃
所属区域	西北	西南	西南	西南	西北	西南	西北	东北	西北	西北
宜商城市竞争力排名	280	281	282	283	284	285	286	287	288	289
宜商城市竞争力指数	0.056	0.054	0.050	0.050	0.049	0.044	0.040	0.007	0.000	0.000

资料来源：中国社会科学院城市与竞争力指数数据库。

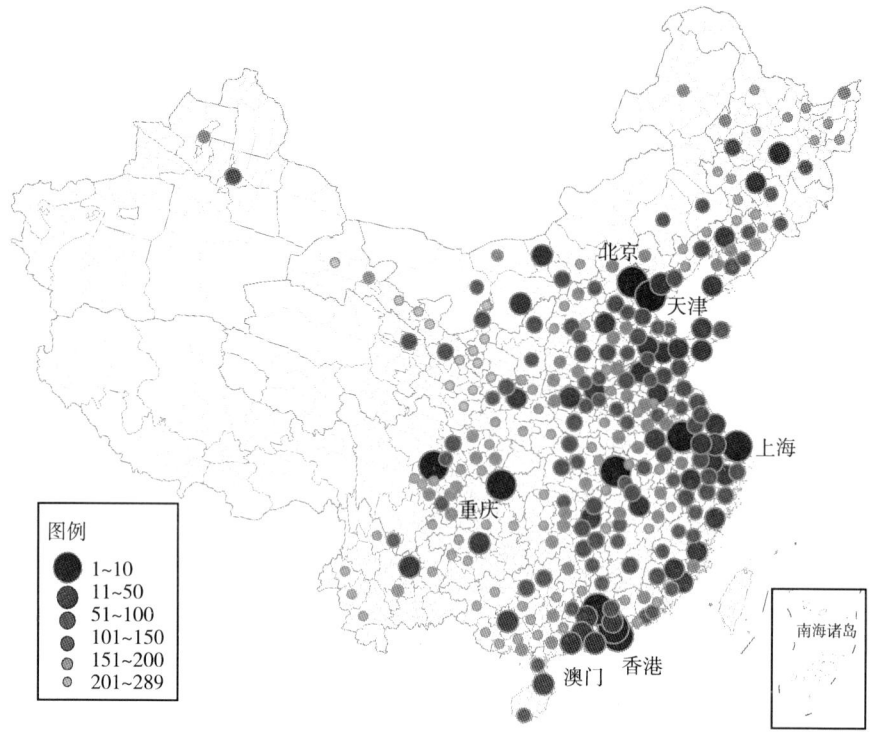

图5-2 2013年289个城市宜商城市竞争力排名

注：图例中的单位为位次，"○"越大、颜色越深，代表排名越高。

(二)空间分布特征:西东递增,南北递减,三大梯队明显

我们绘制了自西向东、自南向北的得分示意图,并将全部城市划分为七个区域进行比较分析(见图 5-3),得到以下规律特征。

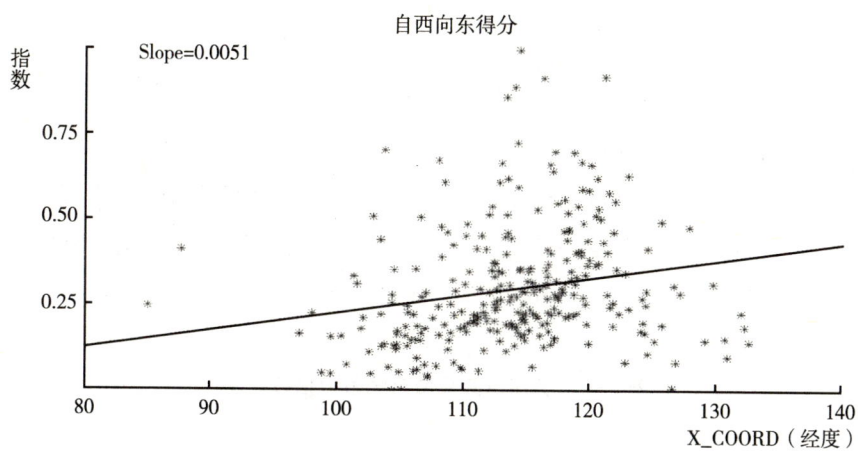

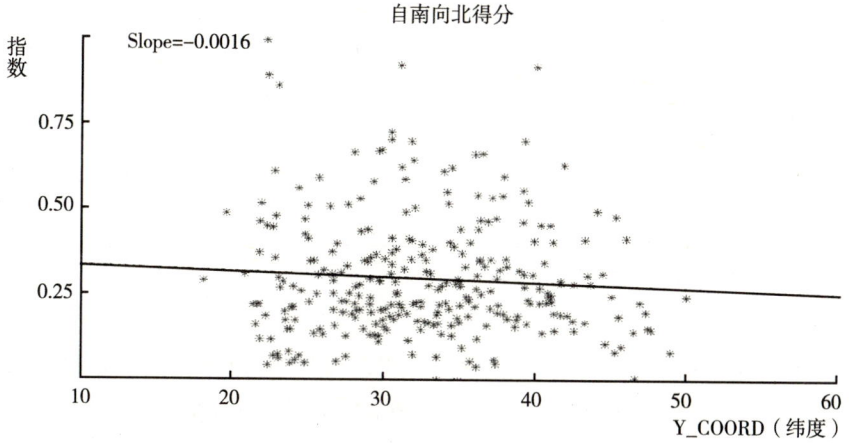

图 5-3 宜商城市竞争力的空间经纬度分布

首先,自西向东得分递增,而自南向北得分递减。如图所示,X_COORD 表示经度,纵轴为宜商城市竞争力得分。可以发现,随着经度增大,宜商城市竞争力得分也在增高,即东部城市得分要比西部城市高些。这一趋势的斜率为 0.0051。Y_COORD 表示纬度,纵轴为宜商城市竞争力得分。宜商城市竞争力得

分随纬度增高而轻微降低,说明南方城市的宜商城市竞争力整体上高于北方城市,斜率为 -0.0016。

其次,三大梯队明显,西南区域垫底。宜商城市竞争力的表现排序依次是:港澳台、环渤海、东南、中部、东北、西北和西南。对照2012年结果可知,东南和环渤海交换了位置,西南和西北交换了位置。宜商城市竞争力的区域整体特征维持不变,与城市发达程度大致匹配,但各区域得分较2012年下了一个台阶。具体来看,港澳台得分均值为0.759,低于2012年的0.804,但仍保持遥遥领先态势。第二梯队是环渤海和东南,得分较为接近,分别是0.417和0.404。其他四个区域为第三梯队,得分分布在0.2至0.3之间。从离散程度看,中部区域相对均质,宜商城市得分标准差最小,而东南区域标准差最大(港澳台特殊区域除外),其余几个区域的离散程度相当(见表5-5)。

表5-5 分区域宜商城市竞争力指数描述

单位:个

区域	样本	均值	标准差	最小值	最大值
港澳台	2	0.759	0.341	0.517	1.000
环渤海	30	0.417	0.167	0.211	0.918
东 南	55	0.404	0.185	0.069	0.921
中 部	80	0.277	0.126	0.116	0.726
东 北	34	0.248	0.142	0.007	0.630
西 北	39	0.228	0.145	0.000	0.611
西 南	49	0.219	0.158	0.044	0.705

资料来源:中国社会科学院城市与竞争力指数数据库。

从各区域的排名情况看,宜商城市竞争力排序前50名中,各区域分布不均(见表5-6)。港澳台地区中澳门并未在前50名。将大陆几个区域相比较,环渤海遥遥领先,有将近37%的城市位列前50名。其次是东南地区,有30.90%的城市进入。西北区域是最少的,但在进入数量上比2012年有所进步,有3个城市进入前50名,占了西北全部城市的6.12%。后50名中多是西南、东北和西北区域,分别有51.28%、29.41%和24.49%的城市排在后50名。中部区域和东南区域分别有5个和3个城市落在后50名,港澳台和环渤海均无城市落入。

表5-6 分区域前后50名宜商城市分布状况

单位：个，%

区域	样本	前50名		后50名	
		个数	占样本比重	个数	占样本比重
港澳台	2	1	50.00	0	0.00
东 南	55	17	30.90	3	5.45
环渤海	30	11	36.67	0	0.00
中 部	80	7	8.75	5	6.25
东 北	34	4	11.76	10	29.41
西 南	39	6	15.38	20	51.28
西 北	49	3	6.12	12	24.49

资料来源：中国社会科学院城市与竞争力指数数据库。

综合分析城市宜商城市竞争力得分的空间分布情况可知，东部好于西部，南部优于北部，环渤海和东南区域表现较好，而西北、西南区域较差。宜商城市竞争力与经济发展程度的匹配度是较高的。

（三）指标维度特征：各维度表现不一，喜忧参半

具体到分项指标分析，可以从中观察我国城市宜商城市竞争力强弱的原因所在。观察各维度及各指标得分，可以发现以下几个问题。一是"当地要素"和"基础设施"两个维度的各指标得分相对较好。这体现出我国城市的劳动力素质、创新能力、投资准备（储蓄）状况和各类交通基础设施的便利度是良好的，城市已经为创业等经济商业活动准备好了条件。二是"主体联系"整体较差。表明我国城市与外部的经济交往程度仍有待提升。三是"企业本体""当地需求""制度环境"三个维度喜忧参半。企业增长和经营状况都不错，但大企业数目上有所欠缺。当地的整体消费需求是较为旺盛的，但我国城市GDP规模有限成为需求进一步扩张的一个天花板，限额以上的批发零售商业活动也表现较差。制度环境上，开办企业便利度表现较好，但信贷不良率较高、企业税负明显较重限制了城市的宜商城市程度。

具体从各维度内部来看，有以下几个问题。①企业本体方面，大企业指数表现较差，均值仅为0.028，是香港标杆的2.78%。企业增长和经营情况相对

较好，分别达到了标杆城市的66.77%和33.96%。②当地要素方面，几个指标都表现不错，均值在0.5左右，达标杆城市的50%以上。不过标准差达到了0.29，说明各地在要素上的表现是很不平衡的。③当地需求方面，GDP规模、限额以上批发零售贸易业商品销售总额两个指标表现较差，均值仅为0.09左右的水平，分别是香港的18.06%和10.97%。社会消费品零售总额的表现相对不错，均值为0.5，是香港的55.38%。④制度环境方面，开办企业便利度指标均值为0.308，仅达到香港的30.81%。企业税收负担和信贷不良率是两个逆指标，却得分较高。值得注意的是，企业税负指标是香港的4.5倍，税收负担很重。信贷不良率指标与香港相比还处于较好的状态，但得分已经较高了，应引起注意。⑤主体联系方面，各指标表现较差，城市客运总量、国际商旅人员数的得分均值分别为0.075、0.017，是香港的9.99%和1.74%。城市货运总量相对较好，各城市的均值得分已经达到了香港的94.4%。说明我国各城市的货流状况好于客流状况。⑥基础设施方面，与其他维度相比，基础设施的几个指标表现较好。航空和海运的便利度都高于宜商城市竞争力的整体均值。铁路和航空便利度达到了香港的86%以上，不过公路、铁路的便利度整体状况得分仍较低，有较大的提升空间（见表5-7）。

表5-7 分项指标得分情况描述

单位：个，%

指标含义	分项指标	样本	均值	标准差	最小值	最大值	香港得分	占比（均值/香港得分）
企业本体	大企业指数	289	0.028	0.092	0.000	1.000	1.000	2.78
	企业增长指数	289	0.551	0.175	0.000	1.000	0.825	66.77
	企业经营指数	289	0.340	0.181	0.000	1.000	1.000	33.96
当地要素	大专以上人口比例	289	0.500	0.290	0.000	1.000	0.986	50.70
	专利指数	289	0.498	0.291	0.000	1.000	0.871	57.16
	人均存款余额	289	0.500	0.290	0.000	1.000	1.000	50.00
当地需求	GDP规模	289	0.088	0.128	0.000	1.000	0.486	18.06
	社会消费品零售总额	289	0.500	0.290	0.000	1.000	0.903	55.38
	限额以上批发零售贸易业商品销售总额	289	0.090	0.129	0.000	1.000	0.818	10.97

续表

指标含义	分项指标	样本	均值	标准差	最小值	最大值	香港得分	占比(均值/香港得分)
制度环境	开办企业便利度	289	0.308	0.195	0.000	1.000	1.000	30.81
	企业税收负担	289	0.827	0.124	0.000	1.000	0.184	449.95
	信贷不良率	289	0.867	0.133	0.000	1.000	0.991	87.46
主体联系	城市货运总量	289	0.125	0.125	0.000	1.000	0.132	94.40
	城市客运总量	289	0.075	0.118	0.000	1.000	0.752	9.99
	国际商旅人员数	289	0.017	0.084	0.000	1.000	1.000	1.74
基础设施	公路交通便利程度	289	0.103	0.106	0.000	1.000	0.246	42.05
	铁路交通便利程度	289	0.172	0.185	0.000	1.000	0.193	89.21
	航空交通便利程度	289	0.835	0.142	0.000	1.000	0.965	86.53
	利用海运便利程度	289	0.356	0.394	0.000	1.000	0.990	35.99

资料来源：中国社会科学院城市与竞争力指数数据库。

总体上，从细分指标的表现来看，我国宜商城市竞争力在条件的准备上较为充足，但对外联系尚显不足，大企业数目、市场需求、信贷环境和企业税负等是提升竞争力的重点所在。

三 "两横三纵"城镇化战略格局的比较

这一部分我们专门对"两横三纵"的城镇化战略格局做进一步的分析，观察基于战略格局的宜商城市竞争力分布特征。我们发现：沿海通道最优，陆桥通道最差，轴线城市优于非轴线城市。

从各通道的基本情况看，沿海通道包含了最多的城市样本数，其次是长江通道，样本数最少的是陆桥通道。除陆桥通道低于整体城市的均值得分外，其他几个通道都是高于整体均值的。按照宜商城市竞争力得分将几个通道排序，从大到小依次是沿海通道、京哈京广通道、长江通道、包昆通道和陆桥通道。对比可知，沿海通道的宜商城市竞争力是表现最好的，均值是几个通道格局中的最大值，达到了0.448，而变异系数是各通道中最小的，说明该通道内部各城市的差距也是各通道中最小的；陆桥通道是表现最差的，均值低于全部城市均值，仅为0.280，其最大值只有0.621，最小值则接近0，同时变异系数达到0.563%，与京哈京广通道相差不大，说明该通道城市间差距也较大（见表5-8）。

表5-8　各通道城市宜商城市竞争力指数情况描述

单位：个

类　别	样本	均值	标准差	最小值	最大值	变异系数
"两横"之陆桥通道	29	0.280	0.158	0.000	0.621	0.563
"两横"之长江通道	62	0.375	0.181	0.129	0.921	0.482
"三纵"之沿海通道	68	0.448	0.192	0.121	1.000	0.428
"三纵"之京哈京广通道	59	0.384	0.217	0.007	1.000	0.564
"三纵"之包昆通道	31	0.306	0.168	0.129	0.705	0.549

资料来源：中国社会科学院城市与竞争力指数数据库。

从各通道的得分分布来看，各个通道均表现出明显的"左偏"和"拖尾"特征，这说明我国城市宜商城市竞争力由几个高分城市带动，而大多数城市则得分较低。同时，各个通道在接近尾部处都出现一定程度的"凸起"，这表明我国有很大比例的城市集中分布在"较差"而非"最差"的水平上，这也说明有进一步整体提升的潜力（见图5-4）。

对比轴线城市和非轴线城市的情况可以发现，位于"两横三纵"轴线上的城市宜商城市竞争力明显好于非轴线城市，175个轴线城市宜商城市竞争力得分均值为0.356，而114个非轴线城市的得分仅为0.212，非轴线城市的最高分也仅为0.663，两者的差距显而易见（见表5-9）。

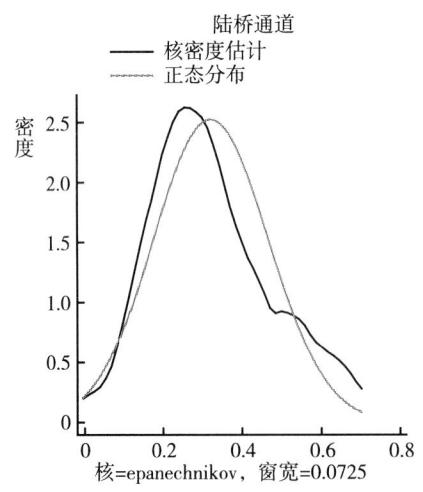

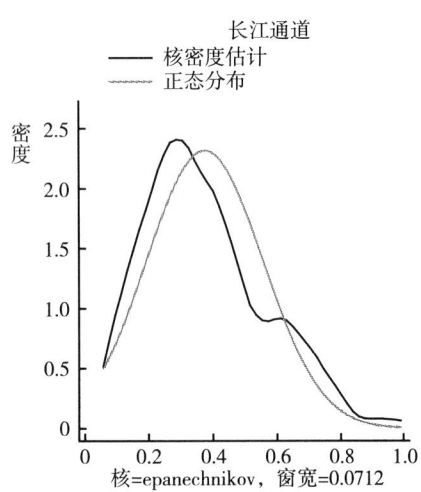

中国宜商城市竞争力报告

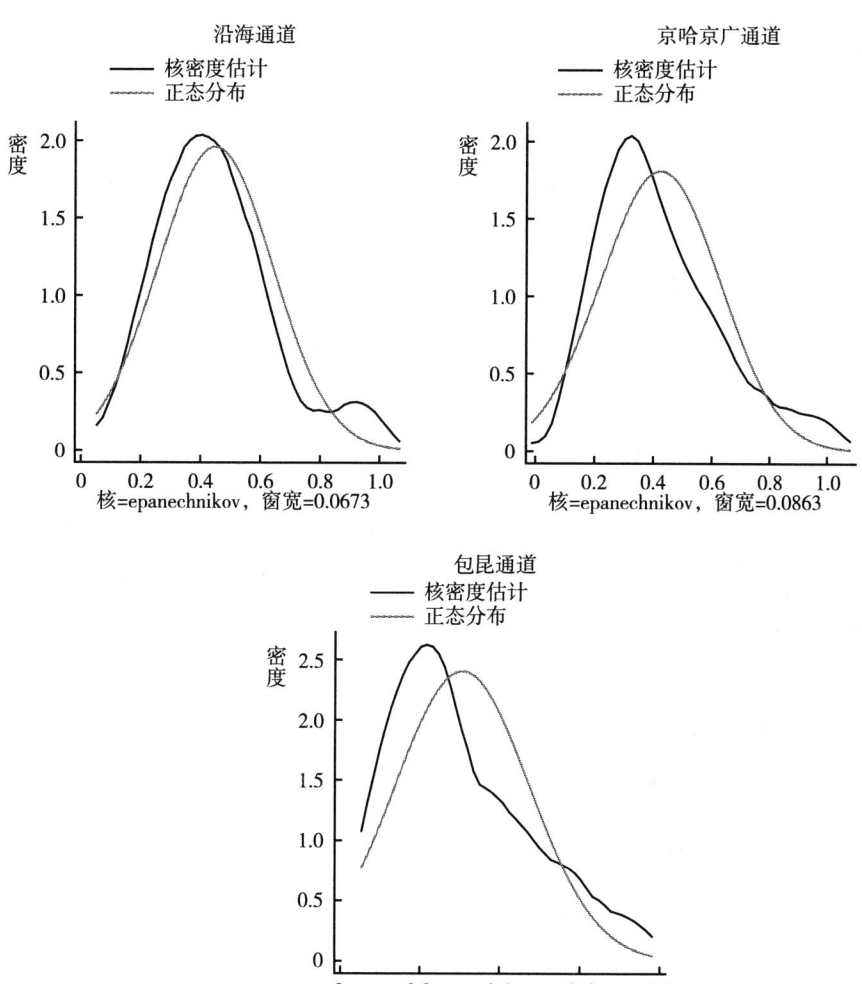

图 5-4 各通道城市宜商城市竞争力指数分布

资料来源：中国社会科学院城市与竞争力指数数据库。

表 5-9 轴线城市和非轴线城市的比较

单位：个

类　别	样本	均值	标准差	最小值	最大值	变异系数
轴线城市	175	0.356	0.186	0.000	1.000	0.523
非轴线城市	114	0.212	0.109	0.000	0.663	0.515

资料来源：中国社会科学院城市与竞争力指数数据库。

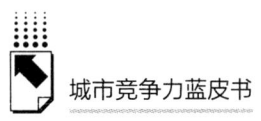

四 案例分析

国际性咨询机构世邦魏理仕（CB Richard Ellis）在2011年评选出了全球十大最佳商业城市，香港、新加坡位居前两位。因而，我们分别选取香港和新加坡两个城市做案例分析，从中提取建设发展宜商城市的基本经验。

（一）香港：自由规范的制度环境

香港位于广东省珠江口以东，素以"自由港"著称，2012年GDP规模为16500亿元，在我国所有城市中位列第3，排在上海、北京之后。香港在宜商城市竞争力上的表现是十分突出的，2012年和2013年都是最佳标杆城市。从香港在宜商城市竞争力各指标上的得分可以看出，除了GDP规模、城市货运总量、企业税收负担、公路和铁路交通便利度等几个由于本身属性所限的指标外，其他指标均表现优异，多数是最高或接近最高分值（见表5-10）。

表5-10 香港宜商城市竞争力各项构成指标得分

指标维度	分项指标	标准化得分
企业本体	大企业指数	1.000
	企业增长指数	0.825
	企业经营指数	1.000
当地要素	大专以上人口比例	0.986
	专利指数	0.871
	人均存款余额	1.000
当地需求	GDP规模	0.486
	社会消费品零售总额	0.903
	限额以上批发零售贸易业商品销售总额	0.818
制度环境	开办企业便利度	1.000
	企业税收负担	0.184
	信贷不良率	0.991

续表

指标维度	分项指标	标准化得分
主体联系	城市货运总量	0.132
	城市客运总量	0.752
	国际商旅人员数	1.000
基础设施	公路交通便利程度	0.246
	铁路交通便利程度	0.193
	航空交通便利程度	0.965
	利用海运便利程度	0.990

资料来源：中国社会科学院城市与竞争力指数数据库。

香港之所以在宜商城市竞争力上能够取得相对全方位的优异表现，一是其优越的地理位置。香港背靠大陆，南通东南亚地区，是东西方和东亚、东南亚的海、空交通运输枢纽，是我国南方的门户。在"基础设施"指标中，航空和海运便利程度得分均较高，体现出了香港对外联系的程度和特色。二是自由宽松规范的制度环境。香港一贯坚持经济自由的理念，被誉为"经济自由的最后堡垒"和全球最自由的经济体，在美国传统基金会和《华尔街日报》发布的《经济自由指数》报告中亦连续11年稳居榜首。香港法制健全、产权观念牢固、货币稳定。施行简单低税制，除了烟、烈酒和动力用的燃油（汽油、柴油等）之外，不对其他进口物品征收关税。政府的政策是维持和发展完善的法律架构、监管制度、基础设施及行政体制，为参与市场的人士提供公平的竞争环境，维持金融及货币体系稳定，使香港能有效地与其他主要金融中心竞争。这种经济政策有助于维持香港的经济优势和国际竞争力，有助于维护香港对国际资本的吸引力。这在指标体系中也有所体现，在香港开办企业极为便利，企业税负相对较低。三是人口素质相对较高，教育程度高，而且富有创业精神。在指标中的"当地要素"维度上有所体现，无论是劳动力、资本，还是创新度都得分较高，大专以上人口占比达25.8%。四是不断加强与大陆的经贸联系。近年来，香港不断加强与内地更紧密的经贸联系，促进人货、资金、信息及服务的双向流通，与广东省合作共同发展大珠江三角洲地区经济体系，为该地区共同开拓市场和推广投资。这些工作将逐步突破香港空间有限等因素限制，进一步提升其宜商城市竞争力。

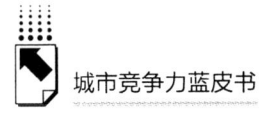

综合香港经验来看，在较为完善的基础设施条件下，坚持法治精神规范地奉行自由宽松的制度环境，时刻以市场理念为核心，尊重各个市场主体的利益，加强与世界各地的密切联系和合作，是提升宜商城市竞争力的根本所在。

（二）新加坡：政府做到良好治理和周到服务

新加坡是一个资源匮乏、面积只有700多平方公里、人口500多万的小国家。经过近半个世纪的快速发展，如今的新加坡人均GDP已达5万多美元，迈入了发达国家的行列，在亚洲位列第一。世界银行发布的《2012年全球经商环境报告》从10个经商环境的分项指标改善程度对全球183个经济体进行评估并排名，新加坡排名第1，并且在几乎所有方面都遥遥领先。世界银行与国际金融公司联合发布的《2014营商环境报告》指出，新加坡的营商环境继续在全球排名榜首，这是这一亚洲金融中心连续第八年荣膺这一称号。

第一，与香港类似，新加坡首要的优势条件是优越的地理位置。新加坡位于连接印度洋与太平洋的马六甲海峡，是世界的十字路口之一，海上航运十分繁忙，是世界一流的海运和航空交通枢纽，并逐步发展成为一个主要的商业、通信和旅游中心。2012年，新加坡在世界银行发布的全球物流绩效排名中名列榜首。

第二，新加坡政府的管理和服务职能履行得十分到位。新加坡十分重视社会环境治理，将其作为一项常抓不懈的社会系统工程来对待，为企业的经营发展提供了一个稳定的政治环境。新加坡政府长期以来奉行亲商政策，高度重视对投资者的服务，建立了"一站式"服务，精简审批项目，清理行政收费，并为招商引资实行了一系列奖励措施，如财务援助及奖励计划、减少企业所得税税率、降低雇主的公积金缴比率以及设定办公室租金封顶等。

第三，新加坡制度环境相对规范宽松。除征收很少的关税外，保护性关税在逐步取消，不搞其他发展中国家通常都实行的外汇管理制和国内价格控制，不控制私人企业和私人投资，没有反垄断法，对利润汇出和资本撤回不加限制等，在法治和政府管理的框架下给商业活动提供足够的自由度。

第四，新加坡非常重视吸引人才。新加坡将人才立法放入移民法框架内，将吸引人才与吸引投资相结合，恰当地处理了补充简单劳动力和限制不需要的人员入境的关系。既注重吸引实用型人才，也着眼于未来发展，每年有计划地从中国等国家吸引优秀中学生、大学生，资助其在新加坡留学，签订合同，毕业后在新加坡工作若干年。遥遥领先的国际声誉、高效率的商务环境、极具竞争力的税收结构、稳定透明的政治管理，这些显著的优势也使新加坡多年来不断吸引着来自世界各国的专业人才和高净值人士。

总体上，新加坡借由较好的地理位置，积极履行社会管理职能，建立了一个严格规则下的宽松商业环境。

香港和新加坡的案例对于我国城市提升自身宜商城市竞争力有着很大的启示作用。两者的共同特征是拥有法治和宽松的商业制度环境，在未来提升我国城市的各项工作中，应将视角集中在建立法治规则、营造自由宽松的制度环境之上，同时借鉴新加坡政府经验，提升城市政府的治理能力，增强政府对商业活动的"服务"功能。在规则制定、奖惩设计、市场环境和生态环境的营造上做好服务，为企业的生存、发展和壮大提供最大的空间。利用政府的财力资源为企业活动提供更多的支持，利用政府的信息资源为企业提供更多的融资渠道，利用政府所掌控的权力去"协助"而不是"审批"，去"引导许可"而不是"严惩"。政府应不断转变理念和职能，切实在减少行政干预、提供公共服务、规范引导产业发展等方面做出努力，打造宜商城市品牌，实现创业至上的宜商城市目标。

五　重要结论和政策建议

（一）基于实证结果的总结判断

基于上述指标体系的实证结果分析，可以总结出我国城市宜商城市竞争力的如下特征。

（1）我国城市宜商城市竞争力整体表现仍较为一般。实证结果显示，与2012年相比，指数均值甚至有轻微下滑，说明我国城市宜商城市竞争力不进反退。

（2）城市间差距有所扩大，前10名和后10名城市更换较多。与2012年相比，城市间的宜商城市竞争力指数离散程度加大，排在前10名和后10名的具体城市更换较多，前10名更换了4个，后10名更换了8个。

（3）宜商城市竞争力自西向东递增，自南向北递减，七个区域的表现排序依次是：港澳台、环渤海、东南、中部、东北、西北和西南，与2012年结果比较，东南和环渤海交换了位置，西南和西北交换了位置。

（4）"两横三纵"轴线通道间宜商城市竞争力的差异较大，沿海通道最优而陆桥通道最差，同时轴线城市的宜商城市竞争力明显优于非轴线城市。

（5）宜商城市竞争力与经济发达程度较为匹配，且宜商城市竞争力总得分及各分项得分普遍呈现空间不平衡状态。

（6）宜商城市竞争力的各维度表现不一。"当地要素"和"基础设施"两个维度的各指标得分相对较好，"主体联系"整体较差，"企业本体""当地需求""制度环境"三个维度喜忧参半。

（二）我国城市宜商城市竞争力存在的问题

从实证结果看，我国城市在宜商城市竞争力上表现较差，且在过去一年并未取得成效。我们分析认为，我国城市在宜商城市竞争力层面上存在以下突出问题。

1. 空间不平衡持续加大，容易陷入恶性循环

宜商城市竞争力与经济发达程度高度一致的空间不平衡状态既是我国城市的宜商城市特征表现，也是拉低当下及未来宜商城市竞争力得分的重要因素。这一特征与经济发展的区域差距一样容易"固化"，宜商城市竞争力的这一表现更加不利于落后地区实现追赶，进一步发展受到很大限制，从而进一步扩大空间不平衡状态。

2. 企业税负较重，影响企业落户和发育

我国税负状况被诟病已久，尽管有专家学者称宏观税负情况与其他国家相比并不太高，但我国税负更多落在企业而非居民身上，企业税收负担重基本是一个共识。各城市在企业税负这一项上对吸引企业落户是缺少竞争力的，也十分影响中小企业的发展壮大。我国城市的大企业数目指标相对较差，一定程度上也缘于此。

3. 招商引资风头不减，商业环境营造力度不够

为实现招商引资的目标，各地仍在围绕包括审批、土地、税收、用水用电、财政补贴支持等方面的优惠政策做工作，尽管招商承诺会带来"要素成本"的降低，但经常出现承诺难以兑现、企业落户后不断增加负担等现象，让不少城市的政府信用受到影响。不少城市在引资时仍缺乏目标性和长远考虑，缺乏对企业发展的恰当引导。在更为根本的商业环境营造上力度有所欠缺，忽略了发展创业至上的环境氛围。

总体上，我们分析认为，我国城市政府在提升宜商城市竞争力方面的目标和定位尚不明确，一味采用全盘推进的策略，实际中难以将资源集中在自身优势上；对市场干预较多，而规范和引导工作却较弱；宜商城市政策的制定执行常缺乏认真的调研分析，真正执行时常走调和不断调整；企业与政府打交道时的交易成本仍旧较高，企业负担较重，难以轻装上阵以最有效率的方式运营起来。这些对宜商城市竞争力的培育有着很大的负面作用。

（三）提升我国城市宜商城市竞争力对策建议

瞄准可持续城市综合竞争力的理想目标，针对我国城市宜商城市状况存在的问题，我们的对策建议分为直接建议和长远建议。直接建议是基于实证结果的针对性建议，长远建议则侧重在提升宜商城市竞争力的根本方向上的持续努力。

直接建议：未来提升我国城市宜商城市竞争力应在大企业数目、市场需求、信贷环境和企业税负等方面努力。要进一步扩大市场容量、激发市场需求，清理整顿不良贷款、形成良好的信贷环境，不断减轻企业税负、培育中小企业成长等。

长远建议包括以下几个方面。

1. 合理定位

不可一味地求全面推进，而应根据自身实力和优势做好恰当定位，并在此基础上做好战略规划，注意目标确定的科学合理性，不必盲目抢占宜商城市高地。

2. 从根本上优化宜商城市环境

招商引资逐步转向"筑巢引凤"的思路上，不断夯实宜商城市的基础，切实打造出利于企业发展的健康商务环境，为企业的长久发展提供良性轨道。

3. 以改革创造宽松制度环境

按照党的十八届三中全会要求，理顺政府和市场关系，进一步减少行政审

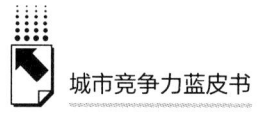

批事项,做好宜商城市层面的公共服务,增强企业开办便利度,适当减轻企业税负,控制不良贷款率等,营造宽松的创业和经营活动的制度环境,保障各类政策的落地实施。

4. 继续挖掘现有基础条件

保持在当地要素和基础设施维度上较好的基础条件,努力发挥优势、补足短板,统筹做好财政、税收、金融方面的支持,在生态环境、教育、医疗、居住服务等各个领域做好配套建设工作。

5. 瞄准重点领域突破

集中力量挖掘城市的优势资源,针对一项或几项进行重点打造,以点带面持续努力,宜商城市竞争力自然会得到提升,城市实业也会有相应程度的发展。

参考文献

倪鹏飞:《中国城市竞争力报告 No.11》,社会科学文献出版社,2013。

中国城市竞争力研究会:《GN 中国宜商城市评价指标体系》,http://www.china-citynet.com/yjh/。

世界银行:《2013 年全球营商环境报告——对中小企业实行更为明智的管制》,http://chinese.doingbusiness.org/,最后访问日期,2012 年。

世界银行,中国社会科学院财贸所:《中国营商环境报告》,2008。

张卫国、何伟:《中国地级城市投资环境评价研究》,《管理学报》2006 年第 3 期。

董志强、魏下海、汤灿晴:《制度软环境与经济发展——基于 30 个大城市营商环境的经验研究》,《管理世界》2012 年第 4 期。

B.6 中国知识城市竞争力报告

——迈向创新驱动的知识城市

赵英伟　董振兴*

一　引言

随着科学技术和知识经济的迅猛发展，人类社会正在逐步向知识社会迈进，在人类社会发展的领域里，知识是取之不尽的资源，也已经成为人类社会可持续发展最重要的战略资源，而知识城市竞争力也成为一种全新的城市可持续竞争力的发展理念。

所谓的知识城市，是指通过研发、技术和智慧创造，以高附加值产品和服务推动发展的城市。今天的中国城市，无论是老城市转型，还是新城市诞生，都将积极探索知识城市的建设道路，故分析研究知识城市竞争力具有重要的意义。

同时，随着人们对物质文化生活需求不断地增加及雾霾天气问题日益严重，城市的可持续竞争力就显得格外突出，尤其是创新驱动的知识城市就显得尤为重要；通过知识外溢形成规模经济来重新构建城市空间结构和形成新的城市圈，为城市竞争力的提高提供可持续的内生发展动力，知识城市将会是未来城市的发展方向。创建具有中国特色的知识城市，使中国城市成为智慧的摇篮，成为具有创新理念和先进文化的传播中心，是应对知识需求的挑战和增强可持续竞争力的必然选择，是建设创新型社会、全民学习及终身学习的学习型社会的重要内容，也是贯彻落实科学发展观、构建社会主义和谐社会的必然要求，因此，建设创新驱动的知识城市是大势所趋。但是，创新

---

* 赵英伟，青岛科技大学讲师，中国社会科学院研究生院博士研究生，研究方向为城市与房地产金融；董振兴，青岛科技大学经济与管理学院硕士研究生，研究方向为金融学。

驱动的知识城市的建设过程不是一蹴而就的,它将会是一个漫长的过程,而且也将面临不同的问题,当前较为突出的问题是:知识城市区域发展不均衡、建设创新驱动的知识城市缺乏着重点、高等教育缺乏、专业人才供求不均衡、知识产权保护不足、知识的产业转化率低、竞争力强的城市辐射功能发挥相对不足等。

公认的完美城市是创新驱动的知识城市,为了建设可持续竞争力理想完美的知识城市,在以往对知识城市竞争力理论研究的基础上,本文将对知识城市竞争力进行定性与定量研究相结合,并结合行政区域划分及从空间角度来更进一步分析研究中国知识城市竞争力的现状及存在的问题,提出相应的政策建议。知识城市本身不仅是一个具有创造力及高科技的城市,同时也是一个不断发展变化的经济、科技、文化的社会聚集体,竞争力指数作为一种以可持续发展为前提,对城市的知识创新发展进行量化测评的综合体系,需要按照指标对相关数据(资料来源和处理方法参见附录)进行比对分析,但这种比对并不是对关键指标进行简单排名,而是对知识的需求、投入、产出、知识经济转化度的一个系统考量(见表6-1),这将对各城市实现具有可持续竞争力的创新驱动型知识城市的建设具有一定的借鉴作用。

表6-1 知识城市竞争力指标体系

指标含义	指标	指标衡量方法	数据来源
知识需求	科技经费支出额占财政收入比重	—	国家统计局
	人均教育支出	—	国家统计局
	每百人公共图书馆藏书	—	国家统计局
知识投入	中等以上学生占全部学生比重	—	国家统计局
	大学指数	各城市大学排名	世界大学排名(Webometrics Ranking)
知识产出	专利指数	专利申请授权量	国家统计局
	论文发表数	—	Web of Science 三大引文库(SCI/SSCI/A&HCI)
知识经济转化度	每百万人金融、计算机服务和科学研究从业人数	—	国家统计局
	高科技产品进出口总额	—	科技部

二 知识城市竞争力的总体格局

2013年的知识城市竞争力,在秉承了2012年度指标体系的基础上,将对知识城市的内涵进行深入挖掘,强调以城市科技创新为基础,对我国主要城市的以知识需求、知识产出、知识投入、知识资本的形成为代表的核心竞争力进行综合的分析和研究,知识城市作为未来城市可持续竞争力的发展方向,将与创新的实践活动结合在一起,让知识满足创新的客观需求。本文将研究分析目前中国知识城市竞争力现状,吸取一些知识城市的成功经验,为全面建设创新驱动型知识城市奠定基础。

(一)知识城市竞争力十强格局

1. 北京人才济济再次蝉联榜首,杭州互联网创新聚集成就斐然

2013年知识城市竞争力排名前十强的分别是北京、上海、南京、香港、杭州、广州、深圳、武汉、天津、大连(见图6-1)。

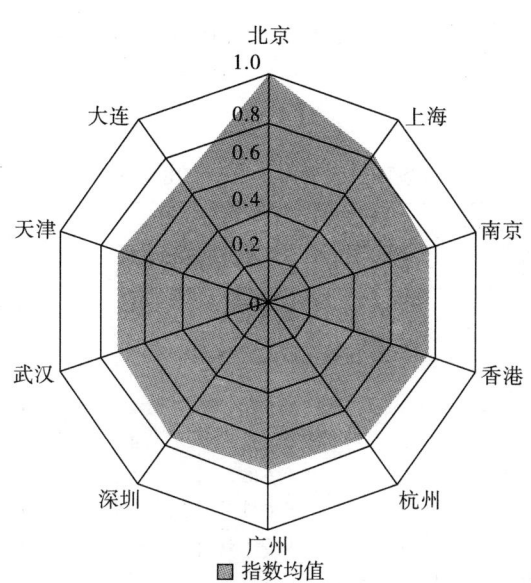

图6-1 2013年我国知识城市竞争力排名前10位

资料来源:中国社会科学院城市与竞争力指数数据库。

通过对前十强的研究分析可以看出，4个一线城市占据了前十强的近半壁江山，这10个城市的知识竞争力虽然存在一定的差距，但是总体上还是比较合理的，各城市之间的知识竞争力差距很小。通过计算得出前十强的知识城市竞争力的方差为0.008，比总体方差（0.033）要小，反映出其离散度小，说明了这10个知识城市竞争力之间差距小，波动性小；而前十强的知识城市竞争力均值为0.765，远高于总体平均值（0.354）。首先，均值为0.765反映出了前十强知识城市竞争力水平已经达到较高水准。其次，与总体均值比较反映出中国知识城市竞争力之间差距较大，存在严重的发展不均衡现象。

2. 指标体系中知识产出与知识经济的作用突出

按照知识城市竞争力指标体系中的二级指标分别进行排序，可以看出，知识产出能力对知识城市竞争力的综合排名具有较大的影响，其中按照论文发表数进行排名，前三名与知识城市竞争力综合排名相同，3个城市分别为北京、上海和南京，这说明了论文发表数目在一定程度上对提升知识城市竞争力具有较大的促进作用。知识产出这项指标前十强中有7个城市进入综合排名的前10位，知识经济指标对知识城市竞争力也具有很大影响，指标的前十强中也有7个城市进入了综合排名的前10位。从指数来看，对知识城市竞争力的贡献最大的也是这两项（见表6-2）。

表6-2 2013年知识城市竞争力按知识产出与知识经济排名前10位

城市	知识产出 指数	知识产出 排名	知识经济 指数	知识经济 排名	综合竞争力	综合排名
北京	0.997	1	0.993	1	1.000	1
上海	0.997	2	0.658	3	0.816	2
南京	0.972	6	0.565	8	0.765	3
香港	0.92	21	0.747	2	0.749	4
杭州	0.977	3	0.639	4	0.742	5
广州	0.977	4	0.626	5	0.741	6
深圳	0.953	10	0.606	7	0.741	7
武汉	0.965	7	0.541	16	0.714	8
天津	0.960	9	0.563	10	0.713	9
大连	0.922	19	0.552	13	0.668	10

资料来源：中国社会科学院城市与竞争力指数数据库。

由此可以看出，知识产出与知识经济对知识城市竞争力的综合排名具有决定性作用，这使得城市在提升自身知识城市竞争力时需具有着重点，要重点加大知识产出投入、增加论文发表和专利申请的数量、加快知识经济的转化、加强科研成果的转化率。

（二）知识城市竞争力区域分布

1. 七大区域知识城市竞争力：港澳台遥遥领先，东南、环渤海奋起直追

就当前而言，中国知识城市的发展还有很长的路要走，根据已有数据，从区域的角度来看，东部沿海地区具有明显的优势（见图6-2）。就289个中国城市（含港澳台）知识城市竞争力比较（见表6-3），我国最具知识城市竞争力的城市主要分布在东南地区，有22个城市入围，西南地区排在末尾，在

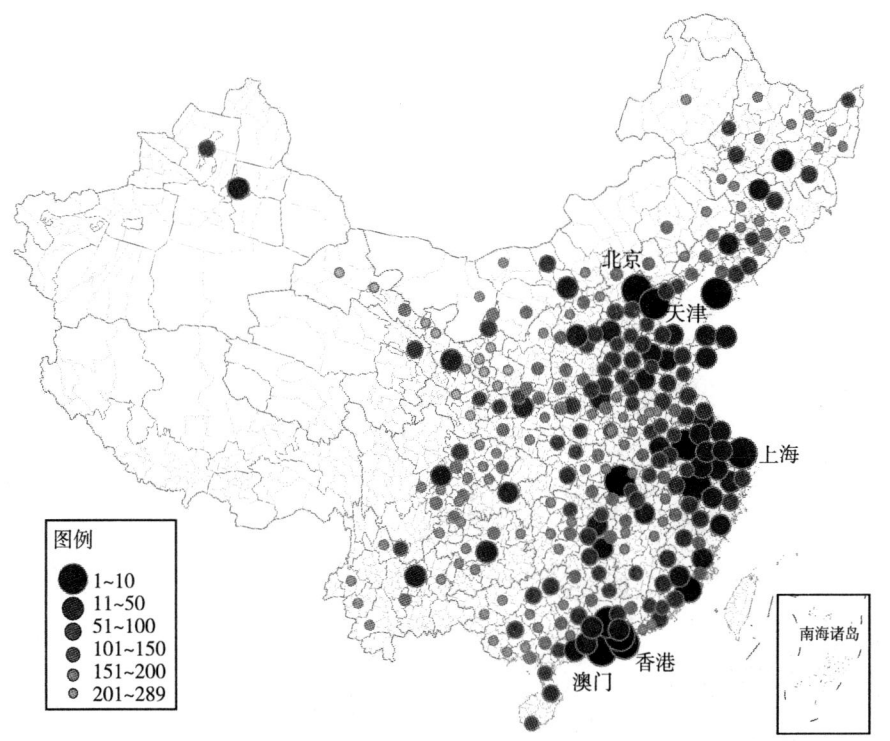

图6-2 2013年289个城市知识城市竞争力排名

注：图例中的单位为位次，"○"越大、颜色越深，代表排名越高。

最差排名中有27个城市，约占区域城市总数的55%。结合2012年中国知识城市竞争力区域排名及中国知识城市竞争力分类的空间分布，可以得出，东南地区前50强的数量比2012年增加了1个，现占比44%；其他地区的前50强与2012年相比，环渤海、西南、西北各减少1个，东北及中部没有变化。此外，按区域排名还可以看出，中部、西南及西北区域的知识城市竞争力排名大多排在100名之后；而环渤海知识城市竞争力排名都在200名之前，总体上知识城市竞争力优势明显。从表6-3中可以看到，2013年中国知识城市竞争力指数的平均值为0.354、方差为0.033，其中均值比上一年度平均值（0.328）有所提高，但是整体上还是处于较低的发展水平，这说明我国知识城市发展不足的现象依然存在；该年度的方差比2012年方差（0.037）有所降低，离散度有所改善，但知识城市区域发展仍不均衡，亟待解决。

表6-3 2013年我国知识城市竞争力区域比较

单位：个

区域	1~50名	51~100名	101~150名	151~200名	201~289名	城市总数	均值
东 北	4	5	9	3	13	34	0.283
环渤海	8	10	6	6	0	30	0.352
西 北	4	4	3	8	20	39	0.308
中 部	7	9	20	19	25	80	0.332
西 南	4	5	5	8	27	49	0.213
东 南	22	16	7	6	4	55	0.367
港澳台	1	1	0	0	0	2	0.626
全 国	50	50	50	50	89	289	0.354

资料来源：中国社会科学院城市与竞争力指数数据库。

（三）空间的分布特征：东西部差距明显、南北部差异不大、知识城市间相关度低

对289个城市空间经度、纬度进行分析，X_COORD为各城市的经度，Y_COORD为各城市的纬度，纵坐标为各分项竞争力的得分值。X图代表经度上知识竞争力的分布，东部、西部知识城市竞争力差距较大，回归线

明显陡峭，随着经度由西向东，城市间的差距逐渐拉大，斜率为 0.0057。Y 图代表纬度上知识城市竞争力的分布，南、北地区的总体差异不大，回归线相对于 X 图比较平缓，可见南部、北部地区间的整体差异小于东部、西部，由南向北随着纬度的变化城市的知识竞争力逐渐降低，斜率为 -0.0016（见图 6-3）。

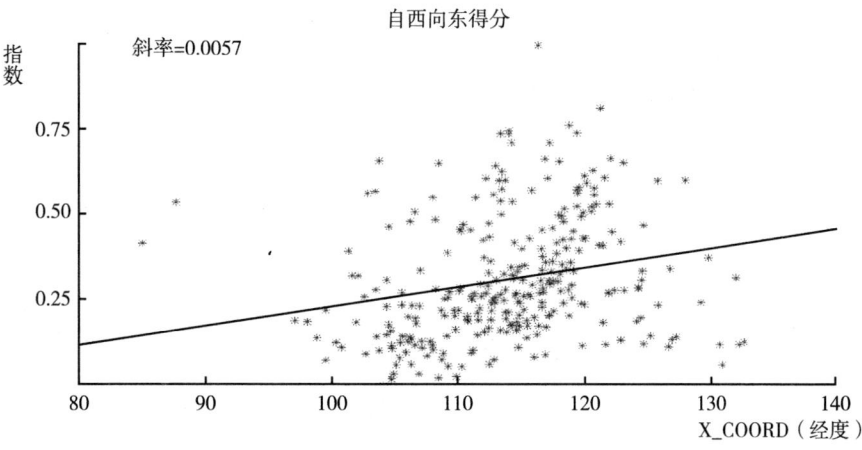

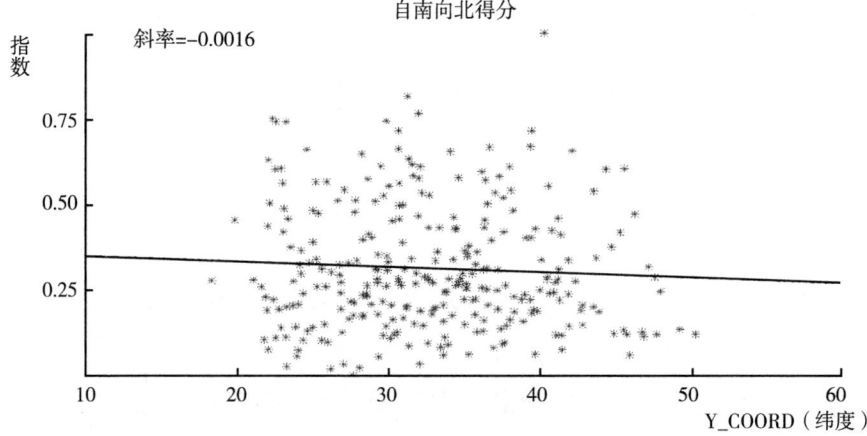

图 6-3　知识城市竞争力的空间经纬度分布

资料来源：中国社会科学院城市与竞争力指数数据库。

为了进一步考察知识在空间的外溢程度，本文用全局空间自相关检验（Moran's I）。Moran's I 散点图可以把所考察的区域分为四个部分，即高高

(H-H)、低高（L-H）、低低（L-L）、高低（H-L），分别位于散点图的第Ⅰ、Ⅱ、Ⅲ、Ⅳ象限中，分别表示自身值较高相邻区域值也较高、自身值较低相邻区域值却较高、自身值较低相邻区域值也较低、自身值较高相邻区域值却较低。我国整体的知识自相关程度为0.323，说明知识的存量在某些区域的集中度很高，但对外部的溢出程度却很低。进一步观察发现，我国城市知识竞争力高的地区周围的竞争水平也较高，但是随着距离的拉长对较远地区的相关性也快速下降，Ⅳ象限中在"自身值较高相邻区域值却较低"部分分布情况密集就充分说明了这一点（见图6-4）。

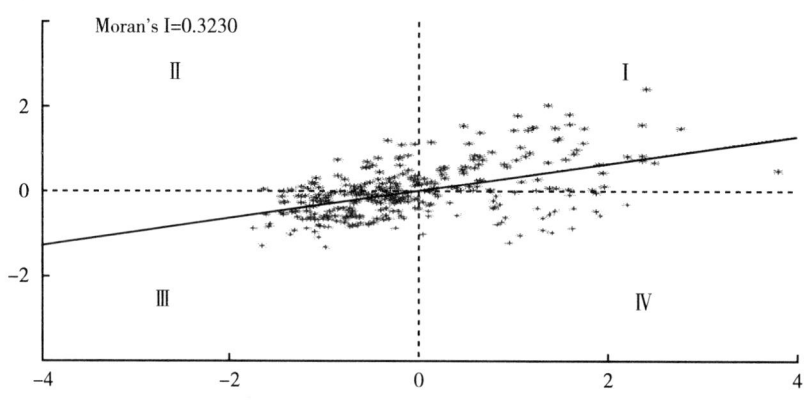

图6-4 Moran's I 散点分布

资料来源：中国社会科学院城市与竞争力指数数据库。

三 "两横三纵"城镇化战略格局的比较

（一）"两横"的比较分析：长江通道群星闪耀、海上龙头地位凸显

为了更好地对我国知识城市竞争力进行深层次的分析，本文将打破常规即突破以行政划分为基础的局限，从我国城市分布空间上进行研究，即以"两横三纵"的城镇化战略格局为比较基准，"两横三纵"即以陆桥通道、长江通道为两条横轴，以沿海、京哈京广、包昆通道为三条纵轴，以主要的城市群地

区为支撑，以轴线上其他城镇化地区和城市为重要组成的"两横三纵"城镇化战略格局，得出当前我国知识城市竞争力的分布格局。"两横三纵"的发展格局，是考虑在发展东部沿海地区的基础上提升中西部地区的部分城市群，让整个国家的发展建设更加协调，对建设创新驱动的知识城市具有重点性突破的作用。

"两横"知识城市竞争力均值为0.381，方差为0.030，说明"两横"知识城市竞争力整体水平不高，还有待于进一步提高，同时水平相近的城市较多，离散性较少。其中，知识城市竞争力指数最大的是位于长江通道的上海，指数最小的是位于陆桥通道上的宿州。从陆桥通道与长江通道的比较可以看出，长江通道知识城市竞争力均值（0.411）大于陆桥通道知识城市竞争力均值（0.319），说明长江通道的知识城市竞争力整体平均水平高于陆桥通道知识城市竞争力；从变异系数角度看，长江通道知识城市竞争力变异系数（0.438）比陆桥通道的变异系数（0.455）小，说明长江通道上城市间的知识城市竞争力离散性较小，水平相近的城市较多，而陆桥通道上的城市间知识城市竞争力离散性相对较大，不均衡现象较明显（见表6-4）。陆桥通道上知识城市竞争力最大的城市是西安，最小的为宿州；长江通道上知识城市竞争力最大的城市也是"两横"中知识城市竞争力最大的，即上海，最小的为资阳（见表6-4）。

表6-4　2013年我国知识城市竞争力"两横"比较

类别	均值	方差	最大值	最小值	变异系数
陆桥通道	0.319	0.021	0.653	0.089	0.455
长江通道	0.411	0.032	0.816	0.107	0.438
"两横"	0.381	0.030	0.816	0.089	0.457

资料来源：中国社会科学院城市与竞争力指数数据库。

"两横"中知识城市竞争力平均水平最大的城市群是长三角城市群，均值为0.521；天山北坡城市群方差最小，为0.007，说明该城市群间的知识城市竞争力差距小，水平相近的城市较多。知识城市竞争力平均水平最小的城市群是兰州—西宁城市群，均值为0.259；成渝城市群方差最大，为0.04，说明该城市群间的离散性大，城市间差距较大（见图6-5）。

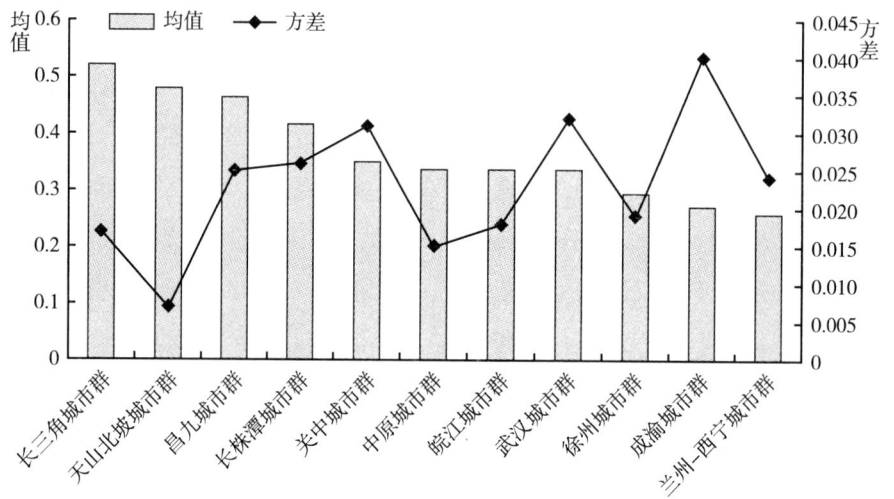

图6-5 我国知识城市竞争力"两横"城市群比较

资料来源：中国社会科学院城市与竞争力指数数据库。

（二）"三纵"的比较分析：沿海通道区位优势明显，包昆通道有待中部崛起

"三纵"知识城市竞争力指数均值为0.415，方差为0.038，且"三纵"整体的知识城市竞争力指数大于全国知识城市竞争力均值（0.354），说明了"三纵"知识城市竞争力平均水平高于全国整体平均水平，但仍属一般，同时方差反映出了"三纵"中城市间知识城市竞争力波动性不大，相近水平城市较多；该空间范围内知识城市竞争力水平最高的是北京，最小的是广西壮族自治区的钦州。此外，"三纵"中沿海通道的知识城市竞争力水平位居首位，包昆通道知识城市竞争力平均水平最差，均值只有0.299，沿海通道与包昆通道方差相同，都为0.031，包昆通道变异系数比沿海通道大，说明包昆通道离散性大，城市间的知识城市竞争力差距较大（见表6-5）。

中国知识城市竞争力报告

表6-5 2013年我国知识城市竞争力"三纵"比较

类别	均值	方差	最大值	最小值	变异系数
沿海通道	0.478	0.031	1.000	0.075	0.064
京哈京广通道	0.404	0.039	1.000	0.113	0.097
包昆通道	0.299	0.031	0.661	0.081	0.105
"三纵"	0.415	0.038	1.000	0.075	0.195

资料来源：中国社会科学院城市与竞争力指数数据库。

"三纵"中知识城市竞争力平均水平最大的城市群是珠三角城市群，均值为0.557；太原城市群的方差最大，为0.062，说明该城市群城市间的差距较大。知识城市竞争力平均水平最小的城市群是宁夏沿黄河城市群，均值为0.265；长三角城市群方差最小，为0.017，说明该城市群水平相近的城市较多（见图6-6）。

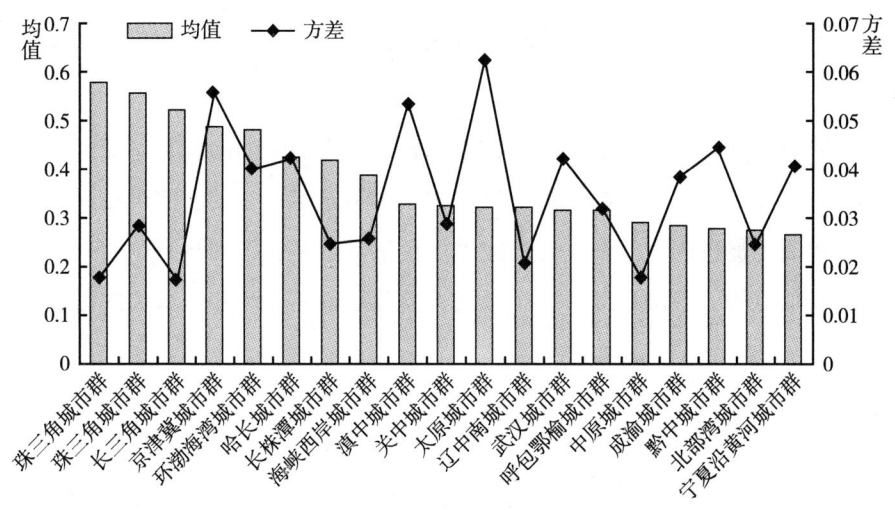

图6-6 我国知识城市竞争力"三纵"城市群比较

资料来源：中国社会科学院城市与竞争力指数数据库。

总体来看，"三纵"知识城市竞争力整体平均水平好于"两横"知识城市竞争力整体平均水平，从变异系数比较来看，"两横"城市间知识城市竞争力离散性比"三纵"的离散性大得多，"两横"的区域间知识城市发展不均衡现象较为突出，侧面反映出了我国东西部知识城市竞争力之间的严重差距（见图6-7）。

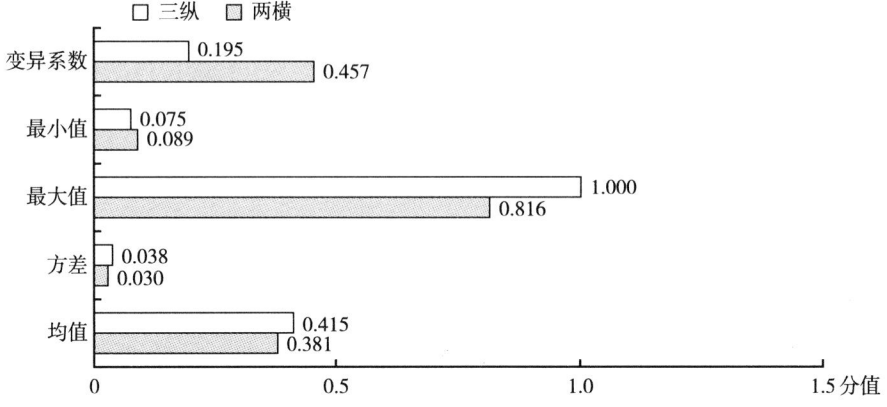

图6-7 我国知识城市竞争力"两横三纵"比较

资料来源：中国社会科学院城市与竞争力指数数据库。

四 案例分析

在建设创新驱动的知识城市过程中，各个城市面临的问题是不同的，必须区别对待，而所有的城市都实现建设知识城市也是不现实的，但可以在此层面上有所提高，促进国民经济发展，改善居民生活水平，下面将对国内外知识城市进行案例分析，归纳总结，对正在及将要建设创新驱动知识城市的城市予以借鉴。

（一）杭州

曾被意大利旅行家马可·波罗誉为"世界上最美丽华贵之城"的杭州，在2013～2014年度中国知识城市竞争力中排名第五名，其各项指标的排名较靠前，该城市对于提升知识城市竞争力的各种措施，对于其他城市在未来提高知识城市竞争力及增强城市的可持续竞争力而言，具有一定的借鉴作用。

1. 围绕互联网企业聚集性强的特点，打造"天堂硅谷"实现知识创新驱动发展

依托阿里巴巴公司总部位于杭州之优势，借助于"淘宝""天猫""支付宝"等强大的网络吸引力，大力发展相关衍生电子商务业及信息配套技术，并以信息和新型医药、环保、新材料为主导打造"滨江天堂硅谷",中国国际动漫节也将在杭州安家落户,还有12家企业进入全国"百强软件企业"行列,14家IT企业在境内外上市,15家企业进入国家重点软件企业行列[①],此外,杭州还具有中国首个"云计算",推动了杭州的高科技快速发展,并能够实现科技成果高效转化。

2. 大力发展移动互联网技术,跟随信息时代潮流

充分认识到了移动互联网时代的到来,因此,着力发展移动互联网技术,使得网络技术在不断发展的背景下得到广泛运用,如2013年12月18日,移动4G在杭州正式商用,移动4G网络基本覆盖主城区,在杭州覆盖人口近70%。移动4G在应用于市民生活的同时,也被运用在公安网络系统等,受到社会各界的广泛好评。杭州4G网络布局已趋成熟,现已开通了2400多个4G基站,覆盖人口超过500万[②]。

3. 为保护知识产权提供司法保障

在知识经济时代的背景下,知识产权是创新型知识城市的"生命线",它成知识城市竞争的有力工具,也将成为建设创新型知识城市的重要支撑。因此,保护知识产权就尤为重要,在这一点上杭州中级人民法院坚持"保护知识产权,激励技术创新"的理念,推进创新、保护知识产权的承诺,积极引导,将经营理念从假冒仿制转到依靠科技创新和获取自主知识产权上来。在政策法规方面,杭州市建立了一套高效的知识产权管理体系,先后制定实施一系列涵盖专利、商标、版权等知识产权的各主要方面,涉及知识产权的创造、运用、保护、管理四个环节的法规及政策文件。

4. 加强高端人才的培养、引进与创新使用

伴随着科技进步日新月异,知识经济方兴未艾,加快人才发展是在激烈的竞争中赢得主动权的重大战略选择。优化人才辈出的社会环境,为提升杭州文化软实力配置智囊资源,杭州主要是从以下两个方面来进行高端人才的培养、

---

① 百度百科,杭州,http://baike.baidu.com/link?url = uYPdmdvN – dyNCq7cp6BJW_Cbmac7uVHCi4XC4LYbws8QBFuLagjW4DTqMIpDo4sn。
② 《移动4G网络已覆盖近70%的杭州人口》,杭州网,http://hznews.hangzhou.com.cn/jingji/content/2013 – 12/26/content_ 5015637.htm。

引进与创新使用,一方面是建立创新人才培养使用机制,形成了一批全国知名的大师级人才及具有高水平的文化经营管理人才队伍;另一方面是建立高层次急需人才的绿色通道机制,以重点培养与引进高层次综合人才,解决对高端人才的需求。

5. 营造良好环境,激励知识产权创造

相关统计数据显示,2013 年,杭州市专利申请量达 29215 件,排名第 9 位,处于全国同类城市前列。杭州已明确提出把实施专利、标准、名牌作为区域创新的三大重要战略,并出台了一系列涉及专利、商标、版权等促进知识产权创造工作的政策。杭州市多次修订《杭州市专利专项资金管理办法》的相关规定,不断加大对专利创造、实施的扶持力度,提高企业的知识产权创新、应用、保护和管理能力。因此,杭州的专利申请量与其经济的发展一样,位居全国前列,而发明专利也将反映一座城市的创新活力,使得"杭州创造"日益彰显。

6. 杭州的启示

杭州的互联网技术及电子商务业处于全国领先地位,是一个具有创意的城市,其利用自身优势,不断创新,促进高科技技术不断向前发展,并能够将科技成果结合自身优势形成更大的知识外溢与知识经济转化效益;优化知识创造环境,以企业为主体,市场为导向,以产学研合作为纽带,搭建了一个面向国内外的知识产权创造的新平台,在知识产权工作中形成的"创造是源头、管理是基础、保护是手段、运用是目的、企业是主体、市场是导向"成功经验值得全国同类城市学习与借鉴。

(二)伦敦

以文化艺术活动为先导的伦敦是欧洲最大的经济中心,也是四大世界级城市之一。伦敦既是一个历史文化底蕴十分丰富的世界名城,又是国际社会公认的"知识城市",它把目光转向知识城市的打造,其典型标志就是"城市创新引擎"(Urban Innovation Engine)极为突出。

1. 文化艺术基础设施完善,文化底蕴雄厚

伦敦具有丰富的大学教育资源,如伦敦大学、皇家艺术学院、帝国理工学院和皇家音乐学院等世界著名大学，来自世界各国的学生构成的文化多样性，在这里表现得淋漓尽致。此外，伦敦的信息交流和传播业发达，历史文化资源丰富，除拥有世界上最大的博物馆——大英博物馆之外，还有数百家各类博物馆、艺术馆、图书馆、展览馆等遍及整个城市，集中了世界各国许多的古代文物，为伦敦的科研工作提供了有利资源。

2. 和谐、开放社会环境形成世界城市吸引力

过去 20 年，经历大规模的移民浪潮的伦敦，多面孔置身于伦敦街头是种平常景象。正是由于和谐、开放的社会环境，如今，伦敦已成为英国甚至世界的文化、教育、经济中心。如今伦敦拥有欧洲客运量最大的机场——希思罗机场，延伸到城市的每个角落的地铁干线，拥有了四通八达的门户，使伦敦成为世界信息流和人才流的中心，每年来此从事商务和旅游的人数达到 800 多万，使得伦敦成为更具吸引力的世界城市。

3. 立足文化艺术优势，实现"城市创新引擎"

众所周知，伦敦是以文化艺术活动为先导的一个充满活力的知识城市，为充分发挥自身文化艺术的优势，以在伦敦本市或"走出去"等方式，通过以文化艺术活动为依托和纽带，举办了各种文化、艺术、体育赛事、教育交流活动、科技博览等文化类艺术活动，始终让城市的主人和外国访问者感受到艺术无处不在，知识无处不有，来提高伦敦知识城市的品位和影响力，并以此为契机，向更高目标发展，为实现"城市创新引擎"的目标而努力。

4. 知识城市建设以低碳先行为理念

气候问题已成为国际共识，节能减排、践行低碳对我们有着更为重要的意义。伦敦掀起一场交通方式变革，即广设自行车高速通道，将人民引向自行车革命，伦敦市 90% 的人使用公共交通工具，只有 44% 的人有私家车，有私家车的人平常也很少使用；此外，伦敦还是一个大菜园，不断增加空地进行蔬菜种植，驳船作为"流动菜园"，把屋顶、废弃建筑物工地、被忽视的住宅角落等改造为社区菜园，在都市内广植蔬菜，这一点也得到了伦敦市市长的大力支持，而这在国内几乎不可想象。

5. 建设好金融功能核心区，提高知识经济

伦敦作为国际金融中心，其核心实力主要体现在伦敦金融城和金丝雀码头

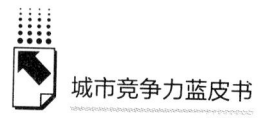

金融新城两个金融功能核心区,看似面积不大,但是充分利用了金融业独特的资源禀赋优势,这两个金融功能核心区实现了金融人才密集,金融氛围浓厚,彼此之间相互呼应,并已经成为伦敦乃至英国的金融名片和象征。这种高度集中的金融功能核心区,既最大限度地利用了土地资源,也提高了金融业发展资源要素的聚集程度,避免了其他区域的无序竞争,确保了金融业的运行效率,提高了知识经济产出。

6. 伦敦的启示

文化底蕴雄厚的伦敦,拥有丰富的大学资源给予知识城市竞争力提高提供有利的条件,文化多样性、开放、和谐的社会环境实现知识共享与交流,倡导低碳经济,合理规划区域划分,符合可持续发展,为知识城市提供了可持续竞争力,大力培养与引进金融人才,充分发挥金融业优势,不断创造知识经济,提高知识城市竞争力,伦敦这种提高可持续的知识城市竞争力的途径值得借鉴与学习。

五 重要结论与政策建议

创新驱动的知识城市建设涉及城市生活的各个方面,并非是一朝一夕就能够完成的,建设创新驱动知识城市的进程必须要得到全社会支持,同时需要在发展的过程中解决诸多问题。本节通过对我国289个城市的知识城市竞争力的实证分析研究,并结合国内外知识城市成功案例分析,总结对我国知识城市竞争力发展的对策建议如下。

(一)立足长远、合理规划,进一步加大统筹区域发展的力度

解决知识城市区域发展不均衡的问题将是一个漫长的过程,需要持之以恒的努力。要促进区域间知识要素合理流动和优化配置,逐步形成东、中、西良性互动;城市群中主体功能定位清晰,形成互帮互助,实现知识资源共享。在支持东部地区率先发展的同时,带动中西部发展。此外,对知识资源缺乏的中西部区域要加大投入、强化支持,增强地区自我发展能力,健全知识城市可持续发展的长效机制,增强知识经济社会发展活力。按照优化开发、重点开发、

限制开发和禁止开发的不同要求,细化格局空间,明确不同区域的功能定位,逐步形成各具特色的区域发展格局,实现东、中、西部知识竞争力共同进步。

(二)突出特色,找准定位,把握重点

在创新驱动知识城市的建设中,有自身特色的城市才可以建设具有特点的知识城市,创新型知识城市的特色是该城市的魅力所在,也是知识城市竞争力的生长点。创新型知识城市作为一个城市的发展战略目标,必须要找准城市定位,全面把握知识城市的生长点,不宜选择大而全的建设方式,而应紧密结合城市定位,冷静把握建设方向,围绕各自城市发展的战略需要,选择相应的突破重点,高效利用"城市创新引擎",构架起具备知识共享和知识资本的知识城市,这对一个城市的创新与可持续竞争力将产生深远影响。

(三)加大教育和培训的投入,建设学习型城市

人才是建设创新型知识城市的重要保障,因此要加强高技能人才及高层次复合型人才的培养。通过与高校和科研院所合作,鼓励高等学校开设相关课程与专业,通过委托培养、定向培训等方式,培养知识城市建设管理人才。加大高科技研发的投入,推进科学技术创新体系的建设与完善,推动城市知识产业升级,用知识投入取代传统的物质投入。加强公共图书馆、博物馆等文化基础设施的建设,建立教育和经济领域充满活力的教育体系,为市民提供一个随时随地可以学习的学习型城市,提高知识的更新、普及、分享和应用,提高人力资本对知识城市竞争力及经济增长的贡献率。

(四)大力实施知识产权保护战略,推动创新型城市建设

在知识经济和经济全球化的背景下,知识产权越来越成为有力的竞争工具,因此对知识产权的创造、保护就显得格外重要。积极开展知识产权保护战略工作,建立重大科技知识产权工作机制,制定和完善与专利相关的政策;建立以企业为主体、市场为导向、产学研相结合的自主知识产权创造体系,支持以原始创新和引进消化吸收再创新打造知名品牌,来全面提升知识产权保护与运用水平,以应对知识产权竞争能力。同时,进一步完善知识产权法律法规体

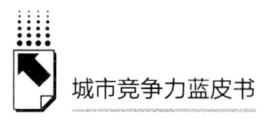

系建设，促进自主创新成果的知识产权化、商品化、产业化的合法化，这将有利于增强自主创新能力和创新型知识城市的建设。

（五）提高核心城市的知识城市竞争力的辐射带动功能

提高知识城市竞争力的辐射功能，主要思路如下：一是要进一步扩大开放交流，因为开放及资源共享、自由及充分流动是扩大知识城市竞争力辐射功能的前提条件；二是要进一步提升核心城市知识竞争力，知识城市竞争力越强，则辐射力越强，辐射面就越广；三是要加速建设城市辐射的媒介，主要是交通网、信息网等，交通时间越短、信息交流越方便，知识城市竞争力的辐射性就越强，辐射速度就越快，辐射的程度也就越高，其交通、信息是进行知识城市竞争力辐射的主要途径。在城市群之间，应该形成沟通机制，主动接受辐射效应，利用科技创新优势，合作研发，实现共赢，城市群加在一起构成"大市场"，其吸引力不言而喻。

发展是人类永恒的话题，创新驱动的知识城市的构建也离不开发展。当然，建设创新驱动的知识城市不能急于求成，应该是一个循序渐进、慢速渗透的过程。可以通过政策、法律法规和调控等手段，保证创新驱动的知识城市建设的良性发展，使知识城市竞争力努力成为国家城市建设中的可持续推动力。总之，知识城市将为社会享受民主、分享知识、缩小"数字鸿沟"创造有利条件，这将是21世纪城市可持续发展的一条新路径。

参考文献

王志章：《全球知识城市与中国城市化进程中的新路径》，《城市发展研究》2007年第3期。

刘浩：《"知识城市"评价标准分析和指标体系构建》，《中华建筑》2009年第12期。

《移动4G网络已覆盖近70%的杭州人口》，杭州网，http://hznews.hangzhou.com.cn/jingji/content/2013-12/26/content_5015637.htm。

B.7 中国和谐城市竞争力报告

——迈向公平包容的和谐城市

刘金伟*

一 引言

新型城镇化道路是党的十八大以后，新一届领导集体对中国未来发展道路的重大战略选择。从世界发达国家的发展历程来看，走新型城镇化道路也是一个国家或地区经济社会发展到一定阶段后的必然规律。新型城镇化战略提出后，学术界围绕新型城镇化的目标进行了广泛讨论。本研究认为，新型城镇化不仅仅是人口从农村流入城市的过程，也不是简单的城市建成区面积的扩张和城市基础设置和硬件的现代化。新型城镇化的实质是人们生活方式的转变和生活质量的提高，其最终目标是建设一个以城市为主体的和谐社会。因此，和谐城市竞争力是一个城市综合发展水平的体现，通过和谐城市竞争力的评价研究，可以判断我国城市化的总体质量水平和存在的问题。

从我国的现实情况来看，目前我国正处于城市化的加速发展阶段，社会的急剧转型带来大量的城市社会问题。比如，由于制度性障碍造成的外来人口融入问题、社会保障和社会福利的公平问题，人口大量流动造成的城市管理问题、交通拥堵问题、环境污染问题、城市犯罪问题，经济社会发展不协调带来的教育、医疗、住房、就业等一系列民生问题。在新型城镇化进程中，成功解决这些问题对我国顺利走出中等收入国家陷阱，向现代国家转型至关重要。从

---

* 刘金伟，管理学博士，现任北京工业大学人文社会科学学院、首都社会建设与社会管理协同创新中心副教授、社会调查研究中心副主任、社会学硕士研究生导师。研究方向为社会发展与社会管理、城市社会学等。

国外的经验看，这些问题的解决必须以社会建设为手段，通过社会领域的改革来实现，其最终目标就是实现城市社会和谐。

从概念上理解，和谐城市是指城市系统中的各个组成部分、各种要素处于相互协调的状态，整个城市处在良性运行与协调发展中。城市是个复杂的巨系统，包括自然生态系统、经济系统、政治系统、社会系统和文化系统。本研究所指的和谐城市主要指社会系统内部的和谐。因此，和谐城市竞争力指标体系也主要通过社会指标来反映。2013年中国和谐城市竞争力指数由政府善治、社会公平、社会保障和社会安全四大类指标构成，其中，政府善治由行政透明度指数和群众需求关注度指数构成；社会公平由户籍制度的公平性和各阶层之间的公平性两类指标构成；社会保障由人均社保、就业医疗卫生财政支出指数和社会保障程度指数构成；社会安全通过每万人刑事案件数和万人交通、火灾死亡人数来反映（见表7-1）。资料来源和处理方法参见附录。

表7-1 和谐城市竞争力指标体系

指标含义	指标	指标衡量方法	数据来源
政府善治	行政透明度	信息公开指数	中国软件测评中心政府网站绩效测评
	群众需求关注度	互动交流指数+证件办理指数	中国软件测评中心政府网站绩效测评
社会公平	户籍与非户籍人口之间的公平性	根据各城市落户政策打分	各城市政府网站
	各阶层之间的公平性	教育服务指数+社保服务指数+就业服务指数+医疗服务指数+住房服务指数+交通服务指数	中国软件测评中心政府网站绩效测评
社会保障	人均社会保障、就业和医疗卫生财政支出	—	国家统计局
	社会保障程度	参加医疗、失业、养老保险人数占常住人口比重	国家统计局
社会安定	每万人刑事案件数	—	国家统计局
	每万人交通、火灾事故亡人数	—	国家统计局

中国和谐城市竞争力报告

二 和谐城市竞争力的总体格局

（一）总体状况：和谐竞争力水平总体偏低，排名前十的城市中，前七名均为东部沿海开放城市，传统的内陆城市济南和西安被挤出前十

根据课题组测算，2013年中国289个城市（包括香港和澳门）的和谐竞争力指数平均值为0.339，比2012年略有下降，方差为0.019。如果以1为最和谐，中国城市的整体和谐度处于中等偏下的水平，这与我国社会转型期的特点相符。从排名情况来看，在中国289个地级及以上城市中，香港和澳门排在前两名。在内地城市287个城市中，福建省的厦门市排在第1位、深圳市排在第2位、大连市排在第3位、宁波市排在第4位、青岛市排在第5位，289个城市排名的前七名均是东部沿海开放城市，其余依次为北京市、长沙市和沈阳市。与2012年比较来看，两个传统的内陆省会城市济南市、西安市和东部沿海的威海市跌出前十名，而北京市、长沙市和沈阳市首次进入前十（见表7-2）。

表7-2 中国和谐城市竞争力前十名

2012年度和谐城市竞争力排名		2013年度和谐城市竞争力排名		
城市	排名	城市	和谐城市指数	排名
香港	1	香港	1.000	1
澳门	2	澳门	0.747	2
济南	3	厦门	0.709	3
西安	4	深圳	0.675	4
深圳	5	大连	0.672	5
青岛	6	宁波	0.649	6
威海	7	青岛	0.647	7
大连	8	北京	0.631	8
厦门	9	长沙	0.613	9
宁波	10	沈阳	0.613	10

资料来源：中国社会科学院城市与竞争力指数数据库。

从排名前十位各城市的具体表现来看，行政透明度指数除了香港和澳门外，排在前两位的分别是厦门市和青岛市，群众需求关注度指数排在内地前两位的也是厦门市和青岛市，说明这两个城市政府的治理水平较高。在户籍

制度的公平性上，即外来人口融入城市的制度性设置上，做得比较好的是沈阳市、长沙市和宁波市；在城市内部不同阶层之间的公平性上，排在前两位的分别是深圳市和厦门市。从政府对就业、社会保障和医疗卫生的投入来看，深圳市和北京市排在内地的前两位，而社会保障覆盖率大连和宁波表现得比较突出。在社会安全方面，无论是万人刑事案件数还是万人交通、火灾事故的死亡人数，青岛和长沙都排在内地城市的前两位，是中国最安全的城市。

（二）区域比较：东南沿海城市具有先发优势，东北和中部地区潜力巨大，西南和西北地区仍旧在困境中徘徊

在所有289个样本城市中，我们按照和谐指数排名共分六个级别，前50名为最具竞争力城市，51~100名为较具竞争力城市，101~150为中等偏上城市，151~200为中等偏下城市，201~250为竞争力水平较差城市，250以后为竞争力水平最差城市。从区域的分布来看，在排名前50的城市中，除港澳台地区外，比例最高的是东南地区，共有17个城市，占5.90%；其次是中部地区共有15个城市进入前50名，占5.20%；再次是东北地区共有7个城市进入前50名，占2.40%；比例最低的是西南和西北地区，西南和西北地区均只有2个城市进入前50名（见表7-3）。从各省份的分布来看，辽宁省共有7个城市排名前50位，广东省有6个城市排名前50位，江苏、浙江和湖南分别有4个城市进入前50名。

表7-3 不同区域和谐城市评价状况的分布

单位：个，%

区域		分类						合计
		最具竞争力城市	较具竞争力城市	中等偏上水平	中等偏下水平	竞争力水平较差	竞争力水平最差	
环渤海湾	计数	5	10	7	7	1	0	30
	占比	1.70	3.50	2.40	2.40	0.30	0.00	10.40
中部	计数	15	15	17	15	9	9	80
	占比	5.20	5.20	5.90	5.20	3.10	3.10	27.70

续表

区域		分类						合计
		最具竞争力城市	较具竞争力城市	中等偏上水平	中等偏下水平	竞争力水平较差	竞争力水平最差	
西北	计数	2	2	4	6	13	12	39
	占比	0.70	0.70	1.40	2.10	4.50	4.20	13.50
东北	计数	7	8	9	5	3	2	34
	占比	2.40	2.80	3.10	1.70	1.00	0.70	11.80
东南	计数	17	10	8	12	5	3	55
	占比	5.90	3.50	2.80	4.20	1.70	1.00	19.00
西南	计数	2	5	5	5	19	13	49
	占比	0.70	1.70	1.70	1.70	6.60	4.50	17.00
港澳台	计数	2	0	0	0	0	0	2
	占比	0.70	0.00	0.00	0.00	0.00	0.00	0.70
合计	计数	50	50	50	50	50	39	289
	占比	17.30	17.30	17.30	17.30	17.30	13.50	100.00

资料来源：中国社会科学院城市与竞争力指数数据库。

从区域分布上来看，我国和谐城市竞争力排名较高的城市基本上集中在京哈京广线以东的地区，最集中的地区是以上海为龙头的长三角地区，以广州、深圳为龙头的珠三角地区和以北京、大连、青岛为中心的环渤海地区；其次是以长沙、武汉为中心的湖广地区、以郑州为中心的中原城市群和以沈阳为中心的辽沈地区。京哈京广线以西的地区基本上呈现点状零星分布（见图7-1）。我国和谐城市竞争力的区域布局与2012年的结果相比，环渤海地区下滑得比较明显，除了北京进入前十名外，周边的山东、河北均出现了后劲不足的现象。而东北地区和中部地区随着老工业基地振兴和中部地区的快速崛起，一批中等城市在经济发展的基础上，社会和谐程度出现明显进步。西南和西北地区继续在区域排名中处在劣势地位，这一趋势很难在短时期内得到解决。从未来的发展战略来看，应该控制西南和西北地区城市的数量和规模，使其在中国的城市分工中更多地承担生态和资源的功能。

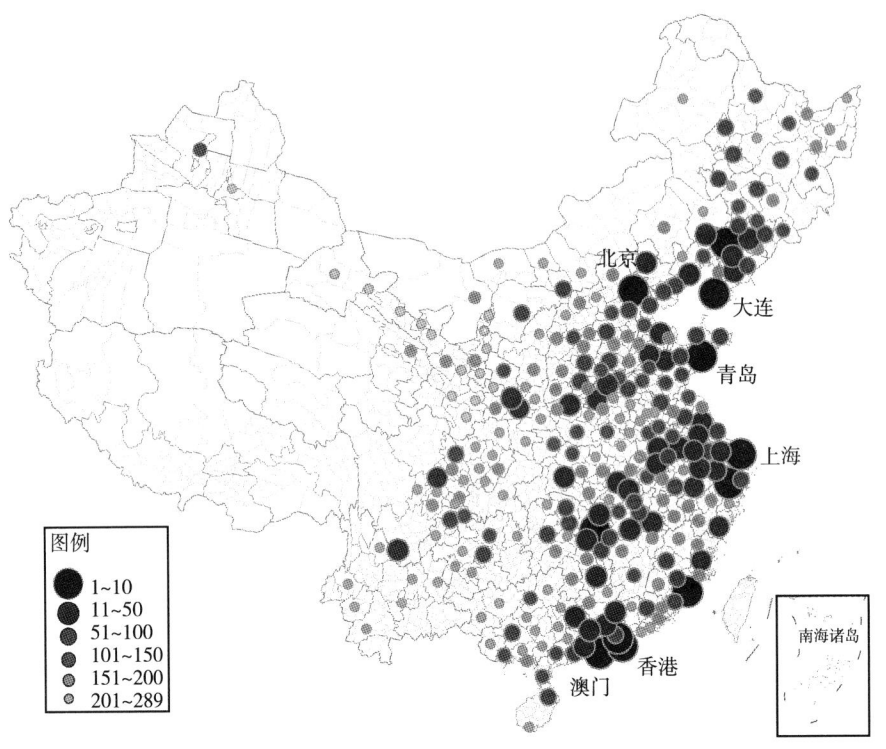

图 7-1　2013 年 289 个城市和谐城市竞争力排名

注：图例中的单位为位次，"○"越大、颜色越深，代表排名越高。

三　"两横三纵"城镇化战略格局的比较

（一）轴线内外比较：国家战略规划的轴线城市明显优于非轴线城市，但轴线内城市内部的差别大于非轴线城市

从轴线与非轴线城市群的比较来看，在中国 289 个城市中，纳入国家"两横三纵"体系的轴线城市有 175 个，占 60.6%；非轴线城市有 114 个，占 39.4%。从两类城市和谐竞争力水平的比较来看，和谐竞争力排在前 50 位的城市中，轴线城市有 43 个，占总数 86%；非轴线城市只有 7 个，占 14%。在和谐竞争力级别属于"中等偏上"及以上水平的城市中，轴线城市有 104 个，占 69.3%，而非轴线城市有 46 个，占 30.7%（见表 7-4）。这说明，

从国家未来战略规划来看,轴线城市的整体和谐竞争力水平明显优于非轴线城市。

表7-4 "两横三纵"轴线城市与非轴线城市和谐竞争力水平比较

单位:个,%

类别		和谐竞争力水平						合计
		最具竞争力城市	较具竞争力城市	中等偏上城市	中等偏下城市	竞争力水平较差城市	竞争力水平最差城市	
轴线城市	计数	43	36	25	33	22	16	175
	占比	14.9	12.5	8.7	11.4	7.6	5.5	60.6
非轴线城市	计数	7	14	25	17	28	23	114
	占比	2.4	4.8	8.7	5.9	9.7	8.0	39.4
合计	计数	50	50	50	50	50	39	289
	占比	17.3	17.3	17.3	17.3	17.3	13.5	100.0

资料来源:中国社会科学院城市与竞争力指数数据库。

从这两类城市和谐竞争力指数来看,轴线城市的竞争力指数平均值为0.373,标准差为0.141;而非轴线城市的和谐竞争力指数平均值为0.287,标准差0.120,非轴线城市竞争力指数平均比轴线城市低0.086(见表7-5)。从双方的标准差来看,这两类城市内部的差别都比较大,相比较而言,轴线城市群内部的差别大于非轴线城市群内部的差别。

表7-5 "两横三纵"轴线内城市与轴线外城市和谐竞争力指数分析

单位:个

分类	均值	样本	标准差
轴线城市	0.373	175	0.141
非轴线城市	0.287	114	0.120
总计	0.339	289	0.139

资料来源:中国社会科学院城市与竞争力指数数据库。

(二)轴线内部比较:沿海通道与京哈京广通道内部差别较大,长江通道与陆桥通道内部差别较小

从轴线城市群内部的比较来看,"两横"中的陆桥通道共29个城市,从区

域上看，除了江苏和山东的4个城市外，主要分布在我国的中西部地区，其中中部地区10个城市，西北地区15个城市。在29个城市中，和谐竞争力排名在前50位的有8个城市，占27.6%。从这29个城市和谐竞争力指数看，最大值为0.560，最小值为0.102，均值为0.310，方差为0.014，标准差为0.120。

"长江通道"共有62个城市，主要分布在东南、中部和西南三个区域，江苏有13个城市，浙江有11个城市，安徽和四川分别有10个城市，湖南、湖北共14个城市，江西2个城市，再加上上海和重庆2个直辖市。在62个城市中和谐城市竞争力排名前50的共有19个城市，占30.6%。从其内部的和谐竞争力指数来看，最大值为0.649，最小值为0.078，均值为0.394，方差为0.014，标准差为0.118。

"三纵"中的"沿海通道"共有68个城市，主要分布在东南地区，共有44个城市；其次是环渤海地区，共有11个城市；西南地区有6个城市，东北有5个城市，再加上香港和澳门。从省份来看，最多的是广东和江苏，均有13个城市；其次是浙江，共有11个城市；山东和福建各有6个城市，辽宁有5个城市，广西有4个城市，河北有3个城市，海南有2个城市，再加上北京、天津、上海3个直辖市，以及香港、澳门两个特别行政区。在68个城市中，城市和谐竞争力指数排在前50位的有23个，占33.8%。从其内部的和谐竞争力指数来看，最大值是香港，为1.000，最小值是0.078，均值是0.425，方差为0.023，标准差为0.151。

"京哈京广通道"共有59个城市，中部地区分布最多有25个，其次是东北地区有14个，环渤海地区和东南地区各9个，再加上香港和澳门。59个城市中河南省最多，有10个，广东省有9个，辽宁省有8个，河北省有7个，湖南省和湖北省各有6个。59个城市中和谐竞争力指数排在前50位的有20个，占33.9%。从其内部和谐竞争力指数来看，最大值为1.000，最小值为0.052，均值为0.420，方差为0.023，标准差为0.150。

"包昆通道"共有31个城市，主要分布在西北和西南地区，西北地区有14个城市，西南地区有17个城市。最多的四川省有10个城市，陕西有8个城市，贵州、宁夏、内蒙古和云南各有3个城市，再加上重庆。在31个城市中和谐竞争力排在前50的城市中只有4个，占12.9%。从其内部的和谐竞争力指数来看，最大值为0.562，最小值为0.058，均值为0.305，方差为0.016，标准差为0.126（见表7-6）。

（三）轴线间的比较：沿海通道城市和谐竞争力水平最高，其次是京哈京广通道和长江通道，陆桥通道和包昆通道竞争力相对较弱

在国家"两横三纵"城市群战略规划布局中，各城市群的定位和承担的功能不同，不同轴线城市群之间的竞争力也存在差异。从和谐城市竞争力的角度来看，在5个轴线通道中，和谐城市竞争力最好的是沿海通道，其次是京哈京广通道，再次是长江通道，相对来说和谐竞争力较弱的是陆桥通道和包昆通道。从其内部和谐程度的差异看，差异最大的是沿海通道和京哈京广通道，差异最小的是长江通道（见表7-6）。

表7-6 "两横三纵"城镇化战略中各轴线城市群间和谐城市竞争力比较

单位：个

"两横三纵"中的轴线	样本	极小值	极大值	均值	标准差	方差
陆桥通道	29	0.102	0.560	0.310	0.120	0.014
长江通道	62	0.078	0.649	0.394	0.118	0.014
沿海通道	68	0.078	1.000	0.425	0.151	0.023
京哈京广通道	59	0.052	1.000	0.420	0.150	0.023
包昆通道	31	0.058	0.562	0.305	0.126	0.016

资料来源：中国社会科学院城市与竞争力指数数据库。

四 和谐城市竞争力的主要影响因素

我国城市的和谐竞争力受多种因素影响，从大环境来看，我国正处于急剧的社会转型期。在转型的过程中，社会的流动性增强，异质性扩大，传统的价值观受到破坏，再加上社会转型带来的社会不公平、社会体制改革的滞后、管理不到位等问题，使整个社会的不和谐程度增加。这是我国发展必须经历的阶段，西方发达国家经历了同样的过程。但具体到某一个城市，其和谐竞争力水平很大程度上受其经济发展水平、区域城市化水平、人口文化素质、社会事业发展水平、居民的收入水平等多种因素的影响。我们选取了人均GDP作为衡量城市经济发展水平的指标、非农业人口占常住人口的比重代表城市化水平、

万人口大专及以上人数的比例代表该城市人口文化素质、以万人口医生的数量来衡量其社会事业发展水平、以城镇居民的人均可支配收入来衡量其居民的收入水平。在分析方法上，我们以和谐城市竞争力指数为对象进行双因素的相关分析，结果表明，所有因素都表现出显著的相关性，但相关指数存在较大差异（见表7-7）。

表7-7 我国和谐城市竞争力指数与各影响因素的相关分析

类别		和谐城市竞争力指数	人均GDP	城市化水平	万人口大专及以上人数	万人口医生数	城镇居民人均可支配收入
和谐城市竞争力指数	Pearson 相关性	1	0.490**	0.308**	0.411**	0.221**	0.547**
	显著性(双侧)	—	0.000	0.000	0.000	0.000	0.000
	N	287	287	287	287	287	287
人均GDP	Pearson 相关性	0.490**	1	0.315**	0.457**	0.369**	0.604**
	显著性(双侧)	0.000	—	0.000	0.000	0.000	0.000
	N	287	287	287	287	287	287
城市化水平	Pearson 相关性	0.308**	0.315**	1	0.218**	0.241**	-0.053
	显著性(双侧)	0.000	0.00	—	0.000	0.000	0.370
	N	287	287	287	287	287	287
万人口大专及以上人数	Pearson 相关性	0.411**	0.457**	0.218**	1	0.460**	0.426**
	显著性(双侧)	0.000	0.000	0.000	—	0.000	0.000
	N	287	287	287	287	287	287
万人口医生数	Pearson 相关性	0.221**	0.369**	0.241**	0.460**	1	0.237**
	显著性(双侧)	0.000	0.000	0.000	0.000	—	0.000
	N	287	287	287	287	287	287
城镇居民人均可支配收入	Pearson 相关性	0.547**	0.604**	-0.053	0.426**	0.237**	1
	显著性(双侧)	0.000	0.000	0.370	0.000	0.000	—
	N	287	287	287	287	287	287

注：** 代表在0.01水平（双侧）上显著相关。
资料来源：中国社会科学院城市与竞争力指数数据库。

在各种影响因素中，城镇居民的人均可支配收入与和谐城市竞争力的相关度最高，相关系数达到了0.547；其次是人均GDP，相关系数为0.490；再次为万人口大专及以上人数，相关系数为0.411，与城市化水平的相关系数为0.308，影响程度最低的万人口医生数其相关系数也达到0.221。可见，一个城市和谐竞争力水平的提高是其经济社会综合发展的结果。从我国内地地区排名前五位的城市来看，都处于经济发展水平较高、居民收入增长快、社会文化事业发达、人口文化素质较高的东部沿海地区。而排名靠后的城市均处于西北和西南的经济发展落后地区。

五 国内外案例分析

在国内，我们选取了在各年度中和谐竞争力表现优异的厦门市作为案例，分析其在构建和谐城市中成功的经验和做法。在国外，我们选取了在"二战"中经历了严重分裂、到了1989年才重新统一的德国柏林作为案例，分析其在短短20多年的时间内如何从一个差异性比较大的城市变成现在的多元、开放、高效、公平的包容性城市。

（一）厦门——美丽、活力、幸福、共享的温馨和谐之城

1. 主要业绩及表现

厦门市位于台湾海峡西岸中部、闽南金三角的中心，常住人口367万。厦门市是我国最早开放的沿海城市，也是我国最早对外开放的四个经济特区之一，同时是国家新设立的十个国家综合配套改革实验区之一。改革开放以来，厦门市连续15年被评为国家卫生城市，是全国科教兴市先进城市、全国"两基"教育先进城市、国家花园城市，获得了中国人居环境奖和联合国人居环境奖，厦门市还是全国文明城市、全国宜居城市、中国休闲城市、中国十佳优质生活城市、中国十大低碳城市、中国十大创新型城市、最受农民工欢迎十大城市等。2012年在中国和谐城市竞争力排名中，厦门市排在第9位，2013年更是上升到第3位，是中国内地和谐程度最高的城市。

2. 主要做法

一是实施以民生为重点的财政投入机制。2011年厦门市财政收入达到了600多亿元，随着政府能力的增强，厦门市按照公共服务均等化的要求，在财政的支出结构中重点向民生领域倾斜，加大对社会保障、住房、教育、医疗等民生领域的投入比例。2001~2010年，厦门市投入民生建设的资金达到600

多亿元,占同期财政支出的40%。目前,厦门市已建立了民生支出占一般预算支出比例逐步增长的投入机制,到2011年超过60%的财政支出用于公共服务和公共产品。

二是注重城乡统筹和外来人口的融入。厦门市率先在教育、医疗、社会保障等领域建立了城乡一体、本地人和外地人一致的公共服务和社会保障体系。在教育领域,在全市范围内实现均等化的义务教育,所有教师统一绩效工资标准和统一编制标准,不管是在农村,还是在城市,报酬都一样,为教师交流扫清了障碍,从而达到均衡配置义务教育教师资源。并把外来务工人员的子女纳入当地教育体系,目前进城务工人员随迁子女接受公办义务教育比例达到82.5%。厦门市在全国率先建立了"全民医保",将中小学生、城镇居民和农村居民纳入统一的"医保"体系,70万外来人口也都已经实现应保尽保。同时,农民工夫妇只要有一方与用人单位签订劳动合同并缴纳社会保险,其未成年子女也可以参加"医保",享受和本地孩子一样的待遇。

三是建立针对不同社会阶层的保护机制。在城市化进程中,失地农民由于利益受到损害成为社会不稳定的重要因素。厦门市在全国首创了"金包银"工程,在建设工业园区大规模征用农民土地时,在区内村庄外围统一规划、建设商业用房,提供给被征地村民作为经营性收入来源("金边"),然后对旧村内部进行规范化配套改造("银里"),基本实现每户被征地农民有一套居住用房、一套租房和一个店面(或一份股份)、一份养老保险,成为城市居民,使农村改变面貌,逐步向城市过渡,受到农民称赞,被称为"惠民工程"。近年来,针对房价的快速上涨,厦门市率先出台向非低收入人群推出户型60平方米的保障性商品房政策,"申请者不设收入和家庭资产限制"的"无条件准入",让数量庞大的"住房夹心层"有了实现安居梦的希望。

四是构建政府领导、全民参与的社会管理大格局。厦门着力打造服务型政府,围绕"政府综合体"建设了四个中心。政府审批与公共服务中心:把政府相关职能部门和服务部门统一集中到中心办公,实行"一个窗口受理、一站式审批、一条龙服务、一个窗口收费"的运行模式。救助中心:整合了社会救济、劳动维权、残疾救助等十多类非紧急救助资源,为公众提供系统、全面的救助服务。调解中心:整合了综治、信访、劳动仲裁、消费维权、医患纠纷等资源，构建多元主体的调解机制和"大调解"工作格局。应急中心：整合了应急管理和处置各方资源，建立了"快速响应、联动处置、一呼百应"的应急处置机制。通过四个中心建设，提高了政府的办事效率和服务水平。此外，厦门市政府多渠道鼓励民众参与社会治理，例如海沧政务综合体的协商中心搭建了重大决策公众参与、专家论证、听证及民主协商和新闻发布、政情通报的平台，公共部门与民众形成了"自上而下"与"自下而上"相结合的良性互动。

3. 启示

建设和谐城市的关键在于政府转型，由管理型政府变为服务型政府，由政府决策变成公共决策，由原来以经济建设为中心转为以社会建设为中心，提高居民的生活质量。同时，和谐城市建设既要注重城乡公平也要注重不同阶层、本地人与外地人之间的公平，厦门市率先在全国建立的城乡一体、内外一致的"全民医保"义务教育资源配置和社会保障体系，为其他地区提供了很好的借鉴经验。不设门槛的保障性住房建设，为保护中产阶层的利益发挥了重要作用，也值得其他地区借鉴。

（二）柏林——多元、开放、高效、公平的包容性城市

1. 主要业绩及表现

柏林是德国的首都，拥有340万人口，是德国最大的城市，也是欧盟人口第二大城市，柏林人口中外来移民占到15%。1989年德国统一以前，柏林是个一分为二的城市，西柏林属于联邦德国，东柏林属于民主德国，一个城市被一堵墙人为隔离。德国统一后，柏林成为首都，经过20多年的建设，柏林成为世界上最发达的城市之一，是德国和欧盟范围内接收移民最多的城市，也是最多元化的一个城市。柏林由于其文化的开放性和创造性，被联合国教科文组织授予"设计之都"的称号。柏林也是世界上最安全和最适合生活居住的城市之一。

2. 主要做法

一是建立健全的社会保障体系和社会救助体系。德国是世界上最早建立社会保障制度的国家之一，柏林是其重要的组成部分。目前，柏林的社会保障体系由社会保险制度以及以普通税收收入为来源的社会福利和社会救助制度构

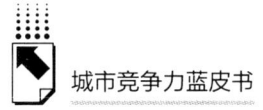
城市竞争力蓝皮书

成,包括养老保险、失业保险、事故保险、医疗保险、护理保险、社会救济、住宅补助、子女补助和教育补助等,不同层次的社会保障项目几乎覆盖了所有的社会成员,包括外来人口。社会保障体系的推行,保持了柏林的社会安定,促进了经济增长和社会进步。

二是实施保护性的就业制度。近年来,由于整个欧盟金融危机,欧盟各城市包括柏林失业率很高,失业是导致社会不稳定的主要原因。对此,柏林州政府制定了专门针对外来移民、老年人、残疾人等特殊群体的失业保护性政策。如政府出钱让外来移民免费上语言培训班,提升其语言能力,间接促进其就业。针对50岁以上的老年人制定特别政策,并号召企业负责人多招收50岁以上的专业人才。国家法律还规定,企业员工超过10人,则残疾员工比例必须达到一定数量,如果无法达到这一比例,那么企业需要额外缴税。柏林为失业人口提供的失业金,是上一份工作收入的60%,如果失业一年后仍未找到工作,那么政府就会给予其社会基本保障。此外,柏林还有许多劳工自助组织,帮助失业人员再就业。有效防止了他们因生活困难而违法犯罪、成为社会不稳定因素。

三是通过政府干预,使住房租金和价格维持在较低水平。由于历史原因,柏林在德国并不是经济最发达的城市,但柏林的住房价格和租金相对较低,为城市中低收入居民提供了可靠的居住场所。柏林统一后,政府利用东柏林的空地建设了大量住宅,目前柏林拥有180多万套住房,平均2口人一套,2/3以上的房子是供出租的公寓楼住宅。这些住房72%为私人房地产公司或私人业主所有,11%属于公共住宅建设合作社,其余的17%为市属住宅建设公司所有。无论是政府住宅还是私人住宅租金价格都差不多,这与各方认可的"房租明镜"有关,"房租明镜"是由城市住房管理机构、租房者协会和住房中介商协会等在评估的基础上共同制定的规则,对租房的价格做出指导性规定。柏林还有大约22.5万套"社会住房",专供低收入者租住。与欧盟其他城市相比,柏林的租房和购房价格偏低,有益于不同收入水平的居民安居乐业。

四是权力下放,职能集中,提高政府的行政效率。90年代初以来,柏林对政府机构进行了大刀阔斧的改革,其基本思路是,凡是区政府能够完成的任务,就把有关权力下放给区政府,市政府集中主要精力制定城市发展战略和基本政策。同时，把原来隶属其下的具有经营性质的交通、社会福利住房、服务等机构，成建制地从市政府中分离出去，使之成为独立的企业。从执法权力的配置上看，柏林实行"相对集中行政处罚权"制度。在柏林，上街执法的主要是警察局和秩序局。秩序局主要负责居民身份登记、养老与医疗保险、消防、交通、运输、兽医与食品监督、环保等相关事务；集中行使规划、卫生、建设、交通、工商、环保等许多部门的行政处罚权，其他行政执法部门发现违法行为后，可以调查有关事实，获取相关证据，但最终都应当将案卷移送秩序局，由秩序局统一做出行政处罚决定。此外，组建由社会各方成员共同参与的"城市网络"是柏林推进城市管治的重要举措，定期举行的"柏林论坛"为公众参与城市建设提供了稳定的平台。

3. 启示

社会公平与市场经济的结合是德国社会保障制度的特点，柏林作为德国的首都不仅为一般市民提供了覆盖面比较齐全的保障体系，更是以弱势群体为重点，建立了各种社会救济、补助和促进就业的计划，促进了整个社会的稳定和谐。柏林虽然在经济发展上没有优异的表现，但在政府的干预下，以住房为代表的城市生活成本相对较低，既适合本地居民居住也吸引了国外各种人才到柏林创业和生活，使柏林保持了比较好的活力和创造性。在城市管理方面，在德国柏林的行政执法体制中，秩序局集中行使处罚权的成功经验，对我国推行集中行政处罚权具有借鉴意义。

六　总结与展望

和谐城市是中国建设和谐社会的主要载体，和谐城市竞争力也是一个城市可持续竞争力的重要组成部分。在建设和谐社会的过程中，我国城市的和谐度也得到了提升，但由于我国目前正处于社会的转型期，经济社会发展不协调的矛盾比较突出，我国建立了比较完善的市场经济体制，但约束市场弊端的社会保护机制没有建立起来，导致我国社会整体和谐程度不高，反映在和谐城市竞争力指数上，与国外发达国家或者我国的香港、澳门地区相比，我国的和谐城市竞争力总体偏低，具有非常明显的转型国家的特征。又由于我国是个发展区

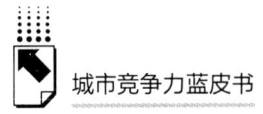

域不平衡的大国，不同城市处于不同的经济发展阶段，在和谐城市建设中面临的困难和任务差别极大，因此，从区域比较来看，我国东部沿海地区表现得比较抢眼，在中国内地城市和谐竞争力排名前十的城市中，前五名全部是东部沿海城市。随着我国中部崛起战略的推进和东北老工业基地的振兴，中部地区有后来居上的趋势，在和谐竞争力排名前50位的城市中，中部地区和东北地区占了近一半。但西北和西南地区由于基础薄弱，和谐竞争力水平仍然很低，其主要任务仍然是以经济建设为主。

党的十八大以后，我国新一代领导集体确立了新型城镇化道路的发展战略，2013年中央城市工作会议对我国新型城镇化道路进行了部署，提出"两横三纵"的城市群发展战略。我们针对国家未来的城市群战略规划布局进行了比较研究。从城市和谐竞争力的角度来看，处于规划带上的轴线城市其和谐竞争力水平要明显优于处于非轴线的城市。在"两横三纵"城市群战略定位中，沿海通道、京哈京广通道和长江通道和谐竞争力表现得相对较好，而大陆桥通道和包昆通道相对较弱，这实际也间接反映了沿海与内陆的区域差距。在不同轴线城市群内部，不同城市之间和谐竞争力水平差距也比较大，比如沿海通道和京哈京广通道，内部不平衡的现象比较突出。

一个城市和谐竞争力水平的高低是各种因素综合作用的结果，通过相关分析表明，居民的可支配性收入、人均GDP的水平、居民的文化素质、城市化水平等因素对一个城市的和谐竞争力具有重要的影响，这些因素也是一个城市综合发展水平的体现。

未来，随着我国进入城市化高速发展阶段，和谐城市将是我国现代化建设的重要表现形式。短时期内，随着我国城市化进程的推进，一些社会问题和社会矛盾还会进一步呈现出来，我国城市和谐竞争力水平总体上还不会得到很大提升，但不否认一些发达地区的大中城市和中小城市，在发展水平进入一定阶段后会通过主动的改革，大大提升本市的和谐竞争力水平，比如我国的厦门、青岛等沿海城市。但对于西北和西南地区，由于基础较弱，国家在城市的战略规划中应当适当地控制其模式和数量，使其更多地承担生态环境功能和居民的生活保障功能。中部地区要吸取东部沿海地区的教训，在快速城镇化的进程中，改变过去依靠土地大规模开发粗放式的城镇化模式，把主要精力从过去的重经济建设和城市 GDP 的增长，转变到重社会建设、重视提高城镇化的质量和水平、提高城市居民生活水平上来。

参考文献

刘向：《柏林：三分之二家庭租房》，《中国房地产市场》2006 年第 9 期。

陈振安：《柏林市政府机构的设置与改革》，《领导决策信息》1998 年第 15 期。

希尔玛·冯·罗杰维斯基著《关于柏林的城市特色和城市变化》，陈宇琳译，《国际城市规划》2008 年第 2 期。

黄书枚：《加强和创新社会管理实现社会管理和公共服务的整体化——以厦门市海沧区为例》，《厦门科技》2013 年第 2 期。

宿玥、张桂华：《借鉴厦门经验加强和创新大连社会管理工作》，《福建省社会主义学院学报》2012 年第 2 期。

陈振明等：《厦门综改区社会管理创新的实践及其特色》，《东南学术》2013 年第 4 期。

B.8
中国生态城市竞争力报告
——迈向环境友好的生态城市

魏劭琨*

一 引言

（一）背景

随着我国城镇化的发展，城市生态环境问题日益严重，成为近些年来关注的焦点。而近几年我国城市所面临的生态环境问题出现了一些新的变化，需要重新加以认识和反思。这些新变化主要表现在以下两个方面。

1. 城市环境污染的严重化

近两年，雾霾成为我国环境恶化的最突出的问题，而且还在不断恶化。①持续时间延长。据国家气象局的数据显示，2013年全国平均雾霾天数达到29.9天，成为52年来之最。②覆盖范围扩大。2013年末的几次大雾霾都覆盖全国25个省份100多个城市，几乎覆盖了全国国土的一半，京津冀和长三角地区雾霾连片。③污染加重。在雾霾发生的时期，很多城市的空气质量指数纷纷"爆表"，空气污染的严峻程度几乎让人已经无法忍受。

2. 城市环境污染的常态化

相比于以往，污染现象正在向常态化的趋势发展。例如，近两年雾霾在北方很多城市年年"准时报到"，尤其是京津冀地区，包括北京、石家庄、邢台等城市，雾霾的到来成为冬季的"正常现象"，居民对此也"习以为常"。除了雾霾，水污染、植被破坏等问题也都呈现常态化趋势。

---

* 魏劭琨，2012年毕业于中国社会科学院研究生院，金融学博士，现工作于国家发展改革委城市和小城镇改革发展中心，主要研究领域为城市竞争力、城镇化、房地产宏观调控等。

中国生态城市竞争力报告

当前，我国正处于城镇化的加速时期，但是环境污染的严重化和常态化已经严重影响了我国城镇化的质量，越来越多的城市居民对当前的城市环境状况不满，这催生出很多"环境移民"，很多人开始因为环境问题而"逃离"大城市，选择环境更优美的中小城市和农村。这不仅影响到我国城镇化的进程，也会影响经济发展、社会安定等各个方面。可以说，生态环境问题成为影响中国未来进一步发展的瓶颈。因此，城市的生态环境需要进一步深入研究。

（二）评价指标体系概述

为了准确衡量城市的生态环境，我们建立生态城市竞争力指标体系，对不同城市进行测量。2013年度的生态城市竞争力指标体系仍然包括资源节约、环境质量和生态状况三个一级指标，这与2012年度保持了一致；二级指标具体为：资源节约部分包括单位GDP耗电、单位GDP2个指标；环境质量部分包括空气质量、单位GDP二氧化硫排放、地表水水质3个指标；生态状况包括人均绿地面积、旅游景区指数、国家级自然保护区指数和降水丰沛度4个指标（见表8-1）。整体来看，生态城市竞争力指标体系与2012年相比有一定的变化和改进。基于以上指标体系和《中国城市统计年鉴》数据，对2013年度中国生态城市竞争力进行分析。

表8-1 生态城市竞争力指标体系

指标含义	指标	指标衡量方法	数据来源
资源节约	单位GDP耗电	—	国家统计局
	单位GDP耗水	—	国家统计局
环境质量	空气质量	城市空气质量等级	环保部及各省环保厅环境公报
	单位GDP二氧化硫排放量	—	国家统计局
	地表水水质	河流、湖泊水质状况，涉及沿海城市时，还包括其近海海水水质状况	中国环境监测总站及下属各省市监测站、水文信息网、中国环境保护部及下属各省市环保厅、环保局，全国、各省市环境公报以及各省市水资源公报
生态状况	人均绿地面积	—	国家统计局
	旅游景区指数	4A和5A级旅游景区数量	全国4A级及5A级旅游景区名单
	国家级自然保护区指数	国家级自然保护区数量和面积	国家级自然保护区名录
	降水丰沛度	年平均降水量	中国天气网

161

二 生态城市竞争力的总体格局

(一)总体格局:仍处于起步阶段,整体水平较低

从整体水平来看,我国生态城市竞争力的整体水平还相对较低(见图8-1)。从数据结果来看,2013年289个城市的生态城市竞争力指数均值为0.452,比2012年提高0.087;标准差为0.198,比2012年提高了0.037;说明中国城市还处在生态城市建设的初期阶段,但是比2012年有了提高(见表8-2)。同时,从中国城市可持续竞争力与生态城市竞争力的对比来看,2013年中国城市生态城市竞争力均值为0.452,远高于可持续竞争力的均值0.3,这意味着尽管中国城市生态城市竞争力很低,但依然是推动中国城市可持续发展的重要推动力。

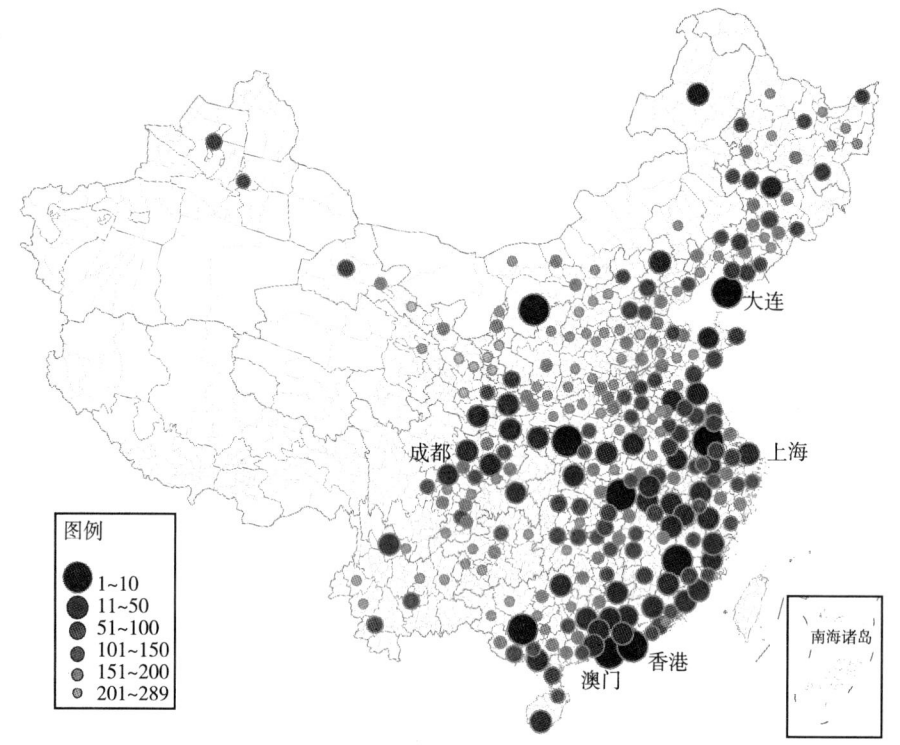

图8-1 2013年度生态城市竞争力分布

注:图例中的单位为位次,"0"越大、颜色越深,代表排名越高。

表8-2 289个城市生态城市竞争力指数描述

单位：个

样本	均值	中位数	标准差	最小值	最大值
289	0.452	0.451	0.198	0.000	1.000

资料来源：中国社会科学院城市与竞争力指数数据库。

（二）十强格局：黄山表现出色，分布较为分散

2013年中国生态城市竞争力前10名的城市分别是：香港、黄山、澳门、鄂尔多斯、十堰、扬州、南宁、咸宁、大连、三明（见表8-3）。主要有以下几个特征。

表8-3 生态城市竞争力前10名

城市	生态城市竞争力	排名	可持续竞争力	排名
香港	1.000	1	1.000	1
黄山	0.969	2	0.386	65
澳门	0.941	3	0.787	5
鄂尔多斯	0.903	4	0.434	48
十堰	0.890	5	0.348	91
扬州	0.867	6	0.506	29
南宁	0.844	7	0.449	41
咸宁	0.826	8	0.238	185
大连	0.799	9	0.594	14
三明	0.797	10	0.355	84

资料来源：中国社会科学院城市与竞争力指数数据库。

(1) 分布较为分散。2012年度生态城市前10名集中分布在山东沿海和鄱阳湖地区，2013年度生态城市前10名分布较为分散，10个城市分布在9个省市，其中，湖北省有2个城市。

(2) 从前10名的得分来看，明显超过上一年度。2013年度排名第2的黄山，得分为0.969，仅次于第1名的香港，第4名的鄂尔多斯得分为

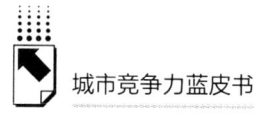

0.903。相比于2012年度内地最高的南昌（0.704）来看，生态竞争力提高了很多。

（3）从生态城市竞争力与可持续竞争力的对比来看，香港、澳门、大连、南宁和鄂尔多斯的可持续竞争力相对较高，说明这几个城市良好的生态环境为这些城市可持续发展提供了很好的基础，特别是大连市，生态竞争力排在第9位，而可持续竞争力也排在第14位，具有很好的典型意义。

（4）这10个城市基本上都是国内著名的旅游景区，自然环境较好。

（5）除了香港和澳门之外，人口规模都不是很多，只有南宁属于省会城市，其余都是中小城市。

（三）区域分布：东南地区最生态，西北、环渤海、东北生态水平很低

按照生态竞争力指数将289个样本城市进行分组，前50名为最具竞争力，51～100名为较具竞争力，101～150名为中等偏上水平，151～200名为中等偏下水平，201～250名为水平较差，250名以后为水平最差。

在最具生态竞争力的城市中，除港澳地区外，数量和比例最高的是东南地区，共有15个城市，占27%；其次是中部地区有14个城市，占比为17.5%；再其次是西南地区有9个城市，但是占比达到18.4%，超过中部地区占比；之后是西北地区有6个城市，占比为16%；数量和比例最低的是环渤海和东北地区，都只有2个城市，占比分别为6.5%、5.9%，这说明，环渤海和东北地区城市的生态竞争力整体水平很低（见表8-4）。

从最具生态竞争力的城市的省份分布来看（见图8-2），福建省最多，达到6个，江西、湖北和广东分别有5个，四川、广西、陕西和安徽分别有3个，浙江和内蒙古有2个，重庆、云南、山东等分别有1个。从地域分布来看，生态城市仍然存在小范围集中的现象，例如，福建2013年度有6个城市达到生态竞争力前50，江西、湖北和广东也分别有5个，这四省合计21个城市，占前50中的42%。此外，虽然上榜的以中小城市为主，但是南昌（12位）、杭州（19位）、深圳（26位）、广州（27位）、上海（30位）、重庆（44位）等城市也表现不错，且主要集中在南方。

同时，从各区域内部生态竞争力的分布来看，最好的是东南地区，最具竞争力和较具竞争力的城市占比超过50%，且只有1个城市属于生态竞争力水平较差；而西北、环渤海和东北地区的生态竞争力都较低，处于中等偏下及以下的比例分别有66%、65%、53%，说明这三个地区的城市生态水平较低。

表8-4 不同区域城市生态竞争力分布

单位：个

水 平	中部	西南	西北	环渤海	东南	东北	港澳
最具竞争力	14	9	6	2	15	2	2
较具竞争力	14	8	3	5	13	7	0
中等偏上	10	7	4	4	19	7	0
中等偏下	14	7	10	7	7	5	0
水平较差	14	11	7	8	1	9	0
水平最差	14	7	8	5	0	4	0
合 计	80	49	38	31	55	34	2

资料来源：中国社会科学院城市与竞争力指数数据库。

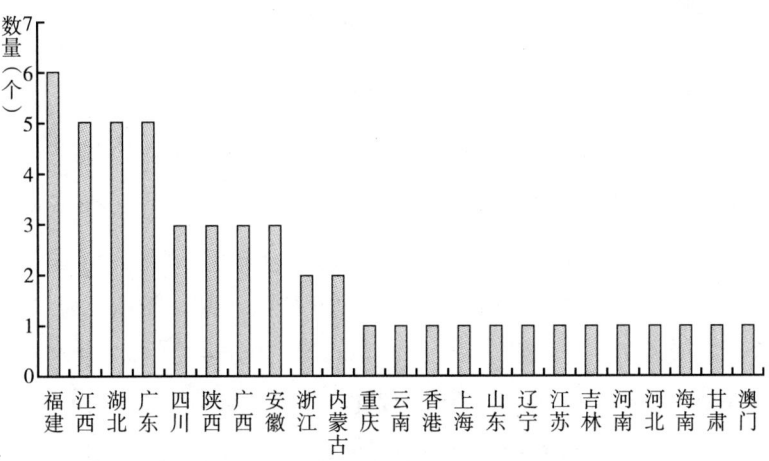

图8-2 生态城市竞争力前50名分布

资料来源：中国社会科学院城市与竞争力指数数据库。

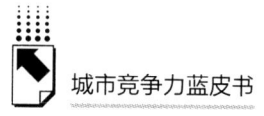

（四）分项指标：澳港东南沿海领袖全国，西北个别城市表现优良

单位GDP耗水排在前10名的城市分别为澳门、鄂尔多斯、中山、陇南、庆阳、中卫、玉溪、呼伦贝尔、朔州和榆林。从得分来看，城市间差距较大，例如，排在第2的鄂尔多斯得分为0.98，仅落后第1的澳门0.02分，而排在第5的庆阳及以下5个城市的得分都在0.8以下，与鄂尔多斯、中山和陇南还是有一定的差距。从区域分布来看，仅有澳门、中山两个城市位于沿海地区，其余8个城市均处于内陆，而且鄂尔多斯、陇南、庆阳、中卫、呼伦贝尔、朔州和榆林7个城市位于西北地区。

单位GDP耗电排在前10位的分别是澳门、庆阳、咸阳、陇南、常德、香港、定西、巴中、长沙和商洛。从得分来看，排在第2的庆阳得分仅为0.75，比第1的澳门要低很多，排在第3的咸阳得分仅为0.67，说明单位GDP耗电指标整体质量并不高。从区域分布来看，沿海地区的城市有澳门、香港2个城市，其余8个均处于内陆地区，且庆阳、咸阳、陇南、定西和商洛5个城市位于西北地区。

空气质量排在前10位的分别是三亚、普洱、海口、澳门、庆阳、陇南、常德、香港、定西和巴中。从得分来看，三亚、海口和普洱并列第1，而并列第2的澳门等7个城市的得分仅为0.66，与三亚等3个城市差距还是很大。从区域分布来看，三亚、海口、澳门和香港等4个城市位于沿海地区，其余6个城市位于内陆地区，且庆阳、陇南和定西3个城市位于西北地区。

单位GDP二氧化硫排放排在前10位的分别是三亚、深圳、海口、澳门、北京、娄底、齐齐哈尔、长沙、香港和广州。从得分来看，前10名城市相差不大，排在第10的广州得分为0.97，仅比第1的三亚低0.03，说明，该项指标整体较好。从区域分布来看，沿海地区表现优秀，有三亚、深圳、海口、澳门、北京、香港、广州等7个城市位于沿海地区。

地表水水质指标表现相对较好，有71个城市的得分并列最好。其中，中部地区有23个城市，西南地区有19个城市，东南地区有2个城市，环渤海和东北地区分别有2个城市。说明，中西部地区的水质相对更好。

人均绿地面积指标排在前10位的分别是黄山、十堰、随州、连云港、石嘴山、肇庆、大连、南宁、广州和南京。从得分来看，整体得分水平较高，排在第10的南京得分仅为0.97，比第1的黄山仅低0.03，说明该项指标整体表现较好。从区域分布来看，有6个城市位于沿海地区，位于中部地区的黄山、十堰、随州排在前3名，石嘴山则处于西北地区。

国家级自然保护区指标排在前10位的分别是赤峰、酒泉、伊春、呼伦贝尔、汉中、承德、大连、鸡西、南阳和重庆。从得分来看，排在第2的酒泉得分仅为0.78，与第1的赤峰相差较大。从区域分布来看，只有大连1个城市位于沿海地区，其余城市基本处于西北和西南地区。

旅游景区指数排在前10名的分别是北京、重庆、苏州、上海、西安、洛阳、宜昌、桂林、黄山和天津。从得分来看，排在第10的天津得分为0.96，比第1的北京低0.04，彼此之间的分相差并不大。从区域分布来看，位于沿海地区有4个城市，其余6个城市均处于中西部地区。

降水丰沛度指标排在前10名的分别为防城港、海口、珠海、深圳、宁德、河源、清远、东莞、中山和惠州。从得分来看，彼此之间得分相差不是很大，海口、珠海、深圳、宁德4个城市得分在0.9以上，其余5个城市在0.8～0.9之间。从区域分布来看，全部位于沿海地区，且主要集中在珠江流域。

（五）空间分布：西部城市生态优于东部，南方城市生态优于北方

根据不同区域城市生态竞争力的经纬度空间分布图来看（见图8-3），可以发现：①随着经度的逐渐提高（X_COORD表示经度），生态城市竞争力得分也在从东向西不断升高，说明东部地区城市的生态得分要优于西部地区。但是，东部地区城市的生态竞争并没有表现出特别的优势，从图中可以看出，斜率仅为0.0026。②随着维度的逐渐升高（Y_COORD表示纬度），生态城市竞争力得分从南向北逐渐下降，说明南方城市的生态竞争力得分优于北方，同时，南方城市的生态竞争力得分也没有表现出很强的领先程度，从图中看出，斜率仅为-0.0083。

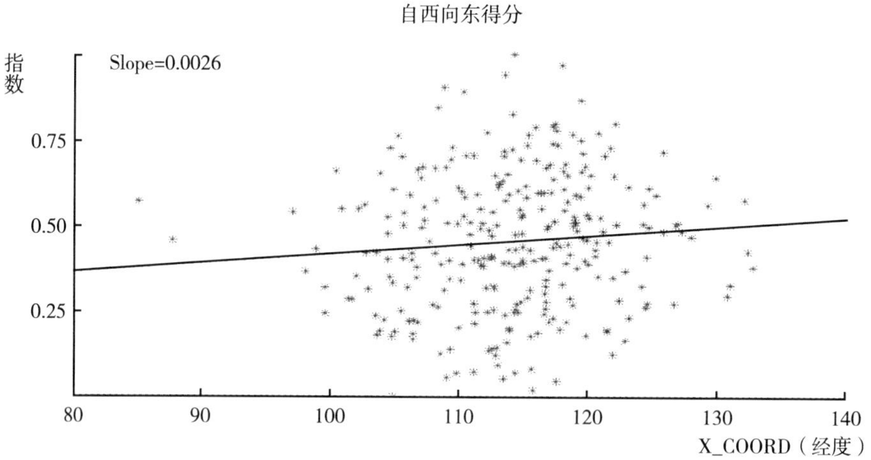

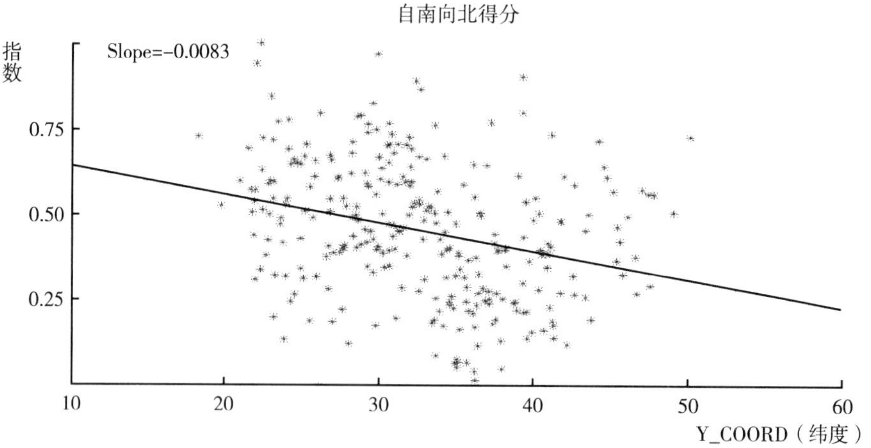

图8-3 宜商城市竞争力的空间经纬度分布

三 "两横三纵"城镇化战略格局的生态竞争力比较

(一)总体格局:长江和沿海通道生态水平最高,内陆地区普遍生态水平低

我们按照"两横三纵"的城镇化战略格局分别对不同区域城市进行分析(见表8-5)。从各区域城市均值来看,最高的是"三纵之沿海通道",高达0.556,说明沿海地区城市的生态竞争力水平最高;其次是"两横之长江通

中国生态城市竞争力报告

道",均值为0.525;接下来分别是"三纵之京哈京广通道"和"三纵之包昆通道",分别为0.443、0.426,最低的是"两横之陆桥通道",分值仅为0.349,说明在陆桥通道上城市的生态竞争力水平最低。从各地区城市变异系数来看,变异系数最小的是"两横之长江通道",为0.290,其次是"三纵之沿海通道",为0.298,说明长江通道和沿海地区城市的生态竞争力较为均衡和聚集,而陆桥通道、京哈京广通道、包昆通道等内地地区城市的生态竞争力离散程度较差。

整体来看,"两横之长江通道"和"三纵之沿海通道"上的城市生态竞争力水平相对较高,相比较而言,"两横之陆桥通道""三纵之京哈京广通道""三纵之包昆通道"上的城市生态竞争力水平明显较低。

表8-5 不同区域城市生态竞争力区域描述

分类	"两横"之陆桥通道	"两横"之长江通道	"三纵"之沿海通道	"三纵"之京哈京广通道	"三纵"之包昆通道
均值	0.349	0.525	0.556	0.443	0.426
方差	0.022	0.023	0.027	0.043	0.041
最大值	0.670	0.867	1.000	1.000	0.903
最小值	0.054	0.176	0.188	0.050	0.054
变异系数	0.424	0.290	0.298	0.471	0.477

资料来源:中国社会科学院城市与竞争力指数数据库。

(二)区域内部:各区域间生态竞争力相似性很大

从"两横之陆桥通道"各分项指标来看(见表8-6),均值最高的是空气质量指数,达到0.523,其次是旅游景区指数,达到0.498,最低的是国家级自然保护区指数,仅为0.092。从方差来看,最大的是地表水水质指数,为0.142,说明陆桥通道上该指标相对较为离散;其他指标的方差均在0.1以下。从最大值来看,单位GDP耗水表现最差,仅有0.395,其次为降水丰沛度,仅为0.453,说明陆桥通道上城市GDP耗水能力最差,自然环境也较差。从最小值来看,空气质量为0.330,说明,该地区空气质量整体较好。从变异系数来看,国家级自然保护区指标高达1.795,说明陆桥通道上该指标非常离散,其次是地表水水质,也达到0.924。

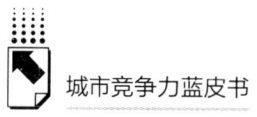

表8-6 "两横"之陆桥通道城市生态竞争力基本情况

类别	单位GDP耗水	单位GDP耗电	空气质量	单位GDP二氧化硫排放量	地表水水质
均值	0.170	0.181	0.523	0.423	0.408
方差	0.007	0.026	0.027	0.061	0.142
最大值	0.395	0.672	0.660	0.965	1.000
最小值	0.026	0.000	0.330	0.000	0.000
变异系数	0.495	0.890	0.316	0.586	0.924

类别	人均绿地面积	国家级自然保护区	旅游景区指数	降水丰沛度
均值	0.483	0.092	0.498	0.229
方差	0.100	0.027	0.070	0.014
最大值	0.990	0.779	0.986	0.453
最小值	0.038	0.000	0.000	0.004
变异系数	0.656	1.795	0.531	0.524

资料来源：中国社会科学院城市与竞争力指数数据库。

从"两横之长江通道"各分项指标来看（见表8-7），均值最高的是单位GDP二氧化硫排放，达到0.631，其次是空气质量指数，达到0.612，说明长江通道的环境质量相对较高；最低的是国家级自然保护区指数，仅为0.097。从方差来看，最大的是地表水水质指数，为0.115，说明长江通道上该指标相对较为离散，这一点与"两横之陆桥通道"非常相似；除旅游景区外，其他指标的方差均在0.1以下。从最大值来看，单位GDP耗水表现最差，仅有0.396，其次为国家级自然保护区指数，仅为0.57，说明长江通道上城市的GDP耗水能力最差，自然环境也较差。从最小值来看，空气质量为0.330，说明该地区空气质量整体较好。从变异系数来看，国家级自然保护区指标高达1.335，说明长江通道上该指标非常离散，其次是地表水水质，也达到0.614。整体来看，"两横之长江通道"与"两横之陆桥通道"在生态竞争力方面非常相似。

表8-7 "两横"之长江通道生态竞争力基本情况

类别	单位GDP耗水	单位GDP耗电	空气质量	单位GDP二氧化硫排放量	地表水水质
均值	0.192	0.214	0.612	0.631	0.554
方差	0.007	0.010	0.014	0.068	0.115
最大值	0.396	0.650	0.660	0.976	1.000
最小值	0.048	0.054	0.330	0.069	0.000
变异系数	0.433	0.468	0.192	0.412	0.614

续表

类别	人均绿地面积	国家级自然保护区	旅游景区指数	降水丰沛度
均值	0.509	0.097	0.559	0.472
方差	0.081	0.017	0.102	0.013
最大值	0.990	0.570	0.997	0.743
最小值	0.049	0.000	0.000	0.252
变异系数	0.561	1.335	0.570	0.245

资料来源：中国社会科学院城市与竞争力指数数据库。

从"三纵之沿海通道"各分项指标来看（见表8-8），均值最高的是单位GDP二氧化硫排放，达到0.717，其次是空气质量指数，达到0.617，说明长江通道的环境质量相对较高；最低的是国家级自然保护区指数，仅为0.122。从方差来看，最大的是旅游景区指数，为0.106，其次是地表水水质指数，方差为0.100，这一点与"两横通道"具有一定的差异；其他指标的方差均在0.1以下。从最大值来看，沿海地区各指标表现较好，明显超过"两横"地区，基本上都为1，只有人均绿地面积和国家级自然保护区两个指标最大值分别为0.99、0.643。从最小值来看，空气质量为0.33，说明，该地区空气质量整体较好。从变异系数来看，国家级自然保护区指标高达1.170，说明沿海地区该指标非常离散，其次是地表水水质，也达到0.726。整体来看，"三纵之沿海通道"与"两横通道"在生态竞争力方面具有一定相似性，但是要优于"两横通道"的生态竞争力。

表8-8 "三纵"之沿海通道生态竞争力基本情况

类别	单位GDP耗水	单位GDP耗电	空气质量	单位GDP二氧化硫排放量	地表水水质
均值	0.245	0.208	0.617	0.717	0.436
方差	0.027	0.016	0.019	0.045	0.100
最大值	1.000	1.000	1.000	1.000	1.000
最小值	0.026	0.061	0.330	0.108	0.000
变异系数	0.670	0.614	0.226	0.295	0.726

类别	人均绿地面积	国家级自然保护区	旅游景区指数	降水丰沛度
均值	0.554	0.122	0.549	0.541
方差	0.083	0.020	0.106	0.043
最大值	0.990	0.643	1.000	1.000
最小值	0.017	0.000	0.000	0.176
变异系数	0.519	1.170	0.594	0.381

资料来源：中国社会科学院城市与竞争力指数数据库。

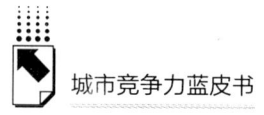

从"三纵之京哈京广通道"各分项指标来看（见表 8-9），均值最高的是空气质量，达到 0.598，其次是人均绿地面积，达到 0.586，说明京哈京广通道的环境质量相对较高；最低的是国家级自然保护区指数，仅为 0.081。从方差来看，最大的是地表水水质指数，为 0.118，其次是旅游景区，为 0.105，其他指标的方差均低于 0.1。从最大值来看，最低的是国家级自然保护区，仅为 0.429，其次是空气质量，得分仅有 0.66，说明京哈京广通道这两个指标表现很差。从最小值来看，空气质量为 0.33，说明，该地区空气质量整体较好。从变异系数来看，国家级自然保护区指标高达 1.412，说明沿海地区该指标非常离散，其次是地表水水质，也达到 0.922。整体来看，"三纵之京哈京广通道"与"三纵之沿海通道"在生态竞争力方面具有一定相似性。

表 8-9 "三纵"之京哈京广通道生态竞争力基本情况

类别	单位 GDP 耗水	单位 GDP 耗电	空气质量	单位 GDP 二氧化硫排放量	地表水水质
均值	0.195	0.181	0.598	0.523	0.373
方差	0.030	0.024	0.017	0.078	0.118
最大值	1.000	1.000	0.660	0.997	1.000
最小值	0.025	0.013	0.330	0.052	0.000
变异系数	0.888	0.851	0.217	0.533	0.922

类别	人均绿地面积	国家级自然保护区	旅游景区指数	降水丰沛度
均值	0.586	0.081	0.539	0.395
方差	0.067	0.013	0.105	0.048
最大值	0.979	0.429	1.000	0.912
最小值	0.017	0.000	0.000	0.084
变异系数	0.443	1.412	0.590	0.556

资料来源：中国社会科学院城市与竞争力指数数据库。

从"三纵之包昆通道"各分项指标来看（见表 8-10），均值最高的是空气质量，达到 0.585，其次是地表水水质，达到 0.505，说明京哈京广通道的环境质量相对较高；最低的是国家级自然保护区指数，仅为 0.162。从方差来看，最大的是旅游景区指数，为 0.106，其次是单位 GDP 二氧化硫排放量，为

中国生态城市竞争力报告

0.104，其他指标的方差均低于为0.1。从最大值来看，最低的是降水丰沛度指数，仅为0.584。从最小值来看，空气质量为0.33，说明，该地区空气质量整体较好。从变异系数来看，国家级自然保护区指标高达1.178，说明沿海地区该指标非常离散。整体来看，"三纵之包昆通道"与"三纵之京哈京广通道""三纵之沿海通道"在生态竞争力方面具有一定相似性。

表8-10 "三纵"之包昆通道生态竞争力基本情况

类别	单位GDP耗水	单位GDP耗电	空气质量	单位GDP二氧化硫排放量	地表水水质
均值	0.270	0.198	0.585	0.397	0.505
方差	0.039	0.022	0.020	0.104	0.175
最大值	0.982	0.672	0.660	0.958	1.000
最小值	0.064	0.001	0.330	0.010	0.000
变异系数	0.729	0.748	0.240	0.812	0.828

类别	人均绿地面积	国家级自然保护区	旅游景区指数	降水丰沛度
均值	0.414	0.162	0.533	0.286
方差	0.067	0.036	0.106	0.020
最大值	0.986	0.714	0.997	0.584
最小值	0.028	0.000	0.000	0.035
变异系数	0.624	1.178	0.610	0.489

资料来源：中国社会科学院城市与竞争力指数数据库。

（三）不同轴线之间：环境质量指标表现更好，资源节约和生态状况相对较差

从均值来看（见表8-11），生态城市竞争力整体水平的均值最高的是"三纵之沿海通道"，接下来依次是"两横之长江通道"、"三纵之京哈京广通道""三纵之包昆通道"，"两横之陆桥通道"最低。说明，在生态竞争力的分布来看，沿海地区最好，其次是长江通道，内陆地区相对较差。分项指标中，空气质量、单位GDP二氧化硫排放量、地表水水质、人均绿化面积、旅游景区指数等指标表现较好，得分在0.5上下，而单位GDP耗水、单位GDP耗

电、国家级自然保护区指数这3个指标整体表现不好，均值均在0.1、0.2左右。从区域来看，单位GDP耗电、单位GDP二氧化硫排放、空气质量、旅游景区指数、降水丰沛度等指标的均值最好的是沿海通道和长江通道。此外，单位GDP耗水均值最好的是"三纵"之包昆通道，地表水水质最好的是长江通道和包昆通道，人均绿地面积最好的是京哈京广通道和沿海通道，国家级自然保护区最好的是包昆通道和沿海通道。

表8-11 "两横三纵"的城镇化战略格局之均值比较

类别	生态城市	单位GDP耗水	单位GDP耗电	空气质量	单位GDP二氧化硫排放量
"两横"之陆桥通道	0.349	0.170	0.181	0.523	0.423
"两横"之长江通道	0.525	0.192	0.214	0.612	0.631
"三纵"之沿海通道	0.556	0.245	0.208	0.617	0.717
"三纵"之京哈京广通道	0.443	0.195	0.181	0.598	0.523
"三纵"之包昆通道	0.426	0.270	0.198	0.585	0.397

类别	地表水水质	人均绿地面积	国家级自然保护区	旅游景区指数	降水丰沛度
"两横"之陆桥通道	0.408	0.483	0.092	0.498	0.229
"两横"之长江通道	0.554	0.509	0.097	0.559	0.472
"三纵"之沿海通道	0.436	0.554	0.122	0.549	0.541
"三纵"之京哈京广通道	0.373	0.586	0.081	0.539	0.395
"三纵"之包昆通道	0.505	0.414	0.162	0.533	0.286

资料来源：中国社会科学院城市与竞争力指数数据库。

从变异系数来看（见表8-12），生态城市竞争力变异系数最高的是"三纵"之包昆通道，其次是京哈京广通道和陆桥通道，最小的是"三纵"之沿海通道和"两横"之长江通道，说明，长江通道和沿海通道城市的生态竞争力离散程度较小。从分项指标来看，"三纵"之京哈京广通道、"三纵"之包昆通道在单位GDP耗水、单位GDP耗电、单位GDP二氧化硫排放量、地表水水质、国家级自然保护区、旅游景区指数、降水丰沛度等绝大部分指标的变异系数最高，说明这两个地区的城市在生态方面表现较为离散。

表 8-12 "两横三纵"的城镇化战略格局之变异系数比较

类别	生态城市	单位 GDP 耗水	单位 GDP 耗电	空气质量	单位 GDP 二氧化硫排放量
"两横"之陆桥通道	0.424	0.495	0.890	0.316	0.586
"两横"之长江通道	0.290	0.433	0.468	0.192	0.412
"三纵"之沿海通道	0.298	0.670	0.614	0.226	0.295
"三纵"之京哈京广通道	0.471	0.888	0.851	0.217	0.533
"三纵"之包昆通道	0.477	0.729	0.748	0.240	0.812
类别	地表水水质	人均绿地面积	国家级自然保护区	旅游景区指数	降水丰沛度
"两横"之陆桥通道	0.924	0.656	1.795	0.531	0.524
"两横"之长江通道	0.614	0.561	1.335	0.570	0.245
"三纵"之沿海通道	0.726	0.519	1.170	0.594	0.381
"三纵"之京哈京广通道	0.922	0.443	1.412	0.590	0.556
"三纵"之包昆通道	0.828	0.624	1.178	0.610	0.489

资料来源：中国社会科学院城市与竞争力指数数据库。

四 案例分析

（一）黄山："对污染说不"的生态城市

黄山市是一座典型的中部山区城市，也是一座旅游城市，其在生态方面做得非常出色。2013年度黄山的生态竞争力排在全国289个城市的第2位，仅次于香港。其中，空气质量排在第4位，单位GDP二氧化硫排在21位，地表水质量排名第1，人均绿地面积排名第1，旅游景区指数排名第8，降水丰沛指数排名17。从上述数据反映来看，黄山市生态方面如此优秀，主要表现为两个方面：一是本身自然环境优美，例如，人均绿地面积、旅游景区、降水丰沛度等，都排在前列；二是经济社会发展对环境保护非常好，主要表现为空气质量、单位GDP耗水、单位GDP耗电等也都较好。

黄山市生态竞争力很高，主要表现在以下几个方面。

1. 量身定制生态环境保护专项规划

2004年,黄山市就制定了《黄山生态市建设规划》,在本规划的指导下,黄山市就开始围绕生态资源调整产业发展方向,重点建设生态旅游及服务业、新型工业及循环经济、生态农业及农村能源等工程。

2. 依托生态资源推动产业发展,"坚决不上一个有污染的工业项目"

黄山市在城市发展中立足黄山实际,很早就提出"以旅游经济为中心、以工业经济为支撑,加快建设现代经济强市""旅游大市、文化大市、生态大市"等一系列发展思路。围绕这一思路,积极打造以旅游业为主导的主导产业。到2012年,全市接待游客3600万人次,实现旅游总收入300亿元,旅游业已成为黄山的支柱产业。同时,黄山还提出"坚决不上一个有污染的工业项目"的口号,坚决对污染企业说"不",这几年关停污染企业超过130家,否决和停建有污染的项目近百个。

3. 在现有生态资源的基础上加大整治和保护力度

黄山市现有6处国家森林公园、地质公园和自然保护区,黄山景区森林覆盖率达到84.7%。良好的自然环境成为本地的重要优势。在此基础上,黄山市加大生态环境整治和保护力度,如退耕还林、封山育林、荒山造林等。近几年来,黄山市仅在新安江流域就实施退耕还林54万亩,建设公益林200多万亩,治理小流域50多条,治理面积达250平方公里,并在水源涵养地建成面积近10万公顷的各类自然保护区。同时,黄山市还积极探索建立生态建设与保护的有效机制,通过积极推进林权制度改革,鼓励和促进社会化、市场化的多元投入,引导和激励全社会参与生态建设。

4. 建立完善的生态保护机制

黄山市积极加强生态保护机制建设,着力构建政府引导、部门联动、社会参与的工作机制。①政府主导生态发展。例如,推出多个生态城市相关规划,以生态规划引领经济社会发展。②各级部门联动,积极参与执行。包括出台了一系列近乎苛刻的环境保护条例和管理制度,关闭了一批污染较大的造纸、针织、钼矿类工业企业,坚决控制有污染性的项目上马。③社会积极参与。例如,很多与林业相关的企业纷纷转向更加环保的农产品深加工等行业。各村镇的居民也纷纷开发各种环保的乡村旅游、农家乐等产业。

(二)伯克利：优秀理论指导下的全球最佳生态城市

伯克利位于美国加利福尼亚州西部，旧金山湾东部，人口十多万，总面积46平方千米。伯克利由于具有非常好的生态环境，因而吸引了周围的旧金山、奥克兰等大城市工作的人来此居住，而且还被称为"世界生态城市的样板"、"全球最佳生态城市"。

伯克利在生态城市建设方面主要有以下特征。

1. 以科学的生态城市理论为指导

伯克利"生态城市"的由来与著名的生态学家理查德·雷吉斯特有着密不可分的关系。雷吉斯特提出了很多先进的生态理念，例如，生态城市应该是三维的、一体化的复合模式，而不是平面的、随意的；大幅度减少对自然的"边缘破坏"，从而防止城市蔓延，使城市回归自然等。在这些理论的指导下，伯克利进行了大规模的城市规划和建设，极大地改善了本地生态环境。在一定程度上可以说，没有雷吉斯特，就没有伯克利。

2. 提高土地开发利用效率

在土地开发过程中，伯克利主要依托就近开发、鼓励土地混合利用、高密度开发等原则，极大地提高了土地的利用效率，为此，采取了生态城市分区、根据生态城市规划配置基础设施、税收引导和鼓励等手段，最终实现了城市发展由蔓延式向多中心集中发展的转变。

3. 加大对历史文化遗产的保护力度

伯克利城中有很多历史遗迹，例如海景邻里社区、加州大学、"人民公园"运动遗址等，此外还有很多多样性的文化和种族特征，在城市建设中，伯克利都将这些历史遗产很好地加以保留，尽量保持"原汁原味"，并将多样性的文化和民族特征体现在生态城市中，很好地延续了伯克利的历史。

4. 以步行原则建设交通和商业区

步行原则是伯克利在生态城市规划中最大的亮点。伯克利生态城根据人的步行速度，按照让居民以最短的时间来获得更大的购物空间的原则和中心商业区400米服务半径、邻里社区200米服务半径的标准建设了多个相对紧凑的城市中心商业区。并且，在城市交通系统建设中，建设了大量的慢速道街道，鼓

励居民步行或自行车出行，尽量减少小汽车的利用。

5. 第三方组织的参与

在伯克利生态城市建设的过程中，一个非常重要的角色是"城市生态学研究会"，这是一个非营利的中介组织，由雷吉斯特与1975年创办，在这个组织下，很多的城市生态学家与其他学者一起共同研究生态城市的发展理论，以及亲自参与城市的建设，设计城市建筑、交通线路、商业布局等。可以说，"城市生态学研究会"为伯克利的发展起到了关键性的作用。

五　结论与政策建议

最近几年，连续的雾霾天气覆盖中国北方，这与2013年度生态城市竞争力的格局基本一致，沿海和长江通道生态竞争力水平较高、东北、西北和环渤海生态竞争力水平很低。但是，这也并不意味着南方城市的生态环境就一定是好的，也有很多南方城市的生态竞争力相对较低，而且，2013年冬天江浙一带出现雾霾天气已经真实地反映了这一现实。

面对越来越严峻的生态环境问题，需要我们来认真思考生态城市的发展问题。到底生态城市是什么，如何理解生态城市？这里面存在着很多的误区。①很多城市的领导者认为生态城市就是"眼睛看得见绿色"的城市。因此，很多城市盲目建设大量的园林。②很多城市认为生态城市就是要提高生态产业、高科技产业、低碳产业的比重，因此就纷纷引进高科技产业、先进产业。③很多人认为生态城市是可以短期建设成的，因此带来大规模的开发建设，恨不得一天就能实现目标。

但是，这些认识都是错误的。①从经济学的角度来理解，生态城市就应该是城市内部各种资源的最高效率配置，无论是空间布局，还是交通出行、举家消费、企业生产，还是清洁能源、新型材料等的使用。②城市的发展不是一天建成的，生态城市同样也不是一天建成的。从这一角度来看，生态城市是城市发展的最高目标，贯穿在城市发展的始终。

因此，在认真、科学理解生态城市的基础上，基于对中国城市生态竞争力格局的分析，我国在提升生态城市竞争力方面要注重以下几个方面。

1. 要进一步加强对城市生态建设的重视

生态城市建设已经成为影响未来中国城市化的重要因素。因此，需要各级政府进一步提高对生态城市的重视程度，通过合理认识生态城市来制定科学的城市规划，以及相关产业、土地等发展规划，来实现城市发展的生态、低碳、可持续。

2. 以产业转型升级推动城市生态建设

各地要根据本地资源禀赋和产业基础发展适合的产业，避免盲目跟风；要积极配合中央政策，加快淘汰落后产能，减少相关污染排放；要积极引入先进科学技术加强对现有产业的技术改革来推动产业升级，降低能源消耗和排放；大力发展服务业，提高服务业比重。

3. 加快生态补偿机制的建设

要尽快推动全国范围内的生态补偿机制的建立，以协调区域间发展和生态保护之间的矛盾，通过合理的税收减免、财政转移支付、产业扶植等政策促进区域间生态保护资源和经济发展活力之间的合理配置。对负有较重生态保护的主体功能区，国家、省、市各级政府要加大资金、政策、人才、技术等的支持力度，力争实现全国范围内经济发展和生态保护的平衡。

4. 鼓励民间和第三方组织的积极参与

生态城市的建设要充分发挥各主体的积极作用，民众的参与对于生态城市的建设也起到了非常重要的作用。因此，要通过规划制定、政策鼓励、社区共建等多种方式鼓励民众积极参与到生态城市建设中来。同时，要鼓励和引导各种中介机构、社会组织等参与到生态城市的建设中来，来充分发挥市场的力量。

参考文献

Register R., *Eco-city Berkeley: Building Cities for A Healthy Future*, CA: North Atlantic Books, 1987, 13–43.

倪鹏飞等：《中国城市竞争力报告 No. 11》，社会科学文献出版社，2013。

雷吉斯特：《生态城市》，社会科学文献出版社，2010。

世界银行：《Eco2 城市：生态经济城市》，2009。

董宪军：《生态城市论》，中国社会科学出版社，2002。

甘霖：《从伯克利到戴维斯：通过慢性交通促进生态城市的发展》，《国际城市规划》2012 年第 5 期。

李锋、沈星文：《基于循环经济的黄山市化工园区生态产业链共生模式选择》，《南京林业大学学报》（自然科学版）2013 年第 3 期。

李东和、刘玉亭：《黄山市生态旅游开发的初步探讨》，《经济地理》1999 年第 10 期。

B.9 中国文化城市竞争力报告

——迈向多元一本的文化城市

王晖 李肃*

一 引言

理想的城市是包容兼蓄的文化城市，自由开放体现在能够汲取各国和各地区的文化精髓，形成多元一体的格局。包容兼蓄体现在能够融合不同的文化，形成独有的城市文化特征。理想城市的历史文化厚重深远，现代文化丰富多彩，外来文化兼容并蓄，当地文化独树一帜，在开放和多元的环境下，各种文化碰撞、融合并交相辉映。多元一本的文化城市评价指标体系分为四类：历史文化、现代文化、文化多元性和文化产业（见表9-1）。

表9-1 文化城市竞争力指标体系

指标含义	指标	指标衡量方法	数据来源
历史文化	历史文化指数	历史文化名城批次	国家历史文化名城名单
	非物质文化指数	非物质文化遗产数量	中国非物质文化遗产名录数据库系统
现代文化	现代文化艺术指数	文化艺术场所数	Google 地图搜索
	每万人剧场、影剧院数量	—	国家统计局

---

* 王晖，首都经济贸易大学城市经济与公共管理学院副教授、硕士生导师，中国人民大学硕士、博士，研究方向为城市经济管理、区域经济等；李肃，首都经济贸易大学城市经济与公共管理学院硕士研究生。

续表

指标含义	指标	指标衡量方法	数据来源
文化多元性	城市国际知名度	城市拼音名 Google 英文搜索结果条数	Google 搜索
	语言多国性指数	城市星级酒店提供语言服务种类数	假日酒店网站及 51mice 中国旅业参考
文化产业	每百万人文化、体育和娱乐业从业人数	—	国家统计局
	外国入境旅游人数	—	国家统计局

2013 年中国 289 个城市的文化城市竞争力指数均值为 0.266，如果以指数为 1 为理想标准的话，目前我国城市文化的开放性、多元性和包容性距离理想城市的目标较远，差距还较大。在当前中国城市文化建设中存在许多共性问题，可以概括为以下几点。①从城市文化的三个层面看，在物质文化建设领域，缺乏自主意识、自觉理念和以人为本思想；在制度文化建设领域，缺乏创新意识、科学制规范和执行力；在精神文化建设领域，引领力度和宣传力度不强。②从城市文化的主体结构来看，企事业单位在城市文化建设中发挥了较好的作用，但社区和学校在其中的作用发挥相对不足。就社区文化来讲，节日文化和广场文化活动开展得比较好，但是日常社区文化活动相对比较平淡；而校园文化自成一体，其对城市文化的开放度、融合性和推动力不足。③从城市文化的内容结构来看，在民俗文化、节庆文化、精品文化等方面取得了较好的成就，但是休闲文化、大众文化、生态文化和体育文化等方面还需要进一步努力，具体表现在群众文化活动尤其是基层演出市场不够活跃；文化向相关行业的影响力与辐射力不够。

为了构建可持续发展的理想城市，为了提高人民的文化生活品质，研究中国文化城市竞争力是十分有意义的，解决文化建设共性问题是十分迫切的。

二 文化城市竞争力总体格局

（一）十强格局：环渤海、中部、西北突出重围，挤入前10，东南大放异彩，香港独占鳌头

在文化城市综合排名前 10 的城市中，东南地区城市占据了 5 个席位，环

渤海地区、中部地区和西北地区各有1个城市突出重围，挤入前10，占据了一席之地。香港以高分的绝对优势居于首位，上海、北京、广州的表现也非常出众，说明这些城市文化的开放程度和多元化程度较高（见表9-2）。从行政级别上看，前10名的城市都具有较高的行政级别，其中有2个直辖市，2个特别行政区，5个省会城市，1个地级市；从整体上看，来自中西部及东北地区的城市文化开放程度普遍不高，东南沿海地区的文化发展和开放程度借助于其强劲的经济发展基础、天然的区位优势以及对外交流的便利性而使其排名高于中西部地区，其中香港特区的文化国际化程度最高。

从省份层面上看，海南省表现非常突出，竞争力指数均值位居榜首。主要是因为海南省的数据只来源于海口、三亚两个城市，虽然它们的历史文化禀赋欠缺，但其在现代文化、文化多元性、文化产业三个方面比较均衡，所以均值水平较高，浙江省稳居第2位，与海南省只相差0.001分，可见浙江省内城市的文化开放程度和多元化程度也相当高，其余排在前10名的省份有江苏省、山西省、陕西省、河北省、山东省、福建省、辽宁省和广东省，但中西部各省份的文化开放性和多元性的竞争力相对偏低（见表9-3）。

表9-2 2013年文化城市竞争力排名前10名

城市	文化城市竞争力指数	排名	城市	文化城市竞争力指数	排名
香港	1.000	1	杭州	0.629	6
上海	0.945	2	武汉	0.625	7
北京	0.862	3	苏州	0.625	8
广州	0.713	4	西安	0.611	9
澳门	0.643	5	南京	0.595	10

资料来源：中国社会科学院城市与竞争力指数数据库。

表9-3 2013年文化省份竞争力排名前10名

单位：个

省份	竞争力指数均值	城市数量	省份	竞争力指数均值	城市数量
海南省	0.422	2	河北省	0.312	11
浙江省	0.421	11	山东省	0.297	17
江苏省	0.370	13	福建省	0.291	9
山西省	0.341	11	辽宁省	0.277	14
陕西省	0.316	10	广东省	0.273	21

资料来源：中国社会科学院城市与竞争力指数数据库。

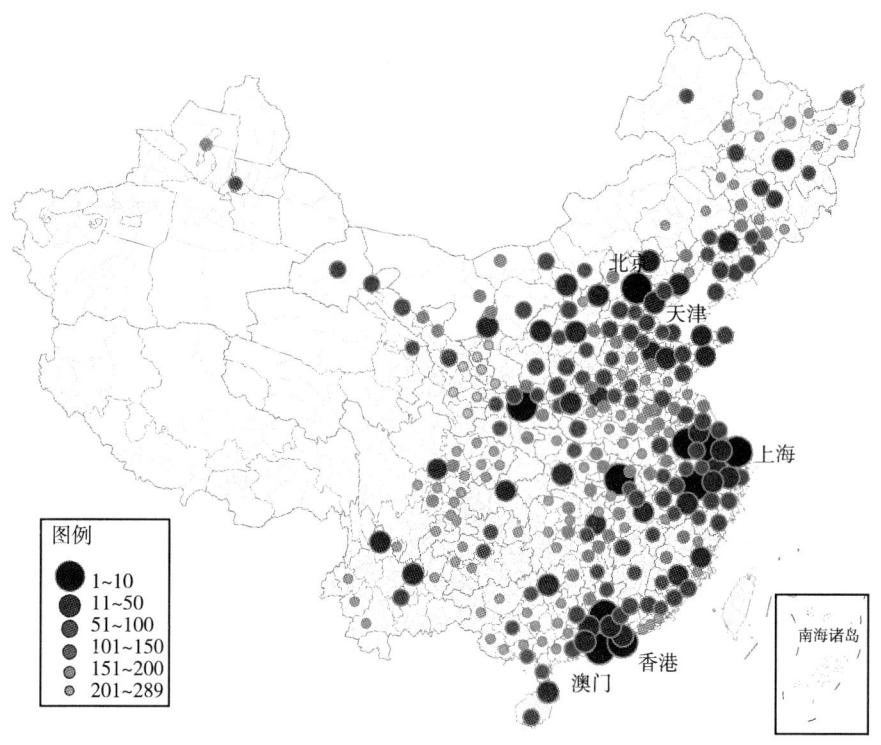

图9-1 2013年289个城市文化城市竞争力排名

注：图例中的单位为位次，"〇"越大、颜色越深，代表排名越高。

（二）空间分析：东南地区和环渤海地区表现突出，东西部差异明显

从我国文化城市竞争力分布的区域比较来看，东部沿海地区是文化开放程度最好的，样本中的香港和上海分别排在文化城市前两名。从中国大陆287个城市的排名看，东南地区无疑是最好的，在55个城市中有20个排在前50名，占36.36%。其次是环渤海地区，在30个城市中，排在前50名的有8个，占26.67%。接着是西南地区，在49个城市中，排名前50的有6个，占12.24%。然后是西北地区，在39个城市中，有4个排名前50，占10.26%。中部和东北地区比较差，中部80个城市中，8个排在前50位，占10.00%。东北34个城市中，只有2个排名前50位，只占总数的5.88%（见表9-4）。

中国文化城市竞争力报告

表9-4 文化城市竞争力区域分布

单位：个，%

地区	最好	较好	中等偏上	中等偏下	较差	最差	合计
港澳台	2 100	0 0	0 0	0 0	0 0	0 0	2 100
东南	20 36.36	13 23.64	4 7.27	7 12.73	6 10.91	5 9.09	55 100
环渤海	8 26.67	6 20.00	8 26.67	5 16.67	3 10.00	0 0.00	30 100
东北	2 5.88	6 17.65	10 29.41	9 26.47	7 20.59	0 0.00	34 100
中部	8 10.00	13 16.25	14 17.50	17 21.25	18 22.50	10 12.50	80 100
西北	4 10.26	8 20.51	10 25.64	8 20.51	6 15.38	3 7.69	39 100
西南	6 12.24	4 8.16	4 8.16	4 8.16	11 22.45	20 40.82	49 100

注：1~50名为最好，51~100名为较好，101~150名为中等偏上，151~200名为中等偏下，201~250名为较差，250名之后为最差。

资料来源：中国社会科学院城市与竞争力指数数据库。

为了进一步清楚地看到中国城市文化竞争力的分布状况，我们绘制了自西向东、自南向北的得分示意图（见图9-2）：X_COORD表示经度，纵轴为文化竞争力得分，可以发现随着经度增大，文化竞争力得分增高，即东部城市文化竞争力要比西部城市强，这一变化趋势的斜率为0.0045；Y_COORD表示纬度，纵轴为文化竞争力得分，随着纬度增高，文化竞争力略微上升，变化趋势曲线几乎水平，斜率为0.0010，说明北方城市比南方城市在文化竞争力水平上略胜一筹。

（三）优势与劣势：东、西部地区文化包容性差异较大，东北地区敲响警钟，西南地区令人担忧

通过对全国289个城市的总体分析，发现我国城市文化竞争力的排名仍处在不断变动之中，有时候变化较为明显，起伏较大。西部区域与东部区域的开放水平差距虽然较2012年有了一定的缩小，但仍然较大，主要体现在：一方面西部地区除了有10个城市排名相对靠前（50名以内）以外，其余绝大多数

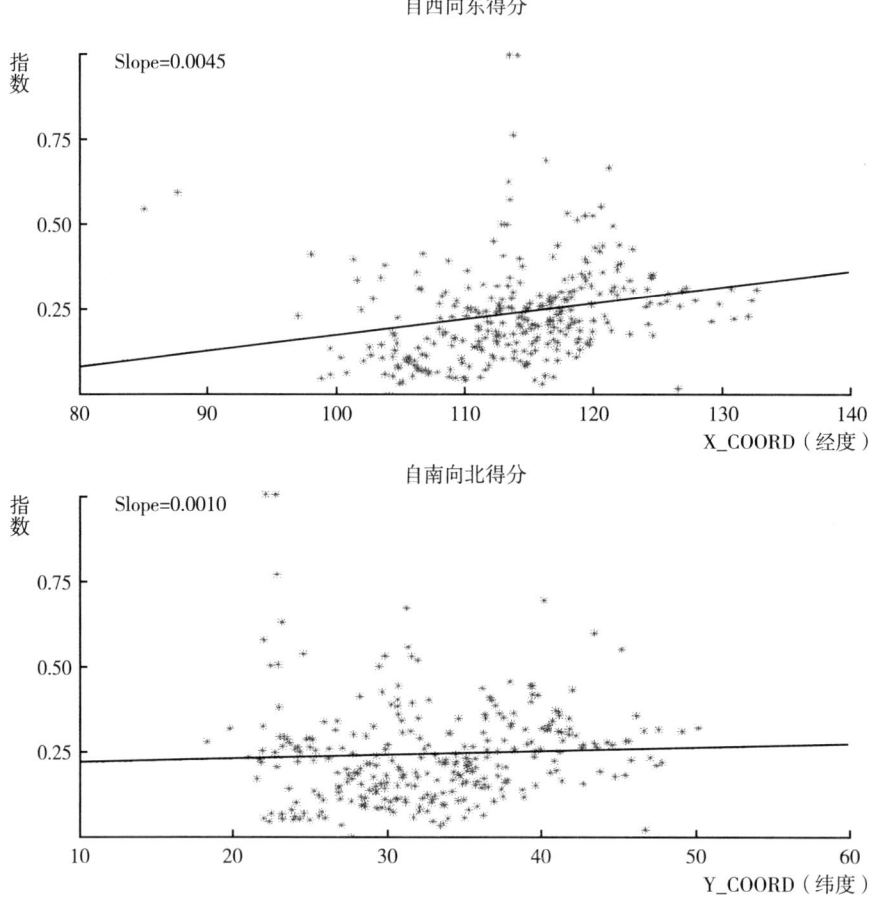

图 9-2 文化城市竞争力的空间经纬度分布

城市的排名相对靠后,尤其是西南地区所包含的四川省和贵州省的城市有超出一半的都排在了 200 名以外,境况令人担忧,而在大众意识下以旅游著称的云南省也仅有昆明、丽江、玉溪 3 个城市排名较好,其他 5 个城市排名都在 250 名以外,省内差距比较大,从而拉低了综合排名;而东部地区的城市的排名都比较优异,仅有 18 个城市排在了 200 名之后,尤其是排名在前 10 位的城市中,除了香港、澳门和 2 个直辖市外,其余的 6 个城市均位于我国的东南地区;另一方面西部区域的城市排在前 50 位中的,只占 6 个,而东部多达 22 个,差距虽然与 2012 年的西部 4 个、东部 32 个相比较有了一定的改善,但仍然十分明显。此外，东北地区城市的文化竞争力状况也适时给人们敲响了警钟，虽没有排名特别靠后的城市，但 34 个城市中仅有 2 个城市进入了前 50，它们分别是辽宁省省会沈阳（12 名）和黑龙江省省会哈尔滨（16 名），其余绝大多城市排在了 100～250 名之间。

综合来看，我国文化竞争力与经济发展格局相似，呈现东高西低的区域不平衡发展态势。除了区域发展不平衡以外，文化创意产业的发展也存在着结构性问题：产业规模相对较小，缺乏国际竞争力和品牌；产业布局趋于合理，但区域发展不平衡；产业结构的比例关系不合理，集群化和集约化程度低；产业外向度有所提升，但在国际文化产业竞争中处于劣势；产业原创能力低，大多数产业属于模仿基础上的复制，缺乏"创意"。

三 "两横三纵"城镇化战略格局与文化城市竞争力指数

（一）轴线城市和非轴线城市比较：轴线城市文化水平高，适合作为新型城镇化的主战场

"两横三纵"是《全国主体功能区规划》确定的国家城镇化战略格局，是我国当前和未来城镇化的主要区域。为了更好地从全局观察"两横三纵"的城镇化格局，将 289 个城市划分为"两横三纵"城镇化轴线城市和非轴线城市两大部分，其中非轴线城市有 114 个，轴线城市有 175 个。对这两大部分城市的数据测算比较显示：①轴线城市的文化竞争力平均水平明显地高于非轴线城市的平均水平，其中轴线城市的文化竞争力指数平均值为 0.307，非轴线城市的平均指数为 0.203；②轴线城市文化竞争力最高的香港以指数 1 的绝对优势位居全国首位，但文化指数最低的贵州安顺位居全国第 287 位，非轴线城市文化竞争力指数最高的是山东省的省会城市济南，排名第 15，文化指数最低的是云南邵通，排名第 289。综上所述，"两横三纵"的国家城镇化战略格局与文化城市竞争力水平具有较高的关联性，城镇化战略的国家轴线城市具有相对较高的文化水平，适用作为未来新型城镇化的主要阵地。

（二）不同轴线之间的比较：横向看城市文化竞争力由东向西递减，纵向看由北向南递增，沿海通道的文化水平最高

"两横三纵"的城镇化战略格局包括陆桥通道、长江通道、沿海通道、京哈京广通道和包昆通道等五条轴线。①从"两横"的比较看，长江通道内部城市的文化竞争力指数平均水平较高，但其变异系数高于陆桥通道的变异系数，即长江通道内城市之间的文化竞争力差距要比陆桥通道的更为显著。②从"三纵"的比较看，城市文化竞争力平均指数整体呈现出由东向西递减，即按沿海通道、京哈京广通道、包昆通道的顺序依次减少，其中沿海通道和京哈京广通道内部城市的差异相对较小。③从"两横三纵"的比较看，纵轴线上城市文化水平普遍高于横轴线的；沿海通道城市文化竞争力指数平均水平最高，陆桥通道平均水平最低；长江通道内部城市的文化竞争力水平差异最大，包昆通道的差异最小（如表9-5）。

表9-5 五大通道轴线横向比较

类别	轴线	均值	方差	最大值	最小值	标准差	变异系数
"两横"	陆桥通道	0.262	0.014	0.611	0.068	0.120	0.458
	长江通道	0.306	0.031	0.629	0.068	0.177	0.578
"三纵"	沿海通道	0.379	0.037	1.000	0.035	0.192	0.507
	京哈京广通道	0.335	0.033	1.000	0.071	0.183	0.546
	包昆通道	0.332	0.020	0.514	0.028	0.140	0.421

资料来源：中国社会科学院城市与竞争力指数数据库。

（三）五大轴线内部

1. 陆桥通道：整体文化水平最低，且内部差异相对较小

陆桥通道包括天山北坡城市群、兰州-西宁城市群、关中城市群、中原城市群和徐州城市群5个城市群，共计29个城市。①从陆桥通道整体来看，城市文化竞争力平均指数在五大通道中排名最后，仅为0.262；城市之间的差异不大，标准差为0.120，变异系数为0.458。②从轴线内五大城市群的比较看，

关中城市群文化竞争水平最高，中原城市群排在第2，其余三个城市群的文化竞争力水平均低于通道的平均水平；天山北坡城市群和兰州－西宁城市群内部城市文化竞争力水平分布相对比较集中，而关中城市群、中原城市群和徐州城市群的内部城市间的差异非常显著；徐州城市群的平均文化竞争力水平最低，但其内部两极分化严重，变异系数达到0.555（如表9-6）。

表9-6 陆桥通道内部城市群比较

类别	均值	方差	最大值	最小值	标准差	变异系数
陆桥通道	0.262	0.014	0.611	0.068	0.120	0.458
天山北坡城市群	0.242	0.003	0.281 乌鲁木齐	0.203 克拉玛依	0.055	0.228
兰州－西宁城市群	0.258	0.006	0.343 兰州	0.103 定西	0.077	0.299
关中城市群	0.356	0.023	0.611 西安	0.225 铜川	0.151	0.426
中原城市群	0.288	0.016	0.490 郑州	0.149 许昌	0.128	0.445
徐州城市群	0.161	0.008	0.311 徐州	0.068 淮北	0.089	0.555

资料来源：中国社会科学院城市与竞争力指数数据库。

2. 长江通道：长三角城市群具有明显优势，成渝城市群内部差异十分显著

长江通道包括长三角城市群、皖江城市群、昌九城市群、武汉城市群、长株潭城市群和成渝城市群六大城市群，共计62个城市。①从长江通道整体来看，城市文化竞争力平均指数较低，为0.306，在五大通道中排名第4；城市之间差异最为显著，标准差为0.177，变异系数高达0.578。②从轴线内六大城市群的比较看，长三角城市群文化竞争力水平最高且相比于其他城市群具有明显的优势，昌九城市群排在第2位，其文化竞争力平均指数高于通道的平均水平，余下的长株潭城市群、武汉城市群、皖江城市群和成渝城市群文化竞争力水平依次递减，且都低于通道的平均水平；皖江城市群内部城市文化水平差距较小，成渝城市群的差距最大，变异系数为0.764（如表9-7）。

表9-7 长江通道内部城市群比较

类别	均值	方差	最大值	最小值	标准差	变异系数
长江通道	0.306	0.031	0.629	0.068	0.177	0.578
长三角城市群	0.420	0.030	0.629 杭州	0.179 连云港	0.174	0.415
皖江城市群	0.211	0.007	0.367 合肥	0.096 滁州	0.084	0.396
昌九城市群	0.338	0.032	0.466 南昌	0.211 九江	0.180	0.533
武汉城市群	0.251	0.031	0.625 武汉	0.071 咸宁	0.177	0.707
长株潭城市群	0.251	0.012	0.451 长沙	0.164 株洲	0.107	0.428
成渝城市群	0.206	0.025	0.514 成都	0.068 资阳	0.158	0.764

资料来源：中国社会科学院城市与竞争力指数数据库。

3. 沿海通道：珠三角城市群文化水平最高，北部湾城市群最低且内部差异大

沿海通道包括环渤海城市群、长三角城市群、海峡西岸城市群、珠三角城市群和北部湾城市群五大城市群，共计68个城市。①从沿海通道整体来看，城市文化竞争力平均指数相对较高，达到0.379，在五大通道里中位居榜首；城市之间差异较大，标准差为0.192，变异系数为0.507。②从轴线内五大城市群的比较看，珠三角城市群文化水平在全国范围内都是最高的，其中香港更是锦上添花，文化竞争力指数达到了1，满足最理想的标准；长三角城市群排名第2，环渤海城市群、海峡西岸城市群和北部湾城市的指数均值依次递减且都小于沿海通道的平均文化竞争力指数。值得特别指出的是，北部湾城市群的平均文化水平最低但城市之间差异最大，珠三角城市群的平均文化水平很高但城市之间差异不是很大（如表9-8）。

表9-8 沿海通道内部城市群比较

类 别	均值	方差	最大值	最小值	标准差	变异系数
沿海通道	0.379	0.037	1.000	0.035	0.192	0.507
环渤海城市群	0.353	0.034	0.862 北京	0.172 日照	0.185	0.524
长三角城市群	0.420	0.030	0.629 杭州	0.179 连云港	0.174	0.415
海峡西岸城市群	0.278	0.022	0.501 福州	0.091 揭阳	0.148	0.533
珠三角城市群	0.491	0.0523	1.000 香港	0.223 江门	0.229	0.466
北部湾城市群	0.251	0.023	0.497 海口	0.035 钦州	0.151	0.602

资料来源：中国社会科学院城市与竞争力指数数据库。

4. 京哈京广通道：波浪状布局，"北端、中部和南端"位于波峰

京哈京广通道包括哈长城市群、辽中南城市群、京津冀城市群、太原城市群、中原城市群、武汉城市群、长株潭城市群和珠三角城市群八大城市群，共计59个城市。①从京哈京广通道整体来看，城市文化竞争力水平在五大通道中排名第2，竞争力平均指数达到0.335；城市之间差异十分显著，标准差为0.183，变异系数达到0.546。②从轴线内八大城市群的比较看，珠三角城市群仍以绝度高的优势位居首位；京津冀城市群、太原城市群和哈长城市群以高于京哈京广通道平均水平的成绩排名2、3、4位，而辽中南城市群、中原城市群、长株潭城市群和武汉城市群文化竞争力依次递减且低于通道的平均水平。值得特别指出的是，武汉城市群虽文化竞争力平均指数最低，但其内部城市间的差异相对最大，变异系数达到了0.707（如表9-9）。

表9-9 京哈京广通道内部城市群比较

类 别	均值	方差	最大值	最小值	标准差	变异系数
京哈京广通道	0.335	0.033	1.000	0.071	0.183	0.546
哈长城市群	0.338	0.015	0.637 长春	0.260 绥化	0.123	0.365
辽中南城市群	0.272	0.013	0.550 沈阳	0.169 葫芦岛	0.114	0.418

续表

类别	均值	方差	最大值	最小值	标准差	变异系数
京津冀城市群	0.409	0.039	0.862 北京	0.229 唐山	0.197	0.481
太原城市群	0.363	0.024	0.509 太原	0.120 阳泉	0.155	0.428
中原城市群	0.259	0.018	0.490 郑州	0.133 漯河	0.137	0.529
武汉城市群	0.251	0.031	0.625 武汉	0.071 咸宁	0.177	0.707
长株潭城市群	0.251	0.012	0.451 长沙	0.164 株洲	0.107	0.428
珠三角城市群	0.491	0.052	1.000 香港	0.223 江门	0.229	0.466

资料来源：中国社会科学院城市与竞争力指数数据库。

5. 包昆通道：呼包鄂榆城市群内部城市文化水平分布最为集中，滇中分布最离散

包昆通道包括呼包鄂榆城市群、宁夏沿黄河城市群、关中城市群、成渝城市群、黔中城市群和滇中城市群六大城市群，共计31个城市。①从包昆通道整体来看，城市文化竞争力指水平较高，在五大通道中排名第3，与排名第2的京哈京广通道平均文化指数仅相差0.003；城市之间差异较大，标准差为0.140，变异系数达到0.421。②从轴线内六大城市群的比较看，呼包鄂榆城市群文化水平最高但优势并不十分突出；关中城市群紧随其后，六大城市群中仅有呼包鄂榆和关中城市群的文化水平高于包昆的平均水平，整个通道呈现出类似于京哈京广通道的波浪状布局特点，南北两端和中间位于波峰处。值得特别指出的是，呼包鄂榆城市群内部城市之间的差异度远低于整个通道城市间的平均差异水平，变异系数仅为0.187，宁夏沿黄河、成渝、黔中和滇中城市群内部城市之间的差异大大高于整个通道城市间的平均差异水平（如表9-10）。

表 9-10　包昆通道内部城市群比较

类　别	均值	方差	最大值	最小值	标准差	变异系数
包昆通道	0.332	0.020	0.514	0.028	0.140	0.421
呼包鄂榆城市群	0.373	0.005	0.485 呼和浩特	0.305 鄂尔多斯	0.070	0.187
宁夏沿黄河城市群	0.280	0.032	0.484 银川	0.151 中卫	0.179	0.640
关中城市群	0.345	0.019	0.611 西安	0.225 铜川	0.138	0.401
成渝城市群	0.206	0.025	0.514 成都	0.068 资阳	0.158	0.764
黔中城市群	0.188	0.019	0.269 贵阳	0.028 安顺	0.138	0.736
滇中城市群	0.304	0.378	0.448 昆明	0.115 曲靖	0.615	2.023

资料来源：中国社会科学院城市与竞争力指数数据库。

四　案例分析

（一）国外案例：巴黎

1. 巴黎城市文化建设的实践

（1）保护老城区。巴黎是世界上旧城保护做得较好的城市。它基本上保持了城市规划大师奥斯曼男爵在1851~1869年对巴黎市的总体设计风格，延续了19世纪的建筑风貌。巴黎城市整体的颜色都是法国最古老皇室建筑的标志颜色：青色和淡黄色。除市区内唯一的一座高209米的摩天大楼蒙帕纳斯大厦外，其余建筑物基本保持相似高度。为了有效地保护旧城风貌，巴黎市实施严格的法律法规，一方面明确规定政府对文物建筑和历史街区的保护权利，另一方面严格限制市民对其拆改建。与此同时还建设了一批新城来疏解老城的功能，位于巴黎市的西北部的拉德芳斯区（巴黎的CBD）是成功的典范。

(2) 注重文化设施建设。巴黎大力发展文化设施,主要体现在建设大型的文化工程,如兴建卢浮宫博物馆蓬皮杜艺术中心和奥赛博物馆三大艺术馆等。同时,举全市之力保护小型画廊、个人书店、私人博物馆、各类咖啡馆等,使它们能够在巴黎城市建设中幸存下来,因为它们都是巴黎文化活动的物质承载,更能体现巴黎市独具特色的文化传统。作为世界文化大都市,巴黎市每年都举办大型的博览会、画展、音乐节等文化活动。

(3) 引导公众积极参与。巴黎之所以能够抵御来自美国的强势文化影响,始终保持法兰西文化的主导地位与市民对城市的热爱关心和积极参与是分不开的。巴黎城市文化建设十分注重满足各类市民广泛的要求和愿望,很多有关巴黎文化方面的规划和建设,通常是由公众讨论进而达成共识的。另外,巴黎政府会定期举办文化遗产日、文化遗产保护周等之类的活动,使得市民在与城市的互动活动中增强了文化保护意识并提高了市民文化素质。

(4) 大力扶植文化创意产业发展。巴黎并不像中国大多数城市那样设定专门的创意产业园区作为创意产业的发展空间,而是一直致力于改善城市创新环境、提高城市包容度和发掘文化创造力等,为文化创意产业提供一个有利的大环境。这样使得巴黎市的文化创意产业的"创意"一方面是来源于现实,并在此基础上不断创新;另一方面又回归到现实,满足市场的多样化需求,从而促进了巴黎文化创意产业的不断发展。

2. 巴黎城市文化建设的启示

巴黎的城市文化建设经验启示我们,城市文化建设必须串联起城市的历史、现状与未来,切忌攀比跟风、盲目拆改,同时要在世界范围内广泛吸纳更为人性化的设计理念和文化元素。城市文化建设是动态发展的过程,不会一蹴而就,因而在建设过程中的急功近利行为是不可取的,应根据城市的现实需要及问题有序展开建设工程。在城市文化建设中要广开市民建言献策渠道,开掘民间智慧,鼓励民众积极参与,增强群众的城市归属感和责任感。

(二)国内案例:上海

自党的十八大以来,上海的城市文化建设紧紧围绕着建设国际文化大都市战略目标稳步推进。截至2013年底已经取得了令人瞩目的成就，在2013年中国城市文化竞争力排名榜上位居第二。上海市文化产业结构日趋合理，文化产业占服务业比重逐年提高，传统文化产业与高新技术相结合的各类新兴媒体和业态层出不穷，初步形成了符合国际大都市特点的文化产业体系；文化产业所有制结构日趋多元，民营资本在全市文化产业中资本量和生产总值的比重不断增加；文化产业基地建设进展迅速，截至2013年底，共有9家国家级文化产业示范基地、15家市级文化产业园区和100多个市级文化创意产业集聚区。上海市现已基本建成覆盖城乡的公共文化设施网络，非遗保护得到了强化，全市建成各类非物质文化遗产博物馆（陈列馆）35个、传习所29个，命名8个市非物质文化遗产保护传承基地；举办"文化遗产日"、民族民俗民间文化博览会、"长三角"非物质文化遗产交流展示展演等系列活动。

上海城市文化建设经验给予国内其他城市的启示主要有以下几方面。

1. 文化是城市发展的主要动力

上海近年来文化发展之所以在国内处于领先地位，很重要的一条就是高度关注国际、国内文化发展大势，立足上海市情，建立与之相适应的公共文化服务、文化产业扶持和文化市场监管的"三位一体"体系。创新和完善城市发展链中文化环节的重点扶持和保障平台，充分发挥文化在城市经济、社会等建设中的先导效应。上海市大力推进文化与经济、科技、金融、商贸、旅游、教卫、体育等方面的有机融合，陆续建立起"政府云""社区云""学校云"和"企业云"等的文化科技融合机制。

2. 文化事业与文化产业协调发展

上海城市文化建设注重公益性文化事业与经营性文化产业的"双轮驱动"和"两翼齐飞"，避免了中国多数城市政府在文化建设中"重经营、轻公益"或将经营与公益两者割裂的不利于城市文化可持续发展的弊端。上海市一方面加大对公益性文化事业的财政支持力度，建设和完善文化公共设施：图书馆、文化馆、博物馆、社区文化活动中心等；另一方面重点扶持经营性文化产业，大力引进民营资本和外国资本，推动本地文化产业形成规模发展、集聚发展和品牌发展的良好发展态势。

3. 坚持本土文化和外来文化融合发展

"海派文化"的特点是敞开大门，面向国内和国际，广泛吸收全球文化营养，兼容并蓄各类优秀文化品种、样式及模式。上海市能够紧密结合上海市情、地情和风情，积极发展本土文化，做到了坚持外来文化与本土文化融合发展。文化的融合反过来又推进了上海市的国际化进程。

五 重要结论和政策建议

（一）重要结论

城市文化的缺失将严重危害城市的可持续发展，削弱城市竞争力。在倡导提升文化生活品质的今天，重温哲学文化大师冯友兰先生的一段名言是颇有意义的："同无妨异，异不害同；五色杂陈，相得益彰；八音合奏，终合且平；小德川流，大德敦化。此天下所以为大也。"

随着中国经济发展速度的放缓和改变经济增长方式的迫切需要，大力发展文化产业和文化事业成为中国城市的最佳选择。目前，大多数中国城市都已经把发展文化产业和推动文化事业作为城市建设和城市管理的主要内容并取得了一些成就。但是，由于各个城市的经济发展水平、文化底蕴和人文环境等差别较大，许多城市的文化产业和文化事业建设任重道远。

（二）政策建议

针对中国城市文化建设共性问题和制约因素，在借鉴巴黎市和上海市等城市文化建设的启示的基础上提出以下建议：首先，中国城市要以开阔的全球视野大力实施文化"走出去"战略，向世界文化大国尤其是文化强国进行文化输出与文化渗透，抵御文化强国的"文化侵略"，保证中国的文化安全；其次中国城市要全方位发展对外文化贸易，改变目前的文化贸易"逆差"，争取成为文化贸易强市以提高城市竞争力和中国的综合竞争力；再次，引导中国城市各类对外文化主体进一步增强文化开放意识，以文化的大开放、大思维推动文化的大融合来培育与统筹中国新的经济增长点；最后，在行政许可的条件下，吸引更多国内外文化知名企业、具有示范带动效应的重点企业前来中国城市发展。

参考文献

倪鹏飞:《中国城市竞争力报告 No. 11》,社会科学文献出版社,2013。

《全国主体功能区规划》,中国政府网,http://www.gov.cn/zwgk/2011-06/08/content_1879180.htm。

王艳、王克婴:《创意城市建设以及对我们的启示——以巴黎为例》,《边疆经济与文化》2012 年第 8 期。

上海市文化广播影视管理局:《上海文化建设十大成就及启示》,《中国文化报》2012 年 11 月 2 日。

王晖:《创意城市与城市品牌》,中国物资出版社,2011。

B.10 中国全域城市竞争力报告
——迈向城乡一体的全域城市

蔡书凯*

一 引言

从现实来看，城乡一体的全域城市仍然面临众多挑战，实现可持续发展的理想城市仍然任重而道远。改革开放以来，中国城市城区规模不断扩大，且逐渐向周边农村蔓延，2013年，中国城镇化率已达到53.73%，积累了城乡关系转型升级的资本、物质和技术基础。但中国城市孤立发展的态势没有根本改观，城市与农村、点与面之间相互隔离。党的十八大三中全会提出"必须健全体制机制，形成以工促农、以城带乡、工农互惠、城乡一体的新型工农城乡关系，让广大农民平等参与现代化进程、共同分享现代化成果"，为发展城乡一体的全域城市、为解决"三农"问题指明了方向、提供了新的契机。全域城市化是城乡融合发展、双向演进、协调共生的必然选择和科学路径。

城乡一体的全域城市至少包括以下四个基本特征。①城乡收入差距合理化。理想的城乡一体的全域城市应该是城乡收入差距合理的城市。城乡居民收入差距既是城乡隔离的结果，也通过对居民消费能力的影响进一步加深了城乡的分离。②城乡公共服务均等化。农村公共服务的严重短缺已经成为城乡差距议题中的焦点问题，城乡差异的一个重要表现是在公共服务方面的差距。③城乡基础设施一体化。基础设施是全域城市的硬件基础，是引导城市资源要素向农村流动，最终实现城乡一体的全域城市的基础，城乡基础设施的差异也是城

---

* 蔡书凯，中国社会科学院财经战略研究院博士后，浙江大学管理学院管理学博士，安徽工程大学经贸系主任、副教授，主要研究方向为城乡一体化、政府债务融资管理。

乡隔离的重要表现之一。④城乡结构转化合理化。结构转化合理是城乡一体的全域城市的内在要求，城乡一体和谐的城市必然要求城市的社会结构与产业结构相互适应。

本章基于中国社会科学院城市与竞争力研究中心数据，分析评估中国城市全域城市竞争力现状和基本特征，总结凝练全域城市化的实现对策。选取的指标见表10-1，资料来源和处理方法参见附录。

表10-1 全域城市竞争力指标体系

指标含义	指标	指标衡量方法	资料来源
居民收入	城乡人均收入比	城镇居民人均可支配收入/农村居民人均纯收入	国家统计局
公共服务	人均教育支出比（全市/市辖区）	全市人均教育支出/市辖区人均教育支出	国家统计局
	每百人公共图书馆藏书量比（全市/市辖区）	全市每百人公共图书馆藏书量/市辖区每百人公共图书馆藏书量	国家统计局
	每万人拥有医生数比（全市/市辖区）	全市每万人拥有医生数/市辖区每万人拥有医生数	国家统计局
公共设施	每千人国际互联网用户数比（全市/市辖区）	全市每千人国际互联网用户数/市辖区每千人国际互联网用户数	国家统计局
结构转换	城市化与工业化适应性	非农业人口比重与非农产业产值占GDP比重的差别	国家统计局

二 全域城市竞争力的总体格局

（一）总体格局：城市间极度不平衡

城市间的城乡一体的全域城市发展极度不平衡。从总得分来看，2013年全域城市竞争力指数综合得分排名前10的城市为：香港、澳门、深圳、东莞、北京、上海、广州、乌鲁木齐、珠海、苏州。排名前10位的城市全域城市竞争力指数均值为3.337；排名后10位的城市全域城市竞争力指数均值为0.206，相差16倍多。如果排名前50位的城市视为最具竞争力，排名51~100

位的视为较具竞争力，排名101~150位的视为中等偏上水平，排名151~200位的视为中等偏下，排名201~250位的视为较差，250位之后的视为最差，全域城市竞争力得分最好的城市均值为0.482，全域城市竞争力得分最差的城市均值为0.065（见表10-2），相差8倍，说明城市之间在全域城市化发展方面存在很大差异，城市之间发展极度不平衡。

表10-2 2013年全域城市竞争力指数整体情况

单位：个

类别	样本	平均值	标准差	最小值	最大值
最具竞争力	50	0.482	0.164	0.344	1.000
较具竞争力	50	0.302	0.020	0.271	0.344
中等偏上水平	50	0.243	0.016	0.218	0.269
中等偏下	50	0.188	0.017	0.160	0.217
较差	50	0.123	0.019	0.099	0.159
最差	39	0.065	0.022	0.000	0.099
总体	289	0.242	0.150	0.000	1.000

资料来源：中国社会科学院城市与竞争力指数数据库。

注：1~50名为最好，51~100名为较好，101~150名为中等偏上，151~200名为中等偏下，201~250名为较差，250名之后为最差。

重点城市显著强于非重点城市。通过各个级别全域城市竞争力指数平均得分和几个重点城市的比较可以发现，在大陆城市中，35个大中城市（不含拉萨）均值要高于全国和大陆城市均值，副省级城市高于35个大中城市，行政级别最高的四个直辖市最高，均值为0.517（见表10-3）。

表10-3 2013年全域城市发展重点城市比较

城市或区域	全国城市	大陆城市	35个大中城市（不含拉萨）	副省级城市	4个直辖市
全域城市发展得分均值	0.242	0.237	0.422	0.470	0.517

资料来源：中国社会科学院城市与竞争力指数数据库。

（二）指标维度特征：城乡收入差距最大

从分项指标城乡人均收入比来看，城乡收入差距较大且城市间差距悬殊。

中国全域城市竞争力报告

城乡人均收入比得分最高的大陆城市分别为东莞、深圳、苏州、宁波、舟山、无锡、绍兴、嘉兴、上海、湖州。排名前 10 位城市的城市人均年收入为 33211 元，农村人均年收入为 18823 元。从城乡人均收入比得分来看（见表 10-4），最具竞争力城市的得分均值为 0.419，而排名最差的城市的得分均值为 0.040，城市之间得分差异悬殊。这个指标集中反映出中国既存在城乡发展隔离又存在地区经济失衡。

从分项指标的每百人公共图书馆藏书量比来看，城乡公共服务严重失衡且城市间差异较大。从每百人公共图书馆藏书量来看，全市平均每百人公共图书馆藏书量为 51.013 册，而市辖区每百人公共图书馆藏书量为 84.922 册，城乡间存在显著差异。从各个城市来看，得分最高的 10 个大陆城市分别为深圳、东莞、上海、北京、克拉玛依、厦门、南京、杭州、广州、大连。分组来看（见表 10-4），排名最高的城市的得分均值为 0.164，而排名最差的城市的得分均值为 0.013，城市之间得分差异显著。

表 10-4　2013 年全域城市竞争力指数分项得分均值（不含港澳）

类别	最具竞争力	较具竞争力	中等偏上	中等偏下	较差	最差
城乡人均收入比	0.419	0.190	0.140	0.134	0.080	0.040
每百人公共图书馆藏书量比	0.164	0.046	0.029	0.025	0.023	0.013
人均教育支出比	0.204	0.072	0.048	0.042	0.041	0.034
每万人拥有医生数比	0.249	0.181	0.119	0.121	0.101	0.060
每千人国际互联网用户数比	0.230	0.129	0.090	0.065	0.054	0.029
城市化与工业化适应性	0.810	0.761	0.691	0.487	0.316	0.155

资料来源：中国社会科学院城市与竞争力指数数据库。

从分项指标的人均教育支出方面来看，287 个大陆城市的人均教育支出为 994.9238 元，而市辖区的人均教育支出为 1520.77 元，市辖区的人均教育支出大大高于全市的人均教育支出，说明城乡在教育支出方面存在不公平现象。从各个城市来看，人均教育支出比得分最高的大陆城市分别为深圳、东莞、北京、克拉玛依、上海、中山、厦门、鄂尔多斯、珠海和天津。分组来看（见表 10-4），人均教育支出比得分在不同的城市组之间存在较大差异，得分最好的城市均值为 0.204，得分最差的城市均值为 0.034，最好城市的得分为最差城市得分的 6 倍，

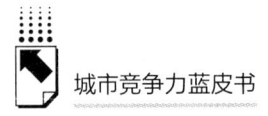

说明城市之间在人均教育支出方面差异较大，城乡之间教育发展不均衡。

从分项指标的每万人拥有医生数比来看，城市平均每万人拥有医生数为18.72，市辖区为26.53，说明城乡之间的医疗服务差距明显。分城市来看，得分最高的大陆城市分别为西宁、莱芜、黑河、乌鲁木齐、太原、北京、鄂州、嘉峪关、运城、乌兰察布。从分组来看（见表10-4），排名前50的城市平均得分为0.249，而排名250位之后的城市平均得分为0.060。

从分项指标的每千人国际互联网用户数比来看，城市每千人国际互联网用户数为106.39，而市辖区为176.42。分城市来看，每千人国际互联网用户数比得分最高的10个大陆城市分别为乌鲁木齐、南宁、重庆、广州、珠海、南京、厦门、深圳、克拉玛依、北京。从分组情况来看（见表10-4），排名前50的城市平均得分为0.230，而排名250位之后的城市平均得分为0.029，说明城市之间基础设施存在显著差异，城乡之间基础设施供给严重不均衡。城市基础设施齐全，性能优越，降低了生产成本和消费成本，提高了城市居民收入水平和边际消费倾向。

从分项指标的城市化与工业化适应性来看，城市化与工业化不适应。从产业结构来看，第二、三产业的比重为93.16%，而非农业人口占总人口的比重为66.87%，人口结构和产业结构脱节，城市化与工业化发展不相适应。人口并没有随着第二、第三产业的发展而向城市转移，反而带来了双重的二元经济结构。城市化与工业化适应性得分最高的10个大陆城市分别为深圳、石家庄、青岛、苏州、保定、许昌、潮州、扬州、广州、揭阳。从分组来看（见表10-4），排名前50的城市平均得分为0.810，而排名250位之后的城市平均得分为0.155。

（三）区域比较：东部城市优势明显

从城市得分区域分布看，2013年全域城市竞争力排名前15的城市，除北京和克拉玛依外全部来自东南地区；排名前50的城市中，东南地区占了23席。在287个内陆城市中，排名200位之后的城市东南地区只有3个城市，东南地区排名最差的城市莆田也占据第223位。排名后10的城市西部地区则占了7席。

从全域城市竞争力指数的均值来看（见表10-5），港澳台地区城市的全域城市竞争力指数均值最高，接近1的理想水平，东南地区城市的全域城市竞争力指数均值较高，为0.370，西北地区最低，均值为0.139。空间计量分析的结果也表明,东、西部城市在全域城市竞争力方面差距明显;但南北城市在全域城市竞争力方面差距不显著(见图10-1、图10-2)。

表10-5　2013年我国城市全域城市竞争力区域比较

单位:个

地区	1~50名	51~100名	101~150名	151~200名	201~250名	250名以后	城市总数	全域城市竞争力指数均值
东　北	5	16	7	5	0	1	34	0.279
环渤海	8	7	7	7	1	0	30	0.287
西　北	9	5	3	5	10	7	39	0.139
中　部	4	7	13	22	23	11	80	0.187
西　南	1	6	5	4	13	20	49	0.142
东　南	21	9	15	7	3	0	55	0.370
港澳台	2	0	0	0	0	0	2	0.999
全　国	50	50	50	50	50	39	289	0.242

资料来源:中国社会科学院城市与竞争力指数数据库。

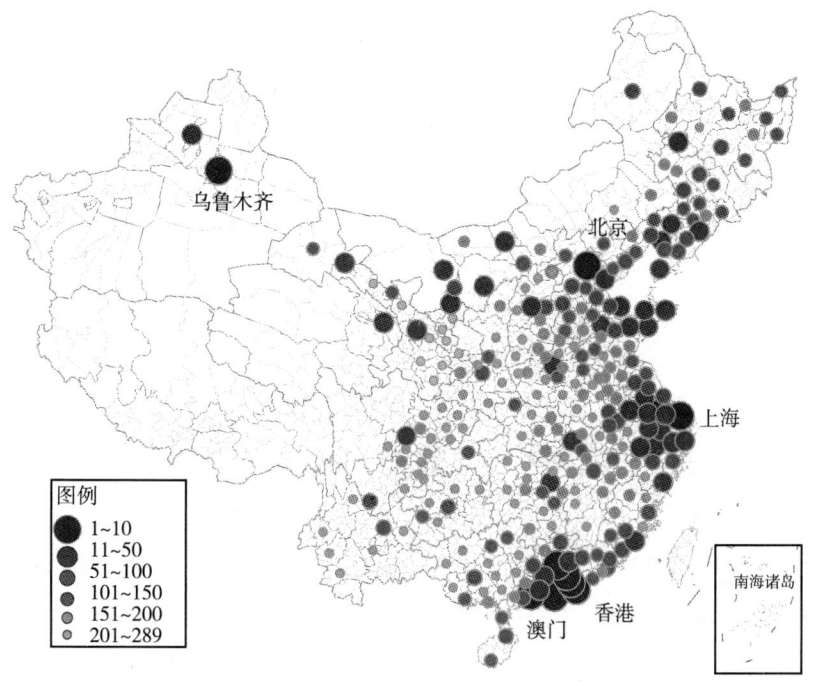

图10-1　2013年289个城市全域城市竞争力排名

注:图例中的单位为位次,"○"越大、颜色越深,代表排名越高。

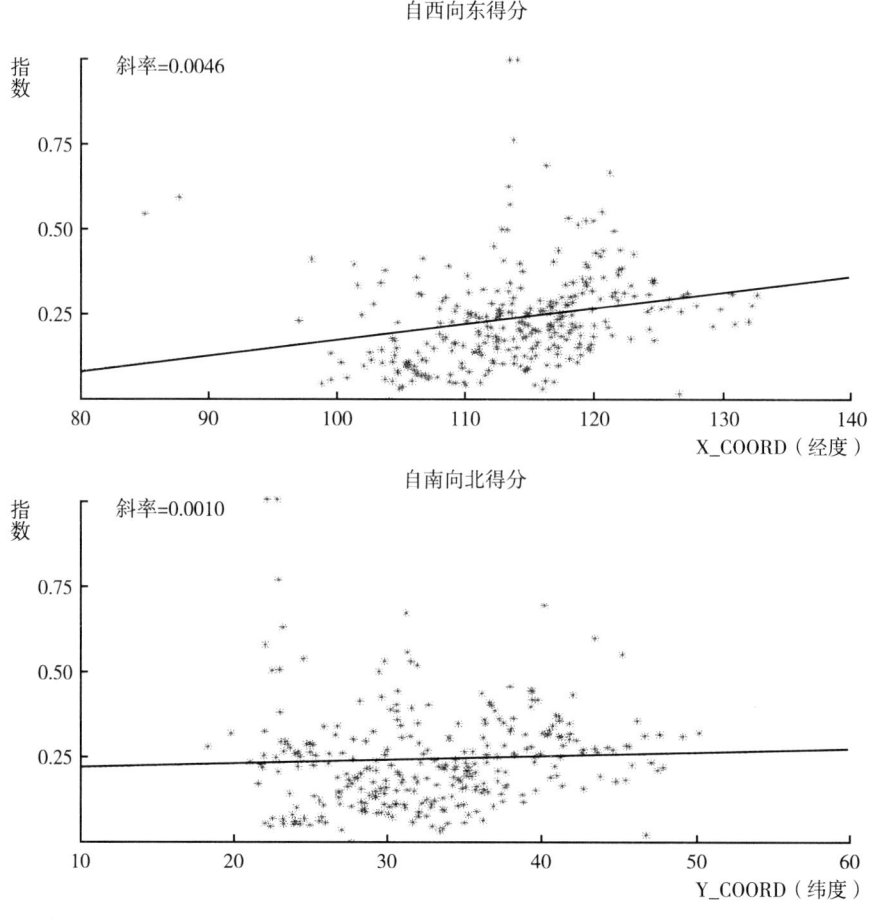

图10-2　2013年全域城市竞争力的空间经纬度分布

三　"两横三纵"城镇化战略格局的比较

2013年12月13日中央城镇化工作会议进一步提出要优化全国城镇化布局和形态，构建"两横三纵"为主体的城镇化战略格局。在中国已经形成京津冀、长三角和珠三角的三大城市群基础上，在中西部和东北有条件的地区，逐步发展形成若干城市群。这里按照"两横三纵"的城镇化战略格局对全域城市竞争力做进一步的分析。

（一）轴线内城市优于轴线外城市

对比轴线城市和非轴线城市的情况可以发现，位于"两横三纵"城市群上的城市全域城市竞争力得分均值为 0.281，"两横三纵"城市群以外的 114 个城市的全域城市竞争力得分均值为 0.181（见表 10-6）。说明"两横三纵"城市群上的城市全域城市竞争力显著高于非轴线城市。从各城市的均值来看，各城市群的全域城市竞争力得分均高于非轴线上的城市得分（见图 10-3）。

表 10-6 轴线城市与非轴线城市比较

类别	均值	标准差	最小值	最大值	变异系数
轴线城市	0.281	0.167	0.020	1.000	0.595
非轴线城市	0.181	0.089	0.000	0.416	0.495

资料来源：中国社会科学院城市与竞争力指数数据库。

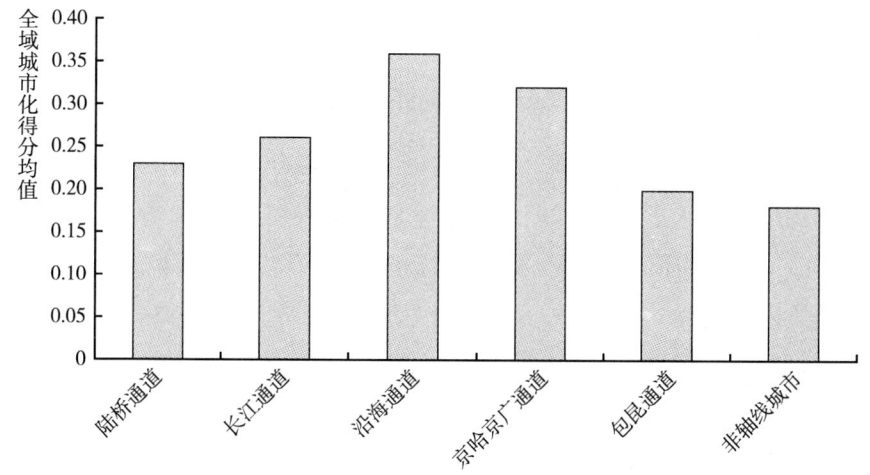

图 10-3 2013 年"两横三纵"城市群得分均值

资料来源：中国社会科学院城市与竞争力指数数据库。

（二）轴线之间：沿海通道水平最高

"两横三纵"的城镇化战略格局包括陆桥通道、长江通道、沿海通道、京哈京广通道和包昆通道五条轴线。①从"两横"的比较看，长江通道城市的全域城市竞争力指数平均水平较高，而且内部城市之间的不均衡比陆桥通道也低。②从"三纵"的比较看，城市全域城市化竞争力平均指数整体呈现出按沿海通道、京哈京广通道、包昆通道依次递减的特点。③从"两横三纵"的比较看，沿海通道城市全域城市化竞争力指数平均水平最高，包昆通道平均水平最低；京哈京广通道内部城市的全域城市化竞争力水平差异最大，沿海通道内部差异最小（见表10-7）。

表10-7 2013年五大通道轴线横向比较

类别	轴线	均值	标准差	最小值	最大值	变异系数
"两横"	陆桥通道	0.231	0.125	0.054	0.594	0.542
	长江通道	0.259	0.138	0.058	0.668	0.535
"三纵"	沿海通道	0.374	0.197	0.054	1.000	0.526
	京哈京广通道	0.332	0.211	0.020	1.000	0.635
	包昆通道	0.199	0.108	0.056	0.394	0.542

资料来源：中国社会科学院城市与竞争力指数数据库。

（三）陆桥通道：全域城市化整体水平不高

陆桥通道包括天山北坡城市群、兰州-西宁城市群、关中城市群、中原城市群和徐州城市群五大组团29个城市。①从陆桥通道整体来看，全域城市竞争力指数不高，均值为0.231，而且城市之间差异较大，变异系数为0.542。②从轴线内五大城市群的比较看，天山北坡城市群全域城市竞争力水平最高，徐州城市群全域城市竞争力水平最低；兰州-西宁城市群的城市之间差异最大，天山北坡城市群城市之间的差异最小（见表10-8）。

表10-8 2013年陆桥通道内部城市群比较

城市群	均值	标准差	最小值	最大值	变异系数
陆桥通道	0.231	0.125	0.054	0.594	0.542
天山北坡城市群	0.571	0.034	0.547	0.594	0.059
兰州-西宁城市群	0.206	0.122	0.056	0.399	0.594
关中城市群	0.197	0.073	0.108	0.303	0.371
中原城市群	0.236	0.068	0.133	0.345	0.288
徐州城市群	0.176	0.065	0.054	0.225	0.372

资料来源：中国社会科学院城市与竞争力指数数据库。

(四) 长江通道: 长三角相对优势突出, 成渝全域城市竞争力水平最低

长江通道包括长三角城市群、皖江城市群、昌九城市群、武汉城市群、长株潭城市群和成渝城市群六大组团62个城市。①从长江通道整体来看，整体城市全域城市竞争力指数一般，达到0.259；城市之间差异较大，变异系数为0.535。②从轴线内六大城市群的比较看，长三角城市群全域城市竞争力水平最高，均值为0.350，具有明显的比较优势；成渝城市群全域城市竞争力水平最低；成渝城市群城市之间差异最大，变异系数达0.616，昌九城市群城市之间的差异最小，变异系数为0.239（见表10-9）。

表10-9　2013年长江通道内部城市群比较

城市群	均值	标准差	最小值	最大值	变异系数
长江通道	0.259	0.138	0.058	0.668	0.535
长三角城市群	0.350	0.142	0.153	0.668	0.406
皖江城市群	0.210	0.099	0.058	0.340	0.473
昌九城市群	0.251	0.060	0.209	0.293	0.239
武汉城市群	0.213	0.088	0.110	0.401	0.416
长株潭城市群	0.217	0.114	0.088	0.410	0.525
成渝城市群	0.154	0.095	0.071	0.382	0.616

资料来源：中国社会科学院城市与竞争力指数数据库。

(五) 沿海通道: 珠三角城市群全域城市竞争力得分突出, 北部湾全域城市竞争力水平最低

沿海通道包括环渤海城市群、长三角城市群、海峡西岸城市群、珠三角城市群和北部湾城市群五大组团68个城市。①从沿海通道整体来看，整体城市全域城市竞争力指数相对最高，达到0.374；城市之间差异较大，变异系数为0.526。②从轴线内五大城市群的比较看，珠三角城市群全域城市竞争力水平最高但城市之间的差异也最大；北部湾城市群全域城市竞争力水平相对最低。环渤海城市群的平均全域城市竞争力水平不高但城市之间差异较小（见表10-10）。

表 10-10　2013年沿海通道内部城市群比较

城市群	均值	标准差	最小值	最大值	变异系数
沿海通道	0.374	0.197	0.054	1.000	0.526
环渤海城市群	0.354	0.119	0.187	0.690	0.336
长三角城市群	0.350	0.142	0.153	0.668	0.406
海峡西岸城市群	0.276	0.118	0.133	0.535	0.427
珠三角城市群	0.632	0.272	0.284	1.000	0.430
北部湾城市群	0.224	0.089	0.054	0.316	0.398

资料来源：中国社会科学院城市与竞争力指数数据库。

（六）京哈京广通道：珠三角城市群一枝独秀，中原城市群压力巨大

京哈京广通道包括哈长城市群、辽中南城市群、京津冀城市群、太原城市群、中原城市群、武汉城市群、长株潭城市群和珠三角城市群八大组团59个城市。①从京哈京广通道整体来看，整体城市全域城市竞争力指数相对较高，达到0.332，仅次于沿海通道；城市之间差异最大，变异系数达到0.635。②从轴线内八大城市群的比较看，珠三角城市群全域城市竞争力水平最高且优势十分突出，全域城市竞争力指数得分高达0.620；但城市之间的差异也较大，在该通道内仅次于哈长城市群。中原城市群的全域城市竞争力水平最低，均值为0.199，辽中南城市群城市之间的差异最小，变异系数为0.225（见表10-11）。

表 10-11　2013年京哈京广通道内部城市群比较

城市群	均值	标准差	最小值	最大值	变异系数
京哈京广通道	0.332	0.211	0.020	1.000	0.635
哈长城市群	0.238	0.127	0.020	0.354	0.534
辽中南城市群	0.315	0.071	0.187	0.430	0.225
京津冀城市群	0.339	0.146	0.232	0.690	0.430
太原城市群	0.318	0.138	0.178	0.454	0.434
中原城市群	0.199	0.082	0.088	0.345	0.412
武汉城市群	0.223	0.101	0.110	0.401	0.453
长株潭城市群	0.230	0.103	0.108	0.410	0.447
珠三角城市群	0.620	0.287	0.247	1.000	0.462

资料来源：中国社会科学院城市与竞争力指数数据库。

（七）包昆通道：西南城市群全面塌陷

包昆通道包括呼包鄂榆城市群、宁夏沿黄河城市群、关中城市群、成渝城市群、黔中城市群和滇中城市群六大组团 31 个城市。①从包昆通道整体来看，整体城市全域城市竞争力指数在五个城市群中最低，为 0.199；城市之间差异也较大，变异系数达到 0.542；②从轴线内六大城市群的比较看，呼包鄂榆城市群全域城市竞争力水平最高但优势并不十分突出；滇中城市群和黔中城市群的全域城市竞争力水平都很低，而且从变异系数看，城市之间的差异很大（见表 10 – 12）。

表 10 – 12　2013 年包昆通道内部城市群比较

城市群	均值	标准差	最小值	最大值	变异系数
包昆通道	0.199	0.108	0.056	0.394	0.542
呼包鄂榆城市群	0.279	0.115	0.147	0.394	0.413
宁夏沿黄河城市群	0.259	0.136	0.104	0.360	0.527
关中城市群	0.184	0.073	0.108	0.303	0.394
成渝城市群	0.179	0.104	0.082	0.382	0.581
黔中城市群	0.161	0.134	0.056	0.312	0.828
滇中城市群	0.148	0.119	0.061	0.283	0.802

资料来源：中国社会科学院城市与竞争力指数数据库。

四　案例分析

（一）国内案例：深圳

1. 表现

深圳市在全域城市化方面表现抢眼。深圳市总面积 2020 平方千米，截至 2012 年末，户籍总人口 287.62 万人，非户籍总人口达 767.13 万人。深圳市 2013 年的全域城市竞争力得分为 0.998，在 289 个城市仅次于香港和澳门，在内陆城市中排名第一。在城乡居民收入方面，2011 年城镇人均可支配收入达 36505 元，农村人口收入达 35000 元，城乡收入比为 1.04∶1，远低于全国平均水平的 3.13∶1。

2. 原因

经济结构不断优化。深圳经济整体上实现了以农业为主向以服务业、工业为主的转变。形成以第二、第三产业为主导的产业结构,第三产业比重持续提升,2013年,第三产业增加值占GDP比重达56.6%。农村人口占总人口的比重也下降到30%以下。

经济发展迅速。深圳经济规模不断扩大,经济增长稳中有进。经济的迅速发展带来财政实力的不断增强,为构建城乡一体的全域城市提供了资金基础。2013年全市生产总值14500.23亿元,2013年全市公共财政预算收入达1731.26亿元。为"工业反哺农业、城市带动农村"提供了坚实的基础,为实现城乡一体的全域城市化提供了现实可能性。

乡村集体经济实力不断壮大。在深圳农村地区,工业成为乡镇经济的主导产业,在农业人口中,真正从事农业的劳动力不足2万人,大部分农民不再务农。深圳农民只是户籍管理意义上的"农业人口",他们中的一部分务工经商,还有一部分坐等集体物业出租的分红。不断发展壮大的乡村集体经济为农村的基础设施和公共服务产品的提供奠定了物质基础。

3. 做法

深圳市在我国率先进行了农村管理体制的城市化改革,成为我国首个没有农村的城市。

基层组织架构。深圳市首先改革行政管理体制,通过"撤县设区"、"撤镇设街"和"撤村改居"等,将原村民委员会的职能分开,分别由居民委员会和街道办事处承担。街道办事处的主要工作是加强社区建设和城市管理,这样有利于加大社区管理和公共服务的力度。

土地和房屋制度。深圳市通过土地和房屋管理制度改革,最大限度地盘活了原农村土地资源,提高了开发建设水平。深圳市政府对集体所有并尚未被征用的土地实行一次性征收,统一规划。针对原农村工业用地,采用农村集体经济组织申请、政府公开交易平台出让、土地收益分成的做法,带动社区和市场主体二次开发的积极性。集体土地所有权的转变使原农村土地和房屋产权体制与城市接轨。

人口和社会保障。在户籍制度和人口管理方面,深圳市将农业户口村民一次性办理农转非手续,转为非农业户口的城市居民。并规定转置的农业户口村民享受城市居民的最低生活保障标准，在制度设计上让农转非村民享有了与城市居民一样的社会和劳动就业保障等权利。

基础设施建设和管理。深圳市将农村市政基础设施逐步统一纳入城市管理体系中，极大地改善了农村基础设施状况。

4. 启示

产业发展是基础。城市化是生产要素在城市空间集聚和产业发展的过程，城市化的本质是产业的发展过程。深圳迅速发展的工业、服务业，以技术创新为动力的经济发展模式，有力地促进了全域城市化的迅速推进。

充分发挥政府的主导作用。充分发挥各级政府的主观能动性，全面参与、主导城乡一体的全域城市建设工作。尤其是变革基层党组织，创新基层党组织的领导方式和工作机制。

加强制度建设。必须加强制度建设、完善相关政策设计，避免相关政策措施流于形式，释放土地资产和资本功能，使得城乡生产要素双向流动优化配置。

（二）国外案例：杜塞尔多夫

1. 表现

杜塞尔多夫位于莱茵河畔，是德国北莱茵－威斯特法伦的州首府。市区人口约58万人，是德国的广告业、服装业和通信业的重要城市，在德国位居第九大城市。塞尔多夫被称为"欧洲最大的乡村"，是全域城市化、城乡一体化的典范。

2. 原因

轻经济快速发展。杜塞尔多夫是德国西部重要的经济中心和金融中心，水、陆、空交通枢纽。杜塞尔多夫位于德国鲁尔重工业区的中心，设在这里的钢材、钢管、钢铁、机械、化工和玻璃等工业企业享有世界声誉。杜塞尔多夫还是德国的时装之都，德国广告业、通信业的重要中心。轻经济的快速发展为全域城市化提供了良好的经济基础。

德国独特的行政管理体系。在德国，城市高度自治，联邦和州对城市没有领导关系，大城市对小城镇也没有领导关系。各个城市包括小城镇都是独立的法人，保证了城市发展、规划的自主性。

注重城乡均衡发展。杜塞尔多夫城市中心区主要承担着整个城市的集中辐

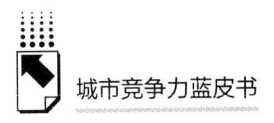

射功能，郊区和农村保持了其特有的个性，发挥着承接城市辐射、支持城市发展的重要职能，真正从事农业的人员仅占总人口的4%。

3. 做法

注重城市规划的统筹协调和权威性。杜塞尔多夫城市规划具有法定性、长期性、固定性、稳定性，而且综合性很强，包括土地利用、产业布局、环境保护和城市建设等方面。城市规划对统筹城市的全面发展起到了十分重要的作用，规划在决策前必须进行充分调研、反复公示，最终由议会审议、批准，并具备法律效力，任何擅自改变规划的行为都是不可能的。

妥善处理城乡协调发展问题。杜塞尔多夫市在进行经济结构转型的基础上，非常注重城乡联动发展，农民享有一切城市居民的权利，没有明显的城乡差别。

强调市民参与城市规划。德国的城市规划从方案的编制、修改到确定，每个环节都是在公众的广泛参与下展开。

五 重要结论与政策建议

（一）重要结论

（1）中国全域城市竞争力存在的主要问题包括城乡收入差距较大、公共服务供给城乡失衡、城乡基础设施差异较大、城市化落后于工业化的发展、空间布局无序。从城乡收入差距来看，城乡收入比一直超出合理的范围。从公共服务供给来看，农村在养老保险、医疗保险、生育保险、失业保险以及社会救助等方面，全面落后于城市。从城乡基础设施来看，农村基础设施供给无论在数量、质量、品种和属性等方面都落后于城市。从城市化与工业化的适应性来看，城市化发展滞后于工业化的发展，人口城乡结构落后于产业结构和就业结构，人口城市化滞后于非农产业的发展。

（2）整体上看，中国城市的全域城市建设仍然任重而道远。虽然部分东南沿海城市、主要大中城市的全域城市化建设已经取得一定成绩，但由于发展城乡统一的资金约束、工农业生产率差异、城乡二元体制的制度惯性、缺乏城乡一体的合理规划以及城市倾向的经济政策，全域城市建设仍任重而道远。

(3)"两纵三横"的城市群格局已基本形成,但城市群内部各城市在全域城市的建设方面差异较大。"两纵三横"各城市群得分均高于非城市群城市,但各城市群内部城市间全域城市化水平参差不齐、差异较大。

(二)政策建议

结合以上的案例分析,为了构建城乡一体的全域城市,为城乡融合发展提供动力支撑,可以采取以下措施。

(1)以城市群建设为重点。目前,京津冀、长三角、珠三角三大城市群已形成一定规模,并起到引领区域经济发展的作用;但中国区域幅员辽阔,人口、资源远距离流动和配置,既不经济又不安全,有必要以"两横三纵"为重点,即构建以陆桥通道、长江通道为两条横轴,以沿海通道、京哈京广通道、包昆通道为三条纵轴,在中西部、东北部区域建设一定量级的城市群。推进各城市群建设,形成若干新的大城市群和区域性的城市群,从而突出城市群在推进中西部地区全域城市化过程中的作用。在城市群的建设过程中,既要依靠市场力量,又要发挥政府的扶持、引导作用,科学规划,实施差异化的产业政策,从而做到各城市群相互协调。

(2)多手段建设全域城市。制度供给是政府的优势,政府应做好顶层制度安排、破除体质障碍,发挥政府的宏观战略引领作用,逐渐淡化政策上的城市偏向,更大程度地让多种社会力量参与、推动城镇发展,形成政府与市场的良性互动。积极建立资源整合的传导机制、经济增长的共享机制、城乡一体的社会治理机制,促进城乡要素平等交换和公共资源均衡配置。市场则在要素的传递、价格信号的传递处于优势地位,应该发挥市场在资源配置中的决定性作用,从而促进资源和要素在城乡之间自由流动和合理配置。社会组织则主要负责行业内部、区域之间的协调,引导社会资本投向农村建设。

(3)全系统规划城乡全域。推进全域城市化,首先要统筹城市和农村的发展规划,实现城市和农村发展战略和发展规划的错位协调。以区域差异性基础上的城市化水平为轴线,在区域功能分工与新城的开发建设、城乡产业空间布局、城乡基础设施、城乡公共服务、城乡人口与资源环境等方面实现规划一体化。打破城市与农村的界线,做到点和线合理布局,科学配置城镇体系,优化城乡空间布局。基于一体化的理念构建城市发展的整体框架和市镇布局,用城市规划的方式高起点规划

乡村和小城镇。其次，要优化城市空间结构和管理格局，增强城市综合承载能力。

（4）分梯度建设全域城市。城乡融合的全域城市建设要根据各个城市的经济、社会发展水平分梯度、有节奏、分类别逐步推进。首先夯实城乡一体的经济基础，在城市发展到一定水平之后，再发挥城市带动、辐射、积聚效应，带动农村社会向城市社会逐渐靠近，然后再逐步向更深层次的融合迈进。也就是先城乡发展再逐步走向城乡融合，逐步实现城乡之间从垂直差距向梯度差距再到水平无差距的渐进性转变。当前，优先的方案是加快户籍制度改革，把进城居住的农民完全纳入城镇住房和社会保障体系，提高工业化和城镇化的适应性。

（5）多形态推进全域城市。有必要基于区域禀赋，多形态推进全域城市建设，比如通过农村集中供暖、供水、垃圾处理、污水处理建设加速城乡公共服务融合；通过发展农村电子商务、连锁经营、物流配送构建城乡融合的流通体系；开通乡村公交系统对接城市公交系统，通过近郊农村城市化、农民就地城市化，实现农村自然对接城市公共服务和基础设施，形成城乡资源的会聚点、对接点，从而形成城乡社会高度匹配的发展格局。

（6）高起点聚焦产业发展。综合运用多种手段，加强现代农业产业体系建设；以产业升级、服务外包为抓手，推动产城融合发展；统筹新型工业化、现代服务业和农业现代化，重构区域分工链条，促进产业在城乡间合理分布，从而构建产城融合和城乡产业一体发展的格局。

参考文献

林光彬：《等级制度、市场经济与城乡收入差距扩大》，《管理世界》2004年第4期。
于洪平：《对全域城市化战略的思考》，《财经问题研究》2011年第11期。
赵伟：《中国的城乡差距：原因反思与政策调整》，《武汉大学学报》（哲学社会科学版）2004年第6期。
陈钊、陆铭：《从分割到融合：城乡经济增长与社会和谐的政治经济学》，《经济研究》2008年第1期。
鲁钊阳、冉光和等：《城乡金融发展非均等化的形成机理及对策——基于自组织理论的分析》，《管理世界》2012年第3期。

B.11
中国信息城市竞争力报告
——迈向开放便捷的信息城市

刘 艺*

一 引言

信息化是一个社会从工业社会向信息社会转变的过程，这一过程不仅是经济增长方式和增长结构的转变，而且是整个社会发展模式的变革。毫无疑问，我们已经迎来了一个信息化快速发展的时代。然而，受城市建设基础和经济、技术发展规模与阶段的限制，中国当前的信息城市建设和发展过程中问题还比较突出，是制约城市经济、社会可持续发展的重要因子，人们非常关注中国的城市信息化建设能否有效支撑城市庞大人口生活、工作系统的高效运行，能否有效协调城市经济、社会的平稳、健康发展，以及能否解决城市快速发展所带来的资源、能源和生态退化等问题。科学认识中国信息城市竞争力发展的情势与问题，不仅是推动我国城市信息化建设的必须，也是实现城市发展以及社会协调运转的现实问题。

作为城市竞争力的重要表现，信息城市竞争力主要考察城市在信息建设、发展交流方面的活动。虽然基于不同的角度，不同主体在信息城市测评中可能侧重不同的方面，但在本质上都是要看一个城市在信息基础设施、信息交流能力以及信息技术创新应用等方面的发展水平。在2013年的信息城市竞争力测评指标中，我们主要侧重对信息城市联系交流能力的考察，一方面通过对城市在互联网、移动电话等方面的测量，形成对城市信息交流发展水平的认识；另一方面通过对交通交流等物质交流能力的考评，加强对城市硬件设施的建设。

2013年关于信息城市竞争力的测评，我们将继续坚持对城市建设联系交

---

* 刘艺，管理学博士，清华大学工程物理系博士后。

流能力的考察。另外，在2012年测评指标的基础上，经过一年来对中国信息城市的最新进展状况、发展趋势的持续跟踪和调研，2013年我们将指标体系进行了进一步的丰富和修正，将现阶段我国信息化建设十分重要的创新应用转化，即城市在主体、客体的贸易交流能力方面的表现纳入了考核范围。此改变既基于我国现阶段信息化发展的战略重点，也贴合当前我国信息城市建设、发展的战略需求。此指标体系能够更全面科学地对我国信息城市竞争力做出评价。2013年信息化城市测评指标总共从4个维度10个指标来考察（见表11-1）。

表11-1 2013年信息城市竞争力评价指标体系

指标含义	指标	指标衡量方法	数据来源
客体的贸易	外贸依存度	（进口总额+出口总额）/(2×GDP)	国家统计局
	当年实际使用外资额占固定资产投资比例	—	国家统计局
主体的交流	外资工业企业比重	外资工业企业数/工业企业数	国家统计局
	国际商旅人员数	接待海外商旅人数	国家统计局
信息交流	千人国际互联网用户数	—	国家统计局
	千人移动电话年末用户数	—	国家统计局
物质交流	公路交通便利程度	连接城市的国高、国道和省道数	交通部中国公路信息网
	铁路交通便利程度	连接城市的高铁、双线电气化铁路、单线电气化铁路、双线铁路、单线铁路数及是否有主要车站	铁道部铁路运营图及高铁线路图
	航空交通便利程度	机场飞行区等级和起降架次	全国运输机场生产统计公报及各机场网站
	利用海运便利程度	城市距最近海港距离和距天津、上海及香港的距离	根据Google地图城市经纬度数据计算

二 信息城市竞争力的总体情况

（一）整体现状：东高西低、南高北低、空间集聚、差异显著

2013年中国信息城市竞争力指数均值为0.419，标准差为0.189，指数低于平均值的城市有155个（见表11-2），占样本城市的54%。城市的信息城市竞争力仍然处于较低水平。与2012年的均值0.290、标准差0.158比较，均值同比

增长率达44%，说明我国信息化建设发展速度非常迅速；标准差比上年增大，说明城市间的发展速度不一致。总体来说，2013年信息城市竞争力先进城市与落后城市间差距还十分显著。从信息城市竞争力排名的中位数也可以看出，平均值得分高于中位数，说明信息化发达城市拉高了总体平均分。

表11-2　2013年信息城市竞争力指数总体描述

单位：个

变量	样本	平均值	标准差	最小值	最大值	低于均值的城市数量	中位数
信息化指数	289	0.419	0.189	0.000	1.000	155	0.395

资料来源：中国社会科学院城市与竞争力指数数据库。

在空间布局上，2013年我国的信息城市竞争力呈现东高西低、南高北低的态势（见图11-1）。在空间布局的经纬度空间相关性检验中，我国信息城

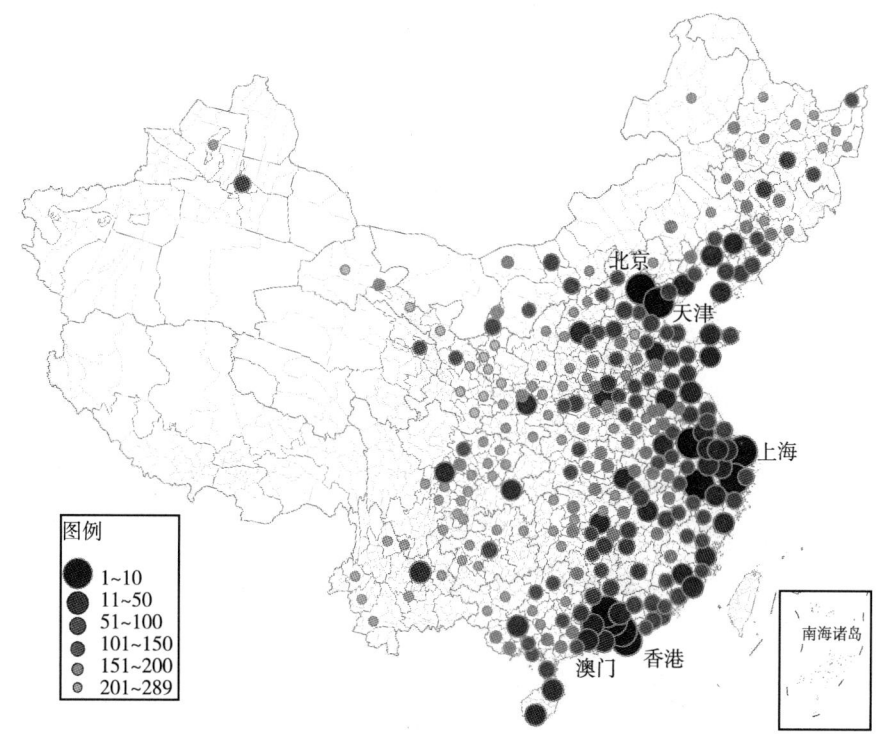

图11-1　2013年信息城市竞争力分布

注：图例中的单位为位次，"○"越大、颜色越深，代表排名越高。

市竞争力自西向东随着经度的升高而增强,自南向北随着纬度的升高而降低(见图11-2)。而且在空间区域的集聚上,我国的信息城市竞争力水平一致的城市邻接性也比较强,呈现较强的空间集聚性。通过 Moran's I 散点图分析,多数散点也都落在第一、第三象限,信息化水平空间自相关(见图11-3)。

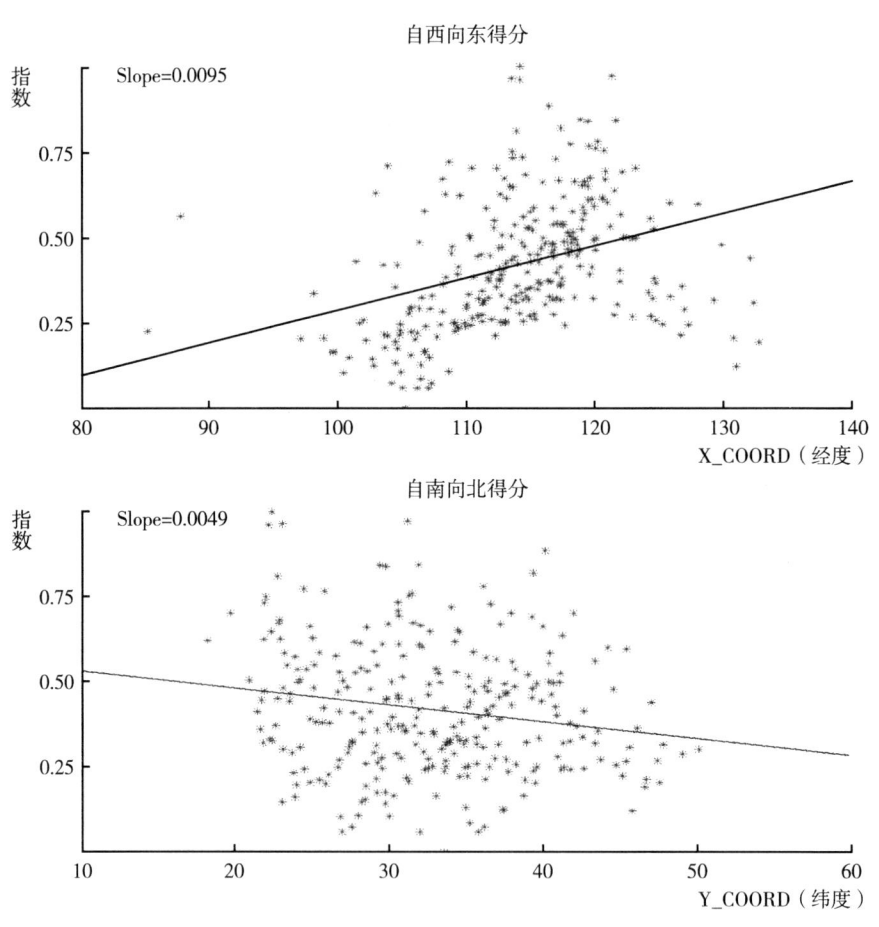

图 11-2　2013 年信息城市竞争力的空间经纬度分布

(二) 排名比较: 深圳最佳, 竞争力集中在一线发达城市圈

在 2013 年中国信息城市竞争力排名中,排前 10 位的分别是:深圳、上海、广州、香港、北京、南京、宁波、杭州、天津、东莞(见表 11-3)。深

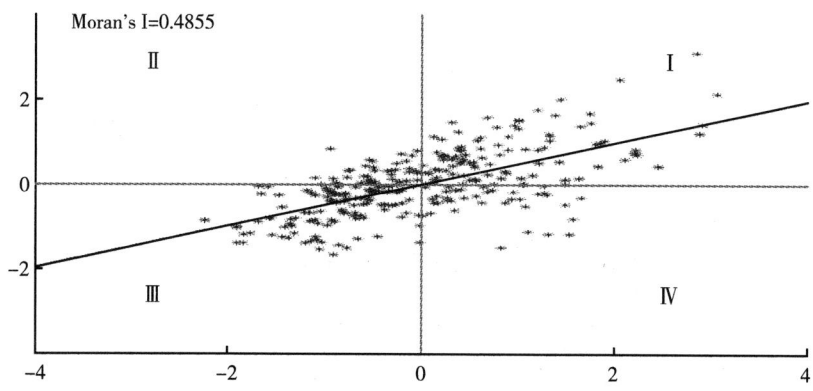

图 11-3　2013 年信息城市竞争力 Moran's I 散点分布

圳排第 1 位。其他城市，除了在信息城市竞争力排名中一直稳居前列的香港、北京、上海、广州外，东莞也因为发达的对外贸易而跻身前 10。前 10 名的城市皆在以北、上、广、深为中心的京津冀、长三角和珠三角一线发达城市圈。

表 11-3　2013 年信息城市竞争力排名前 10 位

城市	信息化指数	排名
深圳	1.000	1
上海	0.970	2
广州	0.964	3
香港	0.959	4
北京	0.884	5
南京	0.843	6
宁波	0.841	7
杭州	0.838	8
天津	0.819	9
东莞	0.809	10

资料来源：中国社会科学院城市与竞争力指数数据库。

对 2013 年信息城市竞争力排名前 100 位的城市进行统计（见表 11-4），在排名前 100 位的省份分布上，除了港澳和直辖市外，排名第一的是广东，有 15 个城市入选，位于沿海的江苏、山东等也有 10 个及以上的城市入选，很有竞争力。广西、贵州、黑龙江、湖北、吉林、宁夏、山西、陕西、四川、新疆、云南等只有1个城市进入前100位，且多数位于中西部（见表11-5）。同时，2013年排名后10位的城市分别是巴中、资阳、毕节、铜仁、昭通、丽江、平凉、庆阳、陇南、固原，也主要分布在西南部山区（见表11-6）。总体来说，西部地区的城市信息竞争力比较弱。

表11-4 2013年信息城市竞争力排名前100位

单位：位

排名	城市名称									
1~10	深圳	上海	广州	香港	北京	南京	宁波	杭州	天津	东莞
11~20	青岛	厦门	福州	无锡	苏州	澳门	武汉	珠海	济南	西安
21~30	成都	海口	沈阳	太原	嘉兴	大连	惠州	常州	佛山	重庆
31~40	烟台	合肥	秦皇岛	泉州	南昌	连云港	中山	扬州	郑州	锦州
41~50	昆明	南宁	江门	三亚	徐州	温州	长沙	湖州	绍兴	镇江
51~60	南通	长春	哈尔滨	金华	日照	赣州	汕头	呼和浩特	芜湖	贵阳
61~70	河源	潍坊	威海	乌鲁木齐	石家庄	丹东	莆田	九江	肇庆	鹰潭
71~80	蚌埠	沧州	漳州	韶关	台州	洛阳	吉安	新余	本溪	淮安
81~90	保定	临沂	铜陵	清远	湛江	株洲	淄博	营口	舟山	辽阳
91~100	包头	盐城	梅州	鞍山	东营	唐山	泰州	莱芜	新乡	银川

资料来源：中国社会科学院城市与竞争力指数数据库。

表11-5 2013年信息城市竞争力排名前100位省份分布

单位：个

名称	数量	名称	数量
广东	15	广西	1
江苏	12	贵州	1
山东	10	黑龙江	1
浙江	9	湖北	1
辽宁	8	吉林	1
江西	6	宁夏	1
福建	5	山西	1
河北	5	陕西	1
安徽	4	上海	1
河南	3	四川	1
海南	2	新疆	1
湖南	2	云南	1
内蒙古	2	重庆	1
澳门	1	香港	1
北京	1	天津	1

资料来源：中国社会科学院城市与竞争力指数数据库。

表11-6　2013年信息城市竞争力排名后10位的得分情况

城市	巴中	资阳	毕节	铜仁	昭通	丽江	平凉	庆阳	陇南	固原
指数	0.060	0.105	0.060	0.107	0.073	0.104	0.087	0.073	0.000	0.060

资料来源：中国社会科学院城市与竞争力指数数据库。

对信息城市排名上升速度进行分析，与2012年相比，2013年中国信息城市上升比较快的前5位城市分别为：延安、安康、商丘、榆林、忻州，分别上升了128、104、86、83、82位。这几个城市虽然都位于我国中西部，两年来在城市的总体竞争力排名中仍然处于中游水平，但发展潜力巨大。

此外，在信息城市分项指标的排名上，结合信息城市竞争力指数，从城市间对比来看，深圳无论是客体贸易、主体交流，还是物质、信息交流能力都稳居前列，这奠定了其信息城市竞争力第1的地位。而在主客体对外贸易上，最具竞争力的城市基本上集中于对外开放程度良好的长三角和珠三角地区。在交流便捷上，交通的便捷度依赖于地理位置的优越性，因此多集中在沿海地区这是无法改变的，与2012年排名前10的城市相比，在物质交流等信息硬件基础设施这种较难改变的分项竞争力上，前10位城市的排名几乎没有什么变化。但信息技术也可大大改善城市的交流能力，提升城市的竞争力排名情况。如在城市信息交流指标中排名前10的乌鲁木齐、克拉玛依、赤峰等，就凭借其信息建设的投入，在千人国际互联网用户数指标上跻入前10（见表11-7）。

表11-7　2013年信息城市分项指标排名前10位的城市

分项指标	城市	排名	分项指标	城市	排名
客体的贸易	东莞	1	主体的交流	香港	1
	深圳	2		深圳	2
	香港	3		澳门	3
	珠海	4		上海	4
	上海	5		广州	5
	苏州	6		珠海	6
	厦门	7		东莞	7
	惠州	8		苏州	8
	大连	9		惠州	9
	北京	10		厦门	10

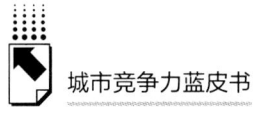

续表

分项指标	城市	排名	分项指标	城市	排名
信息交流	乌鲁木齐	1	物质交流	上海	1
	广州	2		北京	2
	深圳	3		广州	3
	克拉玛依	4		南京	4
	南宁	5		天津	5
	东莞	6		杭州	6
	珠海	7		深圳	7
	西安	8		福州	8
	赤峰	9		宁波	9
	哈尔滨	10		济南	10

资料来源：中国社会科学院城市与竞争力指数数据库。

(三) 分项评比：对外开放交流指数较好，航空、商旅发展相对薄弱

分项指标分析可以发现信息城市竞争力总体发展中的薄弱环节，以便在今后的信息化建设中有针对性的抓住重点。对信息城市竞争力的客体贸易、主体交流、信息与物质交流分项指标进行测评，从主客体的贸易、交流来看，外贸交流在城市的对外发展中占有很大的比重，外资投入在城市的生产、建设中发挥着巨大的作用，但对外信息服务仍然偏薄弱，2013年的国际商旅人员数均值只有0.017；从物质交流和信息交流来看，我国的信息基础设施目前还稍逊于交通基础设施的发展，信息基础设施的建设并没有有效地与城市的发展同步（信息交流指数平均值为0.225，物质交流指数平均值为0.384），在交通交流上，由于地理位置和经济发展水平的差异，水、陆、空全方位的基础设施建设也存在很大的不同，航空交通便利程度处于十分薄弱的地位，2013年我国航空交通便利指数的均值只有0.083（见表11-8）。

(四) 区域比较：东南沿海领跑，中、西部落后

在区域比较上，按照港澳、东南、环渤海、中部、东北、西北、西南地区来划分我国的行政区。2013年的信息城市竞争力指数区域排名依次为港澳、东南、环渤海、中部、西北、东北、西南。而从分值上看，港澳两城市的得分为

表 11-8 2013 年主要分项指标得分情况

指标含义	指标	均值	标准差
客体的贸易	外贸依存度	0.500	0.290
	当年实际使用外资额占固定资产投资比例	0.499	0.292
主体的交流	外资工业企业比重	0.500	0.290
	国际商旅人员数	0.017	0.084
信息交流	千人国际互联网用户数	0.136	0.120
	千人移动电话年末用户数	0.314	0.163
物质交流	公路交通便利程度	0.471	0.296
	铁路交通便利程度	0.481	0.297
	航空交通便利程度	0.083	0.144
	利用海运便利程度	0.500	0.290

资料来源：中国社会科学院城市与竞争力指数数据库。

0.854，东南、环渤海、中部、西北、东北、西南得分分别为 0.492、0.476、0.446、0.411、0.390、0.297，各个区域的信息城市竞争力指数仍然处在建设发展的初级阶段（见图 11-4、表 11-9）。

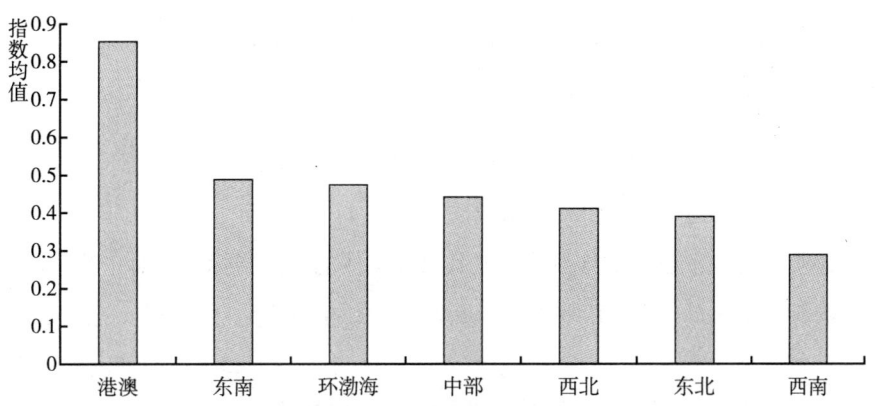

图 11-4 2013 年各区域信息化水平比较

资料来源：中国社会科学院城市与竞争力指数数据库。

同时，由于沿海地区的交通便利程度和经济发展，信息城市竞争力排名总体上也表现出沿海高于内地的态势。尤其是东南沿海，目前在我国先进信息技术的发展中一直处于引领地位，除了港澳外，排名前 10 位的城市中东南地区占 7 席，排名前 50 位的城市中东南地区占据 26 席，排名前 100 位的城市中东

表 11-9　2013 年信息城市竞争力指数区域分析

单位：个

区域	样本	均值	标准差	最小值	最大值
环渤海	30	0.476	0.165	0.242	0.884
东南	55	0.492	0.165	0.320	1.000
中部	80	0.446	0.158	0.122	0.733
东北	34	0.390	0.150	0.122	0.702
西南	49	0.297	0.176	0.060	0.708
西北	39	0.411	0.187	0.000	0.719

资料来源：中国社会科学院城市与竞争力指数数据库。

南地区占 42 席，占据半壁江山（见表 11-10）。而西北、东北地区，由于地理位置和经济基础等因素限制，在近几年的信息城市竞争力中，一直处于落后地位。

表 11-10　2013 年信息城市竞争力排名区域分布

单位：个

区域	东南	环渤海	东北	中部	西南	西北
排名前 50 位的城市	26	6	3	6	6	1
排名前 100 位的城市	42	17	10	17	7	5

资料来源：中国社会科学院城市与竞争力指数数据库。

同样，通过区域分项指标竞争力的测评也可以看出，除港澳台外，东南沿海信息化程度最发达，具有绝对优势（见表 11-11）。然而，即使是东南沿海区域，同港澳台的差距还是十分显著，尤其是在主体的交流指标上。对于我国信息城市建设发展来说，内陆城市要想发展成为国际化的大都市，还有很长的路要走。

三　"两横三纵"城镇化战略格局的比较

"两横三纵"即以陆桥通道、长江通道为两条横轴，以沿海通道、京哈京广通道、包昆通道为三条纵轴的城镇化战略格局，"两横三纵"的城镇化战略格局将有利于我国城市网络群的发展和区域的协调发展。[①] 中央城镇化工作会

---

① 齐琳丁：《我国将构建"两横三纵"城市化格局》，搜狐新闻网，2011 年 6 月 9 日。

表11-11 2013年各区域信息城市竞争力分项指数

所属格局	分值	客体的贸易 外贸依存度	客体的贸易 当年实际使用外资额占固定资产投资比例	主体的交流 外资工业企业比重	主体的交流 国际商旅人员数	信息交流 千人国际互联网用户数	信息交流 千人移动电话年末用户数	物质交流 公路交通便利程度	物质交流 铁路交通便利程度	物质交流 航空交通便利程度	物质交流 利用海运便利程度
环渤海湾	均值	0.658	0.490	0.603	0.010	0.143	0.350	0.610	0.579	0.103	0.764
	标准差	0.219	0.255	0.240	0.024	0.063	0.129	0.240	0.325	0.172	0.124
东北	均值	0.468	0.600	0.475	0.007	0.160	0.302	0.383	0.455	0.051	0.379
	标准差	0.267	0.214	0.239	0.013	0.121	0.097	0.276	0.270	0.099	0.258
东南	均值	0.797	0.704	0.823	0.038	0.200	0.421	0.533	0.440	0.121	0.863
	标准差	0.158	0.270	0.164	0.102	0.109	0.188	0.291	0.322	0.188	0.098
港澳台	均值	0.872	0.986	0.997	0.834	0.433	0.390	0.599	0.550	0.417	0.837
	标准差	0.182	0.020	0.000	0.235	0.058	0.020	0.489	0.115	0.174	0.025
西北	均值	0.300	0.195	0.278	0.006	0.115	0.384	0.388	0.526	0.083	0.160
	标准差	0.277	0.236	0.238	0.023	0.167	0.220	0.303	0.282	0.126	0.122
西南	均值	0.391	0.310	0.388	0.005	0.111	0.257	0.331	0.375	0.094	0.288
	标准差	0.280	0.242	0.286	0.010	0.142	0.126	0.302	0.264	0.143	0.204
中部	均值	0.405	0.571	0.413	0.004	0.098	0.232	0.536	0.526	0.049	0.490
	标准差	0.216	0.205	0.211	0.007	0.058	0.098	0.268	0.292	0.104	0.149

资料来源：中国社会科学院城市与竞争力指数数据库。

议已经确立了我国主体功能区规划的"两横三纵"的城镇化格局。因此，对"两横三纵"的城市格局进行重点测评，对我国城镇化进程的战略发展有建设性的参考意义。

（一）轴线内外比较："两横三纵"竞争力强，轴线外信息化交流有待加强

"两横"、"三纵"上的城市是我国城镇化发展的主干，由于地理位置的不同，"两横"、"三纵"分别包含不同的城市群。2013年，在信息化排名前10位、前50位和前100位的城市中，位于"两横"和"三纵"的占绝大多数（见表11-12）。

表11-12 2013年排名靠前的"两横三纵"城市数量

单位：个

排名	位于"两横"的城市数量	位于"三纵"的城市数量
前10位	4	10
前50位	23	48
前100位	38	81

注：部分城市处于"两横"与"三纵"的交会节点。
资料来源：中国社会科学院城市与竞争力指数数据库。

"两横三纵"轴线上的城市同非轴线城市比，在指数均值上，2013年"两横三纵"轴线上的城市信息城市竞争力均值为0.481，非轴线城市为0.324，非轴线城市远小于轴线城市，但从"两横三纵"轴线上的城市和非轴线城市竞争力标准差来看，两者组内的城市差异化相对均衡，轴线内外的城市竞争力具有相当大的空间集聚性。

同时，在分项指标的测评中，"两横三纵"非轴线城市均值无一超过轴线城市（见表11-13），尤其是在对外贸易和信息化交流等指标上。值得注意的是，在国际商旅人员数指标上，"两横三纵"同非轴线城市一样，都处于较低水平，表明我国的信息服务业水平并不高。

此外，在2013年信息城市竞争力排名中，"两横三纵"战略轴线城市在信息城市的前10位中占10个，在前50位和前100位中各占49个和87个。在信息城市的排名中，"两横三纵"非轴线城市只在前50位中占据1席，在前

表 11-13 2013年"两横三纵"与非轴线城市分项对比

所属格局	分值	客体的贸易		主体的交流		信息交流	
^	^	外贸依存度	当年实际使用外资额占固定资产投资比例	外资工业企业比重	国际商旅人员数	千人国际互联网用户数	千人移动电话年末用户数
"两横三纵"	均值	0.566	0.568	0.571	0.026	0.167	0.357
^	标准差	0.294	0.301	0.282	0.108	0.138	0.167
非轴线城市	均值	0.403	0.394	0.394	0.004	0.091	0.253
^	标准差	0.256	0.242	0.272	0.009	0.061	0.132

所属格局	分值	物质交流				综合指数
^	^	公路交通便利程度	铁路交通便利程度	航空交通便利程度	利用海运便利程度	^
"两横三纵"	均值	0.542	0.525	0.118	0.552	0.481
^	标准差	0.293	0.291	0.170	0.308	0.194
非轴线城市	均值	0.362	0.410	0.031	0.420	0.324
^	标准差	0.263	0.289	0.063	0.245	0.136

资料来源：中国社会科学院城市与竞争力指数数据库。

100位中占据13席（见表11-14），"两横三纵"格局内的城市占绝对优势，明显具有竞争力，这也从侧面验证了我国建立以"两横三纵"先进格局带动其他弱势城市发展的合理性。

表 11-14 2013年"两横三纵"与非轴线城市排名对比

单位：个

所属格局	"两横三纵"	非轴线城市
前10位	10	0
前50位	49	1
前100位	87	13

资料来源：中国社会科学院城市与竞争力指数数据库。

（二）"两横三纵"轴线间比较：纵线稍强、沿海通道领先

2013年"两横三纵"轴线的信息城市竞争力指数为："两横"0.450，"三纵"0.508，纵线略微好于横线（见表11-15）。在分项指标竞争力测

评上，"两横三纵"轴线上的城市竞争力也几乎处于同等水平，势均力敌（见表11-16）。

表11-15 2013年"两横三纵"信息城市竞争力指数比较

单位：个

所属格局	样本	平均值	标准差	最小值	最大值	变异系数
"两横"	88	0.450	0.192	0.105	0.970	0.428
"三纵"	141	0.508	0.194	0.105	1.000	0.382

资料来源：中国社会科学院城市与竞争力指数数据库。

表11-16 2013年"两横三纵"信息城市竞争力分项指标比较

所属格局	分值	客体的贸易		主体的交流		信息交流	
		外贸依存度	当年实际使用外资额占固定资产投资比例	外资工业企业比重	国际商旅人员数	千人国际互联网用户数	千人移动电话年末用户数
"两横"	均值	0.521	0.541	0.505	0.011	0.154	0.331
	标准差	0.290	0.309	0.261	0.028	0.140	0.153
"三纵"	均值	0.600	0.600	0.609	0.031	0.176	0.373
	标准差	0.291	0.291	0.280	0.119	0.127	0.169

所属格局	分值	物质交流			
		公路交通便利程度	铁路交通便利程度	航空交通便利程度	利用海运便利程度
"两横"	均值	0.545	0.514	0.108	0.516
	标准差	0.302	0.309	0.172	0.337
"三纵"	均值	0.562	0.534	0.132	0.587
	标准差	0.294	0.296	0.180	0.296

资料来源：中国社会科学院城市与竞争力指数数据库。

在不同通道的信息城市竞争力测评上，"两横三纵"轴线上的五个通道2013年测评均值为：陆桥通道0.362、长江通道0.495、沿海通道0.627、京哈京广通道0.512、包昆通道0.348（见表11-17）。沿海通道城市群的信息城市竞争力指数远高于其他城市群，非常具有竞争力，且在标准差比较上，沿海通道只有0.154，城市群间信息竞争力数据离散度也相对较小，城市间信息化竞争力水平差异也相对均衡。包昆通道、陆桥通道由于多是中西部城市，整

中国信息城市竞争力报告

体竞争力偏低。由于我国信息竞争力的空间分布态势，不同通道的空间位置也造成了五个通道间存在一定的差异。

表11-17 2013年"两横三纵"各通道信息城市竞争力指数比较

单位：个

所属格局		样本	平均值	标准差	最小值	最大值	变异系数
"两横"	陆桥通道	29	0.362	0.160	0.124	0.719	0.443
	长江通道	62	0.495	0.192	0.105	0.970	0.388
"三纵"	沿海通道	68	0.627	0.154	0.323	1.000	0.245
	京哈京广通道	59	0.512	0.194	0.213	1.000	0.379
	包昆通道	31	0.348	0.178	0.105	0.719	0.512

资料来源：中国社会科学院城市与竞争力指数数据库。

（三）"两横三纵"城市群间：珠三角、长三角比较突出

"两横三纵"包括27个相对发达和集中的城市群。总体城市群中信息城市竞争力均值大于全国平均水平的约占1/2。而在"两横三纵"城市群间的对比上，陆桥通道主要包括天山北坡城市群、兰州-西宁城市群、关中城市群、中原城市群和徐州城市群等五大组团29个城市。从陆桥通道轴线内五大城市群的比较来看，2013年徐州城市群信息城市竞争力水平最高，兰州-西宁城市群信息竞争力最低，而且这两个城市群的标准差也较低；陆桥通道的天山北坡城市群、兰州-西宁城市群、关中城市群和中原城市群在空间分布上呈现波浪起伏状趋势。在分项指标上，由于乌鲁木齐、克拉玛依的带动作用，天山北坡城市群的信息交流水平明显高于其他城市群（见表11-18）。

表11-18 2013年陆桥通道内部城市群比较

所属格局	分值	客体的贸易		主体的交流		信息交流	
		外贸依存度	当年实际使用外资额占固定资产投资比例	外资工业企业比重	国际商旅人员数	千人国际互联网用户数	千人移动电话年末用户数
天山北坡城市群	均值	0.559	0.269	0.269	0.005	0.714	0.650
	标准差	0.378	0.381	0.214	0.006	0.404	0.292
兰州-西宁城市群	均值	0.317	0.045	0.288	0.019	0.073	0.312
	标准差	0.332	0.062	0.253	0.051	0.056	0.154

续表

所属格局	分值	客体的贸易		主体的交流		信息交流	
		外贸依存度	当年实际使用外资额占固定资产投资比例	外资工业企业比重	国际商旅人员数	千人国际互联网用户数	千人移动电话年末用户数
关中城市群	均值	0.280	0.281	0.461	0.008	0.117	0.386
	标准差	0.273	0.257	0.235	0.009	0.080	0.246
中原城市群	均值	0.368	0.657	0.241	0.005	0.117	0.282
	标准差	0.228	0.175	0.087	0.005	0.054	0.083
徐州城市群	均值	0.458	0.593	0.456	0.002	0.090	0.256
	标准差	0.234	0.215	0.208	0.002	0.032	0.062

所属格局	分值	物质交流				综合指数
		公路交通便利程度	铁路交通便利程度	航空交通便利程度	利用海运便利程度	
天山北坡城市群	均值	0.231	0.337	0.267	0.002	0.393
	标准差	0.263	0.417	0.092	0.002	0.238
兰州-西宁城市群	均值	0.438	0.543	0.064	0.038	0.244
	标准差	0.344	0.204	0.093	0.030	0.119
关中城市群	均值	0.543	0.669	0.178	0.222	0.373
	标准差	0.386	0.196	0.244	0.027	0.202
中原城市群	均值	0.697	0.622	0.251	0.436	0.419
	标准差	0.273	0.297	0.466	0.086	0.120
徐州城市群	均值	0.509	0.338	0.066	0.780	0.424
	标准差	0.298	0.328	0.103	0.111	0.164

资料来源：中国社会科学院城市与竞争力指数数据库。

长江通道主要包括长三角城市群、皖江城市群、昌九城市群、武汉城市群、长株潭城市群和成渝城市群等六大组团62个城市。从长江通道轴线内六大城市群的比较来看，长三角城市群信息城市竞争力水平最高且具有明显的比较优势，成渝城市群信息城市竞争力水平最低，除了长三角城市群、昌九城市群外，其他四大城市群的信息城市竞争力指数均低于长江通道平均水平，长三

中国信息城市竞争力报告

角城市群、昌九城市群拉高了长江通道整体水平，且在各分项指标测评上，长三角城市群、昌九城市群在长江通道内部具有绝对优势（见表11-19）。

表11-19 2013年长江通道内部城市群比较

所属格局	分值	客体的贸易		主体的交流		信息交流	
		外贸依存度	当年实际使用外资额占固定资产投资比例	外资工业企业比重	国际商旅人员数	千人国际互联网用户数	千人移动电话年末用户数
长三角城市群	均值	0.820	0.717	0.768	0.023	0.216	0.440
	标准差	0.138	0.289	0.177	0.041	0.085	0.112
皖江城市群	均值	0.532	0.674	0.542	0.003	0.113	0.229
	标准差	0.231	0.126	0.168	0.004	0.062	0.045
昌九城市群	均值	0.701	0.837	0.781	0.005	0.123	0.336
	标准差	0.005	0.083	0.034	0.002	0.060	0.149
武汉城市群	均值	0.412	0.445	0.514	0.005	0.125	0.271
	标准差	0.191	0.247	0.171	0.010	0.079	0.116
长株潭城市群	均值	0.358	0.598	0.432	0.006	0.091	0.250
	标准差	0.211	0.187	0.083	0.007	0.051	0.138
成渝城市群	均值	0.402	0.445	0.313	0.007	0.132	0.264
	标准差	0.247	0.299	0.201	0.016	0.180	0.123

所属格局	分值	物质交流				综合指数
		公路交通便利程度	铁路交通便利程度	航空交通便利程度	利用海运便利程度	
长三角城市群	均值	0.584	0.487	0.152	0.923	0.626
	标准差	0.293	0.351	0.215	0.080	0.150
皖江城市群	均值	0.510	0.429	0.027	0.749	0.458
	标准差	0.312	0.300	0.071	0.092	0.118
昌九城市群	均值	0.606	0.882	0.172	0.517	0.605
	标准差	0.179	0.054	0.182	0.005	0.079
武汉城市群	均值	0.694	0.527	0.075	0.401	0.414
	标准差	0.258	0.278	0.146	0.080	0.145
长株潭城市群	均值	0.568	0.592	0.096	0.351	0.398
	标准差	0.289	0.394	0.153	0.034	0.138
成渝城市群	均值	0.438	0.485	0.118	0.131	0.320
	标准差	0.329	0.308	0.192	0.042	0.203

资料来源：中国社会科学院城市与竞争力指数数据库。

沿海通道主要包括环渤海城市群、长三角城市群、海峡西岸城市群、珠三角城市群和北部湾城市群等五大组团68个城市。从沿海通道轴线内五大城市群的比较来看，全国排名前10的多数城市位于该组。珠三角城市群信息城市竞争力水平最高且全国最佳，北部湾城市群信息城市竞争力相对组内最低，但值得提出的是该通道上几乎所有城市群无论整体或者分项指标都高于其他通道的城市群，且全部高于全国平均水平，离散系数也比较均衡（见表11-20）。

表11-20　2013年沿海通道内部城市群比较

所属格局	分值	客体的贸易		主体的交流		信息交流	
		外贸依存度	当年实际使用外资额占固定资产投资比例	外资工业企业比重	国际商旅人员数	千人国际互联网用户数	千人移动电话年末用户数
环渤海城市群	均值	0.777	0.751	0.775	0.018	0.185	0.416
	标准差	0.168	0.218	0.172	0.031	0.056	0.126
海峡西岸城市群	均值	0.812	0.689	0.846	0.014	0.199	0.388
	标准差	0.119	0.196	0.201	0.016	0.097	0.113
长三角城市群	均值	0.820	0.717	0.768	0.023	0.216	0.440
	标准差	0.138	0.289	0.177	0.041	0.085	0.112
珠三角城市群	均值	0.922	0.943	0.964	0.273	0.317	0.590
	标准差	0.088	0.053	0.038	0.347	0.138	0.261
北部湾城市群	均值	0.780	0.418	0.804	0.004	0.238	0.370
	标准差	0.162	0.280	0.079	0.004	0.260	0.181

所属格局	分值	物质交流				综合指数
		公路交通便利程度	铁路交通便利程度	航空交通便利程度	利用海运便利程度	
环渤海城市群	均值	0.533	0.510	0.169	0.836	0.606
	标准差	0.294	0.326	0.200	0.089	0.138
海峡西岸城市群	均值	0.416	0.377	0.128	0.902	0.581
	标准差	0.254	0.345	0.157	0.030	0.129
长三角城市群	均值	0.584	0.487	0.152	0.923	0.626
	标准差	0.293	0.351	0.215	0.080	0.150
珠三角城市群	均值	0.687	0.478	0.203	0.817	0.762
	标准差	0.285	0.291	0.237	0.050	0.152
北部湾城市群	均值	0.481	0.433	0.204	0.633	0.529
	标准差	0.358	0.190	0.153	0.042	0.124

资料来源：中国社会科学院城市与竞争力指数数据库。

中国信息城市竞争力报告

京哈京广通道主要包括哈长城市群、辽中南城市群、京津冀城市群、太原城市群、中原城市群、武汉城市群、长株潭城市群和珠三角城市群等八大组团59个城市。从京哈京广通道整体来看，该通道整体信息城市竞争力指数一般，轴线内八大城市群中，珠三角城市群信息水平最高且优势十分突出；八大城市群中仅有珠三角、太原和京津冀三大城市群的信息竞争力水平高于京哈京广通道的平均水平，整个通道呈现京津冀、太原和珠三角节点崛起的中间塌陷式布局。在对外贸易的分项指标上，整体轴线也是呈现明显的中间竞争力小、南北竞争力强的趋势（见表11-21）。

表11-21 2013年京哈京广通道内部城市群比较

所属格局	分值	客体的贸易		主体的交流		信息交流	
		外贸依存度	当年实际使用外资额占固定资产投资比例	外资工业企业比重	国际商旅人员数	千人国际互联网用户数	千人移动电话年末用户数
哈长城市群	均值	0.383	0.508	0.550	0.003	0.237	0.318
	标准差	0.264	0.071	0.226	0.003	0.267	0.186
辽中南城市群	均值	0.466	0.732	0.519	0.005	0.148	0.296
	标准差	0.190	0.191	0.179	0.006	0.045	0.074
京津冀城市群	均值	0.720	0.586	0.707	0.021	0.168	0.341
	标准差	0.151	0.306	0.189	0.042	0.070	0.122
太原城市群	均值	0.412	0.558	0.516	0.005	0.219	0.406
	标准差	0.322	0.283	0.016	0.004	0.092	0.226
中原城市群	均值	0.355	0.636	0.231	0.003	0.107	0.237
	标准差	0.181	0.206	0.095	0.004	0.054	0.087
武汉城市群	均值	0.401	0.513	0.493	0.005	0.133	0.277
	标准差	0.225	0.250	0.195	0.011	0.091	0.135
长株潭城市群	均值	0.358	0.598	0.432	0.006	0.091	0.250
	标准差	0.211	0.187	0.083	0.007	0.051	0.138
珠三角城市群	均值	0.892	0.902	0.952	0.265	0.304	0.573
	标准差	0.124	0.105	0.052	0.353	0.156	0.280

续表

所属格局	分值	物质交流				综合指数
		公路交通便利程度	铁路交通便利程度	航空交通便利程度	利用海运便利程度	
哈长城市群	均值	0.542	0.673	0.130	0.217	0.426
	标准差	0.377	0.128	0.159	0.070	0.169
辽中南城市群	均值	0.456	0.678	0.040	0.591	0.473
	标准差	0.312	0.257	0.105	0.145	0.131
京津冀城市群	均值	0.657	0.649	0.167	0.738	0.578
	标准差	0.301	0.322	0.254	0.115	0.180
太原城市群	均值	0.811	0.652	0.122	0.499	0.508
	标准差	0.143	0.270	0.211	0.040	0.168
中原城市群	均值	0.644	0.618	0.069	0.452	0.399
	标准差	0.246	0.270	0.145	0.060	0.121
武汉城市群	均值	0.694	0.453	0.063	0.440	0.415
	标准差	0.304	0.283	0.155	0.039	0.170
长株潭城市群	均值	0.568	0.592	0.096	0.351	0.398
	标准差	0.289	0.394	0.153	0.034	0.138
珠三角城市群	均值	0.607	0.563	0.203	0.801	0.745
	标准差	0.325	0.265	0.237	0.061	0.171

资料来源：中国社会科学院城市与竞争力指数数据库。

包昆通道主要包括呼包鄂榆城市群、宁夏沿黄河城市群、关中城市群、成渝城市群、黔中城市群和滇中城市群等六大组团31个城市。从包昆通道整体来看，整体信息城市竞争力指数较低，城市之间差异较大。从轴线内六大城市群的比较来看，呼包鄂榆城市群的信息城市竞争力水平最高但优势并不十分突出；六大城市群整体的信息城市竞争力水平都处于全国一般水平，整个通道呈现信息城市竞争力从北到南递减的明显特点。宁夏沿黄河城市群的标准差较小，平均差异水平低。分项指标上，该通道上绝大多数城市主客体贸易交流水平相对比较低（见表11-22）。

表 11-22　2013 年包昆通道内部城市群比较

所属格局	分值	客体的贸易 外贸依存度	当年实际使用外资额占固定资产投资比例	主体的交流 外资工业企业比重	国际商旅人员数	信息交流 千人国际互联网用户数	千人移动电话年末用户数
呼包鄂榆城市群	均值	0.203	0.467	0.376	0.001	0.093	0.506
	标准差	0.208	0.367	0.299	0.001	0.031	0.079
宁夏沿黄河城市群	均值	0.530	0.154	0.491	0.000	0.120	0.362
	标准差	0.162	0.220	0.149	0.000	0.067	0.151
关中城市群	均值	0.241	0.260	0.413	0.007	0.109	0.365
	标准差	0.262	0.235	0.242	0.009	0.074	0.226
成渝城市群	均值	0.409	0.470	0.316	0.007	0.144	0.295
	标准差	0.243	0.300	0.204	0.016	0.177	0.125
黔中城市群	均值	0.409	0.255	0.251	0.002	0.094	0.315
	标准差	0.355	0.122	0.297	0.002	0.072	0.170
滇中城市群	均值	0.395	0.323	0.443	0.008	0.115	0.336
	标准差	0.369	0.311	0.288	0.014	0.085	0.089

所属格局	分值	物质交流 公路交通便利程度	铁路交通便利程度	航空交通便利程度	利用海运便利程度	综合指数
呼包鄂榆城市群	均值	0.542	0.792	0.129	0.285	0.405
	标准差	0.245	0.137	0.116	0.027	0.154
宁夏沿黄河城市群	均值	0.529	0.640	0.088	0.133	0.360
	标准差	0.346	0.159	0.111	0.034	0.110
关中城市群	均值	0.547	0.577	0.149	0.206	0.338
	标准差	0.345	0.285	0.229	0.047	0.200
成渝城市群	均值	0.438	0.515	0.133	0.120	0.335
	标准差	0.329	0.306	0.189	0.044	0.195
黔中城市群	均值	0.507	0.407	0.119	0.281	0.308
	标准差	0.350	0.356	0.169	0.016	0.232
滇中城市群	均值	0.594	0.360	0.143	0.220	0.346
	标准差	0.411	0.230	0.247	0.009	0.244

资料来源：中国社会科学院城市与竞争力指数数据库。

总体来说，在"两横三纵"的所有城市群内部，2013 年信息城市竞争力珠三角排名第 1、长三角第 2，其各分项指标也一直处于领先地位，兰州 - 西宁城市群竞争力最低。从测评结果来看，虽然地理位置等天然优势带来了相对较好的竞争力水平，但各个城市在信息化建设的对外贸易和信息发展上的投入也决定了其所取得的成绩。

四 案例分析

除了对我国信息城市竞争力测评外，2013年我们也挑选了在世界范围内信息城市建设发展情况非常良好的典型城市范本进行实际案例分析，国内案例我们选择了广州，国际案例选择了东京。以期通过案例城市经验的挖掘分析，为我国各个城市的信息化建设提供有益的借鉴和启示。

（一）国内案例：广州

广州是广东省省会城市，是中国沿海城市之一（见图11-5）。广州是粤港澳都市圈的核心城市，也是珠三角城市规划的核心城市。截至2012年，广州市总人口为1275万人。在经济发展上，与北、上、深并列为中国一线城市。近几年在信息城市排名中一直位居全国前3名。

广州信息城市建设主要做法有以下几点。

1. 推进联系交流基础设施建设

便捷的交通交流和对外开放的先行是广州的优势。在战略上，广州一直坚持城市建设扬长避短。在物质联系交流上，基于地理位置的优越性，广州的陆、海、空交通都相对发达。广州依据地理位置建设了白云国际机场、国际货运码头等，通过广州国际货运码头来实现对外的贸易交流，广州依托广交会和东、北、南的交通枢纽布局，着力打造国际商贸中心。目前，广州港的货物吞吐量一直位居世界前列，2013年广州货物贸易进出口总额达1171.3亿美元，服务贸易进出口总额超过400亿美元，是全国对外贸易量最大的城市之一。白云国际机场扩建，广州港出海航道、南沙港建设，贵广、南广等铁路建设是广州在交通战略上的继续前行。在信息交流上，广州一直注重信息技术的发展应用。目前，广州是我国华南地区的信息中心，也是我国互联网三个核心节点和国际出口之一。广州市话程控化、市话和移动电话普及率均居全国省会城市之首。在广州市辖区内基本实现了光纤普及，并建立了宽带数据、交互式视频等业务平台。南沙、天河等智慧城市基础设施建设及无线城市、云计算数据中心等重点工程是广州在信息基础设施建设上的战略先行。

图 11-5 广州市区位

注：广州市，城市人口（1275 万），为 2012 年人口数据；城市面积（7434 平方公里）。

2. 建设创新型城市

"中国制造"一直是低成本的代名词，对外贸易占很大比重的广州，也面临着此问题的困扰。为促进城市升级转型，建设创新型城市，广州制定了发挥战略性新兴产业的策略，通过信息技术发展将传统产业改造升级，并通过信息产业的战略发展布局，推动产业向高端化、低碳化方向发展。当前，基于广州城市信息技术创新应用水平不高、对外贸易利润率较低的情况，广州市政府制定了一系列优惠政策，发挥信息主导产业的引导作用，大力发展云计算、物联网、数字新环保、新能源、新材料等产业，加快推进科技与创新应用的结合；同时，也加快中心城区传统产业市场转型升级，加快高新区各园区、广州国际创新城等创新服务平台建设，着力实施创新型企业培育工程。① 广州市政府通

---

① 《2013 年广州市政府工作报告》。

过倾力打造创新型城市，以信息化促进两化融合，推动城市的快速发展，同时在此过程中，也节省了能源，优化了城市环境，促进了广州的长期、可持续发展。

（二）国外案例：东京

东京是日本首都，位于日本本州岛东部，关东平原南端，是日本政治、经济、文化及交通等领域的枢纽（见图11-6）。截至2012年，东京人口为1301万，GDP产值达7210亿美元。东京是世界五大全球性国际金融中心之一，是国际航空口岸，是各种物资与各类资讯的巨大集散地，与美国纽约、英国伦敦并列为"世界级城市"，是世界著名的智慧城市。

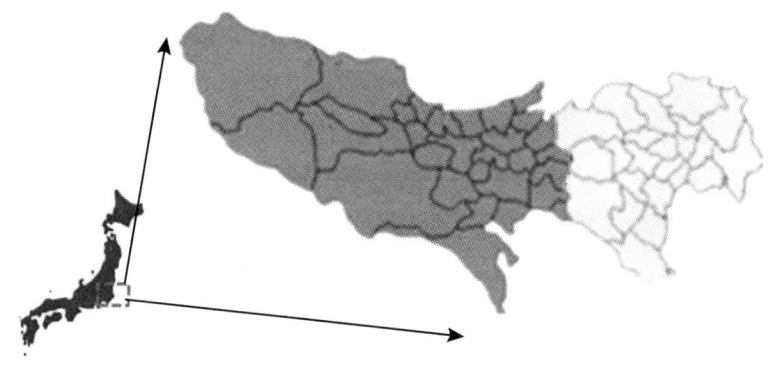

图11-6 东京区位

注：东京市，城市人口（1301万人，为2012年人口数据）；城市面积（2188平方公里）。

东京信息城市建设主要做法有以下几点。

1. 战略规划，分步实施

自2002年，日本政府逐步展开了e-Japan计划、u-Japan计划、新IT改革战略以及到现在的2015新一代i-Japan计划部署，以通过信息化的发展，改变日本的城市环境，促进城市发展。东京位于日本首都经济圈，在这一系列的信息化举措推动下，迅速跻身于世界大都市之列。东京的智慧城市建设最初思路主要是从基础信息网络和信息交通入手，先建立智慧城市的雏形，然后再向其他方面扩展。在这一战略规划的指引下,在信息基础设施上,东京以实现"任何时间、任何地点、任何人、任何物"都可以上网的家家户户数字化为目标,通过搭建光纤数字网络等,实现了网络交通的迅速对接。同时,在信息交通上,东京注重"智能化的高速公路"建设,通过物联网、传感器等的运用,实现交通设施的智能化。目前,东京的智能交通系统正在以世界一流的效率服务着有着世界最密集人口的城市的日常出行,并实现了出行的顺达。当前,在完备的信息基础设施基础上,东京也逐步开始对新的信息技术如云计算等的应用,东京也率先开始了智能政府的建设,以高效、统一、迅速应变,满足公众的生产、生活需求。

2. 发展低碳经济

作为日本的经济中心,东京在资源、领土上都极度贫乏。拥挤和大能耗一直是东京的代名词,发展低碳经济是东京抢占未来经济制高点的重大战略举措。2006年东京政府出台了"十年后的东京"计划,开始了东京低碳经济的发展之路。东京在推广普及低碳经济过程中主要是用先进的信息技术来实现节能环保,通过高新技术的应用普及,促进低碳经济的发展。目前,东京已利用物联网、传感技术等智能网络推行了建筑节能、城市先进水改进技术、电网管理技术以及城市建设中的能源管理技术等,实现了资源的节能减排。研发信息技术、提倡生态交通、开发清洁能源、推广绿色建筑是东京实现城市可持续发展的战略举措。

经过对这两个城市信息化建设的经验进行深入细致的分析和总结,我们发现,这两个城市在以下几方面的先进经验是其他城市在实现城市信息化建设和可持续发展过程中所必需的。

(1)战略发展规划:信息城市的建设、发展一定要和城市自身的特性相结合,从长远进行规划、按步骤实施。无论是广州还是东京,其城市建设都是从自身城市的优、缺点出发的。广州找准了其区位贸易优势进行了快速发展,东京则由其资源劣势入手进行强力补缺。

(2)战略性信息基础设施和战略性新兴信息产业:信息基础设施建设是城市信息化发展过程中的硬件要素,信息产业发展是促进城市信息化的软件要素,二者的发展是信息城市建设的两条腿。案例中对城市的建设和发展都十分

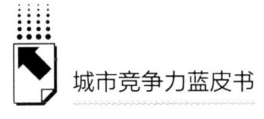

注重二者的协调发展。

(3) 创新、可持续的发展模式：信息化落到实处就是以新型生产力取代落后生产力，促进城市的全面进步。东京和广州的信息城市建设都不以单一的经济利益为目标，都十分重视城市生活环境的建设和可持续发展。

五　重要结论与政策建议

信息化是当今世界经济和城市发展的大趋势，当今世界实力雄厚的发达城市或者任一能被提及的城市无不积极参与到这场信息化的浪潮中。信息化时代的到来，使得人们的生产、生活不再只简单地受时间、空间的局限，而是为城市在区域及全球范围的竞争创造了条件，基于信息网络的社会生活已经大大改变了城市乃至整个世界的发展模式。

信息技术对城市发展的作用是立体、多方位、多层面的。从我国2013年信息城市竞争力指数与城市GDP的关系分析可以看出，我国信息城市的竞争力指数与城市的GDP紧密相关，信息技术对我国城市经济的发展有显著的正效应。同时，在我国2013年可持续竞争力城市排名中，信息城市竞争力排名靠前的也占到绝大部分比例，信息化对我国城市的可持续发展具有明显的促进作用。因此，对我国当前信息城市的发展建设来说，坚持以信息产业促进经济发展，以信息技术提高资源配置效率、减少环境污染、便利社会生活将是当前城市建设发展的机遇。

具体的，结合2013年我国信息城市竞争力评估现状和国际国内先进城市的经验分析，我国信息城市建设现阶段必须坚持以下几点。

(1) 合理规划。

战略规划是基于经验总结出来的针对性建议。我国现阶段信息城市建设水平低但速度快，我国现阶段信息城市建设应根据自身实力和优势做到恰当定位，针对我国信息城市不同建设主体的具体问题，合理设定目标，做到短期规划与中长期战略、分步实施和城市全面进步相结合。

(2) 发挥区位带动作用，试点示范。

2013年信息城市竞争力测评结果显示，当前我国信息城市建设区域发展不太均衡，总体发展水平低，城市群在空间布局上具有明显的集聚效应。因此，对我国现阶段信息城市建设来说，要充分发挥城市间的邻接带动作用，注重城市之间发展的互动衔接。在发展规划上，要先发展先进城市的城市圈，以紧密带动远邻和整个区位的发展，在内陆城市要加强试点、示范，提高试点城市的辐射带动作用。

（3）促进两化融合。

以信息化带动城市经济发展是当前城市化进程不变的根本。信息化发展要促进两化融合，促进产业有序转移，支持行业发展和技术进步的交互协调，做到整体系统推进、关键领域创新突破。

（4）不以牺牲环境为代价发展。

信息化发展的本质是以先进生产力带动城市创新发展。然而当前，我国许多城市的信息城市建设舍本逐末，在信息基础设施建设发展过程中影响甚至破坏环境，这不仅降低了信息技术的应用效率，也丧失了信息化发展本身的意义。城市发展不能以牺牲环境为代价，要始终遵循创新、可持续的发展模式。

参考文献

李晓东：《信息化与经济发展》，中国发展出版社，2000。

宋刚、邬伦：《创新2.0视野下的智慧城市》，《北京邮电大学学报》（社会科学版）2012年第4期。

吴江：《信息城市的若干特征和趋向》，《城市研究》1998年第5期。

苑剑英：《信息城市的物质形态》，《城市规划汇刊》1997年第3期。

齐琳丁：《我国将构建"两横三纵"城市化格局》，搜狐新闻网，2011年6月9日。

区域报告

Regional Reports

B.12
中国（东南地区）城市竞争力报告

邹琳华*

一 中国城市竞争力（广东）报告

广东省地处中国大陆最南部，东邻福建，北接江西、湖南，西连广西，南临南海，珠江口东西两侧分别与香港、澳门特别行政区接壤，西南部的雷州半岛隔琼州海峡与海南省相望。全省陆地面积17.98万平方千米，2012年末常住人口为10594万人。广东省是中国改革开放的前沿，是以制造业和第三产业为主的经济强省。2012年实现地区生产总值5.71万亿元，按可比价计算，同比增长8.2%。人均GDP达到54095.38元，同比增长7.4%，按平均汇率折算为8570美元。

---

* 邹琳华，经济学博士，现就职于中国社会科学院财经战略研究院，主要从事城市与房地产经济领域的理论研究。

（一）综合经济竞争力：珠三角城市群竞争力突出，其他板块竞争力相对较弱

2013年广东省各城市综合经济竞争力指数均值为0.170，居全国第9位；指数方差为0.044，居全国第25位；变异系数为1.229，居全国第26位。其中综合增量竞争力指数为0.162，居全国第9位，综合效率竞争力指数为0.038，居全国第7位。深圳、广州、佛山居全省城市综合经济竞争力前3位。云浮综合经济竞争力最低，其次是梅州、河源。综合经济竞争力区域分布不平衡，综合经济竞争力强的城市主要集中在珠江三角洲一带，粤西、粤东及粤北山区城市综合经济竞争力相对较弱。综合经济竞争力居全国前50的有深圳、广州、佛山、东莞、中山5个城市，其中深圳、广州分居第2名和第5名；居51~100名的有珠海、汕头、惠州等6个城市；但有汕尾、韶关等5个城市在200名之后，其中云浮在250名之后（见图12-1）。

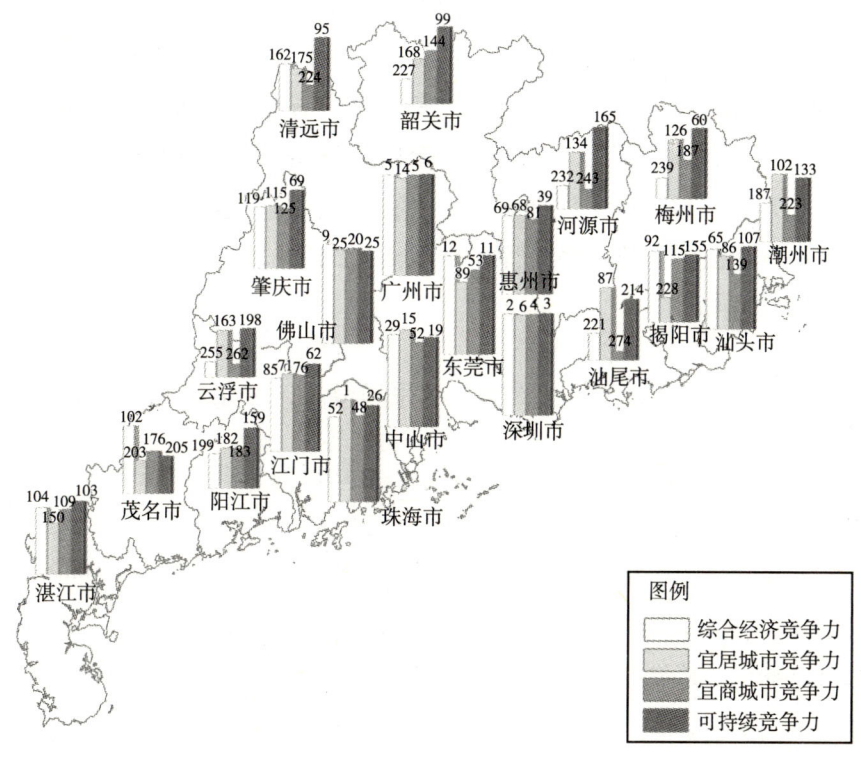

图12-1 2013年广东省城市竞争力排名

（二）宜居城市竞争力：部分城市宜居水平很高，总体处于中等偏上水平

2013年广东省各城市宜居城市竞争力指数均值为0.538，居全国第12位；指数方差为0.028，居全国第23位；变异系数为0.309，居全国第16位。珠海、深圳、广州居全省宜居城市竞争力指数前3位，揭阳、茂名、阳江居后3位。宜居城市竞争力居全国前50名的有珠海、深圳、广州、中山、佛山等5个城市；51~100名的有惠州、江门、汕头、汕尾、东莞；101~200名的有潮州、肇庆、梅州等9个城市；201~250名的有茂名、揭阳2个城市。

（三）宜商城市竞争力：改革开放前沿，总体处中上水平

2013年广东省各城市宜商城市竞争力指数均值为0.344，居全国第12位；指数方差为0.048，居全国第25位；变异系数为0.638，居全国第19位。作为改革开放的前沿，一些明星城市的宜商城市竞争力水平很高，但板块间表现差异较大。深圳、广州、佛山居全省宜商城市竞争力指数前3位，汕尾、云浮、河源居后3位。居全国前50名的有深圳、广州、佛山、珠海4个城市；51~100名的有中山、东莞、江门、惠州4个城市；101~200位的有湛江、揭阳、肇庆等8个城市；201~250名的有潮州、清远、河源等5个城市。

（四）可持续竞争力：竞争力水平较高，未来仍具发展潜力

2013年广东省各城市可持续竞争力指数均值为0.406，居全国第10位；指数方差为0.029，居全国第25位；变异系数为0.417，居全国第16位。深圳、广州、东莞居全省可持续竞争力指数前3位。可持续竞争力最低的分别是汕尾、茂名、云浮。可持续竞争力居全国前50名的有深圳、广州、东莞、中山等8个城市，其中深圳、广州居全国前10名；51~100名的有梅州、江门、清远、韶关4个城市；101~200名的有湛江、汕头、潮州、揭阳等7个城市；200名之后的有茂名、汕尾2个城市（见表12-1）。

中国（东南地区）城市竞争力报告

表12-1 2013年广东省城市宜居、宜商城市、可持续竞争力及其分项

城市	宜居城市竞争力指数	宜商城市竞争力指数	知识城市竞争力指数	和谐城市竞争力指数	生态城市竞争力指数	文化城市竞争力指数	全域城市竞争力指数	信息城市竞争力指数	可持续竞争力指数
广州	0.730	0.861	0.741	0.563	0.718	0.713	0.626	0.964	0.738
韶关	0.415	0.262	0.328	0.159	0.649	0.246	0.285	0.536	0.335
深圳	0.812	0.891	0.741	0.675	0.723	0.492	0.998	1.000	0.795
珠海	1.000	0.464	0.628	0.435	0.572	0.300	0.575	0.732	0.532
汕头	0.523	0.271	0.456	0.309	0.322	0.175	0.291	0.585	0.323
佛山	0.681	0.610	0.561	0.523	0.502	0.517	0.503	0.671	0.539
江门	0.562	0.373	0.436	0.357	0.538	0.223	0.322	0.625	0.392
湛江	0.432	0.311	0.278	0.389	0.598	0.149	0.234	0.504	0.326
茂名	0.370	0.222	0.189	0.304	0.439	0.067	0.251	0.320	0.215
肇庆	0.482	0.289	0.374	0.476	0.773	0.302	0.284	0.548	0.441
惠州	0.570	0.357	0.420	0.528	0.601	0.298	0.378	0.682	0.469
梅州	0.463	0.214	0.295	0.417	0.690	0.346	0.262	0.497	0.393
汕尾	0.522	0.069	0.140	0.233	0.427	0.074	0.206	0.449	0.207
河源	0.451	0.148	0.207	0.152	0.529	0.082	0.256	0.573	0.259
阳江	0.399	0.220	0.227	0.316	0.506	0.106	0.217	0.447	0.262
清远	0.405	0.175	0.239	0.345	0.646	0.237	0.247	0.507	0.339
东莞	0.518	0.448	0.604	0.439	0.589	0.396	0.765	0.809	0.601
中山	0.729	0.451	0.602	0.575	0.631	0.515	0.502	0.647	0.576
潮州	0.498	0.175	0.274	0.264	0.489	0.240	0.274	0.463	0.298
揭阳	0.327	0.299	0.199	0.222	0.596	0.091	0.263	0.481	0.269
云浮	0.417	0.117	0.192	0.247	0.382	0.171	0.245	0.371	0.223
指数均值	0.538	0.344	0.387	0.378	0.568	0.273	0.380	0.591	0.406
指数方差	0.028	0.048	0.037	0.021	0.014	0.030	0.044	0.031	0.029
指数变异系数	0.309	0.638	0.494	0.380	0.205	0.636	0.550	0.296	0.417
城市	排名	排名	排名	排名	排名	排名	排名	排名	排名
广州	14	5	6	17	27	4	7	3	6
韶关	168	144	109	261	50	130	87	74	99
深圳	6	4	7	4	26	26	3	1	3
珠海	1	48	18	66	84	95	9	18	26
汕头	86	139	65	171	208	212	84	57	107
佛山	25	20	36	25	120	17	16	29	25
江门	71	76	69	124	99	155	59	43	62
湛江	150	109	140	107	70	234	132	85	103

245

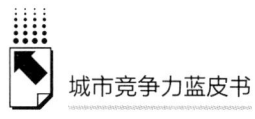

续表

城市	宜居城市竞争力排名	宜商城市竞争力排名	知识城市竞争力排名	和谐城市竞争力排名	生态城市竞争力排名	文化城市竞争力排名	全域城市竞争力排名	信息城市竞争力排名	可持续竞争力排名
茂名	203	176	210	175	148	281	121	190	205
肇庆	115	125	91	37	14	92	88	69	45
惠州	68	81	77	24	69	98	38	27	39
梅州	126	187	128	78	37	68	108	93	60
汕尾	87	274	240	224	156	273	162	121	214
河源	134	243	194	263	102	267	114	61	165
阳江	182	183	182	165	115	257	151	123	159
清远	175	224	174	133	52	141	126	84	95
东莞	89	53	23	62	75	46	4	10	11
中山	15	52	25	15	58	18	17	37	19
潮州	102	223	143	203	128	137	98	113	133
揭阳	228	115	202	236	72	265	106	103	155
云浮	163	262	207	216	188	215	127	157	198
指数均值	12	12	13	14	8	16	8	10	10
指数方差	23	25	24	22	7	24	25	23	25
指数变异系数	16	19	11	15	5	22	18	13	16

资料来源：中国社会科学院城市与竞争力指数数据库。

在可持续竞争六分项中，知识城市竞争力指数均值为0.387，居全国第13位；指数方差为0.037，居全国第24位；变异系数为0.494，居全国第11位。总体处于中上游水平，但区域间差距较大。广州、深圳、珠海居全省知识城市竞争力指数前3位，汕尾、茂名、云浮居后3位。居全国前50名的有广州、深圳、珠海、东莞等6个城市；51～100名的有汕头、江门、惠州等4个城市；101～200名的有韶关、梅州、湛江等7个城市；201～250名的有揭阳、云浮、茂名、汕尾4个城市。

和谐城市竞争力指数均值为0.378，居全国第14位；指数方差为0.021，居全国第22位；变异系数为0.380，居全国第15位。总体处于中上游水平，区域间差距较大。深圳、中山、广州居全省和谐城市竞争力指数前3位，河源、韶关、揭阳居后3位。居全国前50名的有深圳、中山、广州、惠州等6个城市；51~100名的有东莞、珠海、梅州3个城市；101~200名的有湛江、江门、清远等6个城市；201~250名的有潮州、云浮、汕尾等4个城市；250名之后的有韶关、河源2个城市。

生态城市竞争力指数均值为0.568，居全国第8位；指数方差为0.014，居全国第7位；变异系数为0.205，居全国第5位。总体处于较高水平，且区域分布相对均衡。肇庆、深圳、广州居全省生态城市竞争力指数前3位，汕头、云浮、汕尾居后3位。居全国前50名的有肇庆、深圳、广州、梅州等5个城市；51~100名的有清远、中山、惠州等8个城市；101~200名的有河源、阳江、佛山等7个城市；200名之后的有汕头。

文化城市竞争力指数均值为0.273，居全国第16位；指数标准差为0.030，居全国第24位；变异系数为0.636，居全国第22位。总体处于中下水平，部分城市水平较高。广州、佛山、中山居全省文化城市竞争力指数前3位，茂名、汕尾、河源居后3位。居全国前50名的有广州、佛山、中山、深圳等5个城市；51~100名的有梅州、肇庆、珠海等4个城市；101~200名的有韶关、潮州、清远等4个城市；200名之后的有汕头、云浮、湛江等8个城市。

全域城市竞争力指数均值为0.380，居全国第8位；指数方差为0.044，居全国第25位；变异系数为0.550，居全国第18位。总体处于较好水平，珠三角城乡一体化水平全国领先。深圳、东莞、广州居全省全域城市竞争力指数前3位，汕尾、阳江、湛江居后3位。居全国前50名的有深圳、东莞、广州、珠海等7个城市；51~100名的有江门、汕头、韶关等5个城市；101~200名的有揭阳、梅州、河源等9个城市。

信息城市竞争力指数均值为0.591，居全国第10位；指数方差为0.031，居全国第23位；变异系数为0.296，居全国第13位。总体处于较好水平。深圳、广州、东莞居信息城市竞争力指数前3位，茂名、云浮、阳江居后3位。居全国前50名的有深圳、广州、东莞、珠海等8个城市；51~100名的有汕头、河源、肇庆等7个城市；101~200名的有揭阳、潮州、汕尾等6个城市。

(五)结论与政策建议

广东省城市竞争力十项指标均处于全国较好水平。特别是全域城市竞争力和生态城市竞争力水平在全国排名较前。相对较弱的是和谐城市竞争力与文化城市竞争力(见图12-2)。未来的发展应充分利用粤港澳高端合作优势和珠三角城市群产业规模优势,发展高端服务业,促进科技创新,升级传统制造业,提升外来人口待遇和城市文化层次,缩小省内城市发展水平差异,将珠三角城市群建设成为世界最发达的城市群带。

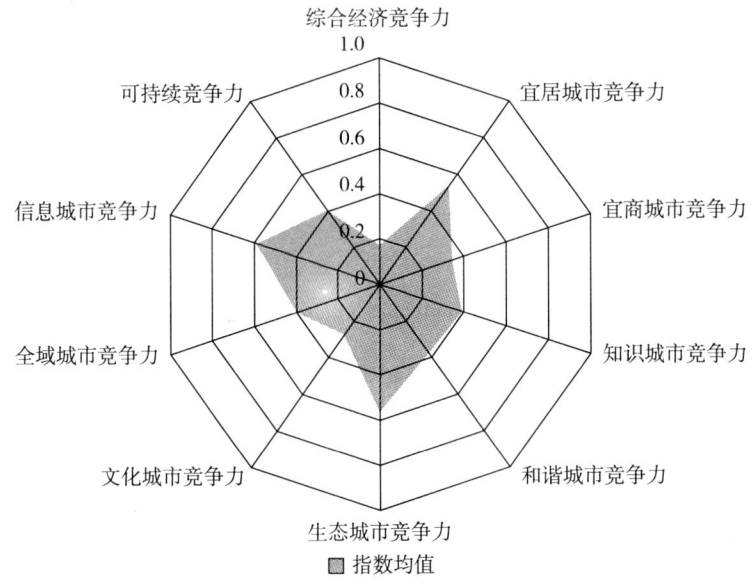

图12-2 2013年广东省城市竞争力

资料来源:中国社会科学院城市与竞争力指数数据库。

二 中国城市竞争力(福建)报告

福建位于中国东南沿海,东隔台湾海峡与台湾省相望,陆地平面形状似一斜长方形,大部分属中亚热带,闽东南部分地区属南亚热带。土地总面积12.4万平方千米,海域面积13.6万平方千米。2012年实现地区生产总值

19701.78亿元，比2011年增长11.4%。人均地区生产总值52763元，比2011年增长10.5%。年末全省常住人口3748万人。

（一）综合经济竞争力：区域发展不平衡，总体处中上水平

2013年福建省各城市综合经济竞争力指数均值为0.112，居全国第12位；指数标准差为0.004，居全国第22位；变异系数为0.582，居全国第20位。其中综合增量竞争力指数为0.125，居全国第12位，综合效率竞争力指数为0.016，居全国第10位。厦门、泉州、福州居全省综合经济竞争力前3位。南平综合经济竞争力最低，其次为宁德、三明。从地域分布看，综合经济竞争力高的城市基本分布于闽南一带，闽北最低，其次是闽中。综合经济竞争力居全国前50名的有厦门、泉州、福州3个城市；51~100名的有漳州；200名之后的有南平；莆田、龙岩等4个城市居100~200名（见图12-3）。

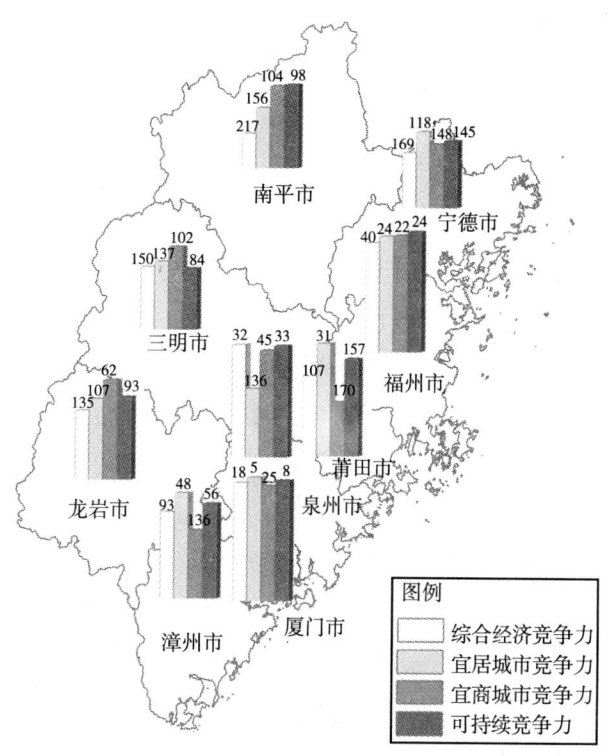

图12-3 2013年福建省城市竞争力排名

（二）宜居城市竞争力：闽南城市表现突出，总体水平较高

2013 年福建省各城市宜居城市竞争力指数均值为 0.565，居全国第 10 位；指数方差为 0.020，居全国第 20 位；变异系数为 0.253，居全国第 10 位。厦门、福州、莆田居全省宜居城市竞争力指数前 3 位，南平、三明、泉州居后 3 位。居全国前 50 名的有厦门、福州、莆田、漳州 4 个城市；101～200 名的有龙岩、宁德、泉州等 5 个城市。

（三）宜商城市竞争力：福厦泉竞争力水平高，总体中等偏上

2013 年福建省各城市宜商城市竞争力指数均值为 0.381，居全国第 11 位；指数方差为 0.018，居全国第 14 位；变异系数为 0.353，居全国第 5 位。福州、厦门、泉州居全省宜商城市竞争力指数前 3 位，莆田、宁德、漳州居后 3 位。居全国前 50 名的有福州、厦门、泉州等 3 个城市；51～100 名的有龙岩；101～200 名的有三明、南平、漳州等 5 个城市。

（四）可持续竞争力：中等偏上，南高北低

2013 年福建省各城市可持续竞争力指数均值为 0.403，居全国第 11 位；指数方差为 0.014，居全国第 19 位；变异系数为 0.297，居全国第 7 位。厦门、福州、泉州居全省城市可持续竞争力前 3 位，莆田、宁德、南平居后 3 位。总体仍是闽南较高，闽北较低。可持续竞争力居全国前 50 名的有厦门、泉州、福州 3 个城市；51～100 名的有漳州、三明、龙岩等 4 个城市；101～200 名的有宁德、莆田 2 个城市（见表 12 - 2）。

表 12 - 2　2013 年福建省城市宜居、宜商城市、可持续竞争力及其分项

城市	宜居城市竞争力指数	宜商城市竞争力指数	知识城市竞争力指数	和谐城市竞争力指数	生态城市竞争力指数	文化城市竞争力指数	全域城市竞争力指数	信息城市竞争力指数	可持续竞争力指数
福州	0.682	0.592	0.565	0.466	0.656	0.501	0.337	0.766	0.542
厦门	0.842	0.561	0.658	0.709	0.661	0.352	0.535	0.772	0.617
莆田	0.657	0.227	0.258	0.224	0.510	0.165	0.133	0.550	0.266

中国（东南地区）城市竞争力报告

续表

城市	宜居城市竞争力指数	宜商城市竞争力指数	知识城市竞争力指数	和谐城市竞争力指数	生态城市竞争力指数	文化城市竞争力指数	全域城市竞争力指数	信息城市竞争力指数	可持续竞争力指数
三明	0.447	0.322	0.301	0.381	0.797	0.195	0.255	0.379	0.355
泉州	0.448	0.471	0.482	0.417	0.645	0.475	0.288	0.661	0.481
漳州	0.618	0.275	0.364	0.328	0.777	0.353	0.218	0.536	0.406
南平	0.421	0.315	0.327	0.376	0.605	0.215	0.198	0.483	0.335
龙岩	0.490	0.413	0.339	0.325	0.670	0.215	0.222	0.482	0.345
宁德	0.477	0.254	0.240	0.297	0.673	0.152	0.148	0.412	0.282
指数均值	0.565	0.381	0.393	0.391	0.666	0.291	0.259	0.560	0.403
指数方差	0.020	0.018	0.021	0.019	0.007	0.018	0.015	0.021	0.014
指数变异系数	0.253	0.353	0.367	0.353	0.128	0.456	0.468	0.257	0.297
城市	排名	排名	排名	排名	排名	排名	排名	排名	排名
福州	24	22	34	43	48	24	55	13	24
厦门	5	25	13	3	46	64	12	12	8
莆田	31	170	161	233	111	220	223	67	157
三明	137	102	124	111	10	189	117	153	84
泉州	136	45	56	77	53	32	85	34	33
漳州	48	136	92	147	13	62	149	73	56
南平	156	104	110	115	67	168	167	101	98
龙岩	107	62	102	152	42	165	144	102	93
宁德	118	148	173	183	40	229	213	140	145
指数均值	10	11	12	10	5	14	16	11	11
指数方差	20	14	12	21	3	19	21	18	19
指数变异系数	10	5	7	12	1	15	16	8	7

资料来源：中国社会科学院城市与竞争力指数数据库。

在可持续竞争力六分项中，知识城市竞争力指数均值为0.393，居全国第12位；指数方差为0.021，居全国第12位；变异系数为0.367，居全国第7位。总体处中上游水平。厦门、福州、泉州居全省知识城市竞争力指数前3位，宁德、莆田、三明居后3位。居全国前50名的有厦门、福州2个城市；51～100名的有泉州、漳州2个城市；101～200名的有莆田、宁德、龙岩、南平等5个城市。

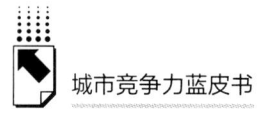

和谐城市竞争力指数均值为 0.391，居全国第 10 位；指数方差为 0.019，居全国第 21 位；变异系数为 0.353，居全国第 12 位。总体处于中上游水平。厦门、福州、泉州居全省和谐城市竞争力指数前 3 位，莆田、宁德、龙岩居后 3 位。居全国前 50 名的有厦门、福州；51～100 名的有泉州；101～200 名的有三明、南平、漳州等 5 个城市；201～250 名的有莆田。

生态城市竞争力指数均值为 0.666，居全国第 5 位；指数方差为 0.007，居全国第 3 位；变异系数为 0.128，居全国第 1 位。福建省是生态城市竞争力最高水平的省区之一，且区域分布均衡。三明、漳州、宁德居全省生态城市竞争力指数前 3 位，莆田、南平、泉州居后 3 位。居全国前 50 名的有三明、漳州、宁德、龙岩等 6 个城市；51～100 名的有泉州、南平；101～200 名的有莆田。

文化城市竞争力指数均值为 0.291，居全国第 14 位；指数方差为 0.018，居全国第 19 位；变异系数为 0.456，居全国第 15 位。总体处于中上游水平。福州、泉州、漳州居全省文化城市竞争力指数前 3 位，宁德、莆田、三明居后 3 位。居全国前 50 名的有福州、泉州 2 个城市；51～100 名的有漳州、厦门；居 101～200 名的有龙岩、南平、三明 3 个城市；200 名以外的有莆田、宁德。

全域城市竞争力指数均值为 0.259，居全国第 16 位；指数方差为 0.015，居全国第 21 位；变异系数为 0.468，居全国第 16 位。厦门全域城市竞争力水平高，全省总体处于中下游水平。厦门、福州、泉州居全省全域城市竞争力指数前 3 位，莆田、宁德、南平居后 3 位。居全国前 50 名的有厦门；51～100 名的有福州、泉州；101～200 名的有三明、龙岩、漳州等 4 个城市；201～250 名的有宁德、莆田。

信息城市竞争力指数均值为 0.560，居全国第 11 位；指数方差为 0.021，居全国第 18 位；变异系数为 0.257，居全国第 8 位。部分城市信息城市竞争力水平很高，总体处于中上游水平。厦门、福州、泉州居全省信息城市竞争力指数前 3 位，三明、宁德、龙岩居后 3 位。居全国前 50 名的有厦门、福州、泉州；51～100 名的有莆田、漳州；101～200 名的有南平、龙岩、宁德、三明。

（五）结论与政策建议

在福建省城市竞争力十项中，生态城市竞争力处于全国较好水平，全域城市竞争力、文化城市竞争力相对较弱（见图12-4）。未来福建省城市的发展，应充分发挥侨乡优势、生态优势、海峡西岸优势，吸引海外人士回乡居住、投资、创业，提升文化竞争力，增强对高端人才的吸引力，缩小省内发展差距，加大城市群一体化力度创造规模优势，深化两岸经济合作，将海峡西岸城市群带打造成中国东南沿海的重要经济增长极。

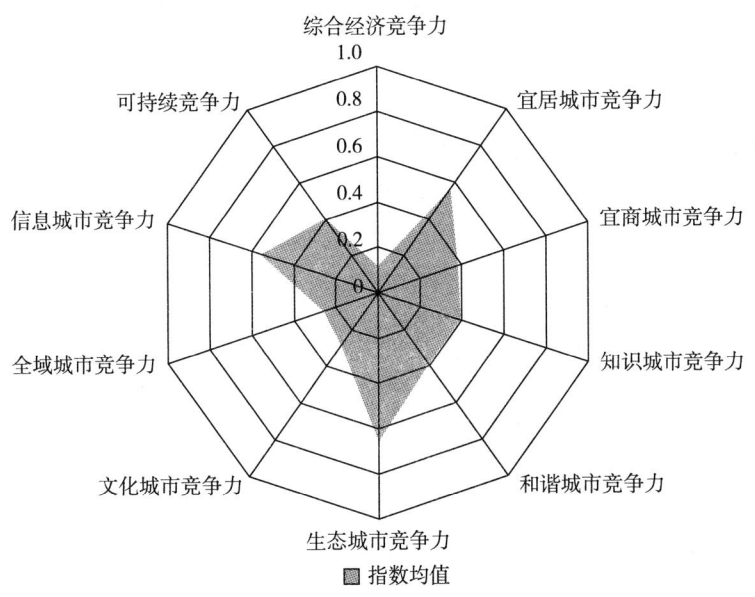

图12-4　2013年福建省城市竞争力

资料来源：中国社会科学院城市与竞争力指数数据库。

三　中国城市竞争力（江苏）报告

江苏省位于中国大陆东部沿海中心、长江下游，东濒黄海，东南与上海和浙江毗邻，西接安徽，北接山东。江苏省面积10.26万平方千米，人均国土面积在全国各省区中最少。江苏综合经济实力在全国一直处于前列。2012年全省实现地区生产总值54058.2亿元，按可比价格计算，比2011年增长10.1%，位居全国省份第2；人均生产总值68347元，名列全国各省区第1，比2011年增加6057元。年末全省常住人口7919.98万人。

（一）综合经济竞争力：南北差异明显，苏南水平高

2013年江苏省各城市综合经济竞争力指数均值为0.192，居全国第8位；指数方差为0.012，居全国第24位；变异系数为0.582，居全国第19位。其中综合增量竞争力指数为0.244，居全国第6位，综合效率竞争力指数为0.029，居全国第8位。苏州、无锡、南京居省城市综合经济竞争力前3位，宿迁、连云港、淮安居后3位。从分布看，苏南地区城市综合经济竞争力很强，而苏北地区城市综合经济竞争力相对较弱。综合经济竞争力居全国前50名的有苏州、无锡、南京等9个城市；51~100名的有盐城、淮安2个城市；100名以外的有连云港、宿迁（见图12-5）。

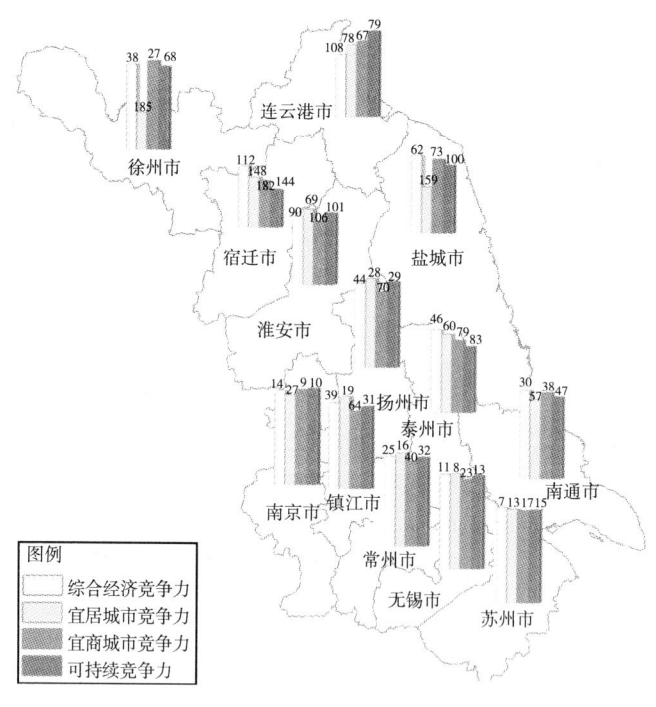

图12-5 2013年江苏省城市竞争力排名

（二）宜居城市竞争力：素有人间天堂美誉，宜居水平历来较高

2013年江苏省各城市宜居城市竞争力指数均值为0.600，居全国第8位；指

数方差为 0.016，居全国第 15 位；变异系数为 0.210，居全国第 5 位。江苏历来宜居水平较高，无锡、苏州、常州居全省宜居城市竞争力指数前 3 位，徐州、盐城、宿迁居后 3 位。居全国前 50 名的有无锡、苏州、常州等 6 个城市；51~100 名的有南通、泰州、淮安等 4 个城市；101~200 名的有宿迁、盐城、徐州 3 个城市。

（三）宜商城市竞争力：经济发展水平较高，营商环境总体较好

2013 年江苏省各城市宜商城市竞争力指数均值为 0.458，居全国第 7 位；指数方差为 0.018，居全国第 13 位；变异系数为 0.292，居全国第 2 位。南京、苏州、无锡居全省宜商城市竞争力指数前 3 位，宿迁、淮安、泰州居后 3 位。居全国前 50 名的有南京、苏州、无锡、徐州等 6 个城市；51~100 名的有镇江、连云港、扬州、盐城等 5 个城市；101~200 名的有淮安、宿迁。

（四）可持续竞争力：总体水平较高，有望率先全面进入小康社会

2013 年江苏省各城市可持续竞争力指数均值为 0.446，居全国第 7 位；指数方差为 0.012，居全国第 12 位；变异系数为 0.250，居全国第 4 位。南京、无锡、苏州居全省城市可持续竞争力前 3 位，宿迁、淮安、盐城居后 3 位。可持续竞争力的区域分布与综合经济竞争力大体相似。可持续竞争力居全国前 50 名的有南京、无锡、苏州等 7 个城市；51~100 名的有徐州、连云港、泰州等 4 个城市；101~200 名的有淮安、宿迁 2 个城市（见表 12-3）。江苏总体发展水平高，又具有知识优势、创新优势、宜居优势、文化包容优势等，有望通过经济社会的持续转型升级，在全国率先跨入发达社会门槛，全面进入小康社会。

表 12-3 2013 年江苏省城市宜居、宜商城市、可持续竞争力及其分项

城市	宜居城市竞争力 指数	宜商城市竞争力 指数	知识城市竞争力 指数	和谐城市竞争力 指数	生态城市竞争力 指数	文化城市竞争力 指数	全域城市竞争力 指数	信息城市竞争力 指数	可持续竞争力 指数
南京	0.675	0.699	0.765	0.444	0.498	0.595	0.515	0.843	0.612
无锡	0.768	0.588	0.616	0.554	0.611	0.509	0.528	0.761	0.596
徐州	0.392	0.550	0.462	0.423	0.449	0.311	0.188	0.618	0.382
常州	0.724	0.492	0.582	0.482	0.463	0.391	0.391	0.672	0.483
苏州	0.732	0.624	0.632	0.552	0.451	0.625	0.555	0.752	0.594

续表

城市	宜居城市竞争力指数	宜商城市竞争力指数	知识城市竞争力指数	和谐城市竞争力指数	生态城市竞争力指数	文化城市竞争力指数	全域城市竞争力指数	信息城市竞争力指数	可持续竞争力指数
南通	0.589	0.504	0.533	0.449	0.522	0.415	0.231	0.602	0.439
连云港	0.545	0.404	0.431	0.374	0.507	0.179	0.219	0.652	0.366
淮安	0.568	0.313	0.360	0.289	0.526	0.328	0.166	0.523	0.333
盐城	0.419	0.383	0.431	0.326	0.521	0.203	0.219	0.497	0.334
扬州	0.673	0.397	0.526	0.295	0.867	0.369	0.399	0.647	0.506
镇江	0.700	0.409	0.575	0.479	0.585	0.480	0.347	0.609	0.501
泰州	0.587	0.368	0.431	0.393	0.531	0.224	0.268	0.492	0.361
宿迁	0.434	0.220	0.241	0.394	0.568	0.189	0.225	0.323	0.286
指数均值	0.600	0.458	0.507	0.420	0.546	0.370	0.327	0.615	0.446
指数方差	0.016	0.018	0.018	0.007	0.012	0.023	0.019	0.018	0.012
指数变异系数	0.210	0.292	0.265	0.206	0.198	0.407	0.422	0.221	0.250

城市	排名	排名	排名	排名	排名	排名	排名	排名	排名
南京	27	9	3	58	123	10	15	6	10
无锡	8	23	19	20	63	22	13	14	13
徐州	185	27	62	71	146	86	174	45	68
常州	16	40	28	34	140	47	34	28	32
苏州	13	17	17	21	145	8	10	15	15
南通	57	38	43	54	107	44	136	51	47
连云港	78	67	73	117	113	209	146	36	79
淮安	69	106	95	193	103	76	194	80	101
盐城	159	73	72	151	108	180	148	92	100
扬州	28	70	45	185	6	54	32	38	29
镇江	19	64	31	35	80	31	48	50	31
泰州	60	79	70	103	101	153	104	97	83
宿迁	148	182	172	100	86	195	142	185	144
指数均值	8	7	7	6	11	9	10	8	7
指数方差	15	13	8	5	6	23	24	15	12
指数变异系数	5	2	3	3	4	9	13	2	4

资料来源：中国社会科学院城市与竞争力指数数据库。

在可持续竞争力六分项中，知识城市竞争力指数均值为0.507，居全国第7位；指数方差为0.018，居全国第8位；变异系数为0.265，居全国第3位。总体竞争力水平较高。南京、苏州、无锡居全省知识城市竞争力指数前3位，宿迁、淮安、连云港居后3位。居全国前50名的有南京、苏州、无锡、常州等7个城市；51~100名的有徐州、泰州、盐城、连云港等5个城市；101~200名的有宿迁。

和谐城市竞争力指数均值为 0.420，居全国第 6 位；指数方差为 0.007，居全国第 5 位；变异系数为 0.206，居全国第 3 位。全省和谐城市竞争力水平较高，特别是苏南城市，社会治理水平很高。无锡、苏州、常州居全省和谐城市竞争力指数前 3 位，淮安、扬州、盐城居后 3 位。居全国前 50 名的有无锡、苏州、常州、镇江等 4 个城市；51~100 名的有南通、南京、徐州等 4 个城市；101~200 名的有泰州、连云港、盐城、扬州、淮安 5 个城市。

生态城市竞争力指数均值为 0.546，居全国第 11 位；指数方差为 0.012，居全国第 6 位；变异系数为 0.198，居全国第 4 位。生态城市竞争力居省区中上水平。扬州、无锡、镇江居全省生态城市竞争力指数前 3 位，徐州、苏州、常州居后 3 位。居全国前 50 名的有扬州；51~100 名的有无锡、镇江、宿迁；101~200 名的有泰州、淮安、南通、盐城等 9 个城市。

文化城市竞争力指数均值为 0.370，居全国第 9 位；指数方差为 0.023，居全国第 23 位；变异系数为 0.407，居全国第 9 位。文化城市竞争力处省区较好水平。苏州、南京、无锡居全省文化城市竞争力指数前 3 位，连云港、宿迁、盐城居后 3 位。居全国前 50 名的有苏州、南京、无锡、镇江等 6 个城市；51~100 名的有扬州、淮安、徐州 3 个城市；101~200 名的有泰州、盐城、宿迁；200 名之后的有连云港。

全域城市竞争力指数均值为 0.327，居全国第 10 位；指数方差为 0.019，居全国第 24 位；变异系数为 0.422，居全国第 13 位。全域城市竞争力总体处省区较好水平，但南北区域差异很大。苏南城市化水平较高，苏北则较低。苏州、无锡、南京居全域城市竞争力指数前 3 位，淮安、徐州、盐城居后 3 位。居全国前 50 名的有苏州、无锡、南京、扬州等 6 个城市；101~200 名的有泰州、南通、宿迁等 7 个城市。

信息城市竞争力指数均值为 0.615，居全国第 8 位；指数方差为 0.018，居全国第 15 位；变异系数为 0.221，居全国第 2 位。信息城市竞争力处省区较高水平，特别是苏南一些城市，已经具备建设智慧城市的条件。南京、无锡、苏州居全省信息城市竞争力指数前 3 位，宿迁、泰州、盐城居后 3 位。居全国前 50 名的有南京、无锡、苏州、常州等 8 个城市；51~100 名的有南通、淮安、盐城、泰州 4 个城市；101~200 名的有宿迁。

（五）结论与政策建议

江苏省的城市竞争力十项均处于全国较好的水平。其中和谐城市竞争力、宜居城市竞争力、文化城市竞争力、知识城市竞争力、信息城市竞争力指数均处于全国较高水平，相对较弱的是生态城市竞争力指数（见图12-6）。南北发展水平差距较大也是一大不足。江苏省城市未来的发展应在缩小苏南、苏北区域发展差异的基础上，充分发挥文化、宜居、包容等优势，与上海及其他长三角城市实现经济一体化和功能互补，通过经济社会全面发展，在全国率先全面建成高水平小康社会。

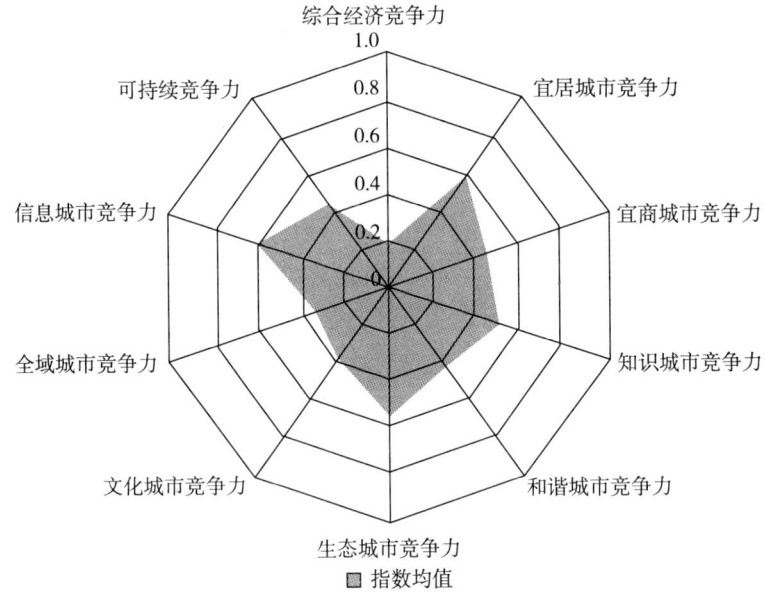

图12-6　2013年江苏省城市竞争力

资料来源：中国社会科学院城市与竞争力指数数据库。

四　中国城市竞争力（浙江）报告

浙江省地处中国东南沿海、长江三角洲南翼，北与上海、江苏接壤并共同构成长三角经济圈，东临东海，南接福建，西与安徽、江西相连。浙江省是中国面积最小、人口密度最大的省份之一。浙江省陆域面积104141平方公里

(2010年数据），为全国的1.06%。浙江省海域面积26万平方千米，大陆海岸线和海岛岸线长达6500千米，占全国海岸线总长的20.3%，居中国第一。全省有面积500平方米以上的岛屿3061个，是中国岛屿最多的省份。2012年地区生产总值34606亿元，比2011年增长8.0%。人均GDP为63266元（按年平均汇率折算为10022美元），同比增长7.7%。年末常住人口5477万人。

（一）综合经济竞争力：浙东竞争力水平突出，产业发展面临挑战

2013年浙江省各城市综合经济竞争力指数均值为0.131，居全国第11位；指数方差为0.004，居全国第20位；变异系数为0.454，居全国第14位。其中综合增量竞争力指数为0.160，居全国第10位，综合效率竞争力指数为0.018，居全国第9位。宁波、杭州、嘉兴居全省城市综合经济竞争力前3名，丽水、衢州、舟山居后3名。总体看，综合经济竞争力呈现浙东高、浙西低，沿海高、内陆低的态势。综合经济竞争力居全国前50名的有宁波、杭州、嘉兴等5个城市；51~100名的有台州、金华等4个城市；101~200名的有衢州，200名之后的有丽水（见图12-7）。浙江省属中国最发达的省区之一，但浙江城市经济的发展主要依靠中小企业和制造业，在劳动力成本不断上升的新形势下面临着产业转移和空心化的挑战。

（二）宜居城市竞争力：人文、自然环境双优，宜居水平总体较高

2013年宜居城市竞争力指数均值为0.650，居全国第6位；指数方差为0.006，居全国第2位；变异系数为0.115，居全国第2位。舟山、杭州、衢州处全省宜居城市竞争力指数前3位，台州、嘉兴、温州居后3位。居全国前50名的有舟山、杭州、衢州、宁波等8个城市；51~100名的有温州、嘉兴、台州3个城市。

（三）宜商城市竞争力：商业文化较为浓厚，浙商现象广受关注

2013年宜商城市竞争力指数均值为0.428，居全国第8位；指数方差为0.014，居全国第5位；变异系数为0.276，居全国第1位。浙江商业文化浓厚，宜商城市竞争力较高，浙商在全国乃至世界都具有较大的影响力。杭州、宁波、温州居全省宜商城市竞争力指数前3位，丽水、湖州、衢州居后3位。

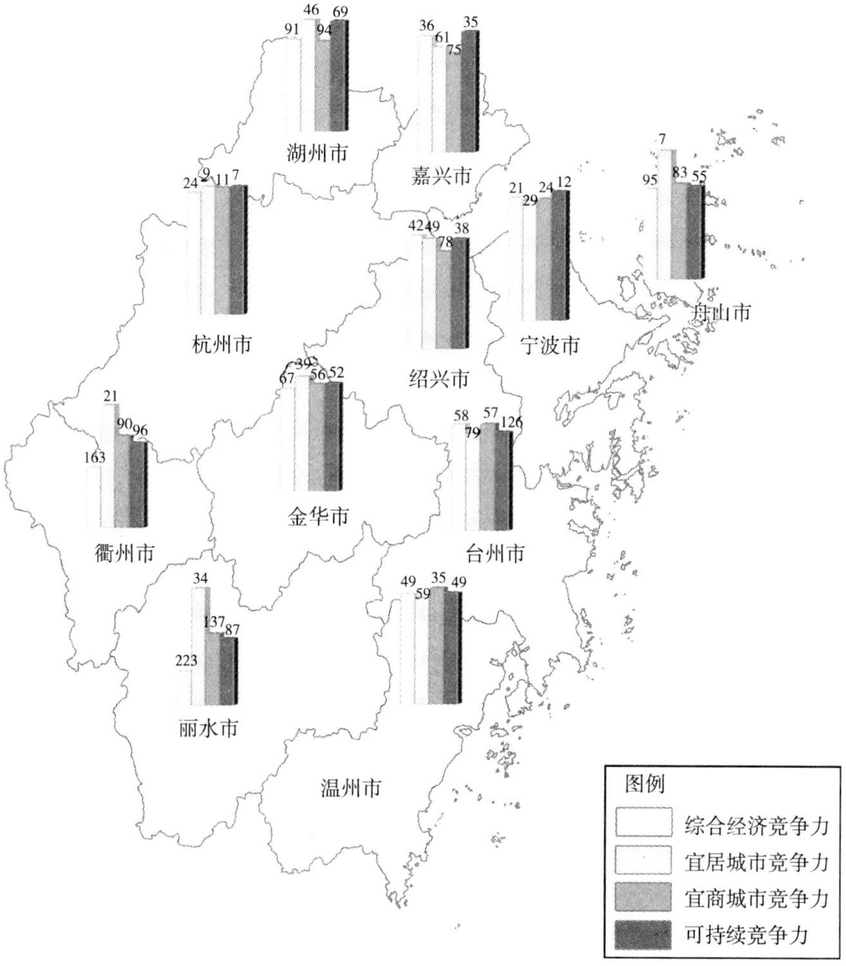

图12-7 2013年浙江省城市竞争力排名

居全国前50名的有杭州、宁波、温州3个城市；51~100名的有金华、台州、嘉兴、绍兴等7个城市；100名之后的有丽水。

（四）可持续竞争力：短期面临困难，长期仍具优势

2013年浙江省各城市可持续竞争力指数均值为0.443，居全国第8位；指数方差为0.013，居全国第13位；变异系数为0.253，居全国第5位。杭州、宁波、嘉兴居全省城市可持续竞争力前3位，台州、衢州、丽水居后3位。可持续竞争力的区域分布与综合经济竞争力的分布大体类似。可持续竞争力居全

中国（东南地区）城市竞争力报告

国前 50 名的有杭州、宁波、嘉兴、绍兴等 5 个城市；51～100 名的有金华、舟山、湖州等 5 个城市；101～150 名的有台州。虽然浙江外向型经济、草根经济目前面临着产业升级和转型的问题，但浙江的体制机制活力强，创新创业环境较好，可持续竞争力仍然较高（见表 12-4）。

表 12-4　2013 年浙江省城市宜居、宜商城市、可持续竞争力及其分项

城市	宜居城市竞争力指数	宜商城市竞争力指数	知识城市竞争力指数	和谐城市竞争力指数	生态城市竞争力指数	文化城市竞争力指数	全域城市竞争力指数	信息城市竞争力指数	可持续竞争力指数
杭州	0.761	0.671	0.742	0.528	0.750	0.629	0.527	0.838	0.679
宁波	0.667	0.581	0.610	0.649	0.452	0.543	0.498	0.841	0.599
温州	0.587	0.513	0.512	0.502	0.410	0.350	0.298	0.615	0.427
嘉兴	0.584	0.373	0.561	0.430	0.349	0.469	0.441	0.693	0.476
湖州	0.621	0.340	0.496	0.324	0.395	0.265	0.357	0.612	0.382
绍兴	0.611	0.369	0.524	0.418	0.428	0.513	0.424	0.610	0.471
金华	0.638	0.441	0.507	0.325	0.457	0.462	0.322	0.589	0.423
衢州	0.695	0.349	0.403	0.290	0.414	0.423	0.213	0.478	0.339
舟山	0.789	0.356	0.450	0.457	0.503	0.338	0.388	0.499	0.417
台州	0.544	0.435	0.412	0.078	0.483	0.318	0.213	0.531	0.303
丽水	0.653	0.274	0.397	0.317	0.712	0.325	0.153	0.391	0.353
指数均值	0.650	0.428	0.510	0.393	0.487	0.421	0.349	0.609	0.443
指数方差	0.006	0.014	0.010	0.023	0.016	0.013	0.015	0.020	0.013
指数变异系数	0.115	0.276	0.200	0.384	0.263	0.267	0.349	0.231	0.253
城市	排名	排名	排名	排名	排名	排名	排名	排名	排名
杭州	9	11	5	23	19	6	14	8	7
宁波	29	24	20	6	144	14	18	7	12
温州	59	35	48	28	163	65	80	46	49
嘉兴	61	75	37	68	198	33	21	25	35
湖州	46	94	54	154	179	122	44	48	69
绍兴	49	78	46	74	155	20	25	49	38
金华	39	56	50	153	141	38	60	54	52
衢州	21	90	82	192	162	43	154	106	96
舟山	7	83	68	49	119	73	35	89	55
台州	79	57	80	283	131	82	153	75	126
丽水	34	137	85	162	29	80	207	148	87
指数均值	6	8	6	9	17	8	9	9	8
指数方差	2	5	2	24	9	15	22	17	13
指数变异系数	2	1	2	16	9	4	8	3	5

资料来源：中国社会科学院城市与竞争力指数数据库。

在可持续竞争力六分项中，知识城市竞争力指数均值为 0.510，居全国第 6 位；指数方差为 0.010，居全国第 2 位；变异系数为 0.200，居全国第 2 位。总体知识城市竞争力水平较高。杭州、宁波、嘉兴居全省知识城市竞争力指数前 3 位，丽水、衢州、台州居后 3 位。居全国前 50 名的有杭州、宁波、嘉兴、绍兴等 6 个城市；51~100 名的有湖州、舟山、台州等 5 个城市。

和谐城市竞争力指数均值为 0.393，居全国第 9 位；指数方差为 0.023，居全国第 24 位；变异系数为 0.384，居全国第 16 位。区域差距较大，总体和谐城市竞争力水平较高。宁波、杭州、温州居全省和谐城市竞争力指数前 3 位，台州、衢州、丽水居后 3 位。居全国前 50 名的有宁波、杭州、温州等 4 个城市；51~100 名的有嘉兴、绍兴；101~200 名的有金华、湖州、丽水等 4 个城市；250 名之后的有台州。

生态城市竞争力指数均值为 0.487，居全国第 17 位；指数方差为 0.016，居全国第 9 位；变异系数为 0.263，居全国第 9 位。生态城市竞争力水平总体处中下游水平，杭州等部分城市水平较高。杭州、丽水、舟山居全省生态城市竞争力指数前 3 位，嘉兴、湖州、温州居后 3 位。居全国前 50 名的有杭州、丽水；101~200 名的有舟山、台州、金华等 9 个城市。

文化城市竞争力指数均值为 0.421，居全国第 8 位；指数方差为 0.013，居全国第 15 位；变异系数为 0.267，居全国第 4 位。全省文化传统积淀较深，总体文化城市竞争力水平较高。杭州、宁波、绍兴居全省文化城市竞争力指数前 3 位，湖州、台州、丽水居后 3 位。居全国前 50 名的有杭州、宁波、绍兴、嘉兴等 6 个城市；51~100 名的有温州、舟山、丽水、台州 4 个城市；101~200 名的有湖州。

全域城市竞争力指数均值为 0.349，居全国第 9 位；指数方差为 0.015，居全国第 22 位；变异系数为 0.349，居全国第 8 位。全域城市竞争力水平较强，城乡差距较小。杭州、宁波、嘉兴居全省全域城市竞争力指数前 3 位，丽水、衢州、台州居后 3 位。居全国前 50 名的有杭州、宁波、嘉兴、绍兴等 6 个城市；51~100 名的有金华、温州；101~200 名的有台州、衢州；200 名之后的有丽水。

信息城市竞争力指数均值为 0.609，居全国第 9 位；指数方差为 0.020，居全国第 17 位；变异系数为 0.231，居全国第 3 位。总体信息城市竞争力水平较高。宁波、杭州、嘉兴居全省信息城市竞争力指数前 3 位，丽水、衢州、

中国（东南地区）城市竞争力报告

舟山居后 3 位。居全国前 50 名的有宁波、杭州、嘉兴、温州等 6 个城市；51~100 名的有金华、台州、舟山；101~200 名的有衢州、丽水。

（五）结论与政策建议

浙江省的城市竞争力十项中，宜商城市竞争力、宜居城市竞争力、知识城市竞争力、文化城市竞争力、信息城市竞争力、全域城市竞争力、和谐城市竞争力等均处于全国较强水平，生态城市竞争力相对较弱（见图 12-8）。未来的发展应充分发挥创新优势、创业营商环境优势与文化优势，升级传统制造业，发展文化产业等新兴产业，发展科技产业与科技研发中心，拓展海洋经济，推进长三角城市的全面一体化，从而在新一轮的经济增长中保持其优势地位。

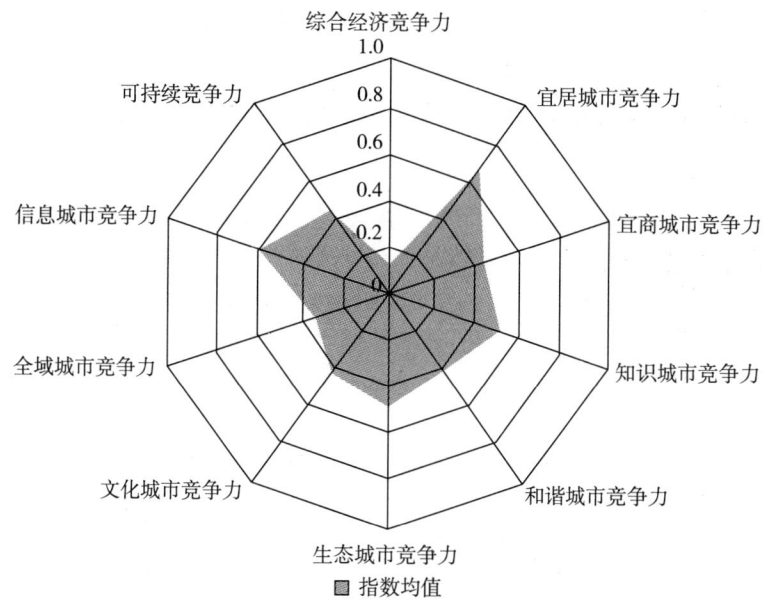

图 12-8　2013 年浙江省城市竞争力

资料来源：中国社会科学院城市与竞争力指数数据库。

五　中国城市竞争力（上海）报告

上海位于中国大陆海岸线中部长江口，隔海与日本九州岛相望，南濒杭州湾，西与江苏、浙江两省相接，并与两邻省共同构成以上海为龙头的长江三角洲。上海拥有中国最大的外贸港口和最大工业基地，货物吞吐量和集装箱吞吐量居世界第一。上海全市面积为1340.5平方千米。2012年实现地区生产总值20101.33亿元，按可比价格计算，比2011年增长7.5%。第三产业增加值占上海市生产总值的比重首次达到60%，比2011年提高2个百分点。年末全市常住人口总数为2380.43万人。按常住人口计算的上海市人均生产总值为8.5万元。

（一）综合经济竞争力：长三角龙头城市，南方现代服务业中心

2013年上海市综合经济竞争力指数均值为0.778，居全国省市第2位，其中综合增量竞争力指数1.000，居全国省市第1位，综合效率竞争力指数为0.156，居全国省市第4位。综合经济竞争力指数居全国各城市第3名，位列香港、深圳之后（见图12-9）。改革开放后，上海市充分利用了市场经济和中央政府政策扶持优势，实现了持续繁荣和大发展。20世纪90年代的浦东开发建设已获巨大成功，目前正开展的金融中心、航运中心、商贸中心等的建设，将使上海的经济实力进一步增强。

（二）宜居城市竞争力：高端人才聚集地，海外归国人才首选城市

2013年宜居城市竞争力指数均值为0.758，居全国各省市第3位、各城市第10位。上海人居环境好，并拥有长三角发达城市群带作为腹地，可提供非常好的居住、工作、休闲、娱乐综合体验。但作为拥挤的现代化城市，不可避免地产生了一些"大城市病"，一定程度上影响了对高端人才的吸引力。

（三）宜商城市竞争力：商贸中心，海纳百川

2013年宜商城市竞争力指数均值为0.921，居全国各省市第2位、各城市第2位。市场机制相对较完善，创业、商贸环境较好，宜商城市竞争力水平全国领先。

中国（东南地区）城市竞争力报告

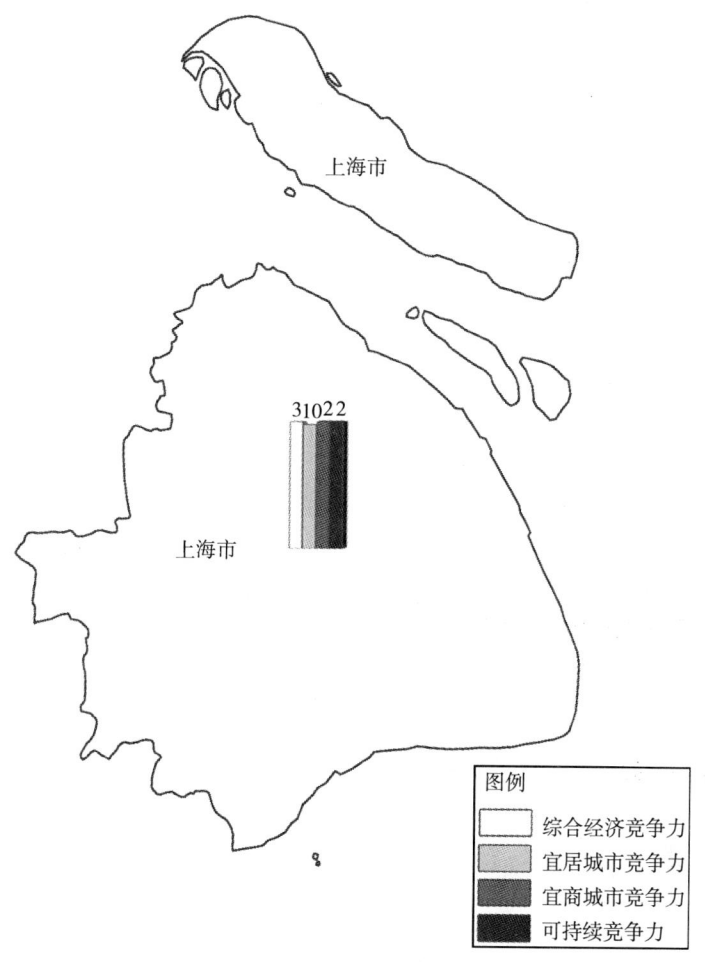

图 12-9　2013 年上海市城市竞争力排名

（四）可持续竞争力：历史机遇再度垂青，新的发展契机即将到来

2013 年上海市可持续竞争力指数均值为 0.809，居全国各省市第 2 位、各城市第 2 位，仅次于香港（见表 12-5）。上海市的硬件与基础设施已经达到世界一流水准，城市治理水平也处国内领先地位。作为中国的现代服务业中心、金融中心之一，在新一轮的产业竞争中有先发优势。金融领域改革的深化和自贸区的建设，将使上海迎来新的发展契机。

265

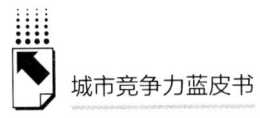

表 12-5 2013 年上海市城市宜居、宜商城市、可持续竞争力及其分项

城市	宜居城市竞争力指数	宜商城市竞争力指数	知识城市竞争力指数	和谐城市竞争力指数	生态城市竞争力指数	文化城市竞争力指数	全域城市竞争力指数	信息城市竞争力指数	可持续竞争力指数
上海	0.758	0.921	0.816	0.597	0.706	0.945	0.668	0.970	0.809
指数均值	0.758	0.921	0.816	0.597	0.706	0.945	0.668	0.970	0.809
城市	排名	排名	排名	排名	排名	排名	排名	排名	排名
上海	10	2	2	12	30	2	6	2	2
指数均值	3	2	2	4	3	2	4	1	2

资料来源：中国社会科学院城市与竞争力指数数据库。

在可持续竞争力六分项中，知识城市竞争力指数均值为 0.816，居全国各省市第 2 位、各城市第 2 位。上海是我国第二大科教中心、科技研发基地，也是高层次人才择业的首选地之一，知识城市竞争力全国领先。

和谐城市竞争力指数均值为 0.597，居全国各省市第 4 位、各城市第 12 位。上海法治水平较高，社会治理的科学化水平高，是其和谐城市竞争力水平高的重要原因。

生态城市竞争力指数均值为 0.706，居全国各省市第 3 位、各城市第 30 位。上海滨江沿海，生态建设较早受重视，生态城市竞争力水平高，但"大城市病"仍将不可避免地存在。

文化城市竞争力指数均值为 0.945，居全国各省市第 2 位、各城市第 2 位。作为中国内外交流的窗口、科教文化次中心，上海的开放与多元化水平领先全国，文化城市竞争力水平高。

全域城市竞争力指数均值为 0.668，居全国各省市第 4 位、各城市第 6 位。上海总体发展水平好，城乡差距很小，全域城市竞争力水平高。

信息城市竞争力指数均值为 0.970，居全国各省市第 1 位、各城市第 2 位。卓越的信息城市竞争力，有利于发展高端产业，配置世界资源。

（五）结论与政策建议

上海城市竞争力十项大都处于全国一流水平。特别是信息城市竞争力、知

中国（东南地区）城市竞争力报告

识城市竞争力、文化城市竞争力、宜商城市竞争力指数都处于全国第2位。相对较弱的是生态城市竞争力指数（见图12-10）。未来上海的发展，应充分抓住中国金融改革和经济崛起之契机，以自贸区建设为切入点，加快制度改革力度提高城市软实力，建设与高端服务业相适应的体制机制，改善生态人居环境以增强对高端人才的吸引力，促进公共服务的均等化，将上海建设成为世界顶级城市和国际金融中心。

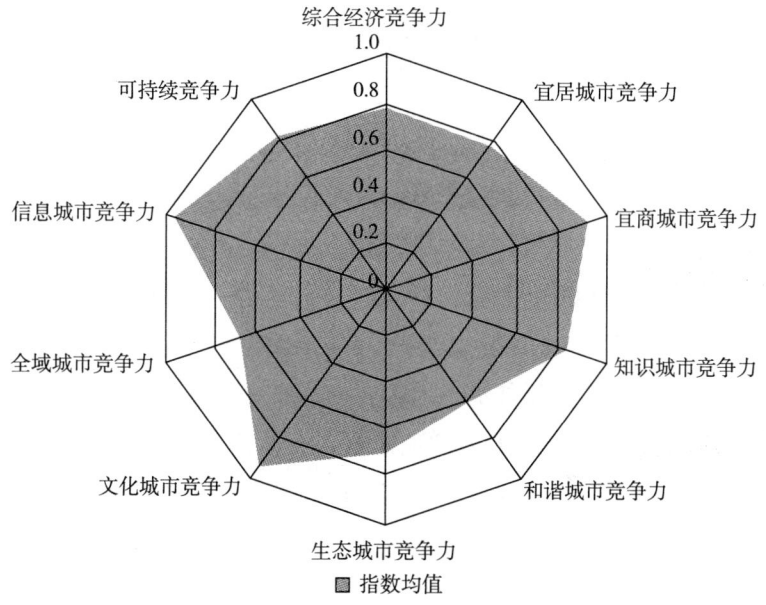

图12-10　2013年上海市城市竞争力

资料来源：中国社会科学院城市与竞争力指数数据库。

267

B.13
中国（环渤海地区）城市竞争力报告

杨 杰*

一 中国城市竞争力（北京）报告

北京市简称京，为中国首都、中央直辖市、国家中心城市，也是中国的政治、文化、教育、科技中心及经济金融的决策中心和管理中心。北京位于华北平原北端，东南与天津相连，其余为河北省所环绕，全市面积约为1.64万平方千米，占全国总面积的0.17%。2012年，北京市年末常住人口为2069.3万人，地区生产总值17801亿元，比2011年增长7.7%，其中文化创意产业、高技术产业及生产性服务业增加值占地区生产总值比重分别达到12.3%、6.4%和50.5%，按常住人口计算的人均地区生产总值达到87091元，按平均汇率约合13797美元，全年城镇居民人均可支配收入达到36469元，比2011年增长10.8%，农村居民人均纯收入16476元，比2011年增长11.8%，全市全年研发投入为1031.1亿元，相当于地区生产总值的5.79%。

（一）综合经济竞争力：综合表现稳定，效率有所提升

2013年北京市综合经济竞争力指数为0.443，在全国城市中排名第6位，在四个直辖市和两个特别行政区中，排名次于香港和上海，但好于天津、澳门和重庆。其中，综合增量竞争力指数达到0.869，在全国城市中排名位居第2，仅次于上海，好于其他直辖市及香港和澳门；综合效率竞争力指数为0.051，在全国城市中排名第17位，位于香港、澳门和上海之后，但好于天津，更远远高于重庆。与2012年相比，北京市的综合经济竞争力及综合增量竞争力排名保持不变，

---

* 杨杰，中国社会科学院研究生院金融学博士研究生，主要研究方向为城市与房地产金融。

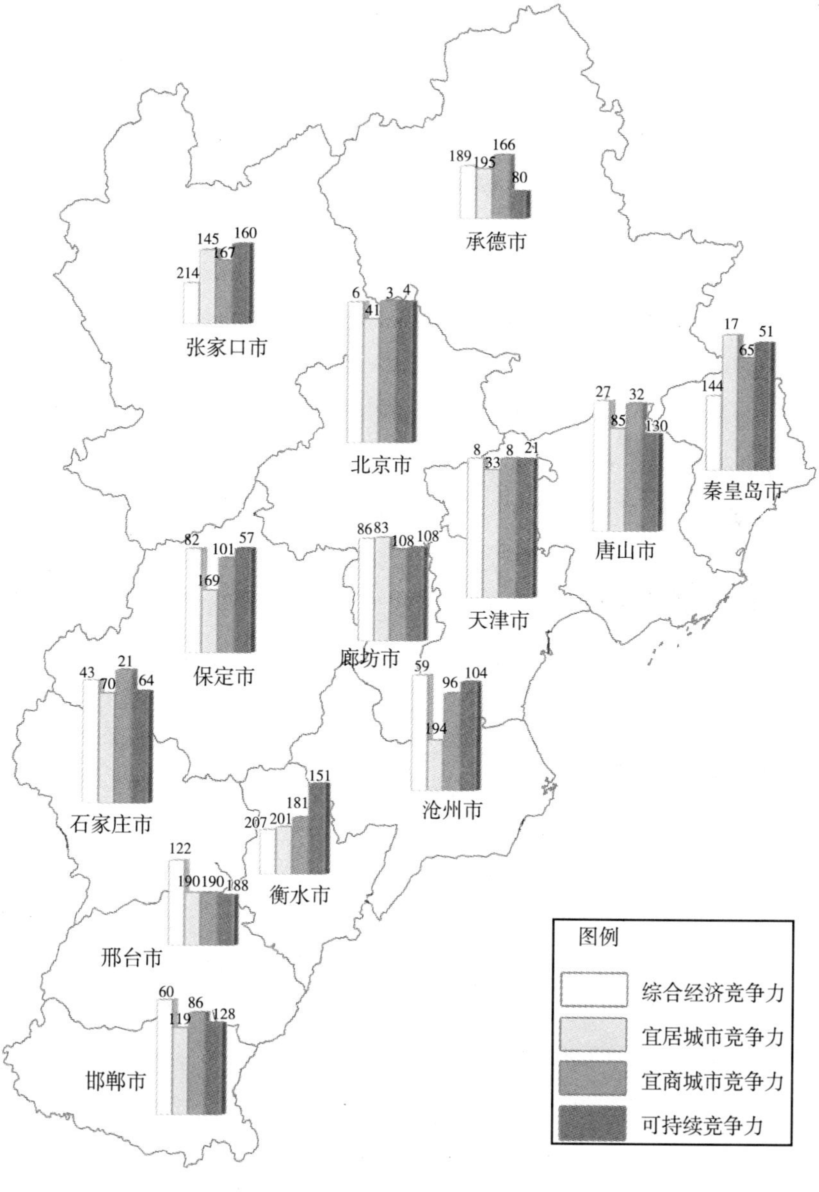

中国（环渤海地区）城市竞争力报告

图 13-1　2013 年京津冀城市竞争力排名

综合效率竞争力则提升了 1 位，显示出在 2013 年，北京市的相对发展效率有所提升。总体来看，北京市不论是在综合经济竞争力还是在综合增量竞争力及综合效率竞争力方面都位居全国城市前列，尤其是综合增量竞争力位居全国第 2 位，

269

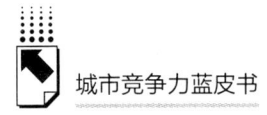

显示出北京市相对于全国绝大多数城市而言,拥有巨大的经济规模和相对较高的经济增长速度,而综合效率竞争力则成为北京市综合经济竞争力进一步提升的主要瓶颈,预期随着北京市文化创意产业、高技术产业及生产性服务业等新兴产业的进一步发展及研发投入的不断增加,北京市的综合效率竞争力将进一步提升,从而带动北京市在全国城市中综合经济竞争力的进一步增强。

(二)宜居城市竞争力:挑战严峻但提升迅速

2013 年北京市宜居城市竞争力指数为 0.636,在全国城市中排名第 41 位,比 2012 年提升了 33 位,是全国最宜居的城市之一,但在四个直辖市及两个特别行政区中,北京市的宜居性仅好于重庆,而不及其他四个城市。尽管高企的房价、严重的空气污染、交通堵塞等因素都对北京的宜居性提出了严峻的挑战,但总体来看,由于资源的高度富集,北京仍是中国最宜居的城市之一,其宜居性主要体现在拥有高素质的居民、完善的医疗卫生服务、丰富的教育资源、发达的商业及良好的公共基础设施等方面,预期如对空气污染、交通堵塞等问题的治理能取得成效,北京市的宜居城市竞争力有望进一步快速提升。

(三)宜商城市竞争力:实力强劲但略有下降

2013 年北京市宜商城市竞争力指数为 0.918,在全国城市中排名第 3 位,比 2012 年下降了 1 位,是全国最宜商城市的城市之一,在四个直辖市及两个特别行政区中仅次于香港和上海,领先于天津、重庆和澳门。北京既是首都,又是国际化的大都市,拥有 2000 多万人口的巨大市场,聚集了国内外大量的高端企业和人才,是中国北方重要的交通枢纽。近年来,北京不断加快经济结构转型,支持生产性服务业、文化创意产业等新兴产业的发展,淘汰落后产业,着力构建首都经济圈,营商环境不断优化,保持了对国内外商业活动的吸引力。

(四)可持续竞争力:优势基本保持,短板迅速提升

北京市 2013 年可持续竞争力指数为 0.793,在全国城市中排名第 4 位,与 2012 年相比保持不变,凸显北京市继续保持了非常强的可持续发展能力,在四个直辖市和两个特别行政区中,仅次于香港和上海,稍好于澳门,远好于天

津和重庆。其中，在知识、和谐、文化、全域及信息这些优势项目方面，北京市的竞争力优势得以继续保持，同时在一直以来制约北京市可持续发展的生态状况方面，竞争力有大幅提升，从 2012 年的第 119 位提升到了第 92 位，但仍然与其可持续竞争力第 4 位的位置极不相符，预示着未来一段时间，生态环境的改善仍将是北京市在发展中所面临的主要挑战（见表 13 - 1）。

表 13 - 1　2013 年北京市城市宜居、宜商城市、可持续竞争力及其分项

城市	宜居城市竞争力指数	宜商城市竞争力指数	知识城市竞争力指数	和谐城市竞争力指数	生态城市竞争力指数	文化城市竞争力指数	全域城市竞争力指数	信息城市竞争力指数	可持续竞争力指数
北京	0.636	0.918	1.000	0.631	0.549	0.862	0.690	0.884	0.793
指数均值	0.636	0.918	1.000	0.631	0.549	0.862	0.690	0.884	0.793
城市	排名	排名	排名	排名	排名	排名	排名	排名	排名
北京	41	3	1	8	92	3	5	5	4
指数均值	7	3	1	3	9	3	3	3	3

资料来源：中国社会科学院城市与竞争力指数数据库。

北京市 2013 年知识城市竞争力指数为 1.000，继续保持了 2012 年全国城市中排名第 1 的位置，在全国城市中占据着科技与教育的最高峰，遥遥领先于其他直辖市及香港和澳门。北京无疑是中国的科技中心和教育中心，2012 年全市招收研究生人数达到 8.7 万人，专职从事研发的人员达 31.8 万人，专利申请量和授权量分别达到 92305 件和 50511 件，年增长率分别为 18.4% 和 23.5%，技术合同成交总额达 2458.5 亿元，年增长 30.1%，伴随着这种快速增长，北京的知识城市竞争力必将更加巩固。

北京市 2013 年和谐城市竞争力指数为 0.631，在全国城市中排名第 8 位，比 2012 年提升了 4 位，是全国最和谐的城市之一，仅次于香港和澳门，好于其他三个直辖市。北京拥有较完善的社会服务管理体系和较为健全的社会矛盾化解机制，社会生活中的制度化和法治化水平较高，公众的社会参与度较高，群众的利益受到高度重视，社会保障程度较高，如新型农村医疗参与率达到 98.1%，不断增加的外来人口使得其包容性持续提高。

北京市 2013 年生态城市竞争力指数为 0.549，在全国城市中排名第 92 位，比 2012 年提升了 27 位，是全国生态较好的城市之一，但在直辖市和特别行政

区中仅好于天津，距香港、澳门、上海及重庆均有较大差距。作为人口众多的超级大都市，北京的资源环境压力一直在持续增加，最为突出的是空气污染极其严重，生态环境的不断恶化已成为北京市实现可持续发展所面临的主要瓶颈，2012年北京市在环境保护方面有所进展，全市污水处理率和生活垃圾无害化处理率进一步提高，机动车牌照发放继续收紧，限行政策继续执行，全年完成造林面积2.5万公顷，比2011年增长2倍，生态环境有所改善。

北京市2013年文化城市竞争力指数为0.862，在全国城市中排名第3位，与2012年排名持平，是全国最具文化性的城市之一，但在直辖市和特别行政区中稍逊于香港和上海，远远领先于澳门、天津和重庆。北京城有悠久的历史，具有自身独特的文化底蕴，同时北京作为国际大都市，国内外各种文化汇集于此，在大力发展以现代文化为标志的文化产业的同时，也在不断加强对传统文化的保护，文化产业和事业发达，2012年北京市公共图书馆藏书量达到5100万册，注册博物馆165座，出版报纸254种，出版期刊3044种，出版图书18.2万种，这些都显示出北京强大的文化实力。

北京市2013年全域城市竞争力指数为0.690，在全国城市中排名第5位，比2012年提升了1位，是全国城乡发展最协调的城市之一，仅次于香港和澳门，为中国大陆城乡发展最协调的城市，稍好于上海，远好于天津和重庆。北京市一直致力于城乡要素的平等交换和公共资源的均衡配置，积极推动农村发展，2012年年末常住人口中城镇人口比重达到86.2%，农业相关产业发达，农村观光园收入达到26.9亿元，比2011年增长了23.8%，北京通过加快新型农村建设，推进村庄社区化管理，并不断鼓励大企业与小城镇对接，提升小城镇的综合承载能力，不断促进农村地区的发展。

北京市2013年信息城市竞争力指数为0.884，在全国城市中排名第5位，比2012年下降了1位，是全国最开放、物质和信息交流最便捷的城市之一，在直辖市和特别行政区中稍次于上海和香港，略好于天津和澳门，远好于重庆。北京拥有全国最发达的信息及交通基础设施，是北方的交通枢纽，2012年全年货运量达28649.5万吨，客运量达149035.6万人，同时进出口总值达4079.2亿美元，接待入境旅游者500.9万人次，邮电业务总量547.3亿元，不断进行着海量的人员、物资和信息交流。

(五)结论与政策建议

尽管北京市的综合经济竞争力位列全国城市第 6 位,但其指数还不到 0.5,可见其与第 1 位的香港之间仍存在巨大的差距,同时也预示着在经济发展方面,北京市仍有巨大的潜力可以挖掘,但如何挖掘,就需从可持续竞争力入手。北京市的可持续竞争力位列全国城市第 4 位,高于其综合经济竞争力排位,预示着北京市综合经济竞争力将进一步提升,然而,就可持续竞争力本身而言,排名第 92 位的生态城市竞争力仍是其短板,再加上房价高企、交通拥堵等社会因素,使得北京市的宜居城市竞争力也仅位列第 41 位,但同时北京市的宜商城市竞争力却位列第 3 位(见图 13-2)。在四个直辖市与两个特别行政区中,北京市的城市竞争力总体上居于中上水平,次于香港和上海,但好于天津、澳门与重庆,其中在知识城市竞争力方面优势明显,而在宜居城市竞争力及生态城市竞争力方面均在六个城市中排名倒数第 2,相对较差。由此可

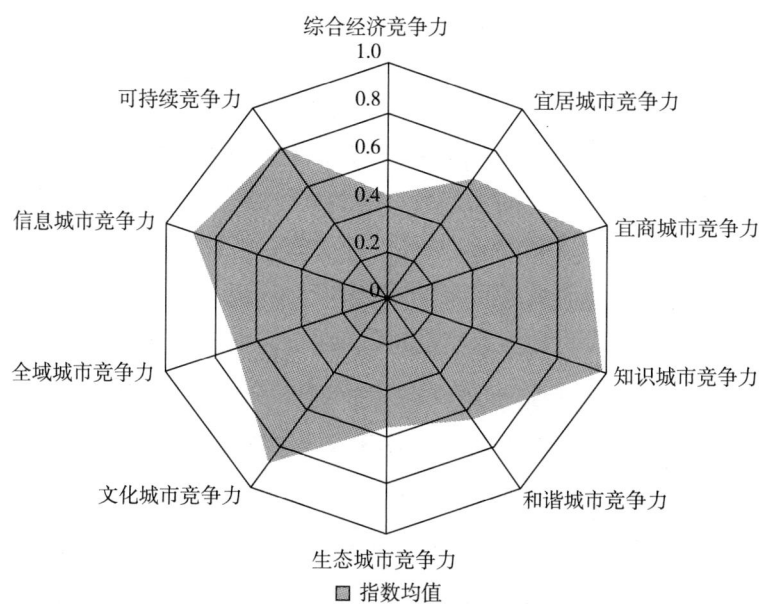

图 13-2 2013 年北京市城市竞争力

资料来源:中国社会科学院城市与竞争力指数数据库。

见，虽然北京市在营商方面环境优越，且经济发展强劲，但宜居方面的短板已成为制约北京市可持续发展的主要制约，如不尽快加以解决，最终必将危及北京市的整体发展。因此改善生态环境，解决交通拥堵、房价高企等社会问题已成为北京市的当务之急。

二 中国城市竞争力（天津）报告

天津位于华北平原海河五大支流汇合处，东临渤海，面积1.195万平方千米，占全国总面积的0.12%，是中国第三大城市及中国北方最大的港口城市。2012年，天津市年末常住人口为1413.15万人，地区生产总值12885.18亿元，比2011年增长13.8%，其中滨海新区生产总值达7205.17亿元，比2011年增长20.1%；全年城镇居民人均可支配收入为29626元，比2011年增长10.1%，农村居民人均可支配收入为13571元，比2011年增长14.1%；全年港口货物吞吐量4.77亿吨，增长5.2%，北方国际航运中心和物流中心建设得到稳步推进。

（一）综合经济竞争力：综合表现提升，效率相对下降

2013年天津市综合经济竞争力指数为0.430，全国城市中排名第8位，在四个直辖市和两个特别行政区中好于澳门和重庆，但落后于香港、上海和北京。其中综合增量竞争力指数达到0.842，在全国城市中排名位居第3，仅次于上海和北京，综合效率竞争力指数为0.049，在全国城市中排名第18位，在四个直辖市及港澳中仅好于重庆。与2012年相比，天津市的综合经济竞争力和综合增量竞争力排名分别提升了1位，而综合效率竞争力排名却下降了9位，显示出在2013年，天津市的相对发展效率有较大的下降。总体上来看，天津市2013年综合经济竞争力的提升主要源于其综合增量竞争力的提升，综合效率竞争力的下降则制约了其综合经济竞争力的进一步提升，预期随着滨海新区的进一步发展及北方国际航运中心和物流中心建设的进一步推进，其综合效率竞争力有望稳步回升。

（二）宜居城市竞争力：仍居前列但下降明显

2013年天津市宜居城市竞争力指数为0.654，在全国城市中排名第33位，比2012年下降了16位，但仍为全国最宜居城市之一，在四个直辖市和港澳中仅次于香港和上海，好于澳门、北京及重庆。天津市是我国最早设立的三大直辖市之一，市政基础设施完善，工商服务业发达，人口素质较高，虽然面临着较大的社会服务管理压力及资源环境压力，但其宜居性仍居于全国前列，预期如能较好解决社会服务管理及生态环境方面存在的问题，宜居城市竞争力有望企稳回升。

（三）宜商城市竞争力：大幅提升且首入前10

2013年天津市宜商城市竞争力指数为0.702，在全国城市中排名第8位，比2012年提升了7位，是全国最宜商的城市之一，在四个直辖市及港澳中稍好于重庆和澳门，较香港、上海和北京有较大差距。天津市是我国最早开放的沿海城市之一，人口众多，是北方公路、铁路交通的枢纽和最大的港口城市，区位条件优越。近年来，依托滨海新区，不断加大对外开放力度，大力发展高水平现代制造业，国际贸易与航运服务中心的功能不断完善，对国内外商业活动的吸引力进一步提升。

（四）可持续竞争力：总体略有下降，短板仍需警惕

天津市2013年可持续竞争力指数为0.555，在全国城市中排名第21位，与2012年相比下降了1位，需提高警惕，在四个直辖市与港澳中仅略好于重庆。从可持续竞争力分项来看，仅有和谐城市竞争力和信息城市竞争力与2012年相比有所上升，其余4项均下降，其中特别是和谐城市竞争力，虽然大幅提升，但仍距合理水平有较大差距，仍为短板之一。其另一短板是生态城市竞争力，相比2012年还有所下降，需高度重视，天津市在可持续发展方面仍需加大力度，尤其要着力提升社会服务管理水平与改善生态环境（见表13-2）。

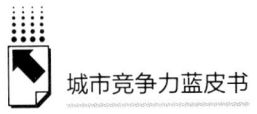

表13-2 2013年天津市城市宜居、宜商城市、可持续竞争力及其分项

城市	宜居城市竞争力指数	宜商城市竞争力指数	知识城市竞争力指数	和谐城市竞争力指数	生态城市竞争力指数	文化城市竞争力指数	全域城市竞争力指数	信息城市竞争力指数	可持续竞争力指数
天津	0.654	0.702	0.713	0.404	0.436	0.550	0.440	0.819	0.555
指数均值	0.654	0.702	0.713	0.404	0.436	0.550	0.440	0.819	0.555
城市	排名	排名	排名	排名	排名	排名	排名	排名	排名
天津	33	8	9	90	151	13	22	9	21
指数均值	5	4	4	7	19	5	6	4	5

资料来源：中国社会科学院城市与竞争力指数数据库。

天津市2013年知识城市竞争力指数为0.713，在全国城市中排名第9位，比2012年下降了1位，是全国科技与教育最发达的城市之一，在四个直辖市及港澳中差于北京、上海和香港，好于重庆和澳门。2012年，天津市全年专利申请量达到41500件，比2011年增长14.5%，全社会研发经费支出占生产总值的比重提高到2.7%，全市科技型中小企业达到3.5万家，年末全市人才总量达到214万人，显示出很强的自主研发能力和很高的教育水平。

天津市2013年和谐城市竞争力指数为0.404，在全国城市中排名第90位，比2012年提升了43位，是全国较为和谐的城市之一，在四个直辖市及港澳中仅好于重庆。虽然与2012年相比大幅提升43位，但第90位的排名仍然与天津市在全国城市体系中的地位极不相符，凸显出天津市在改善社会服务管理方面面临的巨大压力，必须不断提升社会保障水平和政府服务管理水平，进一步提升社会和谐水平。

天津市2013年生态城市竞争力指数为0.436，在全国城市中排名第151位，比2012年下降了4位，生态状况在全国城市中处于中等水平，在四个直辖市及港澳中垫底。作为人口众多的特大型城市，天津市的资源环境压力巨大，2012年第二产业增加值占比达51.7%，节能降耗任务艰巨，对环境污染的治理仍需加大力度。

天津市2013年文化城市竞争力指数为0.550，在全国城市中排名第13位，比2012年下降了5位，是全国最具文化性的城市之一，在四个直辖市及港澳

中国（环渤海地区）城市竞争力报告

中仅稍好于重庆，距香港、上海和北京均有较大差距。天津城历史悠久，文化底蕴深厚，公共文化服务水平较高，2012年出版报纸9.09亿份，期刊3799.36万册，图书4260万册，文化创意产业蓬勃发展，国家动漫产业综合示范园注册文化创意类企业近300家，滨海高新区被认定为首批国家级文化和科技融合示范基地。

天津市2013年全域城市竞争力指数为0.440，在全国城市中排名第22位，比2012年下降了4位，是全国城乡发展最协调的城市之一，但在四个直辖市及港澳中位列倒数第2，仅高于重庆。2012年，天津市坚持实施城乡一体化发展战略，不断推进农村城镇化、工业化和现代化发展，90%以上的农户进入产业化体系，县域经济迅速发展壮大。

天津市2013年信息城市竞争力指数为0.819，在全国城市中排名第9位，比2012年提升了4位，是全国最开放、物质和信息交流最便捷的城市之一，在四个直辖市及港澳中优于澳门和重庆，但与上海和香港差距较大，与北京也存在一定差距。作为最早对外开放的沿海城市之一，天津对外开放的水平一直很高。2012年，累计实际利用外资554亿美元，引进内资8483亿元，国际航运中心和国际物流中心的功能进一步提升，天津港航道达到30万吨级，货物吞吐量4.77亿吨，居世界第4位，集装箱吞吐量1230万标准箱，航空、公路和铁路交通建设也快速发展。

（五）结论与政策建议

天津市的综合经济竞争力位列全国城市第8位，但其指数不足综合经济竞争力排位第1的香港的一半，预示着天津经济发展仍有巨大空间，需从提升可持续竞争力入手。天津市的可持续竞争力排名为第21位，低于其综合经济竞争力排名，预示着如不着手不断提升自身的可持续竞争力，天津市的综合经济竞争力将受到损害。具体就可持续竞争力来看，和谐城市竞争力与生态城市竞争力为其短板，前者虽大幅提升43位，但排名全国第90位的位置仍不乐观，后者则下降4位，需引起高度重视（见图13-3）。与这两方面的弱势表现相应的是，天津市的宜居城市竞争力相对下降，表明在与其他城市的竞争中，天津市在这些方面的建设步伐相对缓慢。在四个直辖市与两个特别行政区中，天津市的城市竞争力总体上居于中下，次于香港、上海和北京，好于澳门与重庆，相对而言城市竞争力各方面缺少优势明显的项目，生态城市竞争力方面更是在六个城市中垫底。

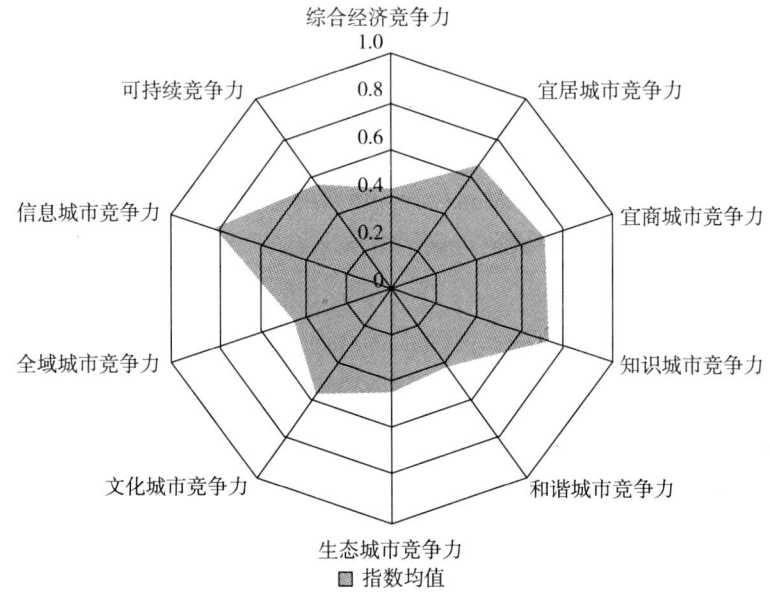

图 13-3　2013 年天津市城市竞争力

资料来源：中国社会科学院城市与竞争力指数数据库。

三　中国城市竞争力（河北）报告

河北省，简称冀，位于华北，东临渤海、内环京津，省会为石家庄。全省面积 18.88 万平方千米，占全国总面积的 1.97%。2012 年，河北省年末常住人口为 7287.51 万人，地区生产总值 26575 亿元，比 2011 年增长 9.6%，其中民营经济实现增加值 17232.8 亿元，比 2011 年增长 11.2%，占地区生产总值的比重达 64.8%。全年城镇居民人均可支配收入达 20543 元，比 2011 年增长 12.3%；农民人均纯收入达 8081 元，比 2011 年增长 13.5%。2012 年大力实施"一产抓特色、二产抓提升、三产抓拓展"的经济发展战略，全省地区生产总值中第一、第二、第三产业比重分别达到 12%、52.7% 和 35.3%。

(一)综合经济竞争力:规模扩张暂缓,效率稳步提升

2013年河北省各城市综合经济竞争力指数均值为0.100,在全国除西藏外的省级行政区域中排名第13位。其中综合增量竞争力指数均值为0.131,在全国除西藏外的省级行政区域中排名第11位,综合效率竞争力指数均值为0.009,在全国除西藏外的省级行政区域中排名第15位。省内各城市综合经济竞争力指数、综合增量竞争力指数及综合效率竞争力指数的变异系数分别为0.453、0.712和0.672,排名分别为第12位、第8位和第6位,可见在包括一个以上城市样本的省级行政区域中,河北省各城市这三项的差异程度均相对较小。与2012年相比,河北省的综合经济竞争力保持不变,但综合增量竞争力与综合效率竞争力则分别下降和上升了1位,显示出在2013年,河北省虽然在量的增长方面竞争力有所下降,但在效率方面的竞争力却有所提升。总体来看,相对效率的提升弥补了相对规模扩张方面的下降对综合经济竞争力的损害,预期效率方面的提升最终将带来相对规模扩张方面的较快增长。

(二)宜居城市竞争力:小幅提升但仍较落后

2013年河北省各城市宜居城市竞争力指数均值为0.472,在全国除西藏和台湾外的省级行政区域中排名第17位,比2012年提升4位,在全国居于中下水平,指数方差为0.011,变异系数为0.225,在全国包括一个以上城市样本的省级行政区域中排名分别为第8位和第7位,可见河北省各城市间在宜居性方面相对差距较小。2013年河北省最宜居的城市为秦皇岛,其宜居城市竞争力在全国城市中排名第17位,是全国最宜居的城市之一,遥遥领先于省内其他城市;宜居性较好的城市有石家庄、廊坊和唐山;宜居性一般的城市是邯郸、张家口、保定、邢台、沧州、承德;宜居性较差的城市是衡水。

(三)宜商城市竞争力:仍居中上但略有下降

2013年河北省各城市宜商城市竞争力指数均值为0.340,在全国除西藏和台湾外的省级行政区域中排名第13位,比2012年下降了1位,但仍在全国居

于中上水平，指数方差为 0.016，变异系数为 0.373，在全国包括一个以上城市样本的省级行政区域中排名分别为第 11 位和第 8 位，可见河北省各城市在宜商城市性方面相对差距较小。2013 年河北省有两个城市进入了全国前 50 名，分别是排名第 21 位的石家庄和第 32 位的唐山，均为全国最宜商城市之一，其次秦皇岛、邯郸和沧州的宜商城市性也较好，保定、廊坊、承德和张家口则在宜商城市方面表现一般，衡水和邢台表现较差。

（四）可持续竞争力：总体表现略降，短板制约明显

河北省各城市 2013 年可持续竞争力指数均值为 0.327，在全国除西藏和台湾外的省级行政区域中排名第 15 位，与 2012 年相比，下降了 2 位，在全国居于中上水平，指数方差为 0.004，变异系数为 0.186，在全国包括一个以上城市样本的省级行政区域中均排名第 3 位，可见河北省各城市可持续竞争力相对差距非常小。从可持续竞争力分项来看，除知识城市竞争力与文化城市竞争力略有上升外，其余各项持平或有所下降，其中生态城市竞争力更是大幅下降了 13 位，需引起高度重视。具体从各城市来看，河北省各城市无一进入可持续竞争力排名全国前 50 名，可持续竞争力方面表现较好的城市包括石家庄、秦皇岛、保定和承德，省内其余城市均表现一般（见表 13-3）。

表 13-3　2013 年河北省城市宜居、宜商城市、可持续竞争力及其分项

城市	宜居城市竞争力指数	宜商城市竞争力指数	知识城市竞争力指数	和谐城市竞争力指数	生态城市竞争力指数	文化城市竞争力指数	全域城市竞争力指数	信息城市竞争力指数	可持续竞争力指数
石家庄	0.568	0.597	0.541	0.436	0.254	0.366	0.330	0.559	0.389
唐山	0.528	0.521	0.428	0.396	0.217	0.229	0.250	0.493	0.300
秦皇岛	0.716	0.408	0.335	0.406	0.486	0.462	0.316	0.662	0.423
邯郸	0.476	0.354	0.314	0.410	0.271	0.326	0.232	0.472	0.302
邢台	0.387	0.211	0.248	0.292	0.276	0.284	0.248	0.316	0.233
保定	0.414	0.322	0.401	0.386	0.615	0.338	0.271	0.521	0.398
张家口	0.437	0.228	0.242	0.341	0.388	0.197	0.221	0.427	0.262
承德	0.381	0.230	0.219	0.470	0.736	0.444	0.248	0.242	0.365
沧州	0.381	0.334	0.230	0.422	0.403	0.298	0.256	0.537	0.324

续表

城市	宜居城市竞争力指数	宜商城市竞争力指数	知识城市竞争力指数	和谐城市竞争力指数	生态城市竞争力指数	文化城市竞争力指数	全域城市竞争力指数	信息城市竞争力指数	可持续竞争力指数
廊坊	0.530	0.311	0.402	0.409	0.301	0.267	0.277	0.479	0.323
衡水	0.375	0.220	0.261	0.318	0.396	0.226	0.203	0.468	0.273
指数均值	0.472	0.340	0.329	0.390	0.395	0.312	0.259	0.471	0.327
指数方差	0.011	0.016	0.011	0.003	0.026	0.007	0.001	0.013	0.004
指数变异系数	0.225	0.373	0.313	0.135	0.411	0.276	0.146	0.242	0.186
城市	排名	排名	排名	排名	排名	排名	排名	排名	排名
石家庄	70	21	41	65	236	56	56	65	64
唐山	85	32	74	97	253	144	123	96	130
秦皇岛	17	65	105	88	129	39	63	33	51
邯郸	119	86	115	82	228	79	135	108	128
邢台	190	190	167	191	226	109	124	195	188
保定	169	101	84	109	61	72	100	81	57
张家口	145	167	171	137	184	187	145	132	160
承德	195	166	188	42	21	42	125	242	80
沧州	194	96	181	72	171	97	116	72	104
廊坊	83	108	83	85	218	119	96	104	108
衡水	201	181	157	159	178	150	164	111	151
指数均值	17	13	15	11	24	12	17	14	15
指数方差	8	11	3	2	15	3	3	6	3
指数变异系数	7	8	5	2	14	5	3	5	3

资料来源：中国社会科学院城市与竞争力指数数据库。

河北省各城市2013年知识城市竞争力指数均值为0.329，在全国除西藏和台湾外的省级行政区域中排名第15位，比2012年提升了1位，在全国居于中上水平，指数方差为0.011，变异系数为0.313，在全国包括一个以上城市样本的省级行政区域中排名分别为第3位和第5位，可见河北省各城市在科技和教育方面相对差距非常小。2013年河北省仅省会城市石家庄在知识城市竞争力方面进入全国前50名，排第41位，其次表现较好的城市有廊坊、唐山和保定，秦皇岛、邯郸、衡水和邢台的知识城市竞争力一般，而张家口、沧州和

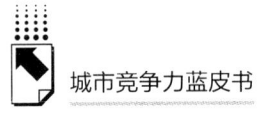

承德的则较差。

河北省各城市2013年和谐城市竞争力指数均值为0.390，在全国除西藏和台湾外的省级行政区域中排名第11位，比2012年下降了3位，降至全国中上水平，指数方差为0.003，变异系数为0.135，在全国包括一个以上城市样本的省级行政区域中排名均为第2位，可见河北省各城市在社会和谐方面相对差距非常小。2013年和谐城市竞争力方面进入全国前50名的河北省城市是承德，排第42位，其次石家庄、沧州、邯郸等6个城市均表现较好，保定、张家口和衡水表现一般，邢台则较差。

河北省各城市2013年生态城市竞争力指数均值为0.395，在全国除西藏和台湾外的省级行政区域中排名第24位，比2012年下降了13位，降至全国较差水平，指数方差为0.026，变异系数为0.411，在全国包括一个以上城市样本的省级行政区域中排名分别为第15位和第14位，可见河北省各城市在生态状况方面相对差距也较大。2013年生态城市竞争力方面，河北省城市除全国排名第21位的承德为全国生态最好城市之一外，表现较好的城市只有排名第61位的保定，表现一般的城市只有排名第129位的秦皇岛，此外其他城市均表现较差。

河北省各城市2013年文化城市竞争力指数均值为0.312，在全国除西藏和台湾外的省级行政区域中排名第12位，比2012年提升了2位，居于全国中上水平，指数方差为0.007，变异系数为0.276，在全国包括一个以上城市样本的省级行政区域中排名分别为第3位和第5位，可见河北省各城市在文化性方面相对差距非常小。2013年文化城市竞争力进入全国前50名的河北省城市有秦皇岛和承德，分列第39位和第42位，表现较好的城市有石家庄、保定、邯郸和沧州，张家口表现较差，其余城市表现一般。

河北省各城市2013年全域城市竞争力指数均值为0.259，在全国除西藏和台湾外的省级行政区域中排名第17位，与2012年持平，居于全国中等水平，指数方差为0.001，变异系数为0.146，在全国包括一个以上城市样本的省级行政区域中排名分别为第3位和第3位，可见河北省各城市在城乡协调发展方面相对差距非常小。2013年河北省城市无一进入全域城市竞争力全国前50名，全国排名最靠前的石家庄为第56位，其他表现较好的城市还包括秦皇岛和廊坊，其余城市均表现一般。

河北省各城市 2013 年信息城市竞争力指数均值为 0.471，在全国除西藏和台湾外的省级行政区域中排名第 14 位，比 2012 年下降了 1 位，居于全国中等水平，指数方差为 0.013，变异系数为 0.242，在全国包括一个以上城市样本的省级行政区域中排名分别为第 6 位和第 5 位，可见河北省各城市在开放程度及物质和信息交流便捷方面相对差距非常小。2013 年信息城市竞争力方面，秦皇岛市位列全国第 33 位，为全国最开放及物质和信息交流最便捷的城市之一，石家庄、沧州、保定、唐山表现较好，廊坊、邯郸、衡水、张家口表现一般，邢台较差，承德则为全国信息城市竞争力较弱的城市之一。

（五）结论与政策建议

尽管 2013 年河北省各城市综合经济竞争力指数均值在全国除西藏外的省级行政区域中排名第 13 位，属于中上水平，但其指数均值仅约为 0.1，是排名第 1 位的香港的 1/10，差距十分巨大。从可持续竞争力角度来看，其全国排名为第 15 位，略低于其综合经济竞争力排名，如希望继续保持或提升自身综合经济竞争力，则仍需大力提升省内各城市的可持续竞争力，从各分项来看，和谐城市竞争力和文化城市竞争力表现较好，知识、全域和信息城市竞争力方面表现一般，生态城市竞争力方面则表现较差，受此拖累，省内各城市宜居城市竞争力指数均值仅排名第 17 位（见图 13-4）。总体来看，河北省各城市在可持续竞争力各分项及宜居和宜商城市竞争力方面没有特别突出的项目，全域城市竞争力及生态城市竞争力方面则是较为明显的短板。因此，河北省需在全面提升各城市的可持续竞争力的同时，着重解决城乡协调发展与生态环境改善方面的问题。

京津冀是中国三大城市群之一，但目前一方面存在着发展不平衡的问题，另一方面还存在着严重的生态环境问题。前者突出表现在与北京市的一枝独秀相比之下，天津及河北各城市发展的相对滞后，2012 年北京市城镇居民人均可支配收入达到 36469 元，相比之下天津市为 29626 元，约为北京市的 81%，河北仅为 20543 元，仅为北京市的 56%，反映出它们之间经济发展水平存在

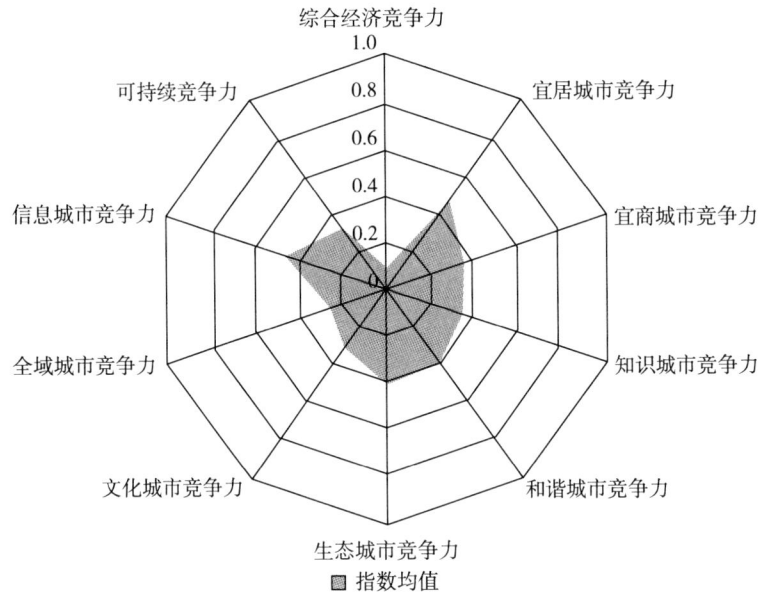

图 13-4 2013 年河北省城市竞争力

资料来源：中国社会科学院城市与竞争力指数数据库。

较大差距，这一点反映在 2013 年城市综合经济竞争力方面，北京市在全国城市中排名第 6 位，天津市紧随其后，排名第 8 位，而河北省排名最高的城市唐山市仅位列第 27，其省会城市石家庄只是排在第 43 位。后者最突出的表现就是自 2012 年末始不时笼罩整个京津冀地区的严重雾霾，环保部 2014 年的发布资料显示，京津冀、长三角和珠三角三大城市群中，京津冀的空气污染最为严重，2013 年环保部监测了 74 个大中城市，空气质量最差的 10 个城市中，京津冀占了 7 个，反映在可持续竞争力方面的就是生态城市竞争力是京津冀城市共同的短板，北京市 2013 年生态城市竞争力仅在全国城市排名第 92 位，天津市为第 151 位，河北省省会城市石家庄更是仅排第 236 位，整个京津冀地区面临着十分严峻的环境形势。

四 中国城市竞争力（山东）报告

山东省位于中国东部沿海、黄河下游，是华东地区的最北端省份，面积

15.71万平方公里，占全国总面积的1.63%。山东省历史悠久，是中国文化的源头和中华民族的重要发祥地之一，也是我国经济实力最强的省份之一。2012年，山东省年末常住人口为9684.47万人，地区生产总值50013.2亿元，比2011年增长9.8%。其中，山东半岛蓝色经济区实现生产总值23645.8亿元，比2011年增长10.7%，黄河三角洲高效生态经济区实现生产总值7274.0亿元，比2011年增长11.8%，人均地区生产总值51769元，约合8201美元，全年城镇居民人均可支配收入25755元，比2011年增长13.0%，农村居民人均纯收入9446元，比2011年增长13.2%，全省城镇化率达到52.4%，比2011年提高1.5个百分点。

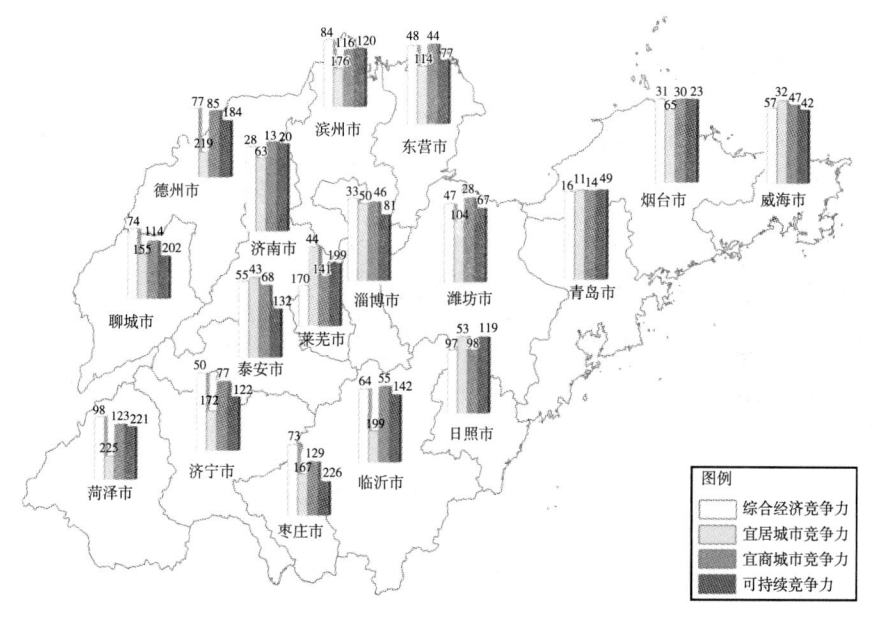

图13-5 2013年山东省城市竞争力排名

（一）综合经济竞争力：综合实力稳定，省内发展均衡

2013年山东省综合经济竞争力指数均值为0.132，在全国除西藏外省级行政区域中排名第10位。其中综合增量竞争力指数均值为0.174，在全国除西藏外省级行政区域中排名第8位，综合效率竞争力指数均值为0.016，在全

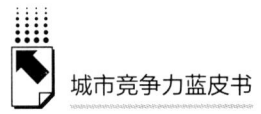

国除西藏外省级行政区域中排名第 11 位。省内各城市综合经济竞争力指数、综合增量竞争力指数和综合效率竞争力指数的变异系数分别为 0.380、0.585 和 0.459，排名分别为第 7、3 和 2 位，可见在包括一个以上城市样本的省级行政区域中，山东省各城市的这三项差距非常小，反映了各城市竞争力差距较小。与 2012 年相比，山东省的综合经济竞争力保持不变，但综合增量竞争力与综合效率竞争力则分别下降和上升了 1 位，显示出在 2013 年，山东省虽然在量的增长方面竞争力有所下降，但在效率方面的竞争力却有所提升。总体上来看，相对效率的提升弥补了相对规模扩张方面的下降对综合经济竞争力的损害，预期效率方面的提升最终将带来相对规模扩张方面的较快增长。

（二）宜居城市竞争力：居于中上但降幅较大

2013 年山东省各城市宜居城市竞争力指数均值为 0.511，在全国除西藏和台湾外的省级行政区域中排名第 14 位，比 2012 年下降了 6 位，由居于前列降至全国中上水平，指数方差为 0.015，变异系数为 0.241，在全国包括一个以上城市样本的省级行政区域中排名分别为第 14 位和第 9 位，可见山东省各城市在宜居性方面相对差距较小。2013 年山东省有 5 个城市进入了宜居城市竞争力全国前 50 名，分别是青岛、威海、泰安、莱芜和淄博，均在全国最宜居城市之列，此外日照、济南、烟台也均在较宜居之列，省内其余城市则表现一般或较差。

（三）宜商城市竞争力：位居前列且略有提升

2013 年山东省各城市宜商城市竞争力指数均值为 0.421，在全国除西藏和台湾外的省级行政区域中排名第 9 位，比 2012 年提升了 1 位，居于全国前列，指数方差为 0.016，变异系数为 0.299，在全国包括一个以上城市样本的省级行政区域中排名分别为第 10 位和第 3 位，可见山东省各城市在宜商城市性方面相对差距非常小。2013 年在宜商城市竞争力方面，除枣庄、莱芜、聊城、滨州和菏泽表现较一般外，济南、青岛、潍坊、烟台、东营、淄博和威海均为全国最宜商城市，省内其余城市均为较宜商城市。

（四）可持续竞争力：总体表现下降，长短板均突出

山东省各城市 2013 年可持续竞争力指数均值为 0.345，在全国除西藏和台湾外省级行政区域中排名第 13 位，与 2012 年相比，下降了 3 位，在全国居于中等水平，指数方差为 0.017，变异系数为 0.376，在全国包括一个以上城市样本的省级行政区域中分别排名第 23 位和第 12 位，可见山东省各城市可持续竞争力相对差距较大。从可持续竞争力分项来看，除知识城市竞争力与全域城市竞争力略有上升外，其余各项均有所下降，其中生态城市竞争力更是大幅下降了 17 位，需引起高度重视。具体从各城市来看，山东省各城市进入可持续竞争力排名全国前 50 名有济南、青岛、烟台和威海，其中青岛更是排名全国第 9 位，可持续竞争力非常强劲，可持续竞争力方面表现较好的城市包括淄博、东营和潍坊，省内其余城市则表现一般或较差（见表 13-4）。

表 13-4 2013 年山东省城市宜居、宜商城市、可持续竞争力及其分项

城市	宜居城市竞争力指数	宜商城市竞争力指数	知识城市竞争力指数	和谐城市竞争力指数	生态城市竞争力指数	文化城市竞争力指数	全域城市竞争力指数	信息城市竞争力指数	可持续竞争力指数
济南	0.582	0.663	0.666	0.591	0.497	0.540	0.407	0.728	0.568
青岛	0.734	0.662	0.594	0.647	0.647	0.561	0.433	0.779	0.612
淄博	0.611	0.468	0.500	0.327	0.327	0.405	0.281	0.503	0.362
枣庄	0.415	0.283	0.296	0.318	0.228	0.140	0.154	0.317	0.193
东营	0.482	0.475	0.519	0.278	0.444	0.289	0.347	0.494	0.367
烟台	0.576	0.535	0.580	0.423	0.771	0.486	0.362	0.670	0.542
潍坊	0.494	0.542	0.453	0.411	0.375	0.287	0.358	0.570	0.383
济宁	0.411	0.371	0.378	0.327	0.341	0.340	0.219	0.441	0.306
泰安	0.627	0.403	0.361	0.356	0.369	0.362	0.163	0.397	0.298
威海	0.657	0.465	0.532	0.440	0.644	0.221	0.384	0.567	0.447
日照	0.598	0.333	0.296	0.223	0.589	0.172	0.190	0.589	0.308
莱芜	0.625	0.268	0.307	0.277	0.044	0.189	0.303	0.487	0.222
临沂	0.377	0.442	0.356	0.342	0.390	0.144	0.206	0.514	0.288
德州	0.342	0.354	0.307	0.271	0.240	0.211	0.206	0.455	0.238
聊城	0.423	0.305	0.431	0.350	0.017	0.246	0.171	0.365	0.217
滨州	0.404	0.298	0.419	0.482	0.194	0.215	0.281	0.465	0.307
菏泽	0.330	0.290	0.267	0.315	0.078	0.234	0.161	0.427	0.199

续表

城市	宜居城市竞争力指数	宜商城市竞争力指数	知识城市竞争力指数	和谐城市竞争力指数	生态城市竞争力指数	文化城市竞争力指数	全域城市竞争力指数	信息城市竞争力指数	可持续竞争力指数
指数均值	0.511	0.421	0.427	0.375	0.364	0.297	0.272	0.516	0.345
指数方差	0.015	0.016	0.015	0.013	0.048	0.018	0.009	0.015	0.017
指数变异系数	0.241	0.299	0.284	0.303	0.601	0.450	0.350	0.241	0.376

城市	排名	排名	排名	排名	排名	排名	排名	排名	排名
济南	63	13	11	14	124	15	29	19	20
青岛	11	14	27	7	51	11	23	11	9
淄博	50	46	52	150	206	45	90	87	81
枣庄	167	129	126	160	248	238	205	192	226
东营	114	44	47	195	147	105	47	95	77
烟台	65	30	29	70	15	28	41	31	23
潍坊	104	28	66	81	193	107	43	62	67
济宁	172	77	89	149	203	70	147	127	122
泰安	43	68	94	125	194	59	198	144	132
威海	32	47	44	60	54	158	36	63	42
日照	53	98	127	235	77	214	172	55	119
莱芜	44	141	121	196	287	196	76	98	199
临沂	199	55	96	135	180	236	161	82	142
德州	219	85	122	200	244	174	160	117	184
聊城	155	114	71	130	288	131	191	162	202
滨州	176	116	78	33	259	167	92	112	120
菏泽	225	123	151	166	281	142	199	131	221
指数均值	14	9	10	15	26	13	14	12	13
指数方差	14	10	6	16	22	20	16	11	23
指数变异系数	9	3	4	7	23	14	9	4	12

资料来源：中国社会科学院城市与竞争力指数数据库。

山东省各城市2013年知识城市竞争力指数均值为0.427，在全国除西藏和台湾外的省级行政区域中排名第10位，比2012年提升了1位，居于

中国（环渤海地区）城市竞争力报告

全国前列，指数方差为 0.015，变异系数为 0.284，在全国包括一个以上城市样本的省级行政区域中排名分别为第 6 位和第 4 位，可见山东省各城市在科技和教育方面相对差距较小。2013 年在知识城市竞争力方面，济南、青岛、烟台、威海和东营表现突出，均进入全国排名前 50 位，均在全国科技与教育最发达城市之列，省内其他城市在这方面也有不错的表现。

山东省各城市 2013 年和谐城市竞争力指数均值为 0.375，在全国除西藏和台湾外的省级行政区域中排名第 15 位，比 2012 年下降了 5 位，降至全国中等水平，指数方差为 0.013，变异系数为 0.303，在全国包括一个以上城市样本的省级行政区域中排名分别为第 16 位和第 7 位，可见山东省各城市在社会和谐方面相对差距较小。2013 年进入和谐城市竞争力排名全国前 50 名的山东省城市有青岛、济南和滨州，省内在这方面表现较好的城市还有威海、烟台和潍坊，省内其他城市则表现一般或较差。

山东省各城市 2013 年生态城市竞争力指数均值为 0.364，在全国除西藏和台湾外的省级行政区域中排名第 26 位，比 2012 年下降了 17 位，降至全国下等水平，指数方差为 0.048，变异系数为 0.601，在全国包括一个以上城市样本的省级行政区域中排名分别为第 22 位和第 23 位，可见山东省各城市在生态状况方面相对差距非常大。2013 年在生态城市竞争力方面，山东省仅烟台一个城市进入全国前 50 名，此外也仅有青岛、威海和日照达到较高水平，德州、滨州、菏泽和莱芜五市则均在全国最差之列。

山东省各城市 2013 年文化城市竞争力指数均值为 0.297，在全国除西藏和台湾外的省级行政区域中排名第 13 位，比 2012 年下降了 1 位，居于全国中上水平，指数方差为 0.018，变异系数为 0.450，在全国包括一个以上城市样本的省级行政区域中排名分别为第 20 位和第 14 位，可见山东省各城市在文化性方面相对差距较大。2013 年山东省文化城市竞争力排名进入全国前 50 名的城市有青岛、济南、烟台和淄博，泰安和济宁在这方面表现较好，日照、临沂和枣庄表现较差，省内其余城市则表现一般。

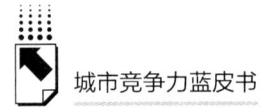

山东省各城市2013年全域城市竞争力指数均值为0.272，在全国除西藏和台湾外的省级行政区域中排名第14位，比2012年提升了2位，居于全国中等水平，指数方差为0.009，变异系数为0.350，在全国包括一个以上城市样本的省级行政区域中排名分别为第16位和第9位，可见山东省各城市在城乡协调发展方面相对差距较小。2013年山东省全域城市竞争力排名进入全国前50名的城市有6个，分别是青岛、济南、威海、烟台、潍坊和东营，均在全国城乡发展最协调城市之列，莱芜、淄博和滨州在这方面也表现较好，省内其余城市则表现一般。

山东省各城市2013年信息城市竞争力指数均值为0.516，在全国除西藏和台湾外的省级行政区域中排名第12位，比2012年下降了2位，居于全国中上水平，指数方差为0.015，变异系数为0.241，在全国包括一个以上城市样本的省级行政区域中排名分别为第11位和第4位，可见山东省各城市在开放程度及物质和信息交流便捷方面相对差距非常小。2013年山东省信息城市竞争力排名进入全国前50名的城市有青岛、济南和烟台，此外日照、潍坊、威海、临沂、淄博、东营和莱芜在这方面也均表现较好，省内其余城市则表现一般。

（五）结论与政策建议

2013年山东省各城市综合经济竞争力指数均值在全国除西藏外的省级行政区域中排名第10位，居于全国前列，但其指数均值不足0.140，少于排名第1的香港的1/5，仍需大力发展经济，追赶先进水平。从可持续竞争力状况来看，其全国排名为第13位，低于其综合经济竞争力排名，预示着如可持续竞争力长期得不到提高，其综合经济竞争力将面临下降的危险。从各分项来看，山东省各城市总体上在宜商城市竞争力与知识城市竞争力方面实力强劲，生态城市竞争力方面表现较差，文化和信息城市竞争力方面表现较好，而在宜居、和谐和全域城市竞争力方面均表现一般（见图13-6）。因此，山东省应在继续发扬优势项目的同时，在城市的宜居性、社会服务管理及城乡协调发展方面继续改进，并高度重视生态环境的改善问题。

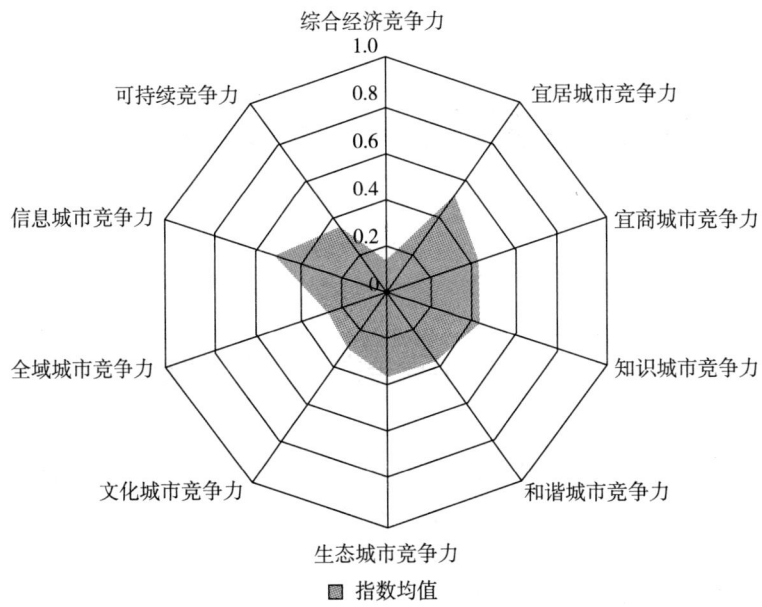

图 13-6　2013 年山东省城市竞争力

资料来源：中国社会科学院城市与竞争力指数数据库。

B.14
中国（东北地区）城市竞争力报告

杨 慧*

一 中国城市竞争力（辽宁）报告

辽宁省位于中国东北地区的南部，下辖14个地级市，其中副省级城市2个（沈阳、大连）。辽宁省是中国东北经济区和环渤海经济区的重要结合部，也是东北地区通向世界、连接欧亚大陆桥的重要门户和前沿地带。全省陆地总面积14.8万平方千米，约占全国陆地总面积的1.5%。2013年末常住人口4390万人，其中城镇人口2917.2万人，占66.5%。2013年辽宁实现地区生产总值2.7万亿元，按可比价计算，同比增长8.7%。全年城镇居民人均可支配收入25578元，农村居民人均纯收入10523元，分别同比增长10.1%和12.1%。辽宁省"十二五"规划的发展目标为，到2015年底，基本实现辽宁老工业基地全面振兴，力争总体发展水平进入东部发达省份行列。经济社会发展的主要目标是经济保持平稳较快发展、结构调整取得重大进展、科技教育水平明显提升、资源节约环境保护成效显著、人民生活水平持续改善、社会建设明显加强及改革开放不断深化。

（一）综合经济竞争力：整体综合经济实力较强，城市间发展不平衡

2013年辽宁省的综合经济竞争力指数均值为0.095，全国排名第14位，总体经济实力较强；指数方差为0.004，全国排名第21位；变异系数为0.650，全国排名第22位，可见省内各城市经济发展水平差距较大。其中，综

---

* 杨慧，中国社会科学院财经战略研究院博士后，研究方向为城市经济、房地产经济。

合增量竞争力指数均值为 0.119，全国排名第 13 位；指数方差为 0.017，全国排名第 23 位；变异系数为 1.091，全国排名第 20 位。综合效率竞争力指数均值为 0.009，全国排名第 14 位；指数方差为 0.00006，全国排名第 20 位；变异系数为 0.834，全国排名第 10 位。综合经济竞争力省内排名依次是：大连、沈阳、鞍山、营口、盘锦、本溪、锦州、辽阳、抚顺、铁岭、丹东、朝阳、葫芦岛、阜新（见图 14-1）。

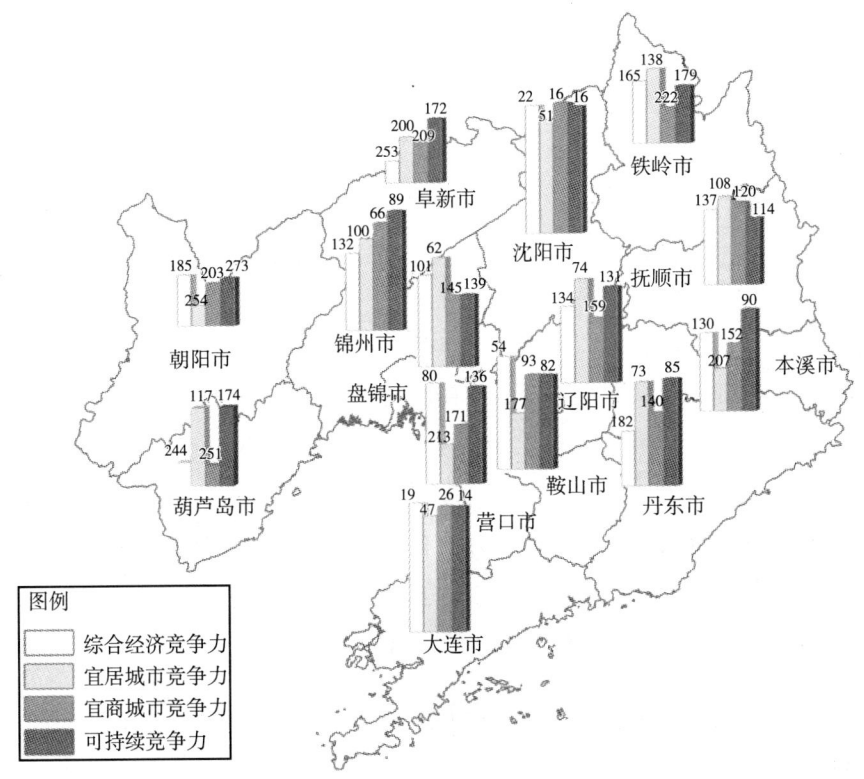

图 14-1　2013 年辽宁省城市竞争力排名

总体看，辽宁省整体的经济实力较强，经济增量和经济效率均较好。但是辽宁省城市间发展不平衡，大连、沈阳等少数城市发展较快，其他城市发展较慢。其主要原因是，除沈抚新城发展态势良好以外，重点推动的辽宁沿海经济带和沈阳经济区效果仍未显现，丹东、葫芦岛等沿海城市综合经济竞争力仍较差，阜新等资源枯竭型城市经济转型仍未完成。因此，辽宁省要充分发挥沿海

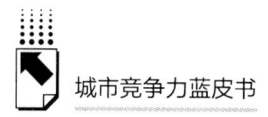

城市的优势,注重区域发展战略,促进区域协调发展,更好地发挥大连、沈阳等城市的辐射带动作用,促进各城市的均衡协调发展。

(二)宜居城市竞争力:整体竞争力一般,城市间发展较为均衡

辽宁省宜居城市竞争力一般,各城市间均衡性较好。2013年指数均值为0.473,全国排名第16位;指数方差为0.011,全国排名第9位;变异系数为0.225,全国排名第8位。大连、沈阳和盘锦在全国排名分别为第47位、第51位和第62位,共有5个城市排名进入前100位,但本溪、营口和朝阳3个城市的排名在200位之后。未来辽宁省应进一步加强宜居城市建设,为群众提供良好的人文社会环境,保证人民群众共享城市发展的成果。

(三)宜商城市竞争力:整体竞争力中等,且城市间发展较不平衡

辽宁省宜商城市竞争力处于中等水平,城市间发展不均衡现象较为突出。2013年指数均值为0.298,全国排名第18位;指数方差为0.020,全国排名第20位;变异系数为0.479,全国排名第14位。沈阳和大连在全国的排名分别为第16位和第26位,朝阳、阜新、铁岭、葫芦岛4个城市却排名在200位之外。可见,辽宁省的宜商城市竞争力水平一般,未来,辽宁省要进一步深化国有企业体制改革,增强市场活力,增加居民收入,在改善投资营商环境、完善政策制度等方面多下功夫,创造良好的宜商城市环境。

(四)可持续竞争力:和谐城市竞争力表现突出,生态城市竞争力亟待增强

2013年辽宁省可持续竞争力指数均值为0.332,全国排名第14位;指数方差为0.017,全国排名第17位;变异系数为0.389,全国排名第13位。总体来说,辽宁省的可持续竞争力处于全国中上游水平,省内各城市发展均衡性表现一般。具体来看,经济实力较强的沈阳、大连等城市可持续竞争力较强,经济实力较差的朝阳和葫芦岛可持续竞争力较弱,值得注意的是,综合经济竞争力较弱的丹东、抚顺具有相对较强的可持续竞争力,可见这些资源

中国（东北地区）城市竞争力报告

枯竭型城市虽然未完成产业结构转型，但已初步取得良好的进展（见表14-1）。

表14-1 2013年辽宁省城市宜居、宜商城市、可持续竞争力及其分项

城市	宜居城市竞争力指数	宜商城市竞争力指数	知识城市竞争力指数	和谐城市竞争力指数	生态城市竞争力指数	文化城市竞争力指数	全域城市竞争力指数	信息城市竞争力指数	可持续竞争力指数
沈阳	0.609	0.630	0.655	0.613	0.612	0.550	0.430	0.702	0.593
大连	0.619	0.555	0.668	0.672	0.799	0.297	0.442	0.690	0.594
鞍山	0.403	0.346	0.422	0.595	0.162	0.328	0.338	0.495	0.361
抚顺	0.489	0.291	0.336	0.498	0.272	0.279	0.344	0.378	0.317
本溪	0.365	0.251	0.309	0.393	0.406	0.294	0.354	0.524	0.350
丹东	0.561	0.270	0.286	0.336	0.504	0.305	0.311	0.554	0.353
锦州	0.499	0.405	0.411	0.458	0.188	0.289	0.306	0.636	0.352
营口	0.357	0.226	0.279	0.353	0.281	0.253	0.315	0.500	0.293
阜新	0.377	0.191	0.274	0.462	0.121	0.240	0.295	0.370	0.252
辽阳	0.556	0.239	0.280	0.476	0.229	0.219	0.308	0.498	0.299
盘锦	0.584	0.257	0.270	0.316	0.346	0.253	0.370	0.402	0.289
铁岭	0.446	0.175	0.188	0.402	0.321	0.212	0.259	0.338	0.244
朝阳	0.274	0.196	0.117	0.007	0.177	0.193	0.164	0.320	0.103
葫芦岛	0.481	0.140	0.238	0.302	0.386	0.169	0.187	0.461	0.249
指数均值	0.473	0.298	0.338	0.420	0.343	0.277	0.316	0.490	0.332
指数方差	0.011	0.020	0.025	0.027	0.036	0.008	0.006	0.015	0.017
指数变异系数	0.225	0.479	0.466	0.392	0.553	0.328	0.245	0.253	0.389
城市	排名	排名	排名	排名	排名	排名	排名	排名	排名
沈阳	51	16	14	10	62	12	24	23	16
大连	47	26	10	5	9	99	20	26	14
鞍山	177	93	76	13	271	77	53	94	82
抚顺	108	120	104	30	227	111	51	154	114
本溪	207	152	118	102	166	101	45	79	90
丹东	73	140	132	142	118	91	69	66	85
锦州	100	66	81	48	262	104	74	40	89
营口	213	171	139	128	224	126	64	88	136
阜新	200	209	144	45	278	138	81	160	172
辽阳	74	159	138	39	247	161	71	90	131
盘锦	62	145	150	163	201	124	39	143	139
铁岭	138	222	211	94	209	171	111	175	179

续表

城市	宜居城市竞争力 排名	宜商城市竞争力 排名	知识城市竞争力 排名	和谐城市竞争力 排名	生态城市竞争力 排名	文化城市竞争力 排名	全域城市竞争力 排名	信息城市竞争力 排名	可持续竞争力 排名
朝阳	254	203	257	288	266	192	197	191	273
葫芦岛	117	251	175	178	185	216	175	115	174
指数均值	16	18	17	5	27	15	11	13	14
指数方差	9	20	17	25	19	5	9	10	17
指数变异系数	8	14	13	18	21	6	5	6	13

资料来源：中国社会科学院城市与竞争力指数数据库。

其中，辽宁省及各城市的知识城市竞争力一般，区域均衡性也一般。2013年该指数均值为0.338，全国排名第17位；指数方差为0.025，全国排名第17位；变异系数为0.466，全国排名第13位。从各城市来看，大连在全国排名第10位，沈阳在全国排名第14位，此外鞍山和锦州均进入前100位，共计11个城市进入前150位（包括第150位）。可见，由于辽宁省老工业基地的基础较好，各城市的知识城市竞争力指数均较高。未来，辽宁省要进一步发挥产业和科技基础较强的优势，完善现代产业体系，力争全面振兴东北老工业基地。

辽宁省和谐城市竞争力很好，但城市之间差距较大。2013年该指数均值为0.420，全国排名第5位；指数方差为0.027，全国排名第25位；变异系数为0.392，全国排名第18位。其中，大连市在全国排名第5位，沈阳市排名第10位。另外鞍山、抚顺、辽阳、阜新和锦州也进入前50位，共有8个城市进入前100位。可见，辽宁省的行政管理透明度较好，城市发展呈现兼容并包的文化特征以及公平和睦的社会和谐态势，未来的发展需要进一步完善社会保障体系，打造公平包容的和谐城市。

辽宁省的生态城市竞争力很差，城市之间差距较大。2013年该指数均值为0.343，全国排名第27位；指数方差为0.036，全国排名第19位；变异系数为0.553，全国排名第21位。其中，大连和沈阳分别在全国排名第9位和第62位，大连是环境友好生态城市的典范。但是，辽宁省整体的生态城市竞争力指数较低，全省有9个城市排名在200位之后，整体差距较大。可见，辽宁省还未摆脱过去老工业基地的影响，一些资源型城市的生态环境以及城市面貌还没有完全恢复，未来要注重完善基础设施建设以及加强政府动态的生态调控管理，更好地打造环境友好的生态城市典范。

辽宁省文化城市竞争力较好，且发展均衡。2013年该指数均值为0.277，全国排名第15位；指数方差为0.008，全国排名分别为第5位；变异系数为0.328，全国排名第6位。其中，沈阳和鞍山全国排名分别为第12位和第77位，共有4个城市排名前100位。可见，辽宁省由于经济实力较强、多个城市沿海以及交通便利等因素，整体的文化城市竞争力表现较好。尤其是沈阳处于最好的行列，未来辽宁省的城市应该进一步发挥沿海的优势，不断提高开发度，发展多元文化，因地制宜地打造多元开放的文化城市。

辽宁省城乡一体化水平较高，区域均衡态势也较好。2013年全域城市竞争力指数均值为0.316，全国排名第11位；指数方差为0.006，全国排名第9位；变异系数为0.245，全国排名第5位。其中，大连在全国排名第20位。另外，沈阳、本溪、盘锦3个城市也进入了前50位这一最好的行列，共有11个城市进入排名前100位。这主要得益于辽宁省始于2005年的大规模棚户区改造，在时任省委书记李克强的领导和推动下，从2005年开始历时4年，辽宁省集中改造连片棚户区2910万平方米，新建成套住宅建筑面积4400多万平方米，改善了70.6万户211万人①的住房条件，使得辽宁各城市面貌以及居民生活发生了巨变。

辽宁省信息城市竞争力处于中等偏上水平，且发展较为均衡。2013年指数均值为0.490，全国排名第13位；指数方差为0.015，全国排名第10位；变异系数为0.253，全国排名第6位。其中，沈阳和大连分别在全国排名第23位和第26位。未来辽宁省城市的发展应充分利用现有信息城市建设基础，更加注重信息产业发展，使市民交流更加便捷、城市的发展更具潜力，提高信息城市竞争力。

（五）结论与政策建议

综上所述，辽宁省的综合经济竞争力总体实力较好，但城市间经济发展不

---

① 倪鹏飞、本吉·奥拉仁·奥因卡主编《城市化进程中低收入居民住区发展模式探索——中国辽宁棚户区改造的经验》，中国社会科学院和联合国人居署联合编著，社会科学文献出版社，2013。

平衡现象较为突出。宜居和宜商城市竞争力一般，可持续竞争力处于中等偏上水平。从城市竞争力分项来看，和谐城市竞争力指数在全国处于前5位的最好水平，全域城市竞争力指数与信息城市竞争力指数处于中等偏上水平，文化城市竞争力和知识城市竞争力处于中等水平，而生态城市竞争力很差（见图14-2）。由此可见，辽宁公平和睦的社会发展水平很好，城乡一体化和开放便捷的信息发展水平良好，兼容并包的文化与创新驱动的知识发展水平一般，环境友好的生态发展水平较差。因此，未来辽宁发展要在充分发挥原有竞争力的基础上，通过发挥大连及沈阳等中心城市对周围区域的带动作用，促进老工业基地的全面振兴。同时重视环境保护，提高生态城市竞争力，促进经济、社会及环境各方面的全面发展，实现"十二五"规划总体目标与经济社会主要目标。

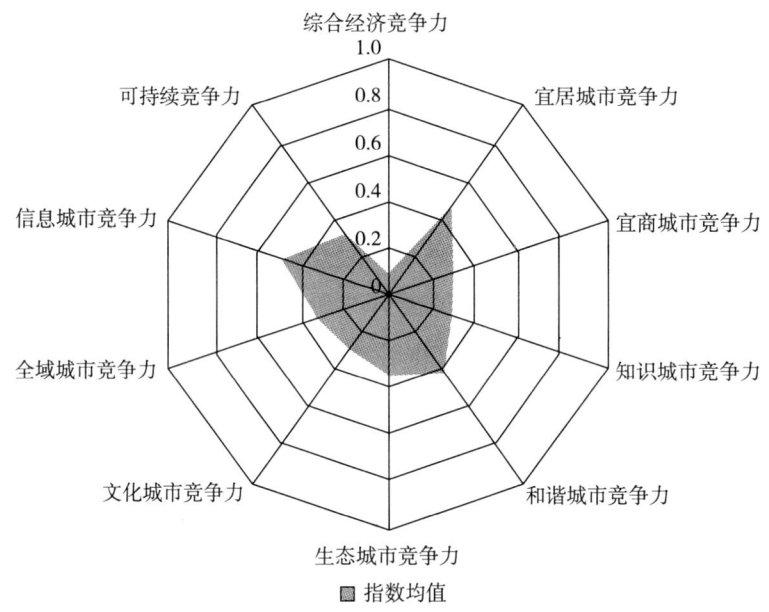

图14-2　2013年辽宁省城市竞争力

资料来源：中国社会科学院城市与竞争力指数数据库。

二　中国城市竞争力（吉林）报告

吉林省位于中国东北中部，共有9个地级行政区划单位，其中8个地级市、1个自治州。辽宁省处于由日本、俄罗斯、朝鲜、韩国、蒙古与中国东北部组成的东北亚腹心地带，具有发展东北亚区域合作的优越区位条件。面积达18.7万平方千米，占全国总面积的2.0%。2013年辽宁实现地区生产总值1.3万亿元，按可比价计算，同比增长8.3%。城镇居民人均可支配收入达到22000元以上，农民人均纯收入达到9600元左右，分别同比增长10%和11.5%。辽宁省"十二五"发展的总体目标是，转变经济发展方式取得实质性进展，实现老工业基地全面振兴迈出更加坚实的步伐，全面建成小康社会的基础更加牢固，城乡居民生活得更加美好。经济社会发展的主要目标是经济保持平稳较快发展、结构调整取得重大进展、资源节约和生态环境继续改善、城镇化质量和水平明显提高、"富民工程"取得实质性成效、社会建设明显加强以及改革开放实现新突破。

（一）综合经济竞争力：综合经济竞争力一般，综合效率竞争力较差

2013年吉林省的综合经济竞争力指数均值为0.074，全国排名第19位，总体经济实力不强；指数方差为0.001，全国排名第13位；变异系数为0.470，全国排名第15位，省内各城市经济发展比较均衡。其中，综合增量竞争力指数均值为0.094，全国排名第17位；指数方差为0.008，全国排名第16位；变异系数为0.922，全国排名第15位。综合效率竞争力指数均值为0.004，全国排名第26位；指数方差为0.000007，全国排名第7位；变异系数为0.732，全国排名第8位。吉林省各城市综合经济竞争力排名依次为：长春、吉林、松原、四平、通化、辽源、白山、白城（见图14-3）。

综上可见，吉林省综合增量竞争力指数较高，说明吉林省过去五年经济实现稳定增长，经济发展方式转变取得初步进展；但是综合效率竞争力指数较低，说明吉林省未来发展要更加注重效率的提高，才能进一步完成转型，建成新型工业基地。经济效率增长力较差导致吉林省总体经济实力一般，但各城市发展相对比较均衡。未来发展应在现有经济增长较快的基础上，加快转变经济发展方式、深化国有体制改革、全面振兴老工业基地、构建新型工业基地、提高经济效益从而促进综合经济竞争力的上升。

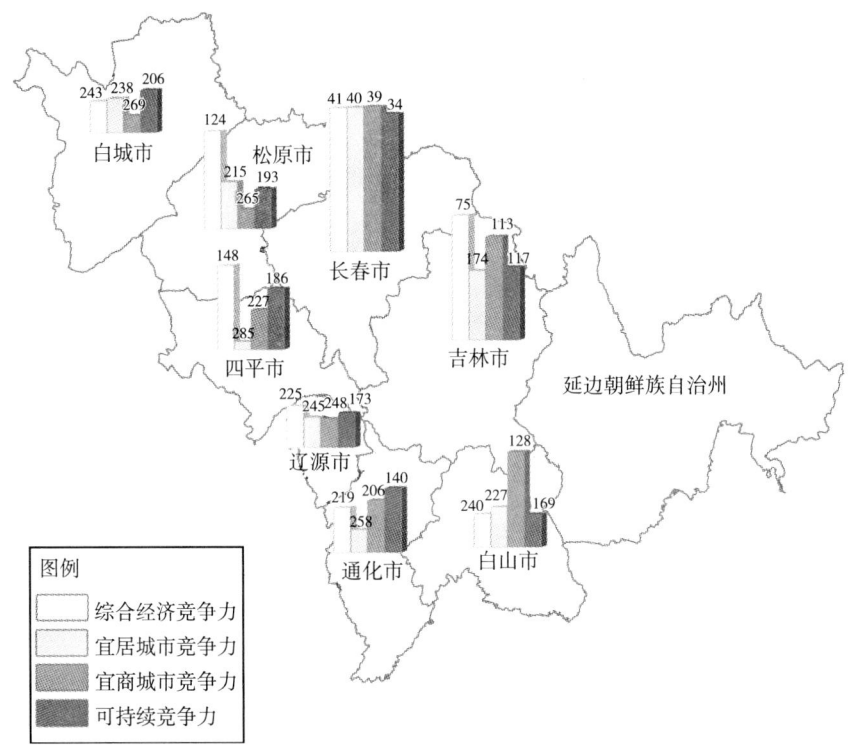

图 14-3 2013 年吉林省城市竞争力排名

（二）宜居城市竞争力：整体竞争力较差，且城市间差距大

吉林省各城市宜居城市竞争力指数整体较差，且城市间差距较大。2013年指数均值为 0.343，全国排名第 28 位；指数方差为 0.020，全国排名第 19 位；变异系数为 0.409，全国排名第 24 位。具体到各城市来看，仅长春排名全国第 40 位，进入前 100 位。另外，除吉林排名第 174 位外，其余城市排名均在 200 名以后。未来，吉林省在经济稳步增长的同时，也要更加注重以人为本，为群众提供一个良好的居住和空间环境，创造良好的人文社会环境，保证人民群众共享城市发展的成果。

（三）宜商城市竞争力：整体竞争力较差，城市间均衡性一般

吉林省宜商城市竞争力指数整体水平较差，城市间均衡性一般。2013 年

指数均值为 0.224，全国排名第 26 位；指数方差为 0.018，全国排名第 15 位；变异系数为 0.603，全国排名第 17 位。其中，长春排名第 39 位，吉林排名第 113 位，白山排名第 128 位，其他城市排名均在 200 位之后，松原、白城更是排在了 250 位之后。可见，除了长春具有较好的工业基础外，其他城市实业发展水平以及城市宜商城市水平较差。未来，吉林省应进一步借助国家振兴东北老工业基地的政策，在税收、金融服务方面做相应的调整，不断优化投资环境，并深化国有体制改革，活跃市场经济，提高长春的区域发展带动作用，打造适宜机构以及企业投资的商业环境。

（四）可持续竞争力：和谐和生态城市竞争力较好，知识、文化和信息城市竞争力较差

2013 年吉林省的可持续竞争力指数均值为 0.283，全国排名第 20 位；指数方差为 0.007，全国排名第 6 位；变异系数为 0.301，全国排名第 8 位。具体来看，只有长春可持续竞争力指数排名进入前 100 位，全国排名第 34 位，白城排名在 200 位之后（见表 14-2）。可见，总体来说，吉林省的可持续发展竞争力处于全国中下游水平，省内各城市的可持续发展较为均衡。未来，辽宁省各城市在保持稳定增长的前提下，也要更加注重打造具有可持续竞争力的城市体系，不断提升城市的可持续竞争力。

表 14-2 2013 年吉林省城市宜居、宜商城市、可持续竞争力及其分项

城市	宜居城市竞争力 指数	宜商城市竞争力 指数	知识城市竞争力 指数	和谐城市竞争力 指数	生态城市竞争力 指数	文化城市竞争力 指数	全域城市竞争力 指数	信息城市竞争力 指数	可持续竞争力 指数
长春	0.637	0.495	0.601	0.407	0.715	0.362	0.275	0.600	0.479
吉林	0.406	0.307	0.343	0.322	0.501	0.297	0.261	0.355	0.312
四平	0.150	0.170	0.199	0.451	0.259	0.183	0.273	0.321	0.238
辽源	0.294	0.146	0.146	0.316	0.588	0.185	0.269	0.246	0.250
通化	0.264	0.193	0.237	0.434	0.482	0.179	0.299	0.325	0.289
白山	0.329	0.285	0.143	0.359	0.481	0.240	0.314	0.243	0.255

续表

城市	宜居城市竞争力指数	宜商城市竞争力指数	知识城市竞争力指数	和谐城市竞争力指数	生态城市竞争力指数	文化城市竞争力指数	全域城市竞争力指数	信息城市竞争力指数	可持续竞争力指数
松原	0.354	0.108	0.121	0.376	0.608	0.097	0.177	0.256	0.228
白城	0.310	0.083	0.132	0.395	0.367	0.227	0.180	0.266	0.215
指数均值	0.343	0.224	0.240	0.382	0.500	0.221	0.256	0.327	0.283
指数方差	0.020	0.018	0.027	0.002	0.020	0.007	0.003	0.014	0.007
指数变异系数	0.409	0.603	0.679	0.128	0.285	0.366	0.198	0.362	0.301
城市	排名	排名	排名	排名	排名	排名	排名	排名	排名
长春	40	39	26	86	28	60	97	52	34
吉林	174	113	100	156	121	100	109	168	117
四平	285	227	201	52	234	204	99	189	186
辽源	245	248	234	164	79	200	102	238	173
通化	258	206	176	67	132	208	79	184	140
白山	227	128	238	123	133	139	65	241	169
松原	215	265	251	114	65	262	187	228	193
白城	238	269	244	99	195	148	182	223	206
指数均值	28	26	24	13	14	25	18	25	20
指数方差	19	15	20	1	10	2	4	8	6
指数变异系数	24	17	18	1	10	7	4	16	8

资料来源：中国社会科学院城市与竞争力指数数据库。

其中，吉林省的知识城市竞争力指数整体处于中下游水平，且城市间均衡性较差。2013年该指数均值为0.240，全国排名第24位；指数方差为0.027，全国排名第20位；变异系数为0.679，全国排名第18位。其中，长春全国排名第26位，吉林第100位，另外四平、辽源、白山、松原和白城5个城市排名在200名之后。除长春作为老工业城市产业和科技基础较强以外，其他城市表现均一般。因此，未来在吉林省的发展中，要更加注重创新驱动的作用，提高区域创新能力，并更好地发挥长春的区域带动作用，打造新型工业基地。

吉林省各城市的和谐城市竞争力指数均较高，城市间发展均衡性最好。2013年该指数均值为0.382，全国排名第13位；指数方差为0.002，全国排名第1位；变异系数为0.128，全国排名第1位。其中，四平、通化、长春和白城4个城市的排名进入全国前100位，可以看出，吉林省社会包容性较好，行政管理较为透明，社会安全状况较好。未来，吉林省应继续注重多元文化以及和谐社会的建设，打造更多公平包容的和谐城市。

吉林省生态城市竞争力指数整体较好，且城市之间差距较小。2013年该指数均值为0.500，全国排名14位；指数方差为0.020，全国排名第10位；变异系数为0.285，全国排名第10位。其中，长春在全国排名第28位、松原第65位、辽源第79位，四平排名在200位之后。长春、松原、辽源3个城市处于前100位的较好行列。可见，吉林省在环境友好的生态城市建设方面取得了较好的进展，初步建立起了经济社会与环境的良性互动关系。未来城市生态建设要在现有生态建设成绩的基础之上，强化生态环境的重要性，进一步提高生态城市竞争力。

吉林省文化城市竞争力指数较差，但城市间均衡性较好。2013年该指数均值为0.221，全国排名第25位；指数方差为0.007，全国排名第2位；变异系数为0.366，全国排名第7位。其中，长春全国排名第60位、吉林排名第100位、白山排名第139位、白城排名第148位，其他城市排名均在200名之后（包括第200位）。未来吉林省要加快对外开放步伐，借助长吉图开发开放先导区这一国家战略发展区域，利用地处由日本、俄罗斯、朝鲜、韩国、蒙古与中国东北部组成的东北亚腹心地带这一地缘优势，不断提高开放度、发展多元文化，打造多元开放的文化城市。

吉林省全域城市竞争力指数整体处于中下游水平，但城市间发展较为均衡。2013年该指数均值为0.256，全国排名第18位；指数方差为0.003，全国排名第4位；变异系数为0.198，全国排名第4位。其中，白山、通化、长春和四平排名在50位至100位之间，另外4个城市排名在100位至200位之间。未来，吉林省应促进实现农业现代化，稳步提高城乡居民收入，继续推进特色城镇化建设，构建城乡区域协调发展的格局。

吉林省信息城市竞争力指数整体水平很差，除长春外其他城市均较差。2013年该指数均值为0.327，全国排名第25位；指数方差为0.014，全国排名第8位；变异系数为0.362，全国排名第16位。其中，只有长春进入了排名前100位，居第52位。有4个城市排名在200位之后。具体到各城市，除了长春的信息城市竞争力较好以外，其他7个城市表现均比较差。吉林省要充分发挥信息化建设在城市各领域的作用,实现企业生产信息化、居民生活信息化以及政府服务信息化,使市民交流更加便捷,能更好、更快地体会到城市发展的气息。

(五)结论与政策建议

综上所述,吉林省的综合经济竞争力处在中下游水平,经济实力不强。可持续竞争力处于中等偏下水平。从城市竞争力分项来看,宜居和宜商城市竞争力较差,和谐和生态城市竞争力较好,全域城市竞争力处于中等水平,知识、文化和信息城市竞争力较差(见图14-4)。由此可见,吉林公平和睦的社会发展以及环境友好的生态发展较好,城乡一体化发展一般,创新驱动的知识、兼容并包的文化与开放便捷的信息发展较差。因此,未来吉林省在经济稳步增长的同时,要更加注重以人为本,为群众提供一个良好的宜居和宜商城市环境。同时应充分利用地员辽阔、资源丰富的优势条件,加快转变经济发展方式,提高对外开放水平,深化国有体制改革,不断活跃市场经济。更加注重知识、文化和信息在城市发展中的作用,提升城市竞争力。

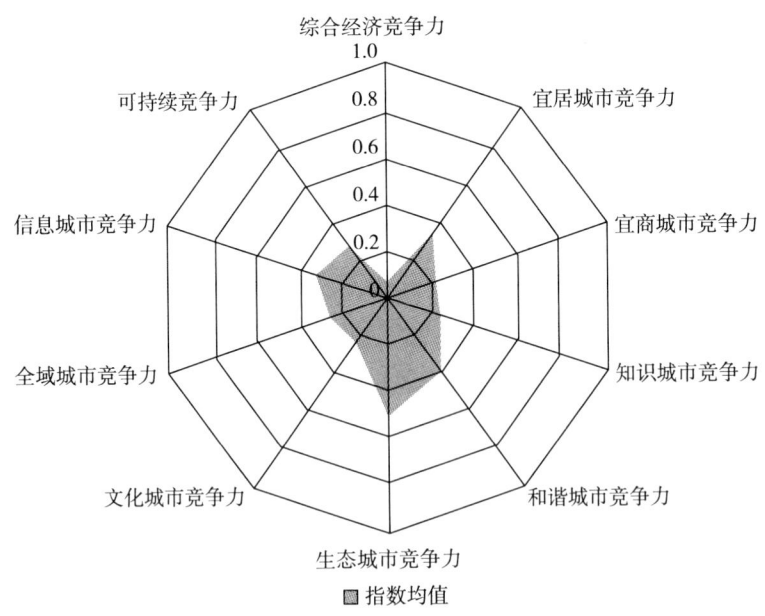

图14-4 2013年吉林省城市竞争力

资料来源:中国社会科学院城市与竞争力指数数据库。

中国（东北地区）城市竞争力报告

三 中国城市竞争力（黑龙江）报告

黑龙江省是中国最东和最北的省份，共有 13 个地市，其中 12 个地级市、1 个地区。北部和东部分别以黑龙江和乌苏里江为界，与俄罗斯接壤，西部与南部分别与内蒙古自治区和吉林省相邻，是亚洲与太平洋地区陆路通往俄罗斯和欧洲大陆的重要通道，是中国沿边开放的重要窗口。黑龙江土地总面积 47.3 万平方千米，占全国总面积的 4.9%。2013 年黑龙江省实现地区生产总值同比增长 8% 左右，城镇居民人均可支配收入和农民人均纯收入分别同比增长 10.3% 和 12%。黑龙江省"十二五"时期经济社会发展的主要目标是经济发展方式实现重大转变，市场经济体制趋于完善，城乡经济社会一体化发展格局初步形成，生态文明建设成效显著，人民群众生活水平明显提高，基本建成国家重要商品粮生产基地和现代化大农业示范区，国家重要绿色食品产业基地，国家重大装备制造基地，国家战略性新兴产业基地，国家向北开发开放重要桥头堡和枢纽站，国家北方地区生态屏障，为实现老工业基地振兴和全面建设小康社会目标打下坚实可靠的基础。

（一）综合经济竞争力：总体经济实力较差，综合经济效率不高

2013 年黑龙江省的综合经济竞争力指数均值为 0.058，全国排名第 28 位，总体经济实力比较薄弱；指数方差为 0.001，全国排名第 12 位；变异系数为 0.567，全国排名第 17 位。省内各城市经济发展比较均衡。其中，综合增量竞争力指数均值为 0.067，全国排名第 22 位；指数方差为 0.007，全国排名第 13 位；变异系数为 1.258，全国排名第 23 位。综合效率竞争力指数均值为 0.002，全国排名第 31 位；指数方差为 0.000005，全国排名第 6 位；变异系数为 1.278，全国排名第 19 位。省内各城市综合经济竞争力排名依次为：大庆、哈尔滨、齐齐哈尔、牡丹江、绥化、佳木斯、双鸭山、鸡西、七台河、鹤岗、黑河、伊春（见图 14-5）。

综上可知，黑龙江省的总体经济实力较差，各城市在综合效率竞争力方面均表现较差。因此，黑龙江省在未来的经济发展中，应以加快转变经济发展方

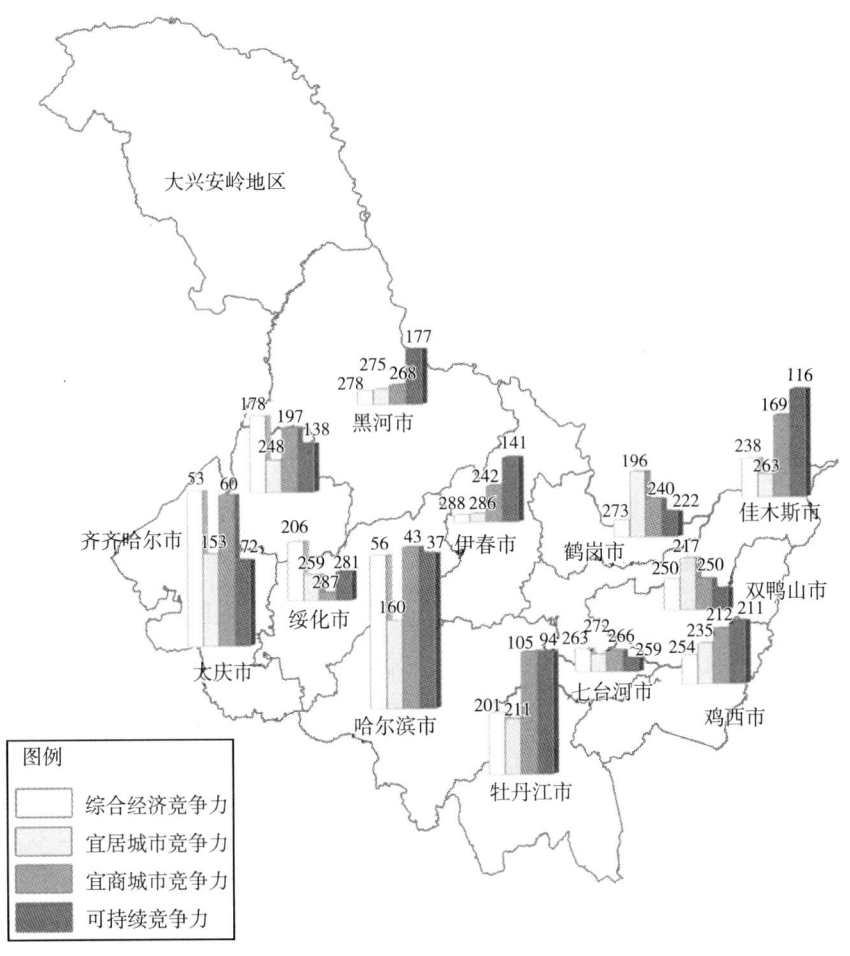

图 14-5　2013 年黑龙江省城市竞争力排名

式为主线,紧紧围绕"十二五"规划中制定的"八大经济区"和"十大工程"战略完善发展,并不断推进改革开放,推进结构调整,提升产业核心竞争力。充分利用国土面积辽阔及资源丰富的优势,注重经济效率的提高,并发挥哈尔滨、大庆等城市的增长极作用带动周围区域发展,促进全省综合经济增长力的提高。

(二)宜居城市竞争力:整体竞争力最差,城市之间差距较小

在以人为本的宜居城市方面,黑龙江省总体情况基本处于全国的最差水

平，城市之间差距较小。2013年黑龙江省的宜居城市竞争力指数均值为0.303，全国排名第31位；指数方差为0.008，全国排名第4位；变异系数为0.288，全国排名第14位。具体到各城市来看，没有一个城市进入前100位，只有大庆（第153位）、哈尔滨（第160位）和鹤岗（第196位）位于100~200位，其他9个城市的排名均在200位之后。黑龙江省的宜居城市竞争力指数均值排在全国最末位，除了与它严寒的气候有关以外，未来城市的发展也要更好地完善基础设施建设，并在提供价格合理的商品房以及保障房体系上多下功夫。

（三）宜商城市竞争力：整体竞争力较差，城市之间均衡性较差

在创业至上的宜商城市方面，黑龙江省总体情况较差，与全国平均水平差距不小。2013年黑龙江省的宜商城市竞争力指数均值为0.205，全国排名第27位；指数方差为0.019，全国排名第16位；变异系数为0.669，全国排名第20位。具体到各城市来看，只有哈尔滨（第43位）和大庆（第60位）进入了前100位，其他城市均位于100位之后，还有7个城市排位在200位之后。可见，未来黑龙江省还要继续深化国有体制改革，活跃市场经济，并尝试在信贷和税收政策方面做出相应调整，创造更好的投资环境。

（四）可持续竞争力：各分项城市竞争力均较差，信息城市竞争力最差

2013年黑龙江省的可持续竞争力指数均值为0.263，全国排名第23位；指数方差为0.011，全国排名第10位；变异系数为0.406，全国排名第14位。其中，哈尔滨、大庆和牡丹江进入前100位，分列第37位、第72位和第94位，另外有5个城市排名在200位之后。可见，黑龙江省的可持续竞争力处于全国的下游水平，省内各城市之间也存在较大的差距。因此，未来黑龙江省在推动经济发展稳步提升的同时，也要创新科学发展体制机制，更加注重经济发展的可持续性以及区域经济社会协调发展，更好地发挥哈尔滨等城市的区域带动作用。

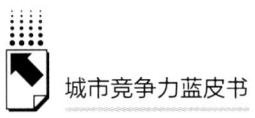

表14-3 2013年黑龙江省城市宜居、宜商城市、可持续竞争力及其分项

城市	宜居城市竞争力指数	宜商城市竞争力指数	知识城市竞争力指数	和谐城市竞争力指数	生态城市竞争力指数	文化城市竞争力指数	全域城市竞争力指数	信息城市竞争力指数	可持续竞争力指数
哈尔滨	0.418	0.480	0.603	0.452	0.465	0.521	0.279	0.597	0.471
齐齐哈尔	0.286	0.200	0.287	0.409	0.561	0.225	0.208	0.269	0.289
鸡西	0.319	0.188	0.119	0.224	0.422	0.187	0.279	0.308	0.210
鹤岗	0.378	0.153	0.120	0.342	0.293	0.205	0.314	0.204	0.198
双鸭山	0.351	0.142	0.127	0.332	0.377	0.200	0.309	0.193	0.209
大庆	0.428	0.415	0.470	0.414	0.495	0.331	0.354	0.364	0.378
伊春	0.137	0.149	0.244	0.393	0.559	0.227	0.218	0.314	0.288
佳木斯	0.254	0.227	0.316	0.245	0.573	0.277	0.232	0.438	0.312
七台河	0.229	0.101	0.060	0.210	0.325	0.223	0.225	0.122	0.139
牡丹江	0.358	0.314	0.375	0.318	0.640	0.154	0.269	0.478	0.341
黑河	0.222	0.084	0.134	0.332	0.506	0.168	0.308	0.289	0.247
绥化	0.260	0.007	0.113	0.052	0.270	0.180	0.020	0.213	0.079
指数均值	0.303	0.205	0.247	0.310	0.457	0.242	0.251	0.316	0.263
指数方差	0.008	0.019	0.028	0.013	0.014	0.010	0.007	0.018	0.011
指数变异系数	0.288	0.669	0.681	0.361	0.263	0.416	0.340	0.429	0.406
城市	排名	排名	排名	排名	排名	排名	排名	排名	排名
哈尔滨	160	43	24	51	139	16	93	53	37
齐齐哈尔	248	197	130	84	88	151	158	222	138
鸡西	235	212	254	232	157	197	94	200	211
鹤岗	196	240	252	134	219	177	66	260	222
双鸭山	217	250	247	144	191	183	70	265	212
大庆	153	60	60	79	125	75	46	163	72
伊春	286	242	169	101	90	147	150	197	141
佳木斯	263	169	114	219	83	112	134	128	116
七台河	272	266	280	243	207	157	141	279	259
牡丹江	211	105	90	161	55	227	101	105	94
黑河	275	268	243	145	114	217	72	212	177
绥化	259	287	259	287	230	207	288	254	281
指数均值	31	27	23	21	18	20	19	26	23
指数方差	4	16	22	15	8	10	12	14	10
指数变异系数	14	20	19	14	8	11	7	18	14

资料来源：中国社会科学院城市与竞争力指数数据库。

其中，在创新驱动的知识城市竞争力方面，黑龙江省总体处于全国的中下游水平，而且城市间差距比较大。从表14-3可以看出，黑龙江省的知识城市竞争力指数均值为0.247，全国排名第23位；指数方差为0.028，全国排名第22位；变异系数为0.681，全国排名第19位。具体到各城市来看，哈尔滨、大庆和牡丹江分别以第24位、第60位和第90位的排名进入了前100位，佳木斯、齐齐哈尔和伊春3个城市位于100~200位，其他的城市都排在200位之后。可见，黑龙江省在创新驱动城市发展方面总体上处于下游水平，可喜的是哈尔滨和大庆这2个城市有较好的工业基础，在创新驱动城市发展方面表现抢眼，未来应该更好地发挥这些城市的排头兵作用以及区域带动作用，整个省域的发展也要更要注重科技创新的作用。

在公平包容的和谐城市竞争力方面，黑龙江省总体处于中等偏下水平，但城市间发展较不均衡。2013年黑龙江省的和谐城市竞争力指数均值为0.310，全国排名第21位；指数方差为0.013，全国排名第15位；变异系数为0.361，全国排名第14位。具体到各城市来看，只有哈尔滨、大庆和齐齐哈尔3个城市进入了前100位，分别列为第51位、第79位和第84位，另外有5个城市排在100~200位，其他4个城市位于200名之后。所以，黑龙江省未来要突破故步自封的理念，实现包容性增长。

黑龙江省生态城市竞争力指数总体处于一般的水平。2013年黑龙江省的生态城市竞争力指数均值为0.457，全国排名第18位；指数方差为0.014，全国排名第8位；变异系数为0.263，全国排名第8位。具体到各城市来看，牡丹江、佳木斯、齐齐哈尔和伊春4个城市进入了前100位，3个城市排在200位之后。该指数的排名状况为黑龙江省城市发展敲响了警钟，城市可持续发展离不开生态环境的友好。

黑龙江省的文化城市竞争力指数处于全国中等偏下的水平。2013年黑龙江省的开放多元的文化城市指数均值为0.242，全国排名第20位；指数方差为0.010，全国排名第10位；变异系数为0.416，全国排名第11位。具体到各城市来看，只有哈尔滨和大庆的排名进入了前100位，分别居于第16位和第75位，另外有3个城市排名在200位之后。可见，黑龙江省开放多元程度较高的城市较少，只有哈尔滨处于较好的水平，说明黑龙江省

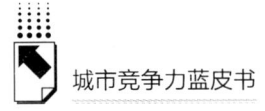

各城市作为内陆城市,在对外开放方面以及突出自身个性方面远远不足,未来应该利用与俄罗斯接壤的地缘优势,提高自己的开放度以及文化的多样性。

在城乡一体的全域城市竞争力方面,黑龙江省处于全国的中下游水平,但城市之间的状况差距较小。2013年黑龙江省的全域城市竞争力指数均值为0.251,全国排名第19位;指数方差为0.007,全国排名第12位;变异系数为0.340,全国排名第7位。具体到各城市来看,大庆、鹤岗、双鸭山、黑河、哈尔滨和鸡西6个城市进入了前100位,仅绥化排在200位之后。可见,黑龙江省不少城市在城乡一体化方面做得比较好,但有少数城市还需进一步改进,提高城乡融合程度。

在交流便捷的信息城市竞争力方面,黑龙江省也是处于全国的下游水平。2013年黑龙江省的信息城市竞争力指数均值为0.316,全国排名第26位;指数方差为0.018,全国排名第14位;变异系数为0.429,全国排名第18位。具体到各城市来看,只有哈尔滨(第53位)进入了全国前100位,另外有7个城市排名在200位之后(包括第200位)。可见,黑龙江省在未来应更重视信息化在城市发展中的作用,不断加强信息交通等方面基础设施的建设。

(五)结论与政策建议

综上可见,黑龙江省及省内多数城市综合经济竞争力较差,可持续竞争力很差。从城市竞争力分项来看,宜商城市竞争力较差,宜居城市竞争力最差。生态城市竞争力一般,知识、和谐、文化和全域城市竞争力处于中等偏下水平,信息城市竞争力很差(见图14-6)。由此可见,黑龙江省综合经济竞争力、可持续竞争力及城市竞争力分项均较差,整体上全省竞争力各方面离理想城市还有不小的差距。在未来发展中,黑龙江省应在"十二五"规划目标指引下,转变经济发展方式,完善市场经济体制,促进城乡一体化全域城市的发展。同时基本实现建成国家重要商品粮生产基地和现代化大农业示范区、国家重要绿色食品产业基地、国家重大装备制造基地等战略规划,提高综合经济发展水平,推动城市竞争力的全面提升。

中国（东北地区）城市竞争力报告

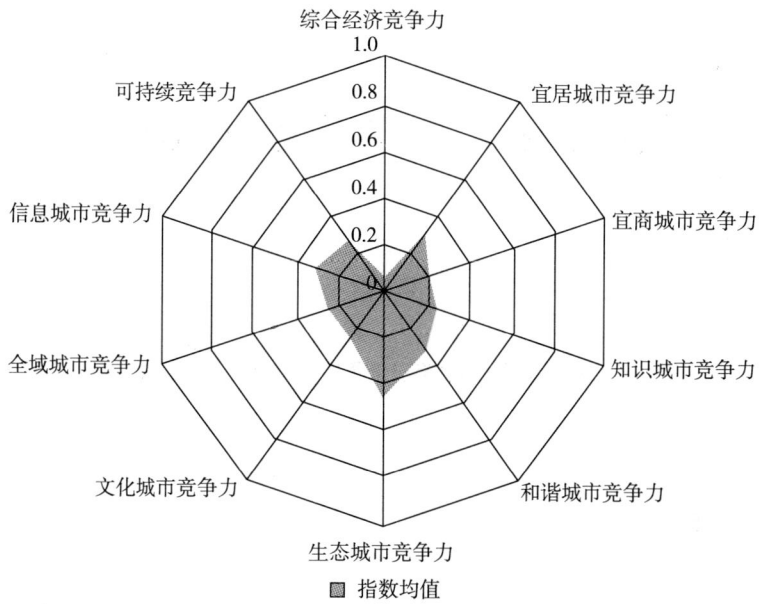

图 14-6　2013 年黑龙江省城市竞争力

资料来源：中国社会科学院城市与竞争力指数数据库。

B.15
中国（中部地区）城市竞争力报告

郭晗*

一 中国城市竞争力（湖北）报告

湖北省，简称鄂，地处我国中南部，位于长江中游、洞庭湖之北，省会武汉市。全省面积18.59万平方千米，占全国总面积的1.94%。2012年，湖北省常住人口为5779万人，全省完成生产总值22250.45亿元，按不变价格计算，比2011年增长11.3%。"十二五"时期，湖北省提出通过推进经济社会跨越式发展，构建促进中部地区崛起的战略支点，实现经济平稳较快发展、产业结构优化升级、城乡区域协调、保障和改善民生等目标。

（一）综合经济竞争力：总体水平中下，武汉优势明显

2013年湖北省的综合经济竞争力指数均值为0.086，全国排名第16位，指数方差为0.004，全国排名第23位；变异系数为0.774，全国排名第24位。其中，综合增量竞争力指数均值为0.098，全国排名第15位；指数方差为0.013，全国排名第21位；变异系数为1.188，全国排名第22位。综合效率竞争力指数均值为0.008，全国排名第16位；指数方差为0.00012，全国排名第22位；变异系数为1.301，全国排名第21位。整体来看，湖北省综合经济竞争力在全国处于中等偏下水平，但内部区域差异很大，武汉作为老工业基地湖北的中心，经济一直强劲增长，全国排名第13位，属于最具竞争力之列，襄阳、宜昌也处于较具竞争力之列，而其他城市综合经济竞争力均处于中等或较

---

* 郭晗，西北大学经济管理学院博士研究生。

差之列（见图15-1）。湖北在实施"两圈一带"发展战略过程中，需要进一步充分发挥武汉城市圈作用，促进区域不同地区经济协调发展。

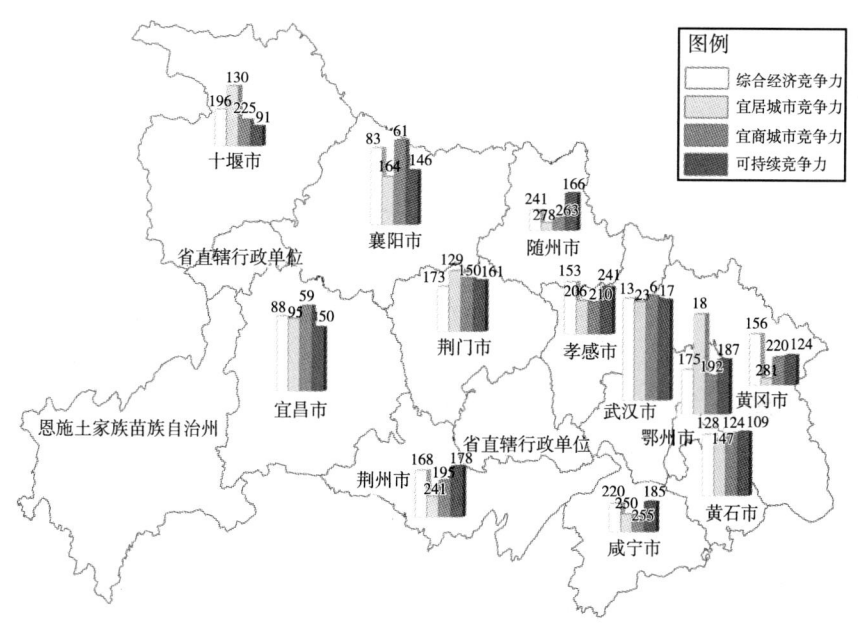

图15-1　2013年湖北省城市竞争力排名

（二）宜居城市竞争力：总体水平较差，区域分化严重

2013年湖北省该指数均值为0.416，全国排名第21位；方差为0.028，全国排名第24位；变异系数为0.401，全国排名第21位。湖北省在全国省区中处于较差水平，且内部区域分化较大。其中，鄂州和武汉处于最具竞争力之列，宜昌处于较具竞争力之列，荆门、十堰和黄石3个城市处于中游，而其余6个城市宜居竞争力均属较差或最差之列，需要进一步提升。湖北在完善公共投入过程中，要坚持以人为本，不断提高人口素质，改善人居环境。

（三）宜商城市竞争力：总体水平中下，区域差异较大

2013年湖北省该指数均值为0.275，全国排名第19位；方差为0.030，全国排名第24位；变异系数为0.625，全国排名第18位。湖北省大城市营商条

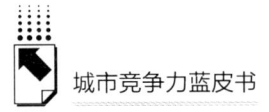

件优越,但总体水平在全国处于中下水平,且内部分化严重。武汉宜商城市竞争力非常优异,宜昌、襄阳较具竞争力,黄石、荆门处于中游,而其余7个城市均属较差或最差之列,需要进一步提升。湖北在改善投资营商环境过程中,要充分发挥武汉示范效应,不断培育市场主体,增强市场活力。

(四)可持续竞争力:总体水平中下,区域差异较大

2013年湖北省的可持续竞争力指数均值为0.306,全国排名第17位;指数方差为0.013,全国排名第14位;变异系数为0.367,全国排名为11位。湖北可持续竞争力在全国属于中下水平,不同区域城市间可持续竞争力差异较大。其中,武汉全国排名第17位,处于最具竞争力之列,宜昌、十堰处于较具竞争力之列,除孝感较差外,其他城市处于中等。湖北应继续实施可持续发展战略,转变经济发展方式,调整经济结构,推动产业结构升级,增强城市可持续竞争力。

其中,知识城市竞争力方面,2013年湖北省该指数均值为0.308,全国排名第16位;方差为0.023,全国排名第15位;变异系数为0.494,全国排名第12位。湖北指数均值和内部差异在全国均处于中间水平。武汉处于最具竞争力之列,宜昌、黄石处于较具竞争力之列,其余城市均属中等或较差水平。湖北在转变发展方式过程中,要加快实施创新驱动发展战略,提高知识创造、知识转化的能力。

和谐城市竞争力方面,2013年湖北省该指数均值为0.358,全国排名第16位;方差为0.019,全国排名第20位;变异系数为0.384,全国排名第17位。湖北在全国处于中游水平,内部分化较大。武汉、黄石、宜昌处于最具竞争力之列,荆门、襄阳属于较具竞争力,其余城市均属中等或以下水平。湖北在追求经济发展过程中,要加快社会保障体系建设,维护社会安全稳定,实现包容性发展。

生态城市竞争力方面,2013年湖北省该指数均值为0.548,全国排名第10位;方差为0.046,全国排名第21位;变异系数为0.393,全国排名第13位。湖北在全国省区中处于较具竞争力之列,区域内部表现出明显的两极分化特征。十堰、宜昌、黄冈、咸宁和随州均处于最具竞争力之列,其他城市均属中等或以下水平,省会武汉作为重工业密集区,经济发展对资源环境依赖性很强,生态问题日益凸显。湖北在实施跨越式发展过程中,要进一步加强对生态

中国（中部地区）城市竞争力报告

环境的保护，走人与自然和谐发展的可持续道路。

文化城市竞争力方面，2013年湖北省该指数均值为0.241，全国排名第22位；方差为0.020，全国排名第22位；变异系数为0.593，全国排名第21位。湖北省在全国省区中处于中下水平，内部分化严重，其中武汉在文化交流、人才引进和管理创新等方面具有很强的竞争力，宜昌表现也较优异，其他城市均属中等或以下水平。湖北在加大对外开放力度的同时，要发挥武汉的文化辐射作用，促进周边地区文化软实力建设。

全域城市竞争力方面，2013年湖北省该指数均值为0.205，全国排名第21位；方差为0.006，全国排名第7位；变异系数为0.366，全国排名第11位。湖北城乡一体化不足，在全国处于中下水平，内部差异相对不大。除省会武汉外，其余城市均属中等或以下水平。在新型城镇化战略大背景下，要走适合湖北发展的城镇化道路，不断加快基本公共服务均等化建设，最终实现城乡发展一体化。

信息城市竞争力方面，2013年湖北省该指数均值为0.387，全国排名第19位；方差为0.016，全国排名第13位；变异系数为0.330，全国排名第14位。从排名情况来看，湖北在全国处于中下水平，内部差异在全国处于中游水平。省会武汉表现优异，其余城市均属中等或较差水平。湖北应加大交通运输基础设施建设，充分利用区域内铁路、海运优势，促进经济协调发展（见表15-1）。

表15-1　2013年湖北省城市宜居、宜商城市、可持续竞争力及其分项

城市	宜居城市竞争力指数	宜商城市竞争力指数	知识城市竞争力指数	和谐城市竞争力指数	生态城市竞争力指数	文化城市竞争力指数	全域城市竞争力指数	信息城市竞争力指数	可持续竞争力指数
武汉	0.684	0.726	0.714	0.611	0.472	0.625	0.401	0.733	0.592
黄石	0.435	0.289	0.348	0.476	0.398	0.208	0.254	0.449	0.322
十堰	0.454	0.173	0.286	0.372	0.890	0.223	0.256	0.242	0.348
宜昌	0.503	0.417	0.457	0.475	0.705	0.390	0.204	0.449	0.426
襄阳	0.416	0.413	0.297	0.407	0.380	0.244	0.188	0.394	0.280
鄂州	0.713	0.209	0.162	0.302	0.388	0.201	0.223	0.395	0.235
荆门	0.455	0.253	0.167	0.436	0.469	0.198	0.172	0.372	0.262
孝感	0.367	0.190	0.196	0.251	0.197	0.158	0.110	0.356	0.158
荆州	0.306	0.204	0.330	0.335	0.407	0.130	0.158	0.377	0.247
黄冈	0.180	0.179	0.262	0.352	0.735	0.224	0.196	0.276	0.306

续表

城市	宜居城市竞争力指数	宜商城市竞争力指数	知识城市竞争力指数	和谐城市竞争力指数	生态城市竞争力指数	文化城市竞争力指数	全域城市竞争力指数	信息城市竞争力指数	可持续竞争力指数
咸宁	0.283	0.132	0.216	0.144	0.826	0.071	0.154	0.277	0.238
随州	0.198	0.116	0.266	0.140	0.703	0.217	0.149	0.317	0.258
指数均值	0.416	0.275	0.308	0.358	0.548	0.241	0.205	0.387	0.306
指数方差	0.028	0.030	0.023	0.019	0.046	0.020	0.006	0.016	0.013
指数变异系数	0.401	0.625	0.494	0.384	0.393	0.593	0.366	0.330	0.367
城市	排名	排名	排名	排名	排名	排名	排名	排名	排名
武汉	23	6	8	11	136	7	30	17	17
黄石	147	124	98	38	175	175	118	120	109
十堰	130	225	133	118	5	156	113	243	91
宜昌	95	59	64	41	31	48	163	119	50
襄阳	164	61	125	87	190	133	173	146	146
鄂州	18	192	227	180	183	181	143	145	187
荆门	129	150	224	64	138	186	190	156	161
孝感	206	210	204	213	257	226	239	167	241
荆州	241	195	108	143	165	245	202	155	178
黄冈	281	220	154	129	22	154	168	215	124
咸宁	250	255	190	266	8	274	204	214	185
随州	278	263	152	267	33	164	212	193	166
指数均值	21	19	16	16	10	22	21	19	17
指数方差	24	24	15	20	21	22	7	13	14
指数变异系数	21	18	12	17	13	21	11	14	11

资料来源：中国社会科学院城市与竞争力指数数据库。

（五）结论与政策建议

湖北省在环境友好的生态城市方面优势较为明显，而在城乡一体化的全域城市、创业至上的宜商城市等方面还有不足（见图15-2）。因此，在实施"两圈一带"发展战略过程中，湖北省要加快转变经济发展方式，加快实施创新驱动发展战略，加快推动新型城镇化建设，推动产业结构升级，提升城市竞争力。

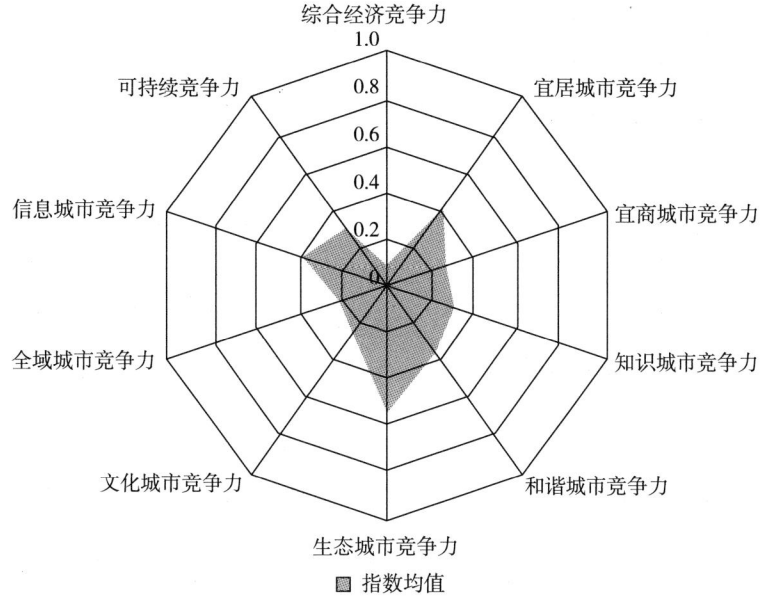

图 15 -2　2013 年湖北省城市竞争力

资料来源：中国社会科学院城市与竞争力指数数据库。

二　中国城市竞争力（湖南）报告

湖南省，简称湘，地处我国中南部，位于长江中游、洞庭湖之南，省会长沙市。全省面积 21.18 万平方千米，占全国国土面积的 2.2%。截至 2012 年末，湖南省常住人口为 6639 万人，完成生产总值 22154.23 亿元，按不变价格计算，比 2011 年增长 11.3%。"十二五"时期，湖南省提出通过构建区域协调发展新格局，力争到 2015 年基本形成现代产业体系、科技创新体系、可持续发展体系、民生保障体系和制度支撑体系，实现经济发展方式转变、人民物质文化生活明显改善等目标。

（一）综合经济竞争力：总体居中，长沙一枝独秀

2013 年湖南省的综合经济竞争力指数均值为 0.082，全国排名第 17 位；指数方差为 0.002，全国排名第 17 位；变异系数为 0.578，全国排名第 18 位。

其中，综合增量竞争力指数均值为 0.096，全国排名第 15 位；指数方差为 0.009，全国排名第 21 位；变异系数为 0.970，全国排名第 22 位。综合效率竞争力指数均值为 0.006，全国排名第 16 位；指数方差为 0.000038，全国排名第 22 位；变异系数为 1.013，全国排名第 21 位。长沙在全国排名第 23 位，处于最具竞争力之列，岳阳处于较具竞争力之列，其他城市处于中等或较差之列，而张家界在全国排名第 276 位，处于最差之列（见图 15-3）。湖南省内区域差异较大，湘南地区发展缓慢，湘西地区由于自然条件等因素限制，需要更多政策扶持。未来应增强长沙对周边地区的辐射效应，加大对落后地区的扶持力度，实现区域协调发展。

（二）宜居城市竞争力：总体水平中下，长株潭优势明显

2013 年湖南该指数均值为 0.444，全国排名第 19 位；方差为 0.015，全国排名第 13 位；变异系数为 0.274，全国排名第 12 位。湖南总体水平和内部差异在全国省区内均处于中游偏下水平。长株潭地区优势明显，其他地区均属中等或以下水平。在以人为本的理念下，需要继续优化公共投入结构，推进区域公共服务均等化，改善人居环境。

（三）宜商城市竞争力：长沙优势突出

2013 年湖南该指数均值为 0.312，全国排名第 17 位；方差为 0.016，全国排名第 12 位；变异系数为 0.407，全国排名第 10 位。湖南总体水平和内部差异在全国省区内均处于中游。长沙营商环境处于最具竞争力之列，株洲、湘潭、衡阳、岳阳处于较具竞争力之列，其余城市均属中等。湖南可以推广长沙的经验，针对不同地区及其特点，制定适合企业长足发展的战略规划，进一步改善营商环境。

（四）可持续竞争力：区域差异明显，长株潭领先

2013 年湖南省的可持续竞争力指数均值为 0.288，全国排名第 19 位；指数方差为 0.009，全国排名第 9 位；变异系数为 0.333，全国排名第 10 位。湖南区域可持续竞争力差异明显，长株潭城市群综合经济竞争力遥遥领先，长株潭城市群和湘西地区分化严重。其中，长沙全国排名第 22 位，处于最具竞争

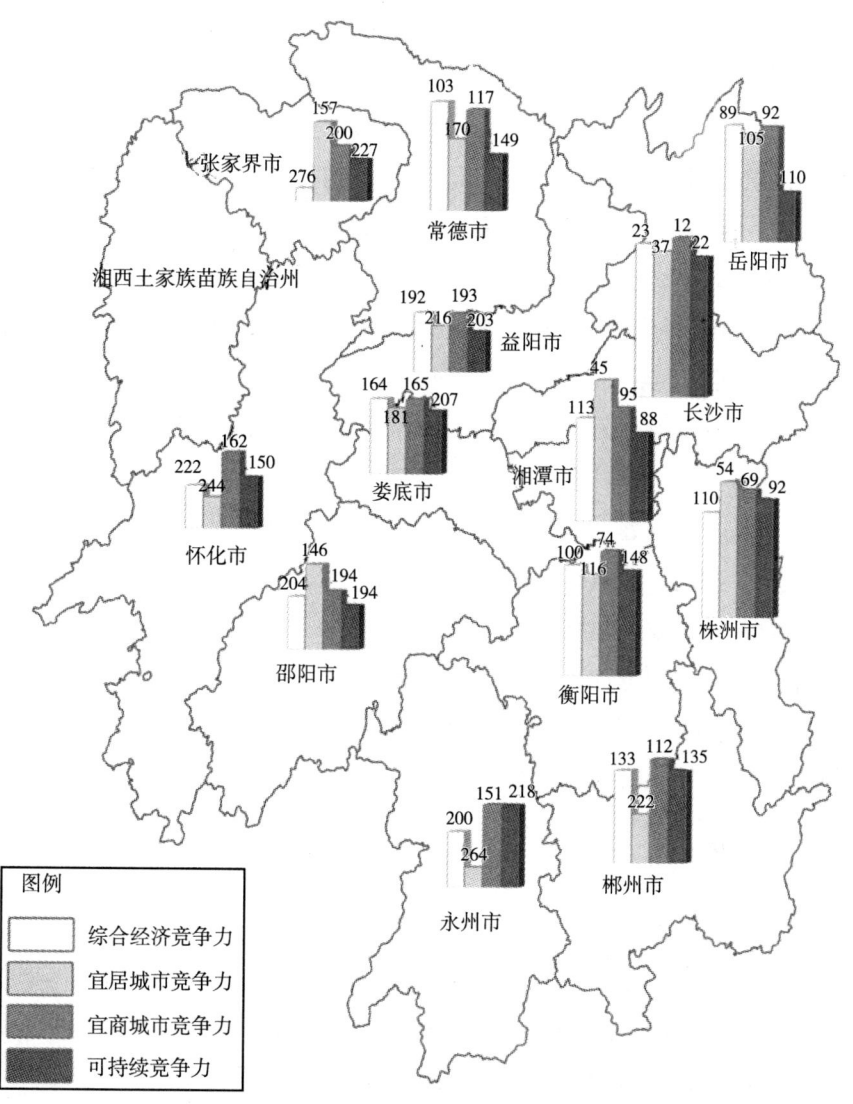

图 15-3 2013 年湖南省城市竞争力排名

力之列,株洲、湘潭处于较具竞争力之列,而益阳、娄底、永州、张家界均位于 200 名之后。湖南在加大对湘西地区扶持力度的过程中,应发挥长株潭城市群的辐射作用,探索一条协调发展的道路。

其中,知识城市竞争力方面,2013 年湖南该指数均值为 0.294,全国排名第 18 位;方差为 0.028,全国排名第 21 位;变异系数为 0.567,全国排名第 14 位。

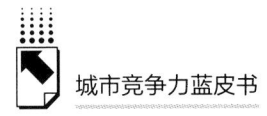

湖南总体水平和内部差异在全国均属中游。长株潭城市群优势非常明显。长沙、株洲处于最具竞争力之列，湘潭处于较具竞争力之列，其他城市均属中等或以下水平。湖南应充分发挥长株潭城市群的增长极效应，带动周边地区发展。

和谐城市竞争力方面，2013年湖南该指数均值为0.402，全国排名第8位；方差为0.012，全国排名第14位；变异系数为0.273，全国排名第6位。湖南总体水平较高，且区域差异较小。长沙、湘潭、岳阳、郴州均处于最具竞争力之列，邵阳、株洲、衡阳、怀化均处于较具竞争力之列。因此，在进一步深化体制改革的同时，湖南应完善社会保障等相关制度，继续保持优势，不断促进社会和谐发展。

生态城市竞争力方面，2013年湖南该指数均值为0.522，全国排名第12位；方差为0.009，全国排名第5位；变异系数为0.177，全国排名第3位。湖南自然环境在全国处于中上水平，内部差异小。所有城市均处于中等或较具竞争力之列。湘南、湘西等地相对于其他地区生态竞争力稍弱，这些地区在发展经济的同时，需要处理好资源、环境等问题。

文化城市竞争力方面，2013年湖南该指数均值为0.194，全国排名第28位；方差为0.010，全国排名第8位；变异系数为0.503，全国排名第18位。湖南总体水平靠后，且内部差异较大。长沙处于最具竞争力之列，岳阳、湘潭、张家界、怀化处于中等之列，其他城市均属较差或差。湖南应加大对外开放力度，通过加强文化软实力建设来不断提升城市竞争力。

全域城市竞争力方面，2013年湖南该指数均值为0.171，全国排名第23位；方差为0.008，全国排名第13位；变异系数为0.532，全国排名第17位。湖南城乡一体化水平不足，地区差异非常明显。其中，长沙处于最具竞争力之列，其他城市均属中等或以下水平，而益阳、永州、张家界排名均在250位之后。湖南在走新型城镇化道路过程中，应加大基础投入，完善公共服务，实现城乡统筹发展。

信息城市竞争力方面，2013年湖南该指数均值为0.370，全国排名第21位；方差为0.012，全国排名第4位；变异系数为0.294，全国排名第12位。湖南总体水平在全国处于中下水平，内部差异在全国处于中游。长沙处于最具竞争力之列，株洲处于较具竞争力之列，其余城市均属中等或较差。湖南在加大基础设施建设力度的同时，应注重产业结构升级，发展信息产业，以信息化推动新型工业化（见表15-2）。

中国（中部地区）城市竞争力报告

表15-2 2013年湖南省城市宜居、宜商城市、可持续竞争力及其分项

城市	宜居城市竞争力指数	宜商城市竞争力指数	知识城市竞争力指数	和谐城市竞争力指数	生态城市竞争力指数	文化城市竞争力指数	全域城市竞争力指数	信息城市竞争力指数	可持续竞争力指数
长沙	0.648	0.668	0.646	0.613	0.619	0.451	0.410	0.612	0.553
株洲	0.598	0.400	0.541	0.404	0.389	0.164	0.258	0.503	0.346
湘潭	0.623	0.335	0.476	0.501	0.403	0.259	0.241	0.408	0.352
衡阳	0.482	0.375	0.292	0.403	0.409	0.137	0.187	0.468	0.278
邵阳	0.436	0.204	0.192	0.440	0.508	0.075	0.142	0.270	0.226
岳阳	0.493	0.347	0.309	0.463	0.621	0.270	0.175	0.292	0.322
常德	0.413	0.298	0.271	0.393	0.589	0.185	0.132	0.312	0.275
张家界	0.420	0.198	0.054	0.232	0.582	0.232	0.085	0.263	0.192
益阳	0.352	0.205	0.262	0.388	0.404	0.178	0.088	0.260	0.217
郴州	0.358	0.308	0.258	0.455	0.611	0.134	0.108	0.424	0.295
永州	0.251	0.252	0.147	0.296	0.490	0.106	0.074	0.381	0.201
怀化	0.303	0.232	0.164	0.439	0.608	0.217	0.160	0.292	0.274
娄底	0.399	0.230	0.213	0.201	0.546	0.115	0.169	0.322	0.215
指数均值	0.444	0.312	0.294	0.402	0.522	0.194	0.171	0.370	0.288
指数方差	0.015	0.016	0.028	0.012	0.009	0.010	0.008	0.012	0.009
指数变异系数	0.274	0.407	0.567	0.273	0.177	0.503	0.532	0.294	0.333
城市	排名	排名	排名	排名	排名	排名	排名	排名	排名
长沙	37	12	16	9	60	40	28	47	22
株洲	54	69	40	91	181	222	112	86	92
湘潭	45	95	58	29	170	123	128	141	88
衡阳	116	74	129	93	164	239	177	110	148
邵阳	146	194	205	61	112	272	217	220	194
岳阳	105	92	119	44	59	116	188	209	110
常德	170	117	147	104	76	201	226	198	149
张家界	157	200	283	226	81	143	260	224	227
益阳	216	193	155	108	169	210	258	226	203
郴州	212	112	160	50	64	241	244	133	135
永州	264	151	233	184	127	255	265	152	218
怀化	244	162	225	63	66	163	200	207	150
娄底	181	165	192	247	95	252	193	186	207
指数均值	19	17	18	8	12	28	23	21	19
指数方差	13	12	21	14	5	8	13	4	9
指数变异系数	12	10	14	6	3	18	17	12	10

资料来源：中国社会科学院城市与竞争力指数数据库。

321

（五）结论与政策建议

湖南省在公平包容的和谐城市和环境友好的生态城市方面优势明显，而在城乡一体的全域城市、交流便捷的信息城市等方面还有不足（见图15-4）。湖南在构建区域协调发展新格局的过程中，应加大基础设施建设，发挥长株潭城市群的辐射作用，加大对湘南、湘西的投入与扶持，走新型城镇化道路，缩小区域差异，促进城市健康发展。

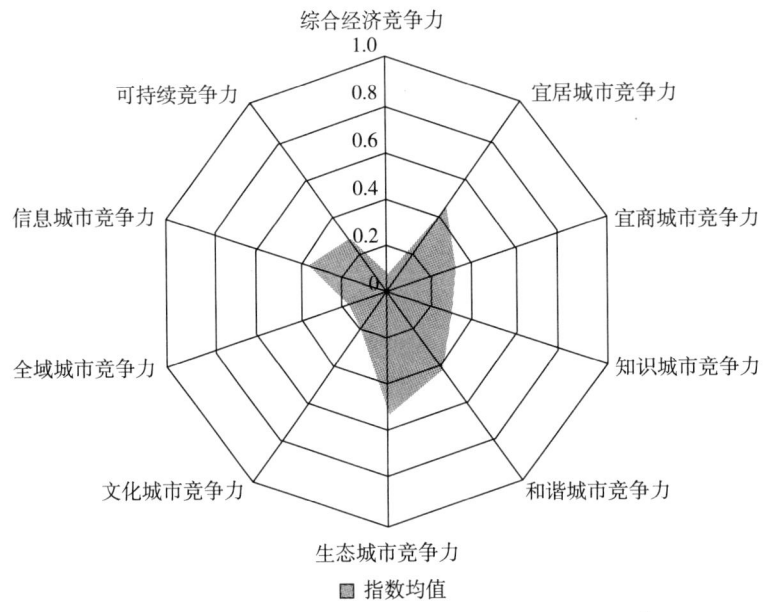

图15-4　2013年湖南省城市竞争力

资料来源：中国社会科学院城市与竞争力指数数据库。

三　中国城市竞争力（河南）报告

河南省，简称豫，位于中国中东部、黄河中下游，东接安徽、山东，北接河北、山西，西接陕西，南临湖北，省会郑州市。全省面积16.7万平方千米，常用耕地面积10801.77万亩。截至2012年末，河南省常住人口9406万人，完成生产总值29599.31亿元，按不变价格计算，比2011年增长10.1%。"十二五"时期，河南省提出通过加强中原经济区建设，形成国家重要的粮食生产和现代农业基地，实现经济结构优化，居民收入提高，工业化、城镇化和农业现代化协调发展等目标。

（一）综合经济竞争力：整体居中，城市差异较大

2013年河南省的综合经济竞争力指数均值为0.090，全国排名第15位；指数方差为0.002，全国排名第14位；变异系数为0.453，全国排名第13位。其中，综合增量竞争力指数均值为0.093，全国排名第18位；指数方差为0.005，全国排名第11位；变异系数为0.740，全国排名第11位。综合效率竞争力指数均值为0.011，全国排名第13位；指数方差为0.000056，全国排名第19位；变异系数为0.701，全国排名第7位。河南是传统的农业大省，以郑州为中心的城市群，其城市综合经济竞争力明显高于其他地区。郑州全国排名第20位，处于最具竞争力之列，洛阳、焦作、许昌、南阳、新乡处于较具竞争力之列，其他城市处于中等或较差之列（见图15-5）。河南在发展现代农业过程中，要不断调整产业结构，提高产品附加值，走综合协调发展道路。

（二）宜居城市竞争力：总体水平处于最差之列

2013年河南该指数均值为0.363，全国排名第26位；方差为0.010，全国排名第6位；变异系数为0.276，全国排名第13位。河南总体水平靠后，反映出河南公共投入不足，人居环境亟须改善。仅有郑州和洛阳处于较具竞争力之列，而平顶山、周口、驻马店和商丘均在250名之后。湖南在改善人居环境、提高人口素质方面，应加大财政投入力度，注重人文关怀，推动城市健康可持续发展。

（三）宜商城市竞争力：总体较差，区域差异处于中游

2013年河南该指数均值为0.271，全国排名第21位；方差为0.016，全国排名第9位；变异系数为0.460；全国排名第13位。河南总体水平属中下，需要不断优化营商环境。区域差异属中游，郑州和洛阳处于最具竞争力之列，

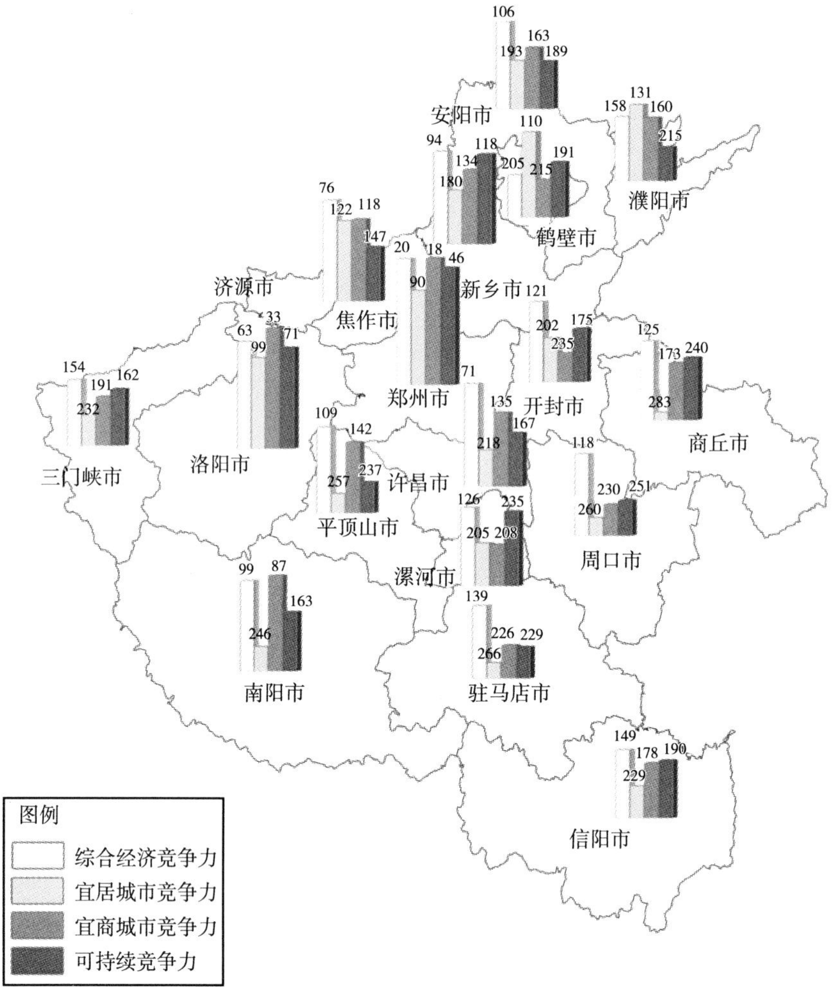

图 15-5　2013 年河南省城市竞争力排名

南阳处于较具竞争力之列,其他城市均属中等或较差。河南在完善企业相关制度的同时,需要协调地区差异,为企业发展创造合适的生存环境。

(四) 可持续竞争力:总体较差,多项指标靠后

2013 年河南省的可持续竞争力指数均值为 0.247,全国排名第 24 位;指数方差为 0.006,全国排名第 5 位;变异系数为 0.307,全国排名第 9 位。河南在农业现代化进程中可持续竞争力面临诸多挑战。除郑州和洛阳外,其他城

中国（中部地区）城市竞争力报告

市均处于中等或以下水平。未来河南在发展现代农业的基础上，要调整经济结构，推动工业化和城镇化大发展，充分发挥大城市辐射作用，带动周边城市共同发展。

其中，知识城市竞争力方面，2013年河南该指数均值为0.269，全国排名第21位；方差为0.013，全国排名第4位；变异系数为0.427，全国排名第9位。河南总体水平在全国处于中下水平，知识创新不足。郑州处于最具竞争力之列，洛阳、新乡和焦作处于较具竞争力之列，其余城市均属中等或以下水平。河南应加大教育科研投入，着重培养专业技术人才，调整产业结构，优化投入产出比例。

和谐城市竞争力方面，2013年河南该指数均值为0.357，全国排名第17位；方差为0.008，全国排名第7位；变异系数为0.247，全国排名第5位。河南总体水平处于中游，但区域差异较小。郑州、洛阳、鹤壁均处于最具竞争力之列，新乡、开封、平顶山、安阳均处于较具竞争力之列，其他城市均属中等或较差。河南应继续推动行政体制改革，加快社会保障体系建设，构建公平和谐的社会环境，提高城市竞争力。

生态城市竞争力方面，2013年河南该指数均值为0.322，全国排名第28位；方差为0.025，全国排名第14位；变异系数为0.489，全国排名第20位。从排名来看，河南排名非常靠后，且内部差异大，生态环境面临考验。仅有信阳处于好的水平，河南在发展经济的同时，需要提高资源、能源利用率，完善环境监督管理制度，走节约、高效、环保的发展道路。

文化城市竞争力方面，2013年河南该指数均值为0.237，全国排名第24位；方差为0.014，全国排名第16位；变异系数为0.499，全国排名第17位。河南总体水平靠后，且内部区域差异较大。郑州、洛阳处于最具竞争力之列，文化城市竞争力郑州全国排名第27位，洛阳第34位，安阳、开封、南阳处于较具竞争力之列，周口处于最差之列，其余城市均属中等或较差。河南应不断完善人文环境，提升城市竞争力。

全域城市竞争力方面，2013年河南该指数均值为0.188，全国排名第23位；方差为0.006，全国排名第8位；变异系数为0.401，全国排名第12位。河南总体水平靠后，城乡差异明显，公共服务分布不均。仅有郑州处于较好的

325

水平，许昌处于较具竞争力之列，其余城市均属中等或以下水平。河南应结合自身农业大省的省情，走适合河南的新型城镇化道路。

信息城市竞争力方面，2013年河南该指数均值为0.363，全国排名第24位；方差为0.011，全国排名第3位；变异系数为0.290，全国排名第11位。河南总体水平靠后。郑州处于最具竞争力之列，洛阳、新乡处于较具竞争力之列，其他城市均处于中等或较差。河南在中原经济区建设过程中，应加快信息产业建设，提升交通枢纽服务功能（见表15-3）。

表15-3 2013年河南省城市宜居、宜商城市、可持续竞争力及其分项

城市	宜居城市竞争力指数	宜商城市竞争力指数	知识城市竞争力指数	和谐城市竞争力指数	生态城市竞争力指数	文化城市竞争力指数	全域城市竞争力指数	信息城市竞争力指数	可持续竞争力指数
郑州	0.517	0.621	0.577	0.460	0.236	0.490	0.345	0.647	0.440
开封	0.372	0.161	0.265	0.417	0.245	0.308	0.181	0.328	0.249
洛阳	0.500	0.518	0.427	0.490	0.317	0.467	0.212	0.528	0.381
平顶山	0.267	0.267	0.244	0.399	0.090	0.162	0.212	0.252	0.175
安阳	0.382	0.231	0.323	0.395	0.068	0.356	0.203	0.317	0.233
鹤壁	0.488	0.187	0.177	0.460	0.245	0.190	0.229	0.337	0.228
新乡	0.400	0.276	0.346	0.451	0.381	0.187	0.208	0.486	0.308
焦作	0.470	0.296	0.364	0.347	0.321	0.275	0.264	0.330	0.278
濮阳	0.453	0.239	0.223	0.390	0.288	0.215	0.151	0.260	0.207
许昌	0.343	0.275	0.280	0.302	0.429	0.149	0.302	0.328	0.257
漯河	0.368	0.191	0.157	0.356	0.192	0.133	0.128	0.422	0.181
三门峡	0.321	0.209	0.262	0.360	0.399	0.206	0.240	0.341	0.260
南阳	0.290	0.351	0.270	0.275	0.484	0.315	0.108	0.354	0.260
商丘	0.167	0.226	0.175	0.243	0.176	0.219	0.133	0.368	0.167
信阳	0.323	0.222	0.188	0.209	0.692	0.136	0.088	0.348	0.232
周口	0.257	0.165	0.110	0.207	0.476	0.049	0.093	0.269	0.146
驻马店	0.247	0.172	0.179	0.310	0.429	0.172	0.099	0.253	0.191
指数均值	0.363	0.271	0.269	0.357	0.322	0.237	0.188	0.363	0.247
指数方差	0.010	0.016	0.013	0.008	0.025	0.014	0.006	0.011	0.006
指数变异系数	0.276	0.460	0.427	0.247	0.489	0.499	0.401	0.290	0.307

中国（中部地区）城市竞争力报告

续表

城市	宜居城市竞争力 排名	宜商城市竞争力 排名	知识城市竞争力 排名	和谐城市竞争力 排名	生态城市竞争力 排名	文化城市竞争力 排名	全域城市竞争力 排名	信息城市竞争力 排名	可持续竞争力 排名
郑州	90	18	30	46	245	27	49	39	46
开封	202	235	153	76	242	88	180	181	175
洛阳	99	33	75	32	213	34	155	76	71
平顶山	257	142	168	96	280	225	156	231	237
安阳	193	163	111	98	283	61	165	194	189
鹤壁	110	215	219	47	241	194	138	176	191
新乡	180	134	99	53	189	198	159	99	118
焦作	122	118	93	132	210	114	105	179	147
濮阳	131	160	183	105	220	166	209	225	215
许昌	218	135	137	179	154	235	78	180	167
漯河	205	208	230	126	260	243	228	134	235
三门峡	232	191	156	122	174	176	129	174	162
南阳	246	87	149	197	130	85	241	169	163
商丘	283	173	221	220	268	162	224	161	240
信阳	229	178	212	244	36	240	257	172	190
周口	260	230	260	245	134	284	254	221	251
驻马店	266	226	217	168	153	213	251	230	229
指数均值	26	21	21	17	28	24	23	24	24
指数方差	6	9	4	7	14	16	8	3	5
指数变异系数	13	13	9	5	20	17	12	11	9

资料来源：中国社会科学院城市与竞争力指数数据库。

（五）结论与政策建议

河南省在城乡一体的全域城市、环境友好的生态城市等方面还有不足（见图15-6）。在建设中原经济区过程中，应加快转变经济发展方式，充分发挥农业基础优势，保障国家粮食安全，不断调整产业结构，减少资源环境代价，走工业化、信息化、城镇化与农业现代化协调发展的道路。

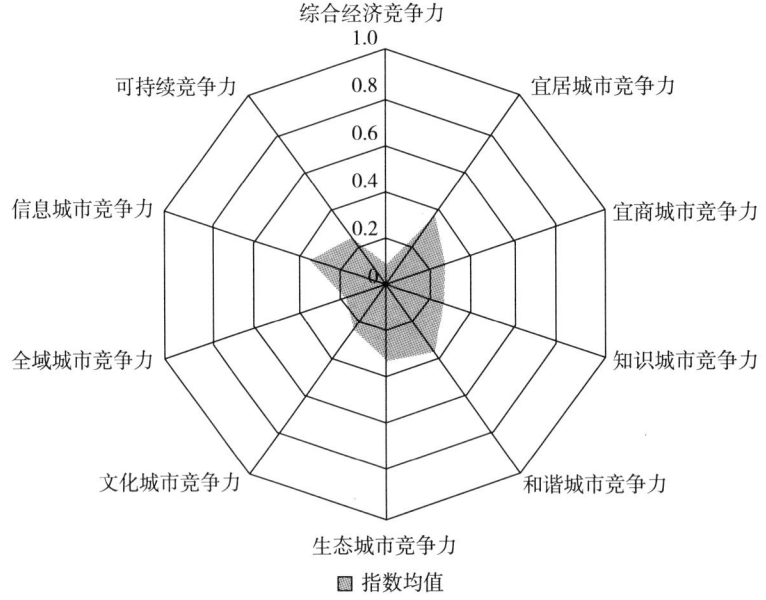

图 15-6　2013 年河南省城市竞争力

资料来源：中国社会科学院城市与竞争力指数数据库。

四　中国城市竞争力（山西）报告

山西省，简称晋，大部分位于太行山之西、吕梁山和黄河以东，省会太原市。全省面积 15.67 万平方千米，约占全国总面积的 1.6%。截至 2012 年末，山西省常住人口 3611 万人，完成生产总值 12112.83 亿元，按不变价格计算，比 2011 年增长 10.1%。"十二五"时期，山西省提出通过实施以转型跨越为核心的发展战略，探索资源型经济转型的基本路径，实现经济快速健康发展、城乡居民收入较快增加、改革开放不断深化等目标。

（一）综合经济竞争力：整体靠后，多地市竞争力不足

2013 年山西省的综合经济竞争力指数均值为 0.061，全国排名第 26 位；指数方差为 0.00029，全国排名第 3 位；变异系数为 0.279，全国排名第 1 位。其中，综合增量竞争力指数均值为 0.053，全国排名第 26 位；指数方差为

中国（中部地区）城市竞争力报告

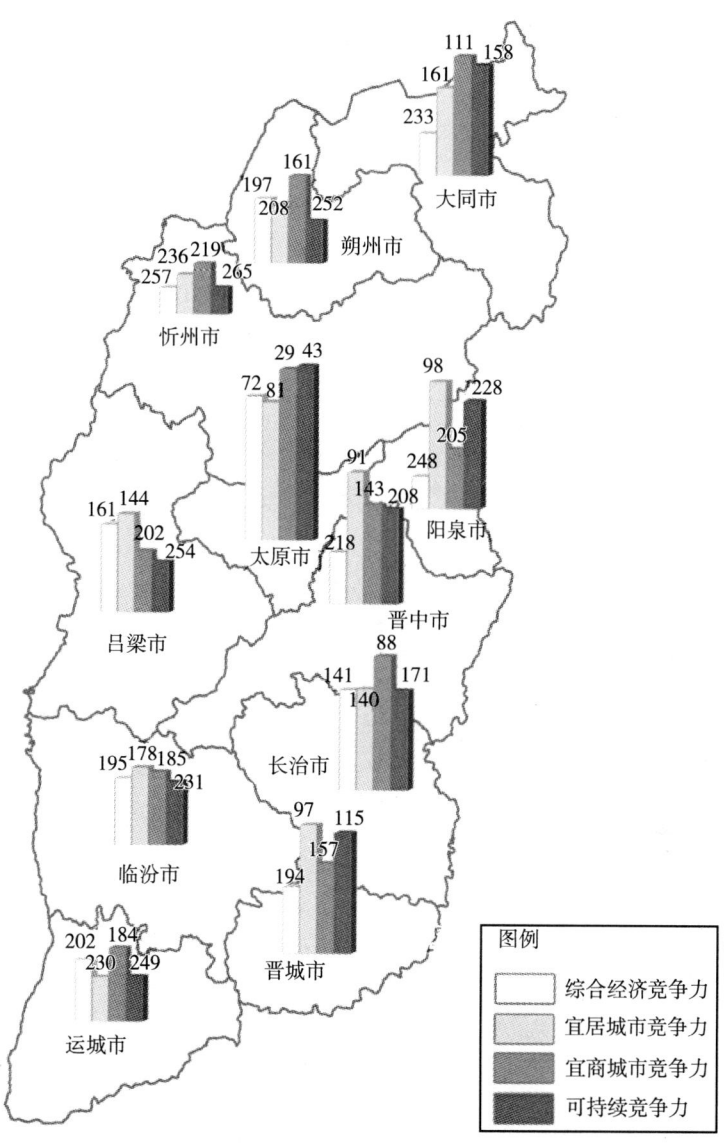

图 15-7　2013 年山西省城市竞争力排名

0.00051，全国排名第 4 位；变异系数为 0.425，全国排名第 1 位。综合效率竞争力指数均值为 0.005，全国排名第 24 位；指数方差为 0.000014，全国排名第 9 位；变异系数为 0.835，全国排名第 11 位。山西经济发展对煤炭依赖程度较大，总体综合经济竞争力不足。太原仅处于较具竞争力之列，长治、吕梁、临汾、晋城和朔州处于中等水平,其他城市排名均在200位之后。山西各城市综合经济竞争力排名比较靠后,在"十二五"期间应整合利用资源优势,加快调整经济结构,推进实现转型发展、跨越发展。

(二)宜居城市竞争力:总体水平中下,区域差异小

2013年山西该指数均值为0.432,全国排名第20位;方差为0.006,全国排名第3位;变异系数为0.177,全国排名第3位。山西总体水平在全国处于中下,内部区域差异较小。太原、晋中、晋城、阳泉处于较具竞争力之列,其余城市均处于中等或较差。山西应在以人为本思想的指导下,改善空气质量,创造宜人的居住环境,增强城市竞争力。

(三)宜商城市竞争力:总体水平较差,区域差异小

2013年山西该指数均值为0.268,全国排名第22位;方差为0.011,全国排名第1位;变异系数为0.387,全国排名第9位。山西总体水平在全国处于中下,营商制度不够健全,需要不断改善。太原处于最具竞争力之列,长治处于较具竞争力之列,其余城市均属中等或较差。山西在完善企业经营制度的过程中,应加快发展相关服务行业,为市场微观主体创造良好的环境,鼓励民营企业进入垄断行业,促进共同发展。

(四)可持续竞争力:总体靠后,环境问题突出

2013年山西省的可持续竞争力指数均值为0.221,全国排名第26位;指数方差为0.009,全国排名第8位;变异系数为0.422,全国排名第17位。山西环境问题突出,经济发展模式亟须调整。可持续竞争力区域差异也较大,除太原处于最具竞争力之列外,其他城市均处于中等或以下水平。山西应在充分利用资源优势的基础上,加快走新型工业化和新型城镇化道路,推动产业结构调整,提高城市可持续竞争力。

其中,知识城市竞争力方面,2013年山西该指数均值为0.228,全国排名第26位;方差为0.020,全国排名第11位;变异系数为0.627,全国排名第

16位。山西总体水平靠后，在教育科研等方面发展不足。太原处于最具竞争力之列，其余城市均属中等或以下水平，朔州和吕梁处于250名之后。山西在优化投入产出结构的过程中，应加大科研投入，培养知识创新能力，提升产品价值。

和谐城市竞争力方面，2013年山西该指数均值为0.252，全国排名第26位；方差为0.014，全国排名第18位；变异系数为0.477，全国排名第22位。山西总体水平靠后，且内部区域差异较大。晋城、长治处于较具竞争力之列，太原、阳泉、朔州处于中等或较差之列，其余城市均处于最差之列。山西应加快完善社会保障体系，维护社会安全稳定，促进社会和谐，提高城市竞争力。

生态城市竞争力方面，2013年山西该指数均值为0.178，全国排名第32位；方差为0.007，全国排名第1位；变异系数为0.485，全国排名第18位。山西总体水平非常靠后，所有城市全部处于200名之后，其中7个城市处于250名之后。山西在资源节约、环境保护等方面处于劣势。山西在加快经济建设、转变发展方式的同时，需要着重保护生态环境，走人与自然和谐发展的道路。

文化城市竞争力方面，2013年山西该指数均值为0.341，全国排名第10位；方差为0.008，全国排名第4位；变异系数为0.260，全国排名第3位。山西总体水平较具竞争力，且内部差异较小。太原、大同处于最具竞争力之列，晋城、晋中、长治、运城、忻州、临汾均处于较具竞争力之列，其余城市均属中等。山西应进一步强化文化竞争力优势，在深化对外交流过程中，提升文化实力。

全域城市竞争力方面，2013年山西该指数均值为0.226，全国排名第20位；方差为0.010，全国排名第17位；变异系数为0.436，全国排名第15位。山西总体水平处于中下，内部区域差异较大。太原处于最具竞争力之列，阳泉处于较具竞争力之列，其他城市处于中等或较差之列。在新型城镇化战略大背景下，山西应更加注重公共服务均等化，加大基础建设力度，提高居民收入，走区域特色的城镇化道路。

信息城市竞争力方面，2013年山西该指数均值为0.376，全国排名第20位；方差为0.020，全国排名第16位；变异系数为0.372，全国排名第17位。山西总体水平处于中下，内部区域差异较大。仅太原处于最具竞争力之列，忻州处于最差之列，其余城市均属于中等或较差。山西在整合交通资源的同时，应积极发展信息产业，推动工业化和信息化同步发展（见表15-4）。

表 15-4　2013 年山西省城市宜居、宜商城市、可持续竞争力及其分项

城市	宜居城市竞争力指数	宜商城市竞争力指数	知识城市竞争力指数	和谐城市竞争力指数	生态城市竞争力指数	文化城市竞争力指数	全域城市竞争力指数	信息城市竞争力指数	可持续竞争力指数
太原	0.535	0.540	0.609	0.362	0.132	0.509	0.454	0.701	0.442
大同	0.417	0.309	0.250	0.256	0.156	0.465	0.256	0.443	0.264
阳泉	0.502	0.194	0.162	0.280	0.050	0.200	0.323	0.432	0.192
长治	0.441	0.350	0.251	0.401	0.117	0.339	0.254	0.405	0.253
晋城	0.502	0.245	0.218	0.448	0.316	0.375	0.263	0.470	0.314
朔州	0.363	0.236	0.061	0.312	0.139	0.288	0.150	0.252	0.146
晋中	0.514	0.264	0.192	0.168	0.253	0.380	0.178	0.390	0.214
运城	0.323	0.219	0.254	0.135	0.070	0.318	0.192	0.253	0.149
忻州	0.316	0.179	0.158	0.079	0.246	0.310	0.116	0.213	0.130
临汾	0.402	0.216	0.255	0.178	0.211	0.317	0.142	0.308	0.185
吕梁	0.438	0.197	0.094	0.150	0.271	0.253	0.159	0.272	0.145
指数均值	0.432	0.268	0.228	0.252	0.178	0.341	0.226	0.376	0.221
指数方差	0.006	0.011	0.020	0.014	0.007	0.008	0.010	0.020	0.009
指数变异系数	0.177	0.387	0.627	0.477	0.485	0.260	0.436	0.372	0.422
城市	排名	排名	排名	排名	排名	排名	排名	排名	排名
太原	81	29	22	121	276	21	19	24	43
大同	161	111	166	208	272	37	115	125	158
阳泉	98	205	226	194	286	184	58	129	228
长治	140	88	165	95	279	71	119	142	171
晋城	97	157	189	55	214	52	107	109	115
朔州	208	161	278	167	274	106	210	232	252
晋中	91	143	206	257	237	51	185	149	208
运城	230	184	164	271	282	83	170	229	249
忻州	236	219	229	282	239	87	234	257	265
临汾	178	185	162	255	255	84	216	201	231
吕梁	144	202	268	264	229	125	201	219	254
指数均值	20	22	26	26	32	10	20	20	26
指数方差	3	1	11	18	1	4	17	16	8
指数变异系数	3	9	16	22	18	3	15	17	17

资料来源：中国社会科学院城市与竞争力指数数据库。

（五）结论与政策建议

山西省在文化城市竞争力方面处于优势，而在生态城市竞争力及综合经济竞争力等方面还有不足（见图15-8）。山西在实施以转型跨越为核心的发展战略过程中，应加快转变经济发展方式，调整经济结构，推动产业升级，加大环境保护力度，走人与自然和谐共处的可持续发展道路。

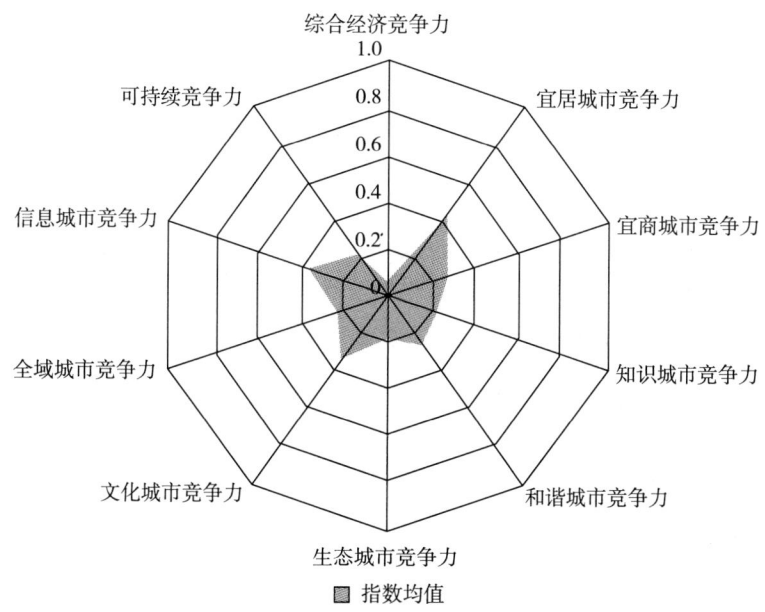

图15-8　2013年山西省城市竞争力

资料来源：中国社会科学院城市与竞争力指数数据库。

五　中国城市竞争力（江西）报告

江西省，简称赣，位于长江中下游南岸，中国东南部，省会南昌市。全省面积16.69万平方千米，森林覆盖率达63.1%。截至2012年末，江西省常住人口4504万人，完成生产总值12948.88亿元，按不变价格计算，比上年增长11%。"十二五"时期，江西省提出按照党的十八大战略部署，通过走出一条具有江西特色的绿色崛起之路，实现经济总量跨越万亿元台阶并向两万亿元迈进、主要经济指标在全国的位次前移、欠发达地区的地位得到显著改善等目标，为全面建成小康社会打下具有决定性意义的基础。

（一）综合经济竞争力：总体靠后，大城市辐射效应不足

2013年江西省的综合经济竞争力指数均值为0.068，全国排名第24位；指数方差为0.00069，全国排名第9位；变异系数为0.389，全国排名第8位。其中，综合增量竞争力指数均值为0.063，全国排名第24位；指数方差为0.002，全国排名第8位；变异系数为0.662，全国排名第5位。综合效率竞争力指数均值为0.006，全国排名第20位；指数方差为0.000029，全国排名第11位；变异系数为0.919，全国排名第13位。江西传统产业比例较大，经济转型、产业升级、绿色发展面临诸多问题。南昌综合经济竞争力处于最具竞争力之列，但对周边城市辐射效应不足，其他城市处于中等或较差之列（见图15-9）。江西应充分发挥南昌增长极效应，利用其交通枢纽的重要地位，增强对周边城市的辐射作用，带动区域协调发展。

（二）宜居城市竞争力：总体水平居中，区域差异小

2013年江西该指数均值为0.509，全国排名第15位；方差为0.009，全国排名第5位；变异系数为0.188，全国排名第4位。江西人居环境在全国属中等水平，城市差异相对较小。新余处于最具竞争力之列，九江、南昌、景德镇、抚州、萍乡和上饶均处于较具竞争力之列，其余城市属中等或较差。江西在以人为本的理念下，应继续完善公共服务体系，不断改善人居环境，提高人口整体素质，打造舒适宜人的宜居城市。

（三）宜商城市竞争力：总体水平较差，区域差异居中

2013年江西该指数均值为0.266，全国排名第23位；方差为0.013，全国排名第3位；变异系数为0.428，全国排名第11位。江西总体水平靠后。南昌处于最具竞争力之列，九江、赣州处于较具竞争力之列，其余城市均属中等或以下水平，抚州处于250名之后。江西营商环境需进一步改

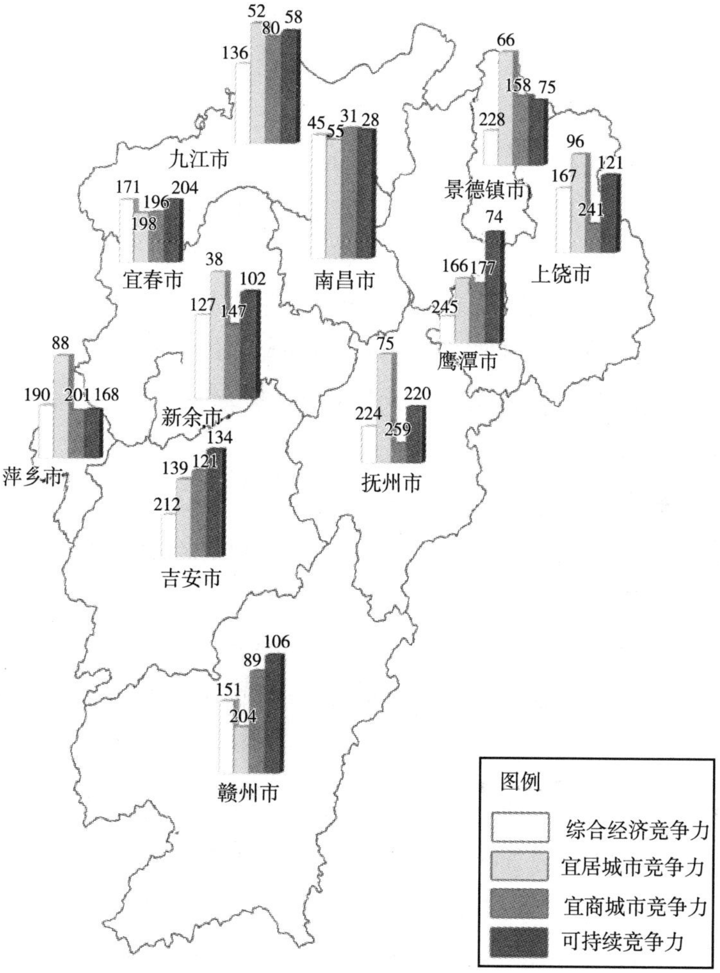

图 15-9 2013 年江西省城市竞争力排名

善，应进一步完善制度环境，培育市场主体，引导企业发展，增强市场竞争力。

（四）可持续竞争力：整体居中，生态环境优势明显

2013 年江西省的可持续竞争力指数均值为 0.326，全国排名第 16 位；指数方差为 0.008，全国排名第 7 位；变异系数为 0.277，全国排名第 6 位。江西可持续竞争力及其区域差异在全国均处于中游。其中，南昌处于最具竞争力

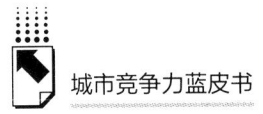

之列，九江、鹰潭和景德镇处于较具竞争力之列，其他城市处于中等或较差之列。江西生态优势明显，全省森林覆盖率达60%以上，多个县被环保部命名为"国家级生态示范区"。江西在走绿色崛起之路过程中，应努力把生态优势转化为经济优势，推进新型工业化和新型城镇化，提高城市可持续竞争力。

其中，知识城市竞争力方面，2013年江西该指数均值为0.281，全国排名第20位；方差为0.014，全国排名第5位；变异系数为0.420，全国排名第8位。江西总体水平和内部区域差异在全国均处于中下水平。其中南昌处于最具竞争力之列，九江处于较具竞争力之列，其余城市均属中等或较差。江西在继续实施创新驱动发展战略过程中，应强化"人才兴赣"和"六个一"工程战略，全面推动自主创新能力提升。

和谐城市竞争力方面，2013年江西该指数均值为0.387，全国排名第12位；方差为0.009，全国排名第10位；变异系数为0.239，全国排名第4位。江西总体水平在全国居中上，内部区域差异较小。鹰潭、新余处于最具竞争力之列，萍乡、九江、南昌处于较具竞争力之列，其余城市均属中等。在进一步深化行政体制改革过程中，江西应继续完善社会保障体系，促进社会公平，提高城市竞争力。

生态城市竞争力方面，2013年江西该指数均值为0.604，全国排名第7位；方差为0.024，全国排名第13位；变异系数为0.258，全国排名第7位。江西总体水平在全国处于前列，具有明显优势，但内部区域差异较大。上饶、南昌、景德镇、九江、鹰潭均处于最具竞争力之列，赣州、吉安处于较具竞争力之列，其他城市处于中等之列。江西应加大对生态经济圈的开发，探索一条绿色经济的发展道路，推动江西大发展。

文化城市竞争力方面，2013年江西该指数均值为0.242，全国排名第18位；方差为0.010，全国排名第11位；变异系数为0.416，全国排名第12位。江西总体水平和内部区域差异均处于中游。南昌处于最具竞争力之列，景德镇处于较具竞争力之列，其余城市均属中等或以下水平，新余处于250名之后。江西应进一步加强文化创新和对外文化交流，增强文化竞争力。

全域城市竞争力方面，2013年江西该指数均值为0.172，全国排名第24位；方差为0.004，全国排名第5位；变异系数为0.360，全国排名第10位。江西总体水平靠后，城乡一体化不足。仅南昌处于较具竞争力之列，其余城市均属中等或以下水平。江西在发展过程中，应在加强保护、适度开发和合理利用之间寻求最佳平衡点，加速推进新型城镇化进程。

信息城市竞争力方面，2013年江西该指数均值为0.467，全国排名第15位；方差为0.014，全国排名第9位；变异系数为0.256，全国排名第7位。江西总体水平处于中游，内部区域差异相对较小。南昌处于最具竞争力之列，赣州、九江、鹰潭、新余、吉安处于较具竞争力之列，其余城市均属中等。江西在充分利用现有信息资源、交通资源的基础上，应加大对信息基础设施投资力度，推动区域协调发展（见表15-5）。

表15-5 2013年江西省城市宜居、宜商城市、可持续竞争力及其分项

城市	宜居城市竞争力指数	宜商城市竞争力指数	知识城市竞争力指数	和谐城市竞争力指数	生态城市竞争力指数	文化城市竞争力指数	全域城市竞争力指数	信息城市竞争力指数	可持续竞争力指数
南昌	0.595	0.531	0.574	0.406	0.788	0.466	0.293	0.661	0.522
景德镇	0.575	0.242	0.308	0.384	0.740	0.371	0.237	0.357	0.372
萍乡	0.520	0.198	0.215	0.446	0.389	0.242	0.179	0.309	0.255
九江	0.603	0.359	0.352	0.424	0.766	0.211	0.209	0.549	0.394
新余	0.646	0.255	0.334	0.497	0.524	0.101	0.187	0.525	0.329
鹰潭	0.415	0.222	0.172	0.567	0.679	0.242	0.200	0.539	0.373
赣州	0.368	0.349	0.309	0.275	0.581	0.267	0.121	0.585	0.323
吉安	0.446	0.291	0.270	0.300	0.546	0.219	0.130	0.527	0.295
宜春	0.377	0.203	0.175	0.310	0.437	0.212	0.092	0.352	0.217
抚州	0.556	0.128	0.175	0.292	0.404	0.181	0.104	0.326	0.199
上饶	0.502	0.149	0.207	0.355	0.790	0.151	0.135	0.412	0.307
指数均值	0.509	0.266	0.281	0.387	0.604	0.242	0.172	0.467	0.326
指数方差	0.009	0.013	0.014	0.009	0.024	0.010	0.004	0.014	0.008
指数变异系数	0.188	0.428	0.420	0.239	0.258	0.416	0.360	0.256	0.277
城市	排名	排名	排名	排名	排名	排名	排名	排名	排名
南昌	55	31	32	89	12	36	82	35	28
景德镇	66	158	120	110	20	53	131	166	75
萍乡	88	201	191	56	182	134	183	199	168
九江	52	80	97	69	17	173	157	68	58
新余	38	147	107	31	106	260	176	78	102
鹰潭	166	177	223	16	39	135	166	70	74
赣州	204	89	117	198	82	121	230	56	106
吉安	139	121	148	181	96	160	227	77	134
宜春	198	196	220	170	149	172	255	171	204
抚州	75	259	222	190	168	205	246	183	220

续表

城市	宜居城市竞争力排名	宜商城市竞争力排名	知识城市竞争力排名	和谐城市竞争力排名	生态城市竞争力排名	文化城市竞争力排名	全域城市竞争力排名	信息城市竞争力排名	可持续竞争力排名
上饶	96	241	193	127	11	230	222	139	121
指数均值	15	23	20	12	7	18	24	15	16
指数方差	5	3	5	10	13	11	5	9	7
指数变异系数	4	11	8	4	7	12	10	7	6

资料来源：中国社会科学院城市与竞争力指数数据库。

（五）结论与政策建议

江西省在环境友好的生态城市方面优势明显，而在城乡一体化的全域城市及综合经济竞争力方面还有不足（见图 15 - 10）。江西在转变经济发展方式、集约利用资源的过程中，应充分发挥地区生态资源优势，加速推进工业化和新型城镇化，走将生态文明建设融入经济建设、政治建设、文化建设、社会建设的绿色崛起之路。

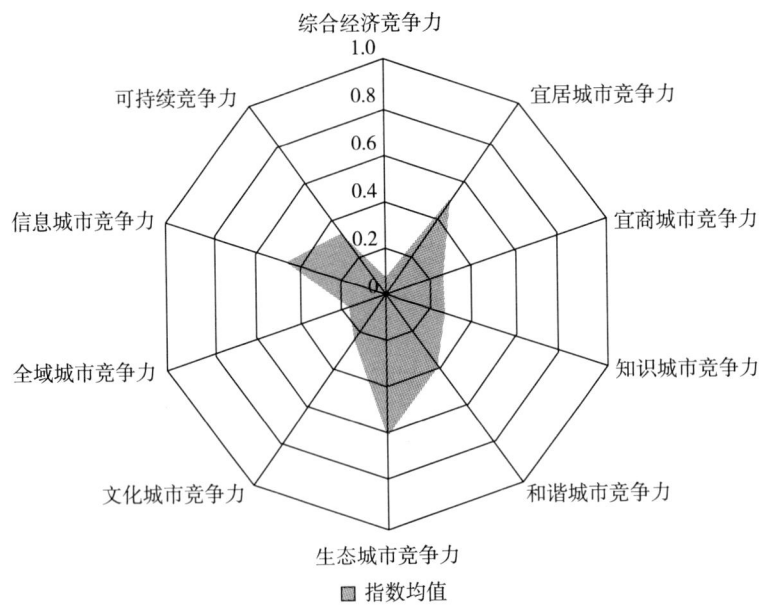

图 15 - 10　2013 年江西省城市竞争力

资料来源：中国社会科学院城市与竞争力指数数据库。

六 中国城市竞争力（安徽）报告

安徽省，简称皖，位于中国东南部，是华东地区跨江近海的内陆省份，省会合肥市。全省面积13.96万平方千米，居华东第3位，全国第22位。2012年，安徽省常住人口5988万人，完成生产总值17212.05亿元，按不变价格计算，比2011年增长12.1%。"十二五"期间，安徽省提出通过转变经济社会发展模式，加速工业化、城镇化进程，实现区域进一步协调发展、城乡居民收入普遍较快增长、社会建设明显加强、改革开放迈出新步伐等目标。

（一）综合经济竞争力：整体不足，长江流域较强，皖南地区较弱

2013年安徽省的综合经济竞争力指数均值为0.069，全国排名第22位；指数方差为0.00099，全国排名第11位；变异系数为0.453，全国排名第11位。其中，综合增量竞争力指数均值为0.060，全国排名第25位；指数方差为0.004，全国排名第10位；变异系数为1.017，全国排名第19位。综合效率竞争力指数均值为0.008，全国排名第17位；指数方差为0.000051，全国排名第17位；变异系数为0.871，全国排名第12位。安徽综合经济竞争力整体不足，同时内部分化较大，长江流域周边城市综合经济竞争力较强，皖南地区综合竞争力靠后。合肥处于最具竞争力之列，芜湖、马鞍山处于较具竞争力之列，黄山和池州处于最差之列，其他城市处于中等或较差之列（见图15-11）。安徽应充分利用区位优势，发挥淮河、长江、新安江的重要交通作用，推动区域产业升级和转型发展。

（二）宜居城市竞争力：总体水平中上，区域差异较小

2013年安徽该指数均值为0.514，全国排名第13位；方差为0.012，全国排名第10位；变异系数为0.212，全国排名第6位。安徽总体水平在全国处于中上，内部区域差异相对较小。合肥、芜湖、铜陵处于最具竞争力之列，马鞍山、池州、黄山、淮南、安庆、蚌埠处于较具竞争力之列，其他城市均属中等或较差。安徽在完善公共服务过程中，应进一步改善人居环境，提高人口素质，增强城市竞争力。

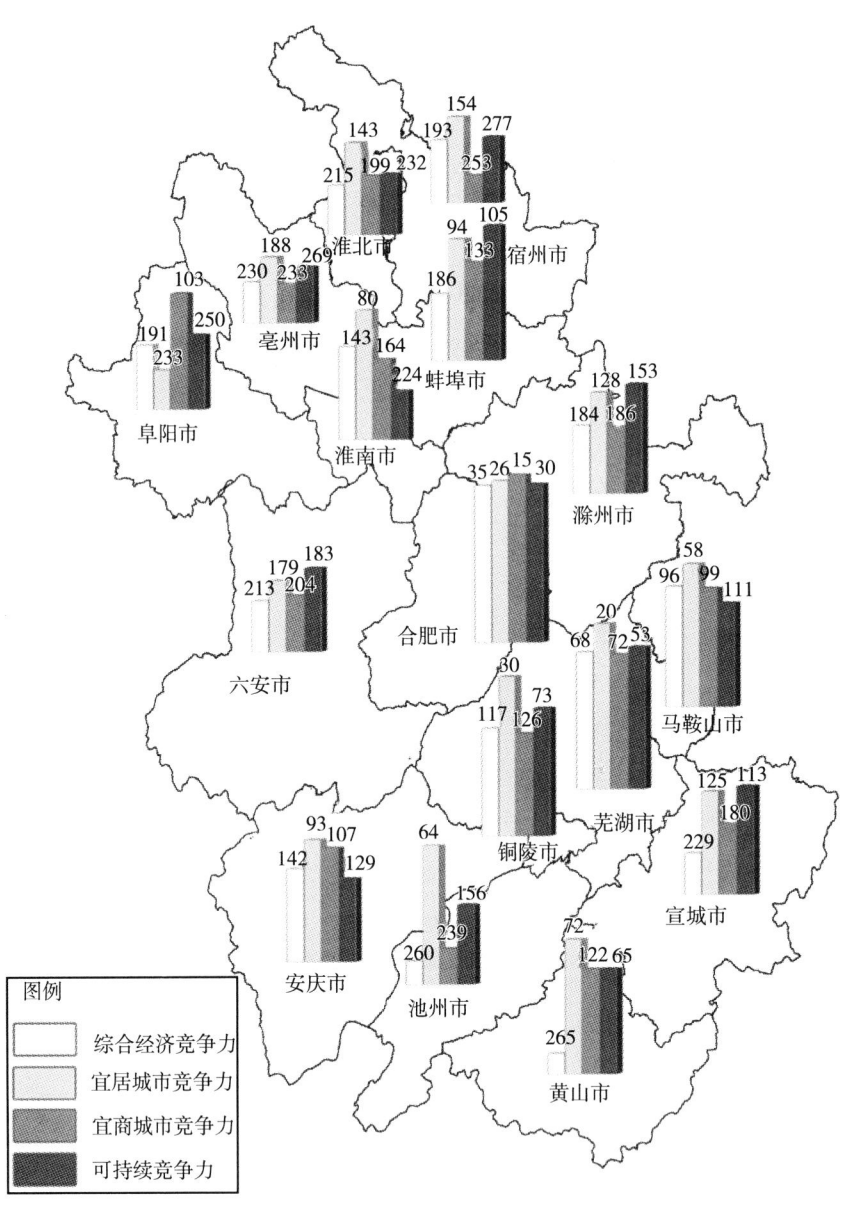

图 15－11 2013年安徽省城市竞争力排名

（三）宜商城市竞争力：总体水平较差，区域差异居中

2013年安徽该指数均值为0.272，全国排名第20位；方差为0.015，全国

排名第 7 位；变异系数为 0.447，全国排名第 12 位。安徽总体水平在全国处于中下，内部区域差异处于中游，合肥处于最具竞争力之列，芜湖和马鞍山处于较具竞争力之列，宿州属于表现差的城市，其余城市属中等或较差。安徽在进一步完善相关制度，增强市场活力过程中，应加快服务转型，为企业创造良好环境，引导企业健康发展。

（四）可持续竞争力：总体不足，皖北地区较弱

2013 年安徽省的可持续竞争力指数均值为 0.278，全国排名第 21 位；指数方差为 0.013，全国排名第 16 位；变异系数为 0.410，全国排名第 15 位。安徽可持续竞争力总体不足，各城市可持续竞争力差异较大。其中，合肥处于最具竞争力之列，芜湖、黄山和铜陵处于较具竞争力之列，宿州和亳州处于最差之列，其他城市处于中等或较差之列。安徽在继续推动长江流域城市健康发展的同时，应加大对省内北部地区的建设，优化区域整体经济布局。

其中，知识城市竞争力方面，2013 年安徽该指数均值为 0.284，全国排名第 19 位；方差为 0.019，全国排名第 10 位；变异系数为 0.482，全国排名第 10 位。安徽总体水平和区域内部差异在全国均处于中游。合肥处于最具竞争力之列，芜湖、铜陵处于较具竞争力之列，宿州、亳州处于最差之列，其余城市属于中等或较差。安徽应充分发挥合肥等地区增长级效应，充分发挥科学技术的扩散和溢出效应，推动区域经济转型发展。

和谐城市竞争力方面，2013 年安徽该指数均值为 0.336，全国排名第 18 位；方差为 0.014，全国排名第 17 位；变异系数为 0.356，全国排名第 13 位。安徽总体水平和区域差异均处于中游。合肥、马鞍山、铜陵均处于最具竞争力之列，宿州、宣城处于最差之列，其余城市均属中等或较差。安徽在继续深化行政体制改革的过程中，应不断促进社会和谐，提升城市竞争力。

生态城市竞争力方面，2013 年安徽该指数均值为 0.491，全国排名第 15 位；方差为 0.050，全国排名第 23 位；变异系数为 0.454，全国排名第 17 位。安徽总体水平处于中游，但内部区域差异较大。黄山、宣城、芜湖处于最具竞争力之列，池州、安庆、合肥、六安、滁州处于较具竞争力之列，蚌埠、铜陵处于中等之列，淮南、淮北、马鞍山、阜阳处于较差之列，宿州、亳州处于最差之列。安徽在推进工

业化、城镇化过程中，应进一步协调处理好经济发展与节能环保的关系。

文化城市竞争力方面，2013年安徽该指数均值为0.194，全国排名第27位；方差为0.009，全国排名第6位；变异系数为0.496，全国排名第16位。安徽总体水平靠后，在人文交流等方面不足，且内部差异相对较大。合肥、安庆、宣城处于较具竞争力之列，滁州、淮北、阜阳和宿州处于最差之列，其余城市属于中等或较差。安徽在强化对外交流过程中，应继续深化改革，提升文化实力，大力引进人才、技术，提升文化竞争力。

全域城市竞争力方面，2013年安徽该指数均值为0.171，全国排名第26位；方差为0.010，全国排名第18位；变异系数为0.600，全国排名第20位。安徽总体水平靠后，城乡一体化不足，地区差异明显。其中，合肥、芜湖、马鞍山、铜陵均处于较具竞争力之列，蚌埠、淮南、淮北、黄山处于中等之列，安庆、滁州、池州、宣城处于较差之列，其余城市均处于最差之列。安徽省应科学制定城镇化发展规划，加快形成现代城镇体系。

信息城市竞争力方面，2013年安徽该指数均值为0.423，全国排名第17位；方差为0.012，全国排名第5位；变异系数为0.260，全国排名第9位。安徽总体水平和区域差异均处于中游。合肥处于最具竞争力之列，芜湖、蚌埠、铜陵均处于较具竞争力之列，其余城市均属中等或较差。安徽在工业化加速发展时期，应加大信息基础设施投入，以信息化推动工业化和新型城镇化（见表15-6）。

表15-6 2013年安徽省城市宜居、宜商城市、可持续竞争力及其分项

城市	宜居城市竞争力指数	宜商城市竞争力指数	知识城市竞争力指数	和谐城市竞争力指数	生态城市竞争力指数	文化城市竞争力指数	全域城市竞争力指数	信息城市竞争力指数	可持续竞争力指数
合肥	0.679	0.645	0.610	0.548	0.597	0.367	0.288	0.666	0.501
芜湖	0.697	0.384	0.497	0.375	0.680	0.214	0.304	0.575	0.419
蚌埠	0.507	0.277	0.335	0.372	0.511	0.151	0.239	0.538	0.324
淮南	0.541	0.230	0.286	0.303	0.276	0.133	0.185	0.274	0.194
马鞍山	0.588	0.325	0.339	0.522	0.286	0.228	0.307	0.445	0.321
淮北	0.440	0.199	0.243	0.310	0.256	0.068	0.217	0.315	0.185
铜陵	0.660	0.287	0.387	0.503	0.436	0.228	0.340	0.513	0.374
安庆	0.510	0.312	0.273	0.328	0.595	0.307	0.150	0.370	0.301
黄山	0.561	0.291	0.307	0.324	0.969	0.246	0.177	0.447	0.386
滁州	0.456	0.216	0.277	0.367	0.544	0.096	0.122	0.463	0.272

续表

城市	宜居城市竞争力 排名	宜商城市竞争力 排名	知识城市竞争力 排名	和谐城市竞争力 排名	生态城市竞争力 排名	文化城市竞争力 排名	全域城市竞争力 排名	信息城市竞争力 排名	可持续竞争力 排名
阜阳	0.321	0.318	0.191	0.251	0.312	0.068	0.046	0.347	0.148
宿州	0.428	0.135	0.089	0.126	0.218	0.077	0.054	0.321	0.085
六安	0.402	0.195	0.150	0.376	0.595	0.142	0.058	0.371	0.239
亳州	0.389	0.163	0.083	0.246	0.183	0.185	0.033	0.302	0.113
池州	0.580	0.156	0.205	0.293	0.636	0.244	0.102	0.360	0.267
宣城	0.466	0.221	0.282	0.139	0.767	0.353	0.112	0.460	0.318
指数均值	0.514	0.272	0.284	0.336	0.491	0.194	0.171	0.423	0.278
指数方差	0.012	0.015	0.019	0.014	0.050	0.009	0.010	0.012	0.013
指数变异系数	0.212	0.447	0.482	0.356	0.454	0.496	0.600	0.260	0.410
城市	排名	排名	排名	排名	排名	排名	排名	排名	排名
合肥	26	15	21	22	71	55	86	32	30
芜湖	20	72	53	116	38	170	75	59	53
蚌埠	94	133	106	119	110	231	130	71	105
淮南	80	164	131	176	225	242	179	217	224
马鞍山	58	99	101	26	221	146	73	124	111
淮北	143	199	170	169	235	279	152	196	232
铜陵	30	126	88	27	150	145	52	83	73
安庆	93	107	145	148	74	89	211	159	129
黄山	72	122	123	155	2	129	186	122	65
滁州	128	186	141	120	97	263	229	114	153
阜阳	233	103	208	212	216	277	284	173	250
宿州	154	253	271	272	252	270	278	188	277
六安	179	204	231	113	73	237	274	158	183
亳州	188	233	273	218	264	202	287	205	269
池州	64	239	196	188	57	132	248	165	156
宣城	125	180	136	269	16	63	236	116	113
指数均值	13	20	19	18	15	27	26	17	21
指数方差	10	7	10	17	23	6	18	5	16
指数变异系数	6	12	10	13	17	16	20	9	15

资料来源：中国社会科学院城市与竞争力指数数据库。

（五）结论与政策建议

安徽省在环境友好的生态城市方面优势明显，而在城乡一体的全域城市竞争力、文化城市竞争力等方面还有不足（见图15-12）。安徽在新型城镇化大背景下，应继续转变经济社会发展方式，推进产业结构升级，完善公共服务体系，科学制定城镇发展战略，在统筹城乡过程中，实现又好又快发展。

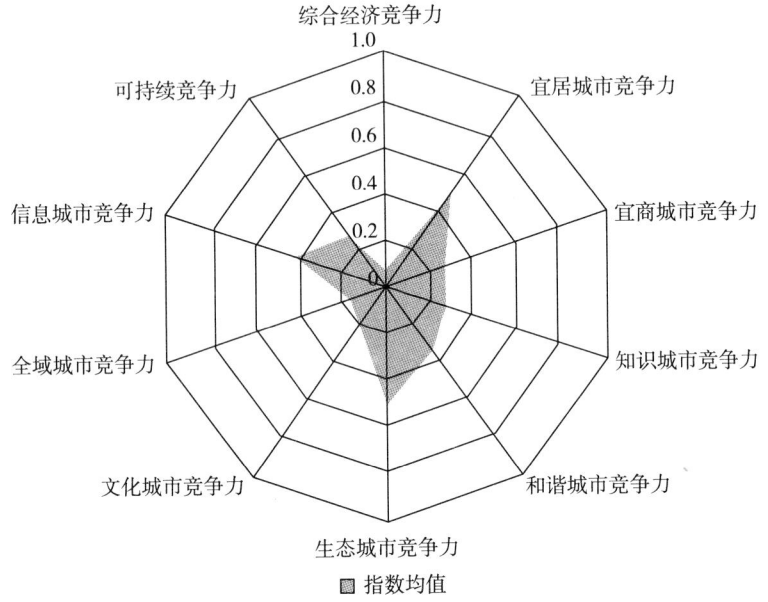

图 15-12　2013 年安徽省城市竞争力

资料来源：中国社会科学院城市与竞争力指数数据库。

B.16
中国（西南地区）城市竞争力报告

董杨 邹琳华*

一 中国城市竞争力（四川）报告

四川地处西南腹地，是西南、西北和中部地区的重要接合部，是承接华南华中、连接西南西北、沟通中亚南亚东南亚的重要交会点和交通走廊。四川自古被誉为"天府之国"，是我国的资源大省、人口大省、经济大省。2012年四川省实现地区生产总值23849.8亿元，同比增长12.6%。年末常住人口为8076.2万人，人均GDP达29579元。进入"十二五时期"以来，四川省一直坚持以工业强省为主导，推进新型工业化、新型城镇化、农业现代化，加强开放合作、科技教育、基础设施建设，全面建设小康社会和建设西部经济发展高地。

（一）综合经济竞争力：整体靠后，成都优势明显

2013年四川省综合经济竞争力指数均值为0.071，全国排名第20，竞争力水平处于中等偏下；方差为0.003，全国排名第18位；变异系数为0.708，全国排名第23位，省内发展不均衡现象很严重。其中，综合增量竞争力指数和综合效率竞争力指数均值分别为0.071和0.006，均排全国第21名，竞争力水平较差。成都作为四川的省会城市，也是横贯欧亚的"丝绸之路经济带"与面向东盟的"海上丝绸之路"的重要交叉节点城市之一，综合经济竞争力在全国范围内有明显优势。其他城市和成都差距较大，其中成都经济区

---

* 董杨，西南财经大学西方经济学博士研究生。邹琳华，经济学博士，现就职于中国社会科学院财经战略研究院，主要从事城市与房地产经济领域的理论研究。本章报告四川、云南、贵州、广西、重庆部分由董杨撰写，海南部分由邹琳华撰写。

和川南经济区的城市排名靠前，川东北经济区的城市排名参差不齐，攀西经济区的城市排名靠后（见图16-1）。

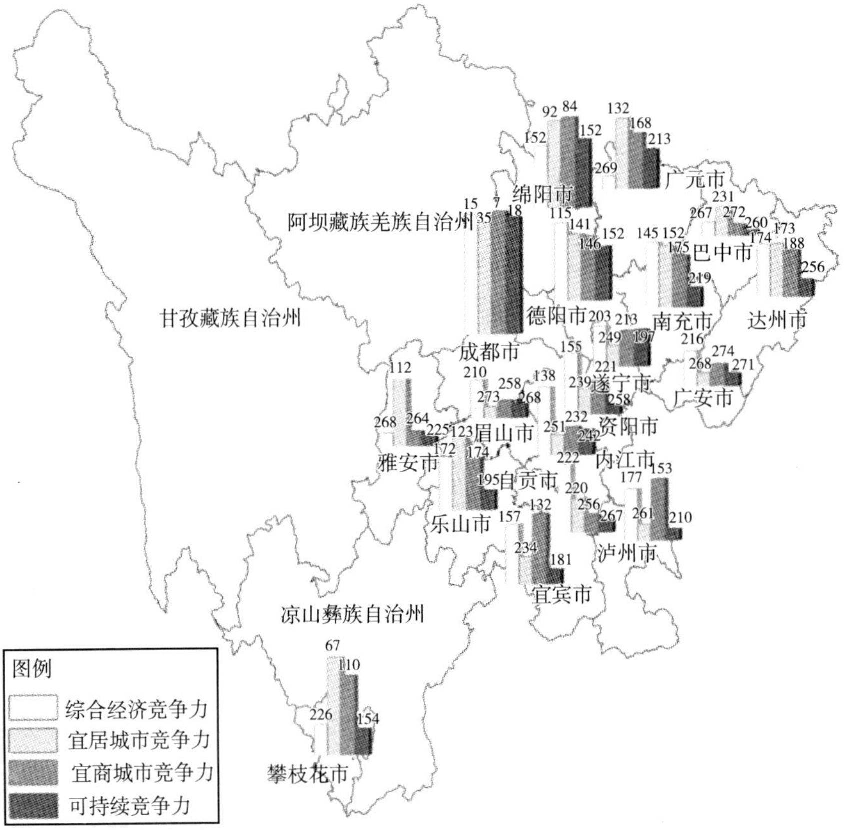

图16-1　2013年四川省各城市竞争力排名

（二）宜居城市竞争力：总体情况有所改善，但排名较差的城市仍超过半数

2013年四川省宜居城市竞争力指数均值为0.389，全国排名第22位，总体情况有所改善；方差为0.015，全国排名第12位；变异系数为0.310，全国排名第7位，区域发展平衡程度不高。成都跻身最宜居城市之列，攀枝花和绵阳处于较具竞争力之列，眉山竞争力水平最差。尽管省内大部分城市的宜居状况得到了提升，但情况依然不容乐观，四川省内仍有半数的城市宜居

指数排名在200名之外,并且这些城市大多在四川省内综合经济竞争力相对较强,如内江。

(三)宜商城市竞争力:整体出现倒退,成都、绵阳有所提升

2013年四川省宜商城市竞争力水平很差,指数均值为0.231,较2012年有所倒退,全国排名第25位;方差为0.019,全国排名第17位;变异系数为0.598,全国排名第15位。其中,成都的宜商城市竞争力稳步提高,进入全国前10位。这与成都市政府的积极作为不无关系,持续、稳定、优惠的地方政策不仅吸引了诸多世界500强企业的落户,也活跃了本土创业活动的氛围;不断完善的综合交通网络,也将为今后成都地区的商业活动提供更多的便利。绵阳进入较具竞争力之列。而巴中、雅安等4个城市的宜商城市竞争力依然处于全省末列,竞争力水平最差,宜商城市环境亟待改善。

(四)可持续竞争力:整体水平差,大多数分项排名均居后

2013年四川省可持续竞争力指数均值为0.220,全国排名第27位,属最差水平;方差为0.012,全国排名第11位;变异系数为0.504,全国排名第21位,城市之间差距较大。一般来说,经济实力强的城市可持续竞争力较强,如成都、绵阳分别处于最具竞争力和较具竞争力之列;经济实力差的城市可持续竞争力也较差,如广安、眉山,竞争力水平最差。值得注意的是,综合经济竞争力较强的南充却具有较弱的可持续竞争力,而综合经济竞争力较弱的攀枝花却具有较强的可持续竞争力,转变经济发展方式的重要性不言而喻(见表16-1)。

表16-1 2013年四川省城市宜居、宜商城市、可持续竞争力及其分项

城市	宜居城市竞争力指数	宜商城市竞争力指数	知识城市竞争力指数	和谐城市竞争力指数	生态城市竞争力指数	文化城市竞争力指数	全域城市竞争力指数	信息城市竞争力指数	可持续竞争力指数
成都	0.651	0.705	0.661	0.563	0.651	0.514	0.382	0.708	0.577
自贡	0.340	0.132	0.178	0.232	0.349	0.197	0.132	0.174	0.157
攀枝花	0.571	0.311	0.323	0.475	0.283	0.192	0.337	0.248	0.270

续表

城市	宜居城市竞争力指数	宜商城市竞争力指数	知识城市竞争力指数	和谐城市竞争力指数	生态城市竞争力指数	文化城市竞争力指数	全域城市竞争力指数	信息城市竞争力指数	可持续竞争力指数
泸州	0.256	0.248	0.236	0.390	0.499	0.176	0.097	0.155	0.212
德阳	0.441	0.257	0.310	0.443	0.400	0.184	0.181	0.354	0.273
绵阳	0.514	0.355	0.466	0.413	0.726	0.201	0.175	0.417	0.372
广元	0.452	0.228	0.145	0.300	0.535	0.151	0.112	0.295	0.209
遂宁	0.284	0.187	0.126	0.303	0.701	0.092	0.108	0.289	0.225
内江	0.281	0.163	0.116	0.308	0.330	0.180	0.087	0.246	0.158
乐山	0.470	0.223	0.282	0.339	0.420	0.220	0.148	0.215	0.226
南充	0.430	0.222	0.200	0.269	0.588	0.119	0.099	0.218	0.201
眉山	0.229	0.129	0.143	0.308	0.176	0.126	0.110	0.176	0.115
宜宾	0.320	0.279	0.232	0.410	0.525	0.227	0.113	0.193	0.240
广安	0.245	0.147	0.118	0.218	0.347	0.081	0.071	0.166	0.107
达州	0.408	0.212	0.086	0.167	0.453	0.113	0.151	0.209	0.141
雅安	0.486	0.113	0.259	0.248	0.559	0.104	0.141	0.143	0.194
巴中	0.321	0.076	0.033	0.250	0.639	0.106	0.074	0.060	0.138
资阳	0.309	0.175	0.107	0.207	0.605	0.068	0.082	0.105	0.140
指数均值	0.389	0.231	0.223	0.324	0.488	0.170	0.144	0.243	0.220
指数方差	0.015	0.019	0.023	0.011	0.024	0.010	0.007	0.021	0.012
变异系数	0.310	0.598	0.676	0.324	0.315	0.586	0.587	0.595	0.504
城市	排名	排名	排名	排名	排名	排名	排名	排名	排名
成都	35	7	12	18	49	19	37	21	18
自贡	220	256	218	227	199	188	225	267	244
攀枝花	67	110	112	40	223	193	54	236	154
泸州	261	153	177	106	122	211	252	272	210
德阳	141	146	116	59	172	203	181	170	152
绵阳	92	84	61	80	25	182	189	136	76
广元	132	168	235	182	100	232	237	206	213
遂宁	249	213	250	177	34	264	243	211	197
内江	251	232	258	173	205	206	259	239	242
乐山	123	174	135	138	158	159	214	253	195
南充	152	175	200	201	78	248	250	252	219
眉山	273	258	237	172	267	247	240	266	268
宜宾	234	132	180	83	105	149	235	264	181
广安	268	247	256	237	200	268	267	269	271
达州	173	188	272	259	143	254	208	258	256

续表

城市	宜居城市竞争力排名	宜商城市竞争力排名	知识城市竞争力排名	和谐城市竞争力排名	生态城市竞争力排名	文化城市竞争力排名	全域城市竞争力排名	信息城市竞争力排名	可持续竞争力排名
雅安	112	264	158	215	89	258	219	275	225
巴中	231	272	285	214	56	256	266	286	260
资阳	239	221	263	246	68	278	261	281	258
指数均值	22	25	27	20	16	30	30	29	27
指数方差	12	17	13	13	12	9	11	19	11
变异系数	7	15	17	11	11	20	19	20	21

资料来源：中国社会科学院城市与竞争力指数数据库。

其中，四川省知识城市竞争力水平处全国最差之列，城市间差距较大。其中成都高校林立，绵阳科研机构集聚，排在全省前两位，巴中最差。大部分城市先天条件不足，应积极统筹各类教育发展，促进教育公平。

四川省和谐城市竞争力水平处全国中等偏下水平，城市间差距不大。其中成都、攀枝花最好，达州最差。四川应继续以就业、社会保障、医疗卫生等为重点，努力促进基本公共服务均等化，加强社会建设和社会管理创新，有效化解社会矛盾。

四川省生态城市竞争力水平较 2012 年有很大提升，但竞争力水平仍处中等偏下，各城市协同发展，其中绵阳情况最好，眉山情况最差。四川应继续加强生态建设和环境保护，促进经济社会的发展与资源环境相协调。

四川省文化城市竞争力水平处于全国最差之列，城市间差距较大。其中成都表现出色，但省内其他城市与之相差甚远，资阳最差。巴蜀文化有着悠久的历史和鲜明的地域特征，四川应充分利用优势资源大力发展文化产业，完善基层公共文化设施，加快文化强省建设。

四川省全域城市竞争力水平处于全国最差之列，且省内发展很不均衡。成都和攀枝花分别处于最具和较具竞争力之列，广安最差。各市可借鉴成都的先进经验，加快新农村建设，努力增加农民收入，推进城乡统筹发展。

四川省信息城市竞争力水平处于全国最差之列，省内发展不均衡，除成都、绵阳和德阳以外，其他城市均在 200 名之外，巴中最差。四川应加快建设西部通信、交通枢纽，大力发展开放型经济。

(五)结论与政策建议

四川在生态城市竞争力分项上表现优于其他指标,应继续加快转变经济发展方式,坚持以人为本,加强生态建设和环境保护,加强基础设施建设,改善人居环境;在"一极一轴一区块"建设的同时,应充分发挥成都都市圈增长极的作用,促进四大经济区协调发展,提升综合经济竞争力;应继续充分开放合作打开新局面,结合各地的特色优势推动产业发展,并充分发挥成都的示范效应,不断改善投资营商环境,增强市场活力;在努力促进经济长期平稳较快发展的同时,也要提高经济发展质量,调整优化产业结构,促进可持续发展(见图16-2)。

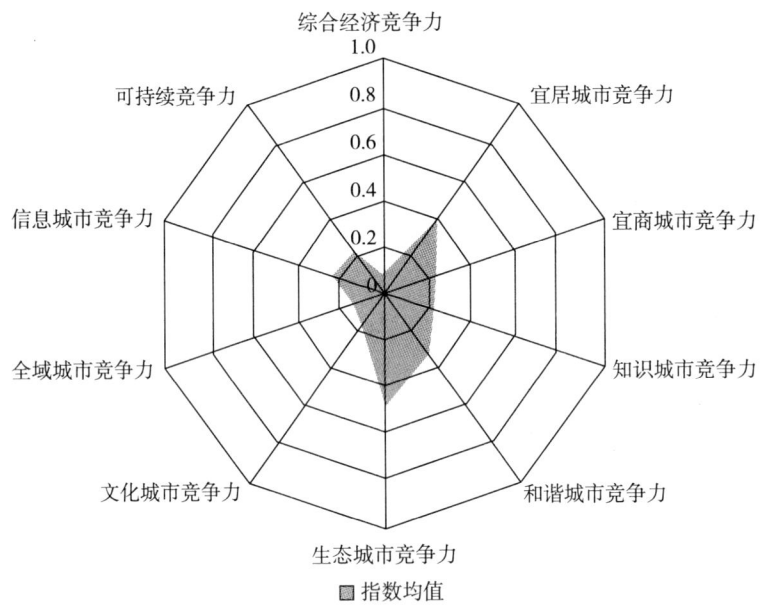

图16-2 2013年四川省城市竞争力

资料来源:中国社会科学院城市与竞争力指数数据库。

二 中国城市竞争力(云南)报告

云南地处中国西南边陲,与之相邻的省区有四川、贵州、广西、西藏,邻国有缅甸、老挝和越南，总面积约39.4万平方千米，占全国总面积的4.1%。截至2012年末，云南省经济总量达10309.80亿元，比上年增长13.0%，高于全国5.2个百分点。年末常住人口为4659.0万人，人均GDP达22195元。进入"十二五"以来，云南紧紧围绕建设绿色经济强省、民族文化强省和中国面向西南开放重要桥头堡的战略目标，明确发展思路，突出工作重点，不断推动富裕、民主、文明、开放、和谐社会建设迈上新台阶。

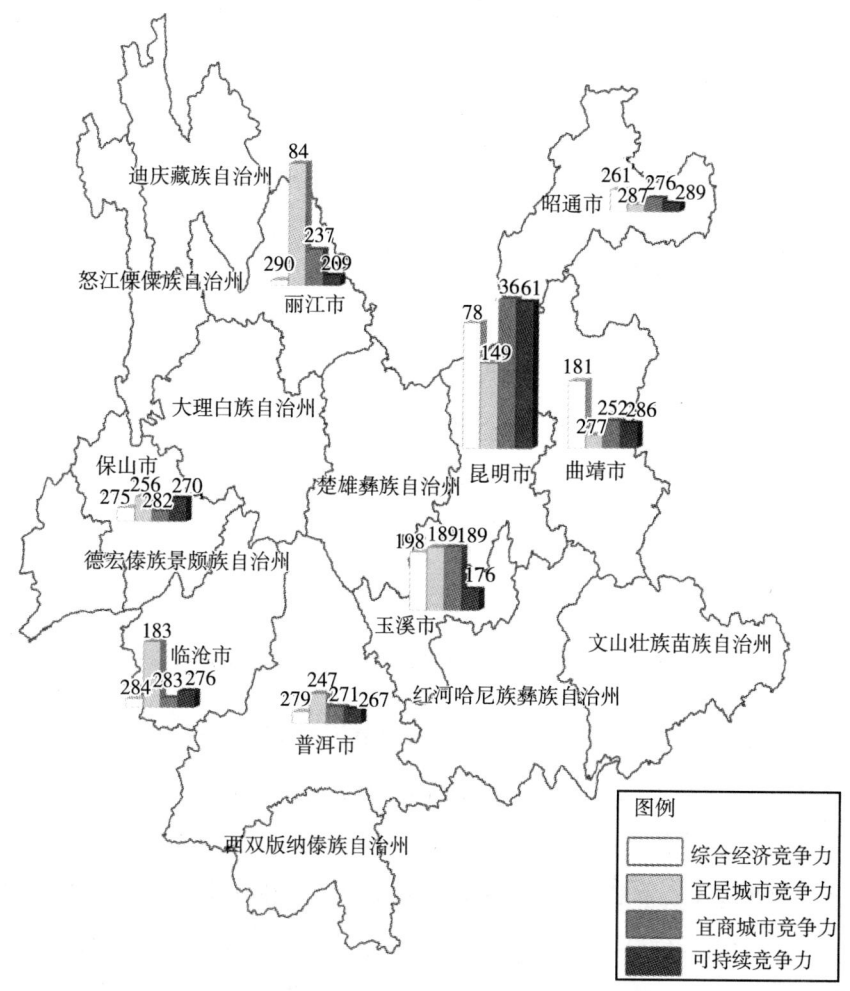

图16-3　2013年云南省城市竞争力排名

（一）综合经济竞争力：总体水平落后，增速缓慢，效率较低

2013年云南省综合经济竞争力指数均值为0.048，全国排名第31位，处于最差之列；方差为0.001，全国排名第7位；变异系数为0.503，全国排名第16位，区域发展较为平衡。其中，综合增量竞争力和综合效率竞争力指数均值分别为0.041和0.002，分别排名全国第29位和第32位，均居最差之列。具体来看，昆明作为省会城市，在云南一家独大，排在全国100名之内，处于较好之列；受益于滇中城市经济圈的重点培育，曲靖、玉溪在省内优势明显，但在全国属中等偏下水平；其余城市分布于滇西南、西北和东北地区，均位于260名之后，综合经济实力弱，需进一步挖掘落后地区的经济潜力。

（二）宜居城市竞争力：总体水平差，区域发展不平衡

2013年云南省宜居城市竞争力指数均值为0.328，全国排名第30位，处于最差之列；方差为0.018，全国排名第16位；变异指数为0.405，全国排名第22位，区域发展不平衡。其中，中国优秀旅游城市丽江属省内最宜居城市，在全国范围内也较具竞争力；省会昆明竞争力水平在全国属中等偏上；昭通竞争力指数排名最差。省内综合经济竞争力相对较强的曲靖在宜居方面的表现很差，而综合经济竞争力相对较弱的丽江则恰好相反，但普遍情况是综合经济实力与宜居状况的排名相匹配。

（三）宜商城市竞争力：总体水平极差，两极分化严重

2013年云南省宜商城市竞争力指数均值为0.157，全国排名第31位，处于最差之列；方差为0.024，全国排名第21位；变异指数为0.977，全国排名第25位，两极分化严重。昆明是云南的工业基地和西南地区重要的工业城市，逐渐成为西南开放重要桥头堡的核心区域和连接东南亚南亚国家的陆路交通枢纽、西部区域性经济中心，宜商城市状况处于全国最具竞争力之列；保山、临沧处于全国最差之列，这与其地处横断山脉、位置偏远有关，其本身在云南省内也属于贫困和欠发达城市。

中国（西南地区）城市竞争力报告

（四）可持续性竞争力：城市发展可持续性极差，除生态外，其他分项排名均全国倒数

2013年云南省可持续竞争力指数均值为0.153，全国排名第31位，处最差之列；方差为0.016，全国排名第22位；变异系数为0.821，全国排名第24位，城市之间差距相当大。省内最具可持续竞争力的昆明在全国处于较好水平，其次是玉溪，在全国属中等偏下水平；昭通最差，全国垫底。普洱、临沧等经济实力落后的城市，可持续发展能力有待进一步挖掘，而经济实力位居省内第二的曲靖在可持续发展方面的表现差，居全国倒数，需要进一步加快其经济发展方式的转变（见表16-2）。

表16-2 2013年云南省城市宜居、宜商城市、可持续竞争力及其分项

城市	宜居城市竞争力指数	宜商城市竞争力指数	知识城市竞争力指数	和谐城市竞争力指数	生态城市竞争力指数	文化城市竞争力指数	全域城市竞争力指数	信息城市竞争力指数	可持续竞争力指数
昆明	0.434	0.511	0.564	0.268	0.312	0.448	0.283	0.628	0.392
曲靖	0.206	0.135	0.103	0.058	0.189	0.115	0.061	0.213	0.058
玉溪	0.389	0.211	0.322	0.225	0.548	0.349	0.100	0.198	0.248
保山	0.269	0.050	0.139	0.121	0.430	0.067	0.048	0.206	0.109
昭通	0.118	0.068	0.000	0.138	0.223	0.000	0.000	0.073	0.000
丽江	0.528	0.158	0.126	0.179	0.659	0.382	0.111	0.104	0.213
普洱	0.286	0.076	0.110	0.104	0.547	0.070	0.067	0.148	0.116
临沧	0.393	0.050	0.074	0.257	0.319	0.017	0.060	0.163	0.086
指数均值	0.328	0.157	0.180	0.169	0.403	0.181	0.091	0.217	0.153
指数方差	0.018	0.024	0.032	0.006	0.029	0.033	0.007	0.030	0.016
变异系数	0.405	0.977	1.002	0.451	0.420	1.000	0.926	0.801	0.821
城市	排名	排名	排名	排名	排名	排名	排名	排名	排名
昆明	149	36	35	202	215	41	89	41	61
曲靖	277	252	265	286	261	253	272	256	286
玉溪	189	189	113	231	93	66	249	263	176
保山	256	282	241	274	152	280	282	259	270
昭通	287	276	289	270	249	289	289	285	289
丽江	84	237	249	254	47	50	238	282	209
普洱	247	271	261	278	94	275	270	274	267
临沧	183	283	277	207	211	288	273	271	276
指数均值	30	31	31	32	23	29	32	31	31
指数方差	16	21	23	3	16	25	10	22	22
变异系数	22	25	24	21	15	25	25	24	24

资料来源：中国社会科学院城市与竞争力指数数据库。

其中,云南省知识城市竞争力水平处全国最差之列,不平衡现象也很严重。省会昆明拥有较多的教育资源和科研机构,是全国最具知识城市竞争力的城市之一;昭通最差,全国垫底,亟须加大对其基础教育、中等职业教育、高等教育的支持力度,促进科技研发、技术引进和成果转化。

云南省和谐城市竞争力水平处全国最差之列,城市间差距较大。各城市排名均在 200 名之后,其中曲靖最差。云南应进一步完善户籍管理制度,放宽中小城市和小城镇户籍限制,促进阶层间的公平性。

云南省生态城市竞争力水平处全国较差之列,城市间差距不太大,其中丽江最具竞争力,曲靖最差,各分项指标大都领先的昆明此项排名却在 200 名之后。云南应加大环境保护和治理力度,促进绿色发展,走生态建设产业化、产业发展生态化的道路。

云南省文化城市竞争力水平处全国最差之列,两极分化严重。昆明、丽江在全国都属最具竞争力之列,玉溪较具竞争力,其余城市的表现大相径庭,临沧、昭通更是全国垫底。云南作为民族文化大省,有着独特的文化资源优势和区位优势,应努力形成比较完备的覆盖城乡的公共文化设施网络,加快发展文化主导产业,全方位开展文化交流与合作。

云南省全域城市竞争力水平处全国最差之列,且省内发展很不均衡。除昆明较具竞争力以外,其余城市城乡一体化程度都严重低于全国平均水平。云南经济基础差,应以推进城镇化和新农村建设为主攻方向,加快完善基础设施系统,促进城乡基本公共服务均等化。

云南省信息城市竞争力水平处全国最差之列,省内发展极不均衡,除昆明外,其他城市均在 250 名之后,昭通最差。云南应进一步完善交通运输体系,促进云南与国内国际其他区域的联动,实现内外区域合作共赢发展。

(五)结论与政策建议

云南省集"山区、民族、边疆和贫困"四位一体,仍处于全国发展的低层次,发展不充分、不协调、不平衡、不可持续。如图 16-4 所示,云南在生态城市分项上表现较好,要继续注重环境综合治理。此外,云南应加快推进滇中城市经济圈和沿边对外开放经济带发展,以发挥区域比较优势为出发点,优化产业布局，促进区域协调发展，总体提升综合经济实力；要在保持特色优势的基础上加快调整产业组织结构，积极引入行业领军式大企业，大力扶持发展中小企业；提高行政透明度，推动城市化与工业化相适应，增强可持续发展能力。

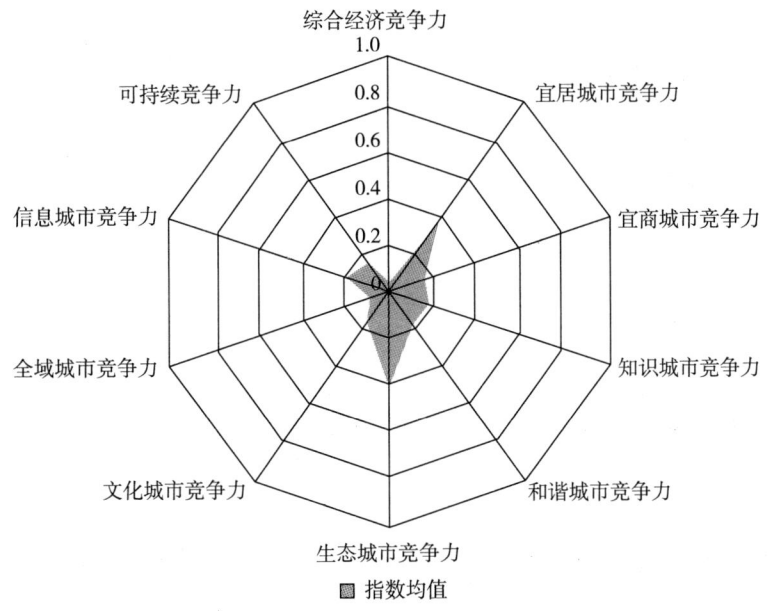

图 16 - 4　2013 年云南省城市竞争力

资料来源：中国社会科学院城市与竞争力指数数据库。

三　中国城市竞争力（贵州）报告

贵州省位于中国西南的东南部，东毗湖南、南邻广西、西连云南、北接四川和重庆，面积约 17.6 万平方千米，占全国国土面积的 1.8%，境内高原山地居多，是全国唯一没有平原支撑的省份。贵州也是一个少数民族聚集、资源丰富、发展潜力很大的省份。2012 年，贵州省生产总值达到 6802.2 亿元，比 2011 年增长 13.6%；全省年末常住人口 3484 万人，人均 GDP 达 19524 元。进入"十二五"以来，贵州经济平稳较快增长，产业结构继续调整，居民生活水平稳步提高。

（一）综合经济竞争力：总体经济实力薄弱，贵阳仍需努力

2013年贵州省综合经济竞争力指数均值为0.052，总体经济实力薄弱，全国排名第30位；方差为0.0004，全国排名第6位；变异系数为0.392，全国排名第9位，省内各城市经济发展比较均衡。其中，综合增量竞争力指数和综合效率竞争力指数均值分别为0.043和0.003，均位居全国第29位。贵州一直努力进一步做大贵阳这一特大城市，无论是为形成贵州经济的引擎还是适应陆路交通枢纽的称谓，都逼迫贵阳尽快扩张发展，但从全国来看其竞争力一般；遵义次之，属黔中经济区；安顺最差，接近全国垫底水平，地区生产总值小，增长速度慢（见图16-5）。

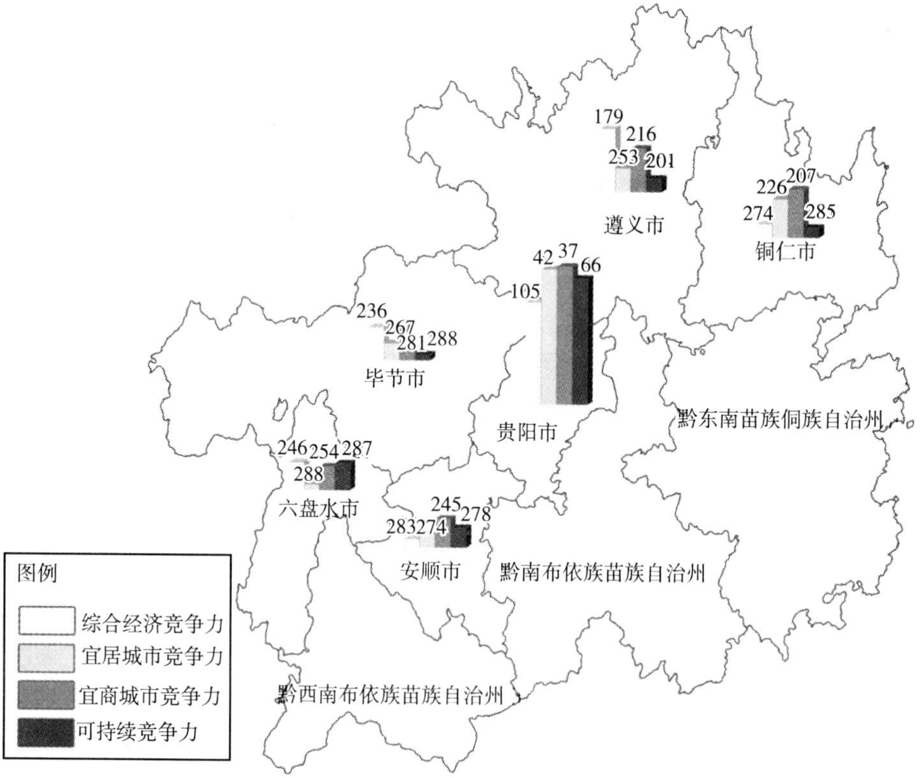

图16-5　2013年贵州省城市竞争力排名

（二）宜居城市竞争力：全国最差，两极分化最严重

2013 年贵州省宜居城市竞争力指数均值为 0.294，排名第 32 位，为全国最差；方差为 0.035，变异系数为 0.637，均排名第 25 位，两极分化现象在全国范围内最严重。贵阳生态环境良好，森林围城，是中国首个森林城市、首个循环经济试点城市，是全国最具宜居竞争力的城市之一；其他城市的表现差强人意，排名均在 220 名之外，其中六盘水最差，绿化覆盖率低，市政设施不够完善，居全国倒数。总体上看，省内城市的宜居状况与综合经济实力是基本一致的，经济较落后的城市宜居状况较糟糕。

（三）宜商城市竞争力：整体水平差，不平衡程度高

2013 年贵州省宜商城市竞争力指数均值为 0.203，全国排名第 28 位，处于全国最差之列；方差为 0.025，变异系数为 0.774，均位列全国第 23，城市之间不平衡程度较高。良好的生态环境、适宜的居住条件、便利的招商政策，使贵阳的招商引资规模不断扩大、引进的企业质量越来越好，在全国都十分具有竞争力；毕节辖区内几乎没有大型企业，受地理环境限制，其交通便利程度不高，宜商城市竞争力为省内最差，临近全国倒数；铜仁、遵义、安顺等城市全国排名集中在 200~250 位，处于全国较差之列。

（四）可持续竞争力：城市发展可持续性最差，各分项排名均属全国倒数

2013 年贵州省可持续竞争力指数均值为 0.132，为全国最差水平；方差为 0.021，变异系数为 1.088，城市间发展极不均衡。贵阳一直以生态文明理念引领经济社会发展，走出了一条经济发展与生态保护双赢的道路，其可持续竞争力水平处全国较好之列；其余城市均排在全国 200 名之后，安顺、铜仁、六盘水、毕节居全国最差之列。其中，毕节在省内综合经济实力相对较好，但经济发展方式属严重不可持续型，试验区的改革发展亟须转型（见表 16-3）。

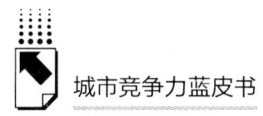

表16-3 2013年贵州省城市宜居、宜商城市、可持续竞争力及其分项

城市	宜居城市竞争力指数	宜商城市竞争力指数	知识城市竞争力指数	和谐城市竞争力指数	生态城市竞争力指数	文化城市竞争力指数	全域城市竞争力指数	信息城市竞争力指数	可持续竞争力指数
贵阳	0.628	0.509	0.509	0.418	0.376	0.268	0.312	0.575	0.384
六盘水	0.059	0.135	0.018	0.124	0.000	0.069	0.228	0.228	0.044
遵义	0.274	0.182	0.233	0.332	0.493	0.267	0.116	0.149	0.219
安顺	0.227	0.148	0.096	0.183	0.318	0.028	0.056	0.201	0.085
毕节	0.246	0.054	0.034	0.083	0.186	0.038	0.034	0.060	0.000
铜仁	0.330	0.192	0.023	0.185	0.123	0.129	0.185	0.107	0.060
指数均值	0.294	0.203	0.152	0.221	0.249	0.133	0.155	0.220	0.132
指数方差	0.035	0.025	0.037	0.017	0.032	0.012	0.011	0.034	0.021
变异系数	0.637	0.774	1.267	0.582	0.722	0.823	0.686	0.837	1.088
城市	排名	排名	排名	排名	排名	排名	排名	排名	排名
贵阳	42	37	49	73	192	118	68	60	66
六盘水	288	254	288	273	289	276	139	248	287
遵义	253	216	179	146	126	120	233	273	201
安顺	274	245	267	252	212	287	275	262	278
毕节	267	281	284	281	263	285	286	288	288
铜仁	226	207	287	250	277	246	178	280	285
指数均值	32	28	32	28	31	32	29	30	32
指数方差	25	23	25	19	18	13	19	24	24
变异系数	25	23	25	25	25	24	22	25	25

资料来源：中国社会科学院城市与竞争力指数数据库。

其中，贵州省知识城市竞争力整体水平为全国最差，城市间差距较大。贵阳积极支持高等院校、科研机构整合科技资源，推进知识创新，其知识城市竞争力在全国居最具竞争力之列；除遵义知识城市竞争力一般外，其余城市排名均属全国倒数，毕节、铜仁、六盘水最差，需继续巩固和提高其义务教育水平，有条件的可以发展职业教育。

贵州省和谐城市竞争力水平处全国最差之列，城市间差距较大。贵阳的排名较2012年上升不少，进入较具竞争力之列；六盘水、毕节最不"和谐"，应扩大其社会保险覆盖面，加大社会救助，提高行政办事效率，切实做到公平包容。

贵州省生态城市竞争力水平处全国最差之列，不平衡现象严重。遵义在省内最具竞争力，在全国仅属中等偏上水平，这受益于辖区内的三个国家自然保护区和六个4A级风景旅游景区；贵阳在该项指标上略有退步，作为全国生态文明示范城市需对此提高警惕；六盘水在全国排名最低，需加强对水、大气环境的保护，增加绿化面积。

贵州省文化城市竞争力水平为全国最差，且城市之间不平衡程度极高。贵阳、遵义排名相邻，竞争力水平在全国属中等偏上水平；其余城市排名很靠后，毕节、安顺表现最差。贵州须继续加快公共文化基础设施建设，加大对历史文化名城名镇名村、非物质文化遗产等的保护力度，加强对外宣传和文化交流。

贵州省全域城市竞争力水平处全国最差之列，城乡一体化发展很不均衡。贵阳在省内属最具竞争力，在全国也属较具竞争力，作为黔中城市群的中心城市，贵阳应积极调整优化城市核心区发展布局，带动周边地区发展；毕节竞争力水平最差，应大力加强城镇产业发展，以产业化促进城镇化。

贵州省信息城市竞争力水平处全国最差之列，省内发展极不均衡，除贵阳较具竞争力外，其他城市基本排在240名之后，毕节竞争力水平最差。贵州应着力构建现代综合交通体系，进一步夯实发展基础平台；加快推进出口商品结构多元化，拓展对外贸易市场，扩大对外贸易规模。

（五）结论与政策建议

贵州省经济社会发展处于滞后状态。贵州综合经济竞争力很差，应加强农业基础地位，扩大工业经济总量，大力培育区域经济增长极，促进城乡协调发展和区域优势互补；发挥贵阳的模范带头作用，大力发展循环经济、绿色经济，保证经济发展不影响居住环境；在重点领域扩大开放程度，加快构建有利于经济发展方式转变的体制机制和对内对外的开放环境；合理调节收入分配，完善保障和改善民生，以人为本，增强经济增长内生动力和可持续发展能力（见图16-6）。

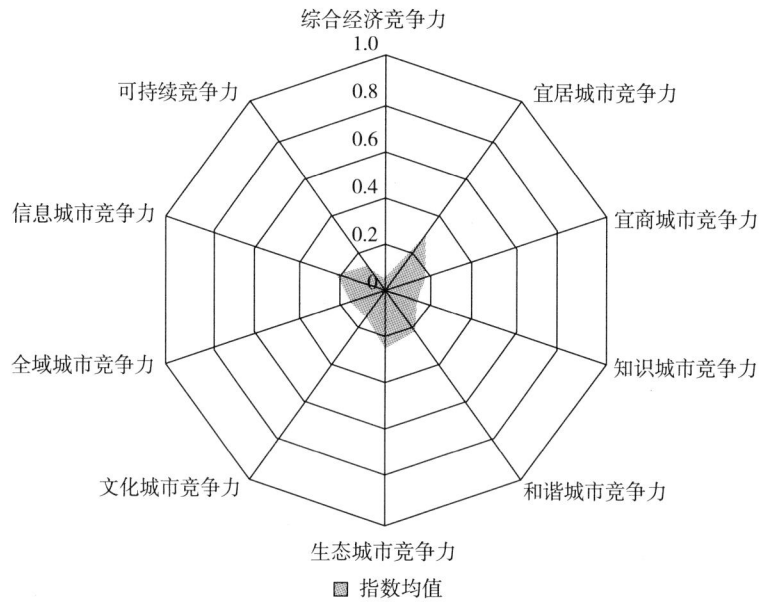

图 16-6 2013 年贵州省城市竞争力

资料来源：中国社会科学院城市与竞争力指数数据库。

四 中国城市竞争力（海南）报告

海南省位于中国南端，北以琼州海峡与广东省划界，西临北部湾与广西壮族自治区和越南相对，东濒南海与台湾省对望，东南和南边在南海与菲律宾、文莱和马来西亚为邻。海南经济特区是中国唯一的省级经济特区，海南岛是仅次于台湾岛的中国第二大岛。2012 年实现地区生产总值（GDP）2855.26 亿元，按可比价格计算，比 2011 年增长 9.1%。人均地区生产总值达 32374 元，按当年年平均汇率折算为 5147 美元。年末常住人口 886.55 万人，全省城镇人口比重为 51.6%。"十二五"期间计划完成国际旅游岛建设的中期目标，基本构建国际旅游岛的框架，实现富民强岛，将海南打造成为中外游客的度假天堂和海南人民的幸福家园。

（一）综合经济竞争力：产业结构相对单一，综合经济实力较弱

2013年海南省各城市综合经济竞争力指数均值为0.061，居全国第25位，指数方差为0.000298，居全国第4位；变异系数为0.282，居全国第2位。其中综合增量竞争力指数为0.026，居全国第31位，综合效率竞争力指数为0.012，居全国第12位。海口、三亚分别居全国城市综合经济竞争力第123位和第234位（见图16-7）。海南农业和旅游业占GDP比重相对较大，产业结构相对单一，经济竞争优势尚未形成，总体经济竞争力较弱。

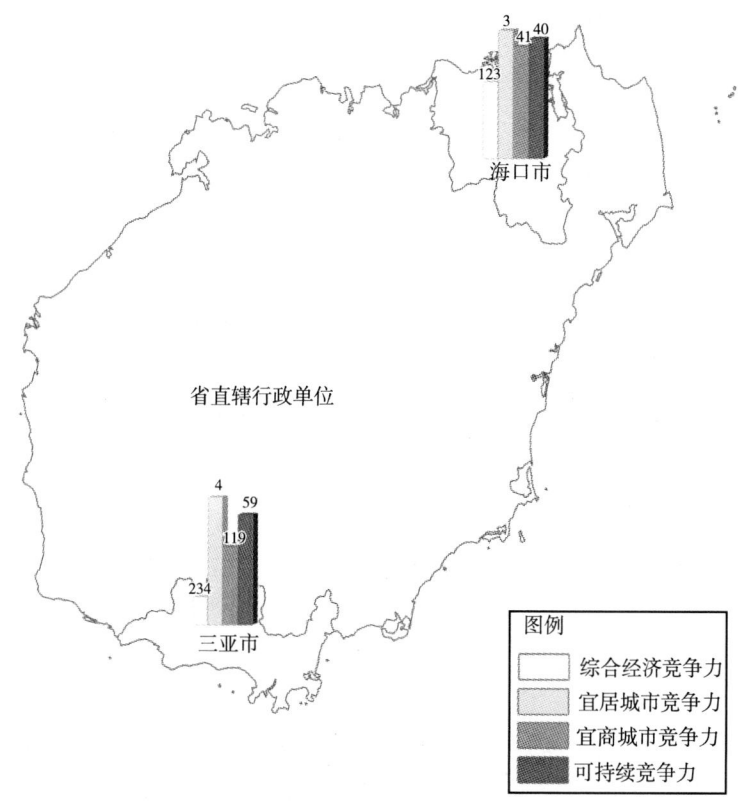

图16-7　2013年海南省城市竞争力排名

（二）宜居城市竞争力：自然条件得天独厚，休闲养老前景广阔

2013年海南省宜居城市竞争力指数均值为0.863，居全国第2位；指数方

差为0.001，居全国第1位；变异系数为0.014，居全国第1位。海口、三亚分别居全国宜居城市竞争力第3、第4位。海南作为中国独有的热带海岛，自然风光优美，宜居水平较高，具有广阔的旅游、休闲、养老产业发展前景。

（三）宜商城市竞争力：总体水平尚可，有待继续提升

2013年海南省宜商城市竞争力指数均值为0.391，居全国第10位；指数方差为0.019，居全国第18位；变异系数为0.357，居全国第6位。其中海口居全国宜商城市竞争力第41位，三亚居全国宜商城市竞争力第119位。

（四）可持续竞争力：发展机遇初现端倪，未来发展空间巨大

2013年海南省各城市可持续竞争力指数均值为0.430，居全国第9；指数方差为0.003，居全国第2位；变异系数为0.121，居全国第2位。海口、三亚分别居全国城市可持续竞争力第40、第59名（见表16-4）。虽然目前海南综合经济竞争力较弱，但是可持续竞争力水平较高。未来随着国民收入水平的持续提高，旅游、休闲、养老等产业将逐渐兴起，人们对宜居及环境的重视程度将不断增强，海南城市经济有望迎来新的发展机遇。

表16-4　2013年海南省城市宜居、宜商城市、可持续竞争力及其分项

城市	宜居城市竞争力指数	宜商城市竞争力指数	知识城市竞争力指数	和谐城市竞争力指数	生态城市竞争力指数	文化城市竞争力指数	全域城市竞争力指数	信息城市竞争力指数	可持续竞争力指数
海口	0.871	0.489	0.453	0.404	0.525	0.497	0.316	0.702	0.467
三亚	0.854	0.292	0.276	0.257	0.729	0.346	0.277	0.622	0.393
指数均值	0.863	0.391	0.364	0.330	0.627	0.422	0.297	0.662	0.430
指数方差	0.001	0.019	0.016	0.011	0.021	0.011	0.001	0.003	0.003
指数变异系数	0.014	0.357	0.342	0.313	0.229	0.254	0.093	0.085	0.121
城市	排名	排名	排名	排名	排名	排名	排名	排名	排名
海口	3	41	67	92	104	25	62	22	40
三亚	4	119	142	206	24	67	95	44	59
指数均值	2	10	14	19	6	7	12	7	9
指数方差	1	18	7	12	11	12	1	1	2
指数变异系数	1	6	6	9	6	2	2	1	2

资料来源：中国社会科学院城市与竞争力指数数据库。

在可持续竞争力六分项中，海南省知识城市竞争力指数均值为0.364，居全国第14位；指数方差为0.016，居全国第7位；变异系数为0.342，居全国第6位。海口、三亚分别居全国知识城市竞争力第67、第142位。海南知识城市竞争力总体处于全国中等水平，海口竞争力水平较高。

海南省和谐城市竞争力指数均值为0.330，居全国第19位；指数方差为0.011，居全国第12位；变异系数为0.313，居全国第9位。海口、三亚分别居全国和谐城市竞争力第92、第206位。海南和谐城市竞争力总体处于全国中下水平，其中三亚处于较差水平。

海南省生态城市竞争力指数均值为0.627，居全国第6位；指数方差为0.021，居全国第11位；变异系数为0.229，居全国第6位。海口、三亚分别居全国生态城市竞争力第104、第24位。海南生态城市竞争力总体较好，特别是位居我国最南端的三亚，是我国最具生态竞争力的50个城市之一。

海南省文化城市竞争力指数均值为0.422，居全国第7位；指数方差为0.011，居全国第12位；变异系数为0.254，居全国第2位。海口、三亚分别居全国文化城市竞争力第25、第67位。海南文化城市竞争力总体较好，但如果以国际旅游岛为发展目标，未来应进一步增强其文化要素。

海南省全域城市竞争力指数均值为0.297，居全国第12位；指数方差为0.001，居全国第1位；变异系数为0.093，居全国第2位。海口、三亚分别居全国全域城市竞争力第62、第95位。海南全域城市竞争力总体处于较好水平。

海南省信息城市竞争力指数均值为0.662，居全国第7位；指数方差为0.003，居全国第1位；变异系数为0.085，居全国第1位。海口、三亚分别居全国信息城市竞争力第22、第44位。海南信息城市竞争力总体处于全国最具竞争力之列。信息城市、智慧城市也应是其未来发展的方向之一。

（五）结论与政策建议

海南省宜居城市竞争力、信息城市竞争力、生态城市竞争力、文化城市竞争力等均处于全国较好水平，但综合经济竞争力、和谐城市竞争力相对较弱（见图16-8）。虽然海南具有较强的生态环境优势，但产业结构单一是软肋，造成其支柱产业收益链条较短，且不容易抵抗经济波动的风险。未来的发展应进一步调整产业结构，提升社会治理水平，发挥生态宜居优势，增强文化元素，以将海南建设成为产业结构多元、社会和谐、具备特色文化的国际旅游岛为目标。

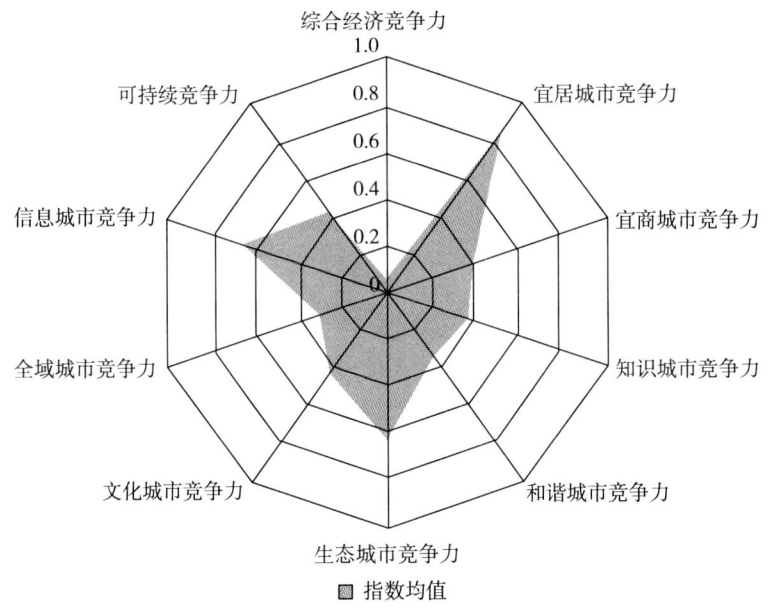

图16-8 2013年海南省城市竞争力

资料来源：中国社会科学院城市与竞争力指数数据库。

四 中国城市竞争力（广西）报告

广西壮族自治区是西南地区最便捷的出海通道，从东至西分别与广东、湖南、贵州、云南四省接壤，南濒北部湾、面向东南亚，西南与越南毗邻。面积为23.67万平方千米，占全国总面积的2.5%。2012年，全区GDP达到13031.04亿元，同比增长率为11.3%。年末常住人口4682万人，人均地区生产总值为27943元。进入"十二五"以来，广西始终围绕实现"富民强桂"新跨越，不断深化改革，全区经济保持平稳较快发展的良好势头，各项社会事业取得新进展。

（一）综合经济竞争力：总体实力偏弱，区内发展比较平衡

2013年广西的综合经济竞争力指数均值为0.055，全国排名第29位，处于最差之列；方差为0.0003，全国排名第5位，变异系数为0.319，全国排名第3位，区内发展均衡程度很高。其中，综合增量竞争力指数和综合效率竞争力指数均值分别为0.049和0.003，分别位于全国第27和第28位，也在最差之列。其中，南宁的综合经济实力不断壮大，处于全国较具竞争力之列，柳州、桂林处于全国中等偏上水平，贺州表现最差（见图16-9）。从分布上看，北部湾经济区的优势并不明显；除来宾、贺州外，西江经济带上的节点城市在区内表现较好；桂西地区较差，有待进一步开发。

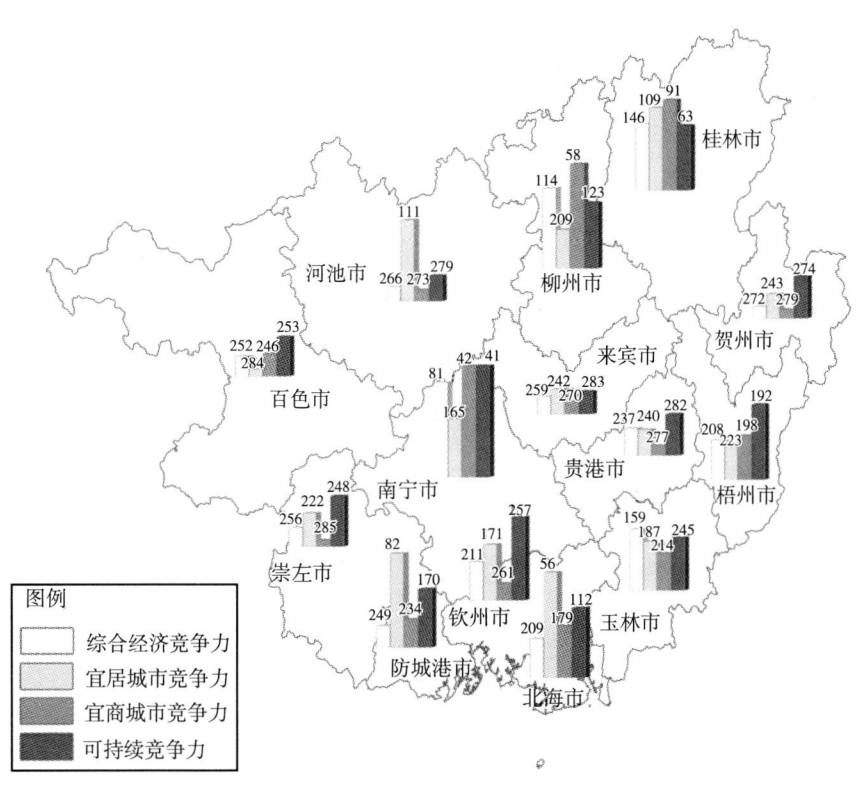

图16-9　2013年广西壮族自治区城市竞争力排名

（二）宜居城市竞争力：总体水平较差，发展比较均衡

2013年广西的宜居城市竞争力指数均值为0.387，总体水平较差，全国排名第23位；方差为0.012，全国排名第11位；变异系数为0.288，全国排名第15位，区内发展均衡程度较高。其中，北海作为中国西南地区唯一的沿海开放城市，水质优良，空气清新，宜居条件属全国较具竞争力之列；防城港表现也属较好之列；全区200名之后的城市超过半数，百色最差。总的来说，北部湾经济区的城市宜居状况较好；除桂林外，西江经济带上的城市经济实力越强，其宜居状况越差；桂西地区位置偏远，贫穷落后，居住环境较差。

（三）宜商城市竞争力：总体水平差，城市间差距较大

2013年广西的宜商城市竞争力指数均值为0.187，全国排名第29位，整体水平属全国最差之列；方差为0.020，全国排名第19位；变异系数为0.749，全国排名第22位，城市之间差距较大。具体来看，区内大城市宜商城市环境较好，南宁地处中国华南、西南和东南亚经济圈的结合部，是环北部湾沿岸的重要经济中心，处于全国最具竞争力之列；柳州历来是工业名城，桂林是世界著名的旅游城市，宜商城市环境较具竞争力；其余城市大多分布在200名之后，大企业数量极少，崇左表现最差，需要充分发挥其边境城市的区位优势大力发展边境贸易。

（四）可持续竞争力：总体水平较差，可持续性较差的城市超过半数

2013年广西的可持续竞争力指数均值为0.204，全国排名第28位，处于全国最差之列；方差为0.015，全国排名第20位；变异系数为0.602，全国排名第22位，区域发展不平衡现象较为严重。南宁、桂林在省内表现最好，在全国分别处于最具竞争力和较具竞争力之列，在促进经济增长的同时注重经济发展的质量，做到了全面协调可持续发展；河池、贵港、来宾表现最差，处全国倒数，这些城市综合经济实力相对较弱，仍处于经济粗放型增长阶段（见表16-5）。区内排名在240名之后的城市超过半数，形势不容乐观。

其中，广西知识城市竞争力整体水平处全国最差之列，城市间差距也很大。南宁、桂林、柳州分列前三位，在全国处较具竞争力之列，来宾、贵港表

中国（西南地区）城市竞争力报告

表16-5　2013年广西壮族自治区城市宜居、宜商城市、可持续竞争力及其分项

城市	宜居城市竞争力指数	宜商城市竞争力指数	知识城市竞争力指数	和谐城市竞争力指数	生态城市竞争力指数	文化城市竞争力指数	全域城市竞争力指数	信息城市竞争力指数	可持续竞争力指数
南宁	0.415	0.480	0.487	0.251	0.844	0.300	0.292	0.625	0.449
柳州	0.361	0.426	0.389	0.341	0.343	0.321	0.261	0.391	0.306
桂林	0.488	0.349	0.472	0.212	0.704	0.467	0.250	0.383	0.389
梧州	0.334	0.199	0.202	0.246	0.472	0.131	0.142	0.442	0.228
北海	0.591	0.222	0.258	0.321	0.692	0.270	0.170	0.413	0.321
防城港	0.530	0.162	0.104	0.348	0.572	0.163	0.226	0.362	0.254
钦州	0.413	0.121	0.075	0.229	0.310	0.035	0.054	0.473	0.141
贵港	0.307	0.064	0.026	0.184	0.199	0.075	0.052	0.303	0.077
玉林	0.390	0.187	0.221	0.233	0.339	0.077	0.046	0.333	0.155
百色	0.159	0.148	0.142	0.211	0.418	0.060	0.078	0.292	0.146
贺州	0.304	0.057	0.102	0.076	0.245	0.167	0.053	0.308	0.098
河池	0.488	0.071	0.129	0.071	0.266	0.087	0.069	0.244	0.082
来宾	0.305	0.083	0.056	0.190	0.135	0.097	0.050	0.233	0.062
崇左	0.335	0.044	0.110	0.095	0.513	0.117	0.069	0.327	0.151
指数均值	0.387	0.187	0.198	0.215	0.432	0.169	0.129	0.366	0.204
指数方差	0.012	0.020	0.023	0.008	0.044	0.016	0.008	0.010	0.015
变异系数	0.288	0.749	0.764	0.416	0.487	0.738	0.711	0.279	0.602
城市	排名	排名	排名	排名	排名	排名	排名	排名	排名
南宁	165	42	55	211	7	94	83	42	41
柳州	209	58	87	136	202	81	110	147	123
桂林	109	91	59	241	32	35	122	150	63
梧州	223	198	199	217	137	244	218	126	192
北海	56	179	159	157	35	117	192	138	112
防城港	82	234	264	131	85	224	140	164	170
钦州	171	261	276	229	217	286	277	107	257
贵港	240	277	286	251	256	271	280	204	282
玉林	187	214	184	223	204	269	283	178	245
百色	284	246	239	242	160	282	263	208	253
贺州	243	279	266	284	240	218	279	202	274
河池	111	273	245	285	232	266	269	240	279
来宾	242	270	282	249	275	261	281	247	283
崇左	222	285	262	280	109	250	268	182	248
指数均值	23	29	29	29	20	31	31	22	28
指数方差	11	19	14	8	20	18	14	2	20
变异系数	15	22	23	19	19	23	23	10	22

资料来源：中国社会科学院城市与竞争力指数数据库。

现处最差之列。发达城市应增强高校、科研院所创新能力，以此带动全区科技水平，而落后城市应优先发展教育事业，保证教育公平。

广西和谐城市竞争力整体水平处全国最差之列，城市间发展不协调。防城港在区内最"和谐"，在全国属中等偏上水平；柳州、北海次之；其余城市都在200名之后，贺州、河池最差，接近垫底。广西应进一步提高行政透明度，关注群众需求，切实提高公共服务质量，促进阶层间的公平。

广西生态城市竞争力相比其他分项指标表现较好，在全国属中等偏下水平，不均衡程度仍较高。南宁满城皆绿，排全国第7位，桂林、北海也在全国最具竞争力之列；处于较差和最差之列的城市达到半数，来宾在区内垫底。广西应继续保持对环境治理和生态文明建设的关注，大力发展循环经济。

广西文化城市竞争力整体水平接近全国最低水平，区内不平衡现象严重。其中桂林表现出色，处于全国最好之列；柳州、南宁处于全国较好之列；北海表现一般；其余城市均排在200名之后，钦州此项指数低至全国倒数。广西要加强基层公共文化体系建设，大力发展文化事业和文化产业，构建民族文化强区。

广西全域城市竞争力整体水平接近全国最低水平，城乡一体化发展很不均衡。南宁在区内最好，在全国也属较好水平，较好地带动了北部湾城市群的发展；玉林最差，作为区内综合经济实力较强的城市，应以工业化推动城镇化，缩小城乡收入差距。

广西信息城市竞争力整体水平较差，但区内发展较均衡。南宁最好，属全国最具竞争力之列；来宾最差，在全国属较差之列。广西要继续构建覆盖城乡的信息基础设施网络，全面推动建成综合交通运输体系。

（五）结论与政策建议

2013年广西的经济社会发展和人民生活水平迈上了新的台阶，但还能够在新的起点上继续实现跨越。要继续深入推进"两区一带"协调发展，加快推进工业化、城镇化，实现经济平稳较快发展；要加快产业结构调整，提高市政、交通基础设施的支撑能力；加大政策支持力度，吸引大中企业入驻，激发全民创业创新活力；要促进经济社会加快转型，促进绿色发展，创新社会管理体制机制，保持社会和谐稳定（见图16-10）。

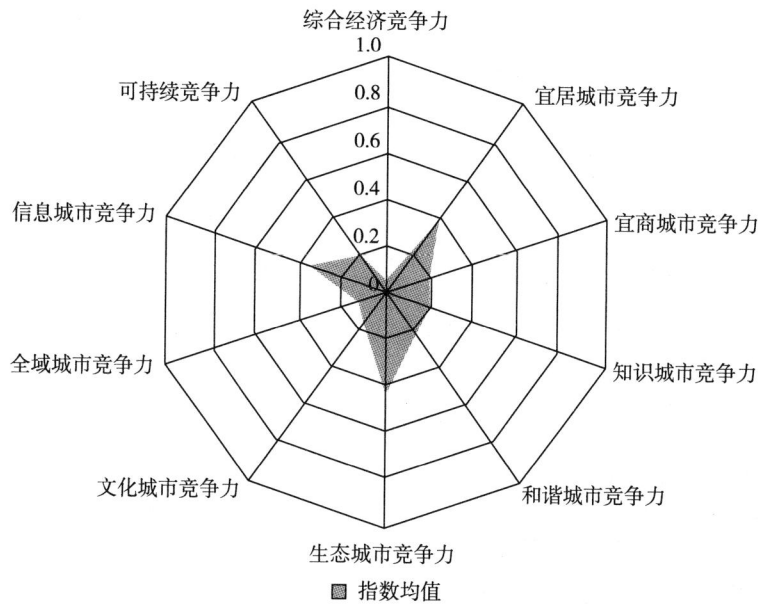

图 16-10　2013 年广西壮族自治区城市竞争力

资料来源：中国社会科学院城市与竞争力指数数据库。

五　中国城市竞争力（重庆）报告

重庆简称渝或巴，位于中国内陆西南部、长江上游地区，全市面积 8.24 万平方公里，是中国中西部地区唯一的直辖市，国家重要中心城市，也是"两横三纵"布局的交叉点城市之一。2012 年，重庆地区生产总值达 11459.0 亿元，比上年增长 13.6%，全市年末常住人口 2945.0 万人，人均地区生产总值达到 39083 元。进入"十二五"以来，重庆围绕"科学发展、富民兴渝"的总任务，深入实施"一统三化两转变"战略，着力深化改革开放，着力保障和改善民生，呈现经济稳中有进和社会协调发展的良好态势，为在西部率先全面建成小康社会奠定了良好基础。

（一）综合经济竞争力：总体处于上游，增长快，但效率不高

2013 年重庆市综合经济竞争力指数均值为 0.210，全国省（市）级排名第 7

位,城市排名第 26 位,处于最具竞争力之列,但与其他三个直辖市相比,重庆还有较大的差距。其中,综合增量竞争力指数均值为 0.726,增长很快,省级排名第 4 位,城市排名第 5 位;综合经济效率竞争力指数均值为 0.006,省级排名第 18 位,城市排名第 126 位(见图 16-11)。作为西部地区的重要增长极、长江上游地区的经济中心,重庆集中了大量政治、金融、科技及教育资源,这些资源为重庆城市经济长期发展带来了动力,将重庆的经济影响力扩展到了整个西南地区。

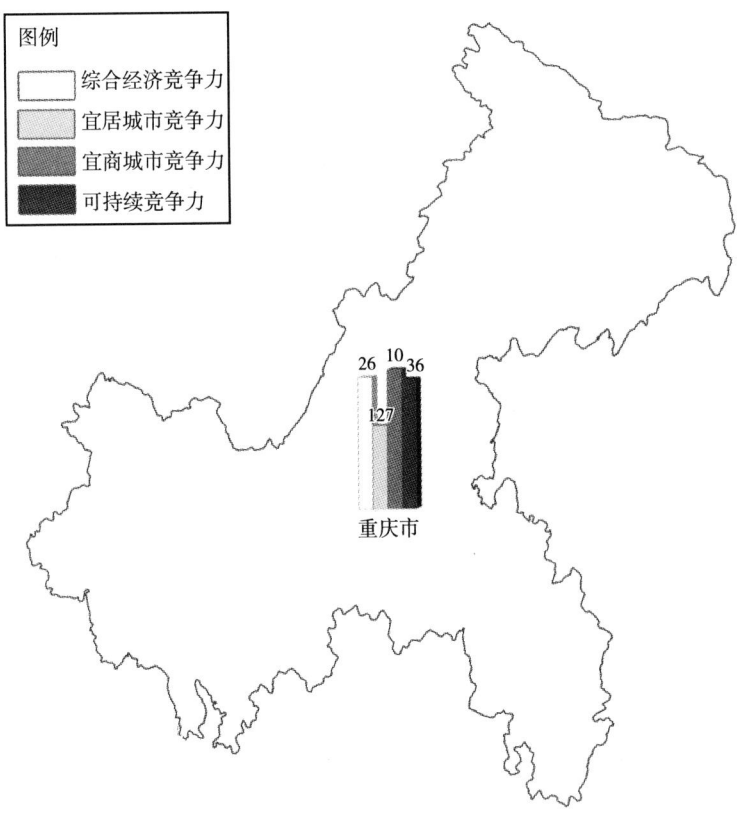

图 16-11　2013 年重庆市城市竞争力排名

(二)宜居城市竞争力

2013 年重庆市宜居城市竞争力指数均值为 0.463,全国省(市)级排名第 18 位,城市排名第 127 位,居全国中等水平,远落后于其他直辖市。重庆一直致力于打造"生活舒适、环境优美、功能完善、繁荣和谐"的宜居城市，但人口基数较大，医疗、教育等社会公共资源以及餐饮购物场所等配套设施略显不足，刑事案件数也高居不下，导致宜居竞争力排名不高。

（三）宜商城市竞争力

2013年重庆市宜商城市竞争力指数均值为0.675，全国省（市）级排名第5位，城市排名第10位，与其他直辖市差距较小，同处于最具竞争力之列，领先绝大部分省市自治区。作为国家重要中心城市之一，重庆积极落实建设，成为国家重要的先进制造业基地、西部地区消费中心，并且在综合交通枢纽、金融、商贸、物流等方面的辐射能力和综合服务水平较高，投资环境优越。此外，重庆大力支持中小企业、微型企业发展，增加了市场活力。

（四）可持续竞争力：经济发展较具可持续性，仍有上升空间

2013年重庆市可持续竞争力指数均值为0.471，全国省（市）级排名第6位，城市排名第36位，处于全国最好之列，与天津差距不大，但与上海和北京还有一定差距（见表16-6）。从省级排名来看，重庆市可持续竞争力的排名略高于综合经济竞争力的全国排名，居于全国领先地位。但是，其城市排名低于综合经济竞争力的全国排名，在西南地区落后于成都。未来，重庆市在保持经济稳定增长的前提下，也要更加注重打造具有可持续竞争力的城市体系，不断提升城市的可持续竞争力。

表16-6 2013年重庆市城市宜居、宜商城市、可持续竞争力及其分项

城市	宜居城市竞争力指数	宜商城市竞争力指数	知识城市竞争力指数	和谐城市竞争力指数	生态城市竞争力指数	文化城市竞争力指数	全域城市竞争力指数	信息城市竞争力指数	可持续竞争力指数
重庆	0.463	0.675	0.552	0.252	0.668	0.507	0.269	0.670	0.471
指数均值	0.463	0.675	0.552	0.252	0.668	0.507	0.269	0.670	0.471

城市	排名	排名	排名	排名	排名	排名	排名	排名	排名
重庆	127	10	38	210	44	23	103	30	36
指数均值	18	5	5	27	4	6	15	6	6

资料来源：中国社会科学院城市与竞争力指数数据库。

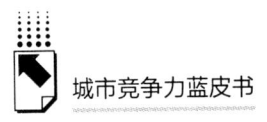

其中，重庆市知识城市竞争力水平处于全国最好之列，科技创新能力较强，但与其他直辖市差距较大。重庆应加强政府科技投入引导，并鼓励企业增加技术开发经费投入，提高企业的自主创新能力。重庆还应大力支持中央院所和市级科研院所建设，设立大型综合性研发机构和公共技术服务体系，积极引进高端科技人才，不断壮大科研力量。

重庆市和谐城市竞争力水平较差，远远落后于其他直辖市。重庆的公共服务均等化程度较低，要重点关注教育、医疗、住房等民生问题，促进就业和劳动关系和谐，不断完善覆盖城乡居民的社会保障体系，强化社会治安综合治理，维护社会稳定安全。

重庆市生态城市竞争力水平较高，省级和城市排名均处于全国最具竞争力之列，仅次于上海，领先于北京和天津。重庆应逐步加大政府用于生态环境保护的投资比例，建立生态环境补偿机制，注重生态修复和污染防治，使生态环境大为改善，走绿色发展之路，"森林重庆"初见成效。此外，重庆还应积极打造重点景区景点，优化旅游环境，为生态城市竞争力加分。

重庆市文化城市竞争力的省级和城市排名均处于全国最具竞争力之列，但仍与其他直辖市有一定差距。重庆是著名的历史文化名城，是巴渝文化的发祥地。重庆大力完善乡镇、社区基层公共文化设施，实施文化艺术创作精品工程，深入挖掘和保护有地方特色的民族民间文化，优化产业文化布局，积极推动文化大发展大繁荣，效果明显。

重庆市全域城市竞争力在全国处于中等偏上水平，与其他直辖市相比差距很大。重庆城乡、"圈翼"发展不平衡，二元结构矛盾突出。作为全国统筹城乡综合配套设施试验区，重庆应该继续深入户籍、住房、医疗和收入分配等重要领域的改革，有序推进城镇化。

重庆市信息城市竞争力水平处于全国最具竞争力之列。重庆是中国长江上游地区唯一汇集水、陆、空交通资源的特大型城市，是西南地区的综合交通枢纽，但受山地等自然地理条件的影响，其交通的便利程度不及其他三个地处平原的直辖市。

（五）结论与政策建议

2013年重庆宜居城市竞争力、和谐城市竞争力表现较差。因此重庆要加快转变经济发展方式,加快调整和优化产业结构,以提高综合经济效率,提升综合经济实力;要完善社会治安防控体系,维持良好的社会治安秩序,使人民安居乐业,投资者放心;要提高行政执法透明度,充分关注社会民生需求,促进公平正义与和谐稳定;还应继续坚持"一圈两翼"的区域发展策略,着力推进统筹城乡改革,促进城乡基本公共服务均等化,进一步缩小城乡差距(见图16-12)。

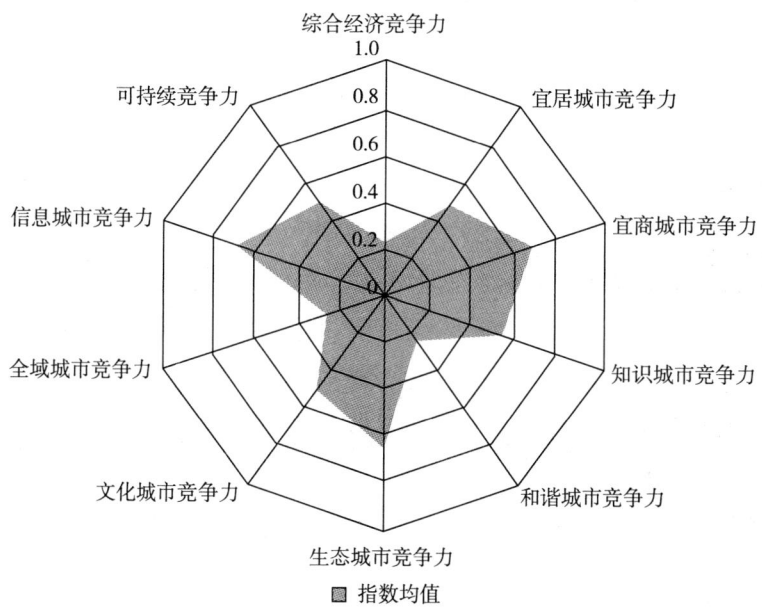

图 16-12　2013 年重庆市城市竞争力

资料来源:中国社会科学院城市与竞争力指数数据库。

B.17
中国（西北地区）城市竞争力报告

魏 婕*

一 中国城市竞争力（陕西）报告

陕西省，总面积约21万平方千米，人口3733万人，省会西安。下辖西安1个副省级市、宝鸡等9个地级市及1个农业示范区。陕西省"十二五"规划将"富民强省"作为基调，提出实现"三个上台阶"，即经济综合实力上台阶、人民生活水平和质量上台阶、生态环境保护上台阶；"三个大幅提升"，即生产总值、财政收入、城乡居民收入大幅提升；"两个明显改善"，即基础设施和公共服务保障水平明显改善，社会和谐程度和人民群众幸福指数明显改善；"一个大跨越"，即从经济欠发达省份跨进中等发达省份行列。2012年，是"十二五"结构调整的关键一年，陕西省以"富民强省"为主线，紧扣稳中求进的总基调，把转方式、调结构作为主攻目标，全省发展处于上升通道，势头良好。2012年全省实现生产总值14451.18亿元，比2011年增长12.9%。其中，第一产业增加值为1370.16亿元，同比增长6%；第二产业增加值为8075.42亿元，同比增长14.9%；第三产业增加值为5005.6亿元，同比增长11.5%。人均生产总值达38557元，约折合6110美元。

（一）综合经济竞争力：西安一枝独秀，资源型城市问题依旧

2013年陕西省城市综合经济竞争力指数均值为0.07，全国排名第21位；方差相对较小，在全国排名第15位，居中游水平；变异系数为0.599，与方差同处于第21位，说明陕西省各城市之间经济竞争力差距处全国中等水平。其中，陕西省综合增量竞争力指数和综合效率竞争力指数均值分别为0.082和0.004，

---

* 魏婕，西北大学经济管理学院2010级西方经济学博士研究生。

排名分别为第 19 位和第 25 位。综合增量竞争力标准差和变异系数排名差距不大，在全国分别为第 12 位和第 17 位；综合效率竞争力指数的方差排在全国第 12 位，但变异系数相对较后，仅为第 22 位，这说明陕西省综合效率竞争力均值水平不高，导致变异系数相对较大。从省内各城市综合经济竞争力排名来看，西安和榆林进入全国前 100 位，分别为第 34 位和第 87 位，这两个城市综合增量竞争力也进入全国前 100 位，但从综合效率竞争力指数来看，榆林相对靠后，居全国第 216 位，在陕西省排名倒数第 5 位（见图 17-1）。由此可见，陕西省依然是省会城市西安一枝独秀。但同时近些年来资源型城市排名异军突起，虽在个别数据方面表现良好，但在效率等方面其可持续性问题仍然存在。

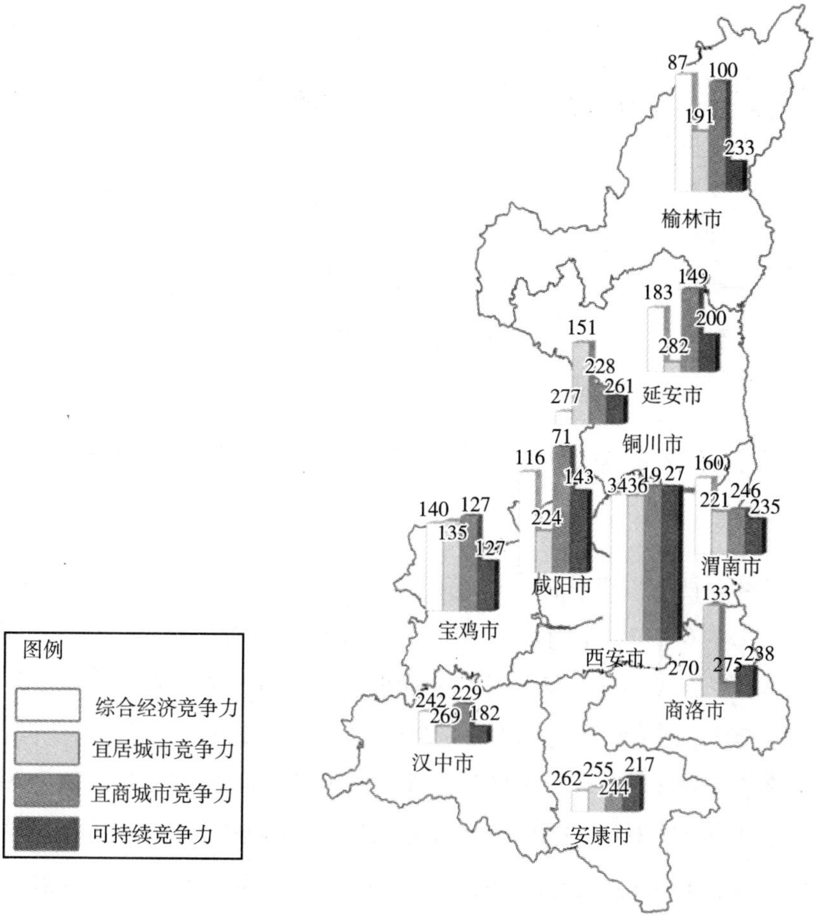

图 17-1　2013 年陕西省城市竞争力排名

(二)宜居城市竞争力：城市整体表现一般，宜居程度有待提高

2013年陕西省该指数整体均值为0.372，排名第24位；方差为0.018，全国排名第17位；变异系数为0.362，排在第19位。在宜居方面，陕西省城市整体表现一般，除了西安市外，其他城市均在100名之后，省内城市之间差距较大。从全国范围来看，陕西省位于100~200名的城市有4个，属于较具竞争力之列，这4个城市分布在关中、陕北和陕南，与全国其他城市相比，宜居程度相对还不高。未来陕西省各城市仍然需要在社会、生态和居住等软环境方面下功夫。

(三)宜商城市竞争力：西咸两市整合加深，遥遥领先于其他城市

2013年陕西省该指数整体均值为0.260，排名第24位；方差为0.024，全国排名第22位；而变异系数却相对好一些，排在第16位。从省内来看，西安市和咸阳市排在全国前100位，两市较近的距离以及近些年来国家级新区——西咸新区的发展和对其的政策扶持，使得这两市在省内宜商城市竞争力方面排名靠前。从全国层面看，陕西省位于100~200名的城市有3个，其余城市均在200名之后，说明陕西省城市整体在宜商城市方面表现一般，实业发展水平较低，未来各城市要根据自身的优势，依托西咸经济带带动整体宜商城市竞争力的提高。

(四)可持续竞争力：属于竞争力水平较差的省份，大城市表现可圈可点

2013年陕西省城市整体的可持续竞争力指数均值为0.244，全国排名第25位；方差为0.013，全国排名第15位；变异系数为0.465，全国排名第20位。总体表现一般，但城市之间差距较小。从省内各城市的可持续竞争力来看，西安市作为省会，同时作为级别较高的副省级城市，理所应当地居首位，且远远高于其他城市。从全国来看，排名前50位的只有西安市，前150位的只有2个城市（宝鸡第127位、咸阳第143位），大部分城市可持续竞争力排名居后（见表17-1）。由此可见，陕西省目前城市可持续竞争力发展状况一般，未来整体城市发展的潜力亟待开发。

中国（西北地区）城市竞争力报告

表17-1　2013年陕西省城市宜居、宜商城市、可持续竞争力及其分项

城市	宜居城市竞争力指数	宜商城市竞争力指数	知识城市竞争力指数	和谐城市竞争力指数	生态城市竞争力指数	文化城市竞争力指数	全域城市竞争力指数	信息城市竞争力指数	可持续竞争力指数
西安	0.648	0.611	0.653	0.560	0.385	0.611	0.303	0.719	0.530
铜川	0.431	0.169	0.254	0.174	0.054	0.225	0.229	0.225	0.138
宝鸡	0.451	0.287	0.338	0.274	0.670	0.293	0.165	0.290	0.303
咸阳	0.330	0.392	0.284	0.479	0.262	0.365	0.179	0.382	0.287
渭南	0.339	0.182	0.221	0.320	0.067	0.284	0.108	0.249	0.154
延安	0.168	0.253	0.204	0.167	0.506	0.327	0.147	0.252	0.222
汉中	0.244	0.168	0.197	0.263	0.662	0.290	0.120	0.165	0.240
榆林	0.385	0.323	0.144	0.147	0.396	0.387	0.165	0.236	0.197
安康	0.273	0.148	0.093	0.225	0.669	0.186	0.075	0.248	0.201
商洛	0.452	0.069	0.204	0.106	0.505	0.193	0.094	0.238	0.172
指数均值	0.372	0.260	0.259	0.272	0.418	0.316	0.158	0.300	0.244
指数方差	0.018	0.024	0.024	0.022	0.054	0.015	0.005	0.025	0.013
指数变异系数	0.362	0.598	0.595	0.541	0.555	0.391	0.429	0.522	0.465
城市	排名	排名	排名	排名	排名	排名	排名	排名	排名
西安	36	19	15	19	187	9	77	20	27
铜川	151	228	163	256	285	152	137	249	261
宝鸡	135	127	103	199	41	102	195	210	127
咸阳	224	71	134	36	233	57	184	151	143
渭南	221	217	185	158	284	108	242	235	246
延安	282	149	197	258	116	78	215	233	200
汉中	269	229	203	204	45	103	231	270	182
榆林	191	100	236	265	177	49	196	246	223
安康	255	244	269	230	43	199	264	237	217
商洛	133	275	198	276	117	191	253	245	238
指数均值	24	24	22	25	21	11	28	27	25
指数方差	17	22	16	23	24	17	6	20	15
指数变异系数	19	16	15	24	22	8	14	19	20

资料来源：中国社会科学院城市与竞争力指数数据库。

其中，知识城市竞争力方面，陕西省整体均值排名仍显一般，均值为0.259，排名第22位，但该指数方差全国排名第16位；变异系数则排在第15位，与方差相似。除了西安市遥遥领先外，其他城市均表现一般。西安市依托强大的科技教育资源，在全国排名较高，居于第15位，但其他几个大型城市，如宝鸡、咸阳，排名均显一般，都在100名之后，说明如何提高城市创新能

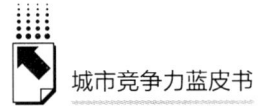

力，发展知识经济，是陕西省大城市面临的共同问题。

和谐城市竞争力方面，该指数陕西省表现出的状况正常，整体城市均值为0.272，全国排名第25位，方差和变异系数略大，在全国分别排在第23位和第24位。其中，西安市和咸阳市在公平、包容与和谐方面的表现明显强于省内其他城市，全国排名分别为第19位和第36位，属于最具竞争力的城市，说明两市在创造城市氛围和环境方面下足了功夫，但其他城市表现平平，均在全国150名之后。

生态城市竞争力方面，陕西省整体城市均值为0.418，排名第21位；指数方差为0.054，全国排名第24位；变异系数排名在第22位，其值为0.555。在环境友好方面，可以看出城市发展程度与生态环境良好程度严重不一致。其中宝鸡、安康和汉中分别位于第41、第43、第45位，省内其他城市均在100名之后，特别是西安市排在全国第187位，西安市持续大范围的雾霾天气是拉低生态城市竞争力的主要因素之一。从全国排名来看，陕西省城市在全国排名相对靠后，该指数的排名状况为陕西省城市发展敲响了警钟，建设生态型城市不应该只停留在口头上而应该落实到行动上。

文化城市竞争力方面，陕西省该指数整体均值为0.316，排名第11位，方差全国排名第17位，而变异系数相对排位较高为第8位，说明陕西在该指数平均值较高的情况下城市间离散程度较低。可以说在文化竞争力方面，陕西依托悠久的文化，整体排名在全国相对不错，特别是省会西安作为"十三朝古都"，排名全国第9位。另有榆林、延安和咸阳跻身全国前100位，说明在建设文化城市方面、在依托文化资源发展城市方面，陕西各城市的成绩还是可圈可点的。

全域城市竞争力方面，相比其他指数，陕西省该指数均值排名相当靠后，均值为0.158，居全国第28位，同时方差特别小，仅有0.005，全国排名第6位；变异系数受均值影响，排在第14位。从方差来看，陕西省各城市在此指数上水平一致，离散程度低。从排名来看，陕西省全部城市的排名都相当不理想，西安市相比其他指数排名，在此方面也相对落后，排在第77位。省内其他城市除了铜川（第137位）外，均在180名之后，说明陕西省城市整体在城乡一体化、公共服务和公共设施方面与全国差距较大，处于全国下游水平。未来城市发展应在改善公共服务、加快城乡一体化进程等方面多下功夫。

信息城市竞争力方面，陕西省整体城市该指数均值为 0.300，排名第 27 位；方差为 0.025，排名第 20 位；变异系数相似，排在第 19 位。该指数是陕西省仅次于全域城市竞争力的第二差排名，整体居后。从省内比较来看，最高的是西安，排名第 20 位，其余各城市均排在 150 名之后。除了西安市在信息化建设方面具有优势外，其他各城市在信息交流与贸易交流方面明显不足，这与陕西省整体处于内陆省份有一定的关系，但各城市在未来以西安为依托，并参照西安信息化建设的模式，促进城市在信息基础设施等方面的建设是当务之急。

（五）结论与政策建议

总体来说，陕西省综合经济竞争力和可持续竞争力均表现一般，在可持续竞争力方面，全域城市竞争力和信息城市竞争力明显滞后于全国，同时环境生态建设也略显不足。而且只有省会城市西安一枝独秀，其他城市难以形成有力支撑。因此，陕西省的城市未来要立足于实际，加快发展，提升信息、交通、生态环境、公共服务等，建设优美的宜居环境，这是城市发展的根本所在（见图 17 - 2）。

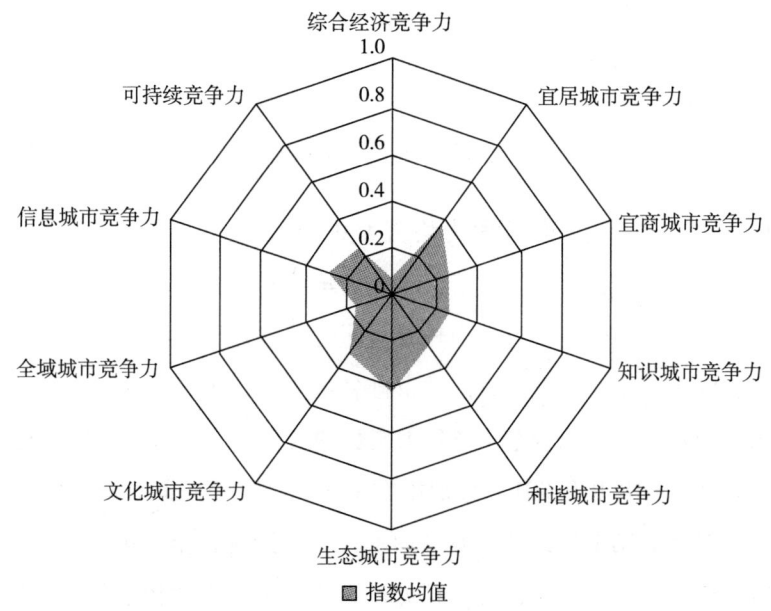

图 17 - 2　2013 年陕西省城市竞争力

资料来源：中国社会科学院城市与竞争力指数数据库。

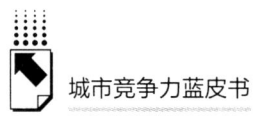

二 中国城市竞争力（甘肃）报告

甘肃省地处黄河上游，东接陕西，南控巴蜀、青海，西倚新疆，北扼内蒙古、宁夏。下辖12个地级市和2个自治州，省会兰州。东西蜿蜒1600多千米，纵横45.37万平方千米，占全国总面积的4.72%。2012年甘肃省根据"十二五"规划纲要，具体实施"3341"项目工程。瞄准四大产业方向，培育壮大战略性新兴产业、特色优势产业、富民多元产业、区域首位产业，促进各地因地制宜、齐头并进、共同发力。2012年实现生产总值5650.2亿元，比2011年增长12.6%。其中，第一、第二、第三产业分别同比增长了6.8%、14.2%、12.5%，其中批发和零售贸易业增加值为398.6亿元，增长10.4%，金融保险业增加值为184.4亿元，增长24.2%。年末共有城乡就业人员1491.59万人，比2011年末增加18.99万人。2012年8月国务院批复同意设立兰州新区，甘肃省出台一系列相应政策措施，大力支持兰州市区经济结构调整，以期由此带动、辐射全省发展方式的转变。

（一）综合经济竞争力：城市间差异较小，整体处于落后水平

2013年甘肃省综合经济竞争力均值为0.037，全国排名第33位，全部省份和地区的最后1名；方差排名第1位，变异系数为0.369，全国排名第6位。这说明甘肃省城市整体经济竞争力较差，同时城市之间差距很小，属于整体落后的状况。除了省会兰州外，省内城市排名基本在250名之后，没有一个城市进入全国前100名。在综合增量竞争力指数和综合效率竞争力指数方面，甘肃省均值分别为0.018和0.001，分别排在全国第32、第33位，居全国各地区的倒数第2和倒数第1位，其中方差均不大，分别排在全国第3位和第2位。变异系数由于受平均值影响，排名相对较后，由此可见甘肃省依然呈现整体落后的状况，各城市不发达状况明显，发展都属于刚起步阶段，与其他城市发展差距较大，未来加快提升经济总量是关键（见图17-3）。

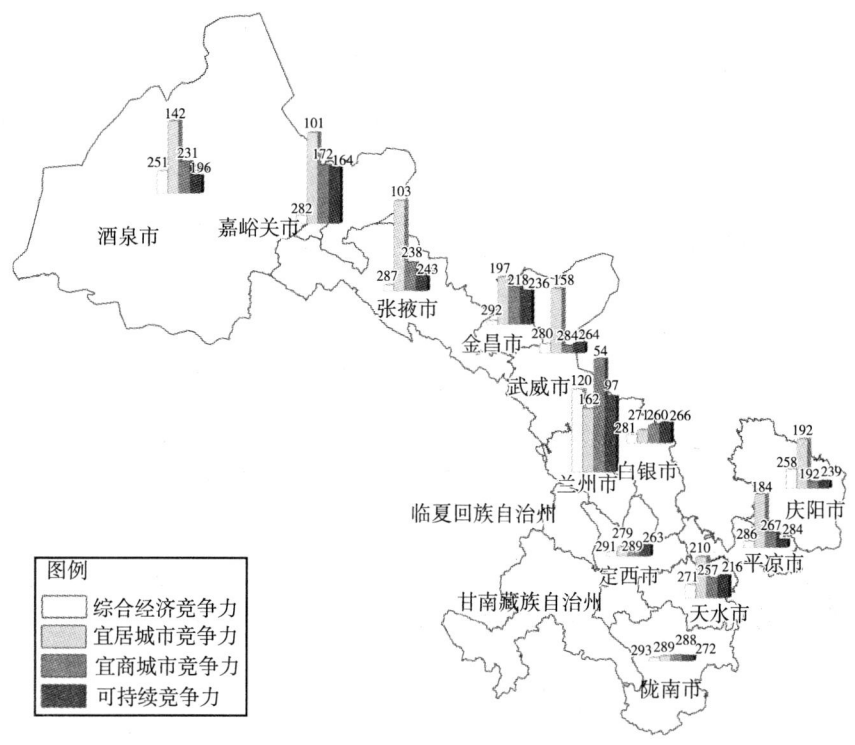

图 17-3　2013 年甘肃省城市竞争力排名

（二）宜居城市竞争力：竞争力水平较差，无一城市入百强

2013 年甘肃省该指数均值为 0.351，排在第 27 位，属于竞争力水平较差的省份；方差和变异系数分别为 0.021 和 0.409，分别排在第 21 和第 23 位。省内城市无一进入前 100 位，位于 100～200 名的有 8 个城市，有 4 个城市在 200 名之后。省会城市兰州市排位并不高，仅为第 162 位，说明以兰州为龙头的甘肃省在构建宜居城市方面略显不足，可喜的是，宜居城市竞争力是甘肃省城市竞争力排位相对较好的方面，成绩有目共睹。

（三）宜商城市竞争力：竞争力水平差，未来仍需努力

2013 年甘肃省该指数均值为 0.134，排在全国第 32 位，其中方差很小，为 0.015，排在第 6 位；变异系数为 0.902，排在第 24 位。可以看出由于各城市经

济发展程度较低，相关的营商环境、要素需求与供给、企业的自身能力都限制了甘肃省城市的宜商城市竞争力。其中兰州排位最高，为第54位，其他城市基本在200名之后（除嘉峪关外），说明甘肃省的各个城市在宜商城市环境营造方面仍显落后，如何将经济发展与宜商城市环境结合起来仍需探索。

（四）可持续竞争力：略好于综合经济竞争力，寻找持续发展动力是关键

2013年甘肃省可持续竞争力明显要好于经济竞争力指数，全省均值为0.174，排名第30位，居于全国倒数第3位；方差不大，仅为0.006，全国排名第4位；变异系数为0.428，居第18位。说明，甘肃省城市可持续竞争力虽然较全国平均水平仍显较低，但可喜的是其可持续竞争力数据要明显好于现阶段的经济发展状态。在可持续竞争力方面，城市之间差异不大，兰州排名最高，为第97位，150~200位的有2个城市，剩下的城市都在200名之后，所以甘肃省城市寻找持续发展的动力是重中之重的问题（见表17-2）。

表17-2 2013年甘肃省城市宜居、宜商城市、可持续竞争力及其分项

城市	宜居城市竞争力指数	宜商城市竞争力指数	知识城市竞争力指数	和谐城市竞争力指数	生态城市竞争力指数	文化城市竞争力指数	全域城市竞争力指数	信息城市竞争力指数	可持续竞争力指数
兰州	0.417	0.442	0.570	0.306	0.236	0.343	0.344	0.418	0.338
嘉峪关	0.498	0.226	0.188	0.198	0.365	0.300	0.414	0.335	0.259
金昌	0.378	0.180	0.186	0.102	0.350	0.214	0.251	0.258	0.176
白银	0.235	0.122	0.160	0.338	0.172	0.053	0.154	0.213	0.124
天水	0.360	0.131	0.272	0.223	0.404	0.275	0.105	0.222	0.202
武威	0.420	0.049	0.092	0.139	0.418	0.251	0.118	0.124	0.135
张掖	0.495	0.157	0.221	0.161	0.241	0.336	0.137	0.166	0.157
平凉	0.392	0.095	0.061	0.213	0.167	0.152	0.079	0.087	0.062
酒泉	0.440	0.165	0.190	0.158	0.539	0.299	0.233	0.203	0.225
庆阳	0.385	0.040	0.128	0.338	0.553	0.165	0.063	0.073	0.168
定西	0.188	0.000	0.148	0.241	0.474	0.103	0.056	0.131	0.136
陇南	0.000	0.000	0.059	0.000	0.762	0.118	0.040	0.000	0.103
指数均值	0.351	0.134	0.190	0.201	0.390	0.217	0.166	0.186	0.174
指数方差	0.021	0.015	0.018	0.010	0.031	0.010	0.014	0.013	0.006
指数变异系数	0.409	0.902	0.715	0.492	0.451	0.449	0.722	0.624	0.428

续表

城市	宜居城市竞争力排名	宜商城市竞争力排名	知识城市竞争力排名	和谐城市竞争力排名	生态城市竞争力排名	文化城市竞争力排名	全域城市竞争力排名	信息城市竞争力排名	可持续竞争力排名
兰州	162	54	33	174	246	69	50	135	97
嘉峪关	101	172	213	248	196	93	27	177	164
金昌	197	218	214	279	197	169	120	227	236
白银	271	260	228	140	269	283	206	255	266
天水	210	257	146	234	167	113	245	251	216
武威	158	284	270	268	159	127	232	278	264
张掖	103	238	186	260	243	74	221	268	243
平凉	184	267	279	238	270	228	262	283	284
酒泉	142	231	209	262	98	96	133	261	196
庆阳	192	286	246	139	91	221	271	284	239
定西	279	289	232	221	135	259	276	276	263
陇南	289	288	281	289	18	249	285	289	272
指数均值	27	32	30	30	25	26	27	32	30
指数方差	21	6	9	11	17	7	20	7	4
指数变异系数	23	24	21	23	16	13	24	22	18

资料来源：中国社会科学院城市与竞争力指数数据库。

其中，知识城市竞争力方面，甘肃省均值排名第30位，为0.190；方差不大，为0.018，排名第9位；变异系数为0.715，排在第21位。其中兰州排名相对靠前，居全国第33位，属于最具竞争力之列的城市，这与兰州作为甘肃省首府科研院所较多等因素密不可分。相比省会兰州，甘肃省其他城市就明显相对落后。甘肃省在全国100~200名排名中仅有天水和张掖2个城市，其他均在200名之后，说明整体来看甘肃省知识城市竞争力较弱，知识投入产出明显不足，知识经济整体发展不甚理想。

和谐城市竞争力方面，甘肃省整体该项指数均值为0.201，排名第30位；方差不大，仅为0.010；变异系数为0.492，排名第23位。可以看出和谐城市方面甘肃依然整体居后，但城市间差异较小。全国前100位的城市中甘肃省未占一席，其中庆阳排位最高，全国排名第139位，9个城市在200名之后。说明甘肃省各城市在政府治理以及构建公平和谐城市方面略显不足。

生态城市竞争力方面，甘肃省均值为0.390，排名第25位；方差和变异系数分别为0.031和0.451，排在第17和第16位。相比其他城市竞争力指数，甘肃省生态城市竞争力是最为突出的。甘肃省各个城市环境和生态要好于经济发展，这是甘肃城市发展的可取之处。但省会兰州在该指数排名却相当靠后，居第246位，说明兰州的发展模式还有待改进。

文化城市竞争力方面，甘肃省均值为0.217，全国排名第26位。其中方差为0.010，排名第7位，而变异系数则排在第13位。整体来看甘肃省在文化构建和利用方面的努力还是有目共睹的，该指数与其他指数对比排位也相对较高。其中兰州、嘉峪关、张掖、酒泉4个城市在全国前100位。未来甘肃省各个城市还应继续发挥文化作用，在发展文化产业方面探索出符合自身发展的道路。

全域城市竞争力方面，甘肃省该项指数均值为0.166，全国排名第27位。其中方差为0.014，排名第20位；变异系数与方差相似。从省内城市来看，嘉峪关和兰州排在前50名，属于最具竞争力之列，相对比较理想；100~200名的有2个城市，分别为金昌、酒泉；其他城市均在200名之后。由此可见甘肃省各城市在公共设施建设和公共服务方面在全国属于中等偏下水平。

信息城市竞争力方面，甘肃省整体情况居后，全省均值为0.186，排在第32位，其中方差和变异系数分别为0.013和0.624，排在第7和第22位。可见在该指数方面，甘肃省整体水平还是相对较差。其中前100位中全省未占一席，仅有兰州和嘉峪关2市排在100~200位，其他各城市均在200位之后。由此可见，甘肃省城市在城市信息建设方面仍显欠缺，以信息化带动城市发展仍是未来需要重点解决的问题。

（五）结论与政策建议

甘肃省城市综合经济竞争力在全国相对较为落后，居各地区最后1位。可喜的是在可持续竞争力方面，甘肃省仍可圈可点，其中生态城市竞争力和文化城市竞争力方面的成绩还是有目共睹的，但整体来说，甘肃省城市不论在软实力还是硬实力方面在现阶段仍有欠缺，通过加快发展改善城市的各个方面，特别是构建宜商城市宜居环境，提高政府治理能力以及信息化建设，推进城市经济的飞跃发展，是甘肃省所有城市面临的共同问题（见图17-4）。

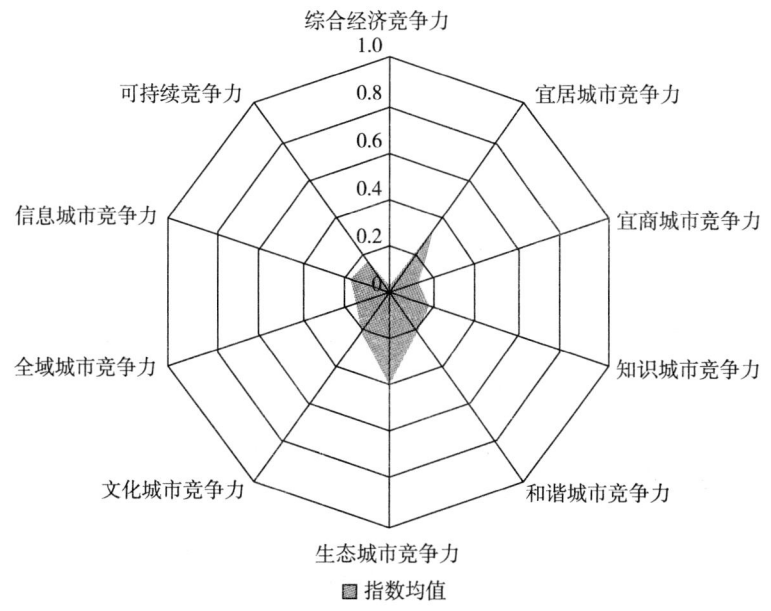

图17-4　2013年甘肃省城市竞争力

资料来源：中国社会科学院城市与竞争力指数数据库。

三　中国城市竞争力（宁夏）报告

宁夏回族自治区，是我国五大自治区之一。宁夏回族自治区首府是银川。处在中国西部的黄河上游地区。南北相距约456公里，东西相距约250公里，总面积为6.6万多平方千米。宁夏东邻陕西省，西部、北部接内蒙古自治区，南部与甘肃省相连。2012年是"十二五"计划的扩展一年，宁夏把稳增长放在更加重要的位置，采取一系列行之有效的举措加大对经济运行的调节，着力推进稳增长、控物价、调结构、惠民生、抓改革、保稳定，经济发展、民生改善呈现良好局面。2012年宁夏实现生产总值2326.64亿元，比上年增长11.5%。其中，第一、第二、第三产业分别同比增长了5.6%、13.8%、

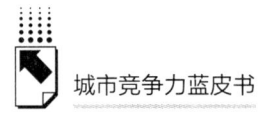

9.7%。三次产业对经济增长的贡献率分别为4.3%、62.0%和33.7%。居民消费价格总水平比上年上涨2.0%。可以说随着转方式、调结构、惠民生各项措施的实施，宁夏经济发展质量得到进一步提高。

（一）综合经济竞争力：整体竞争力居后，城市增量能力较弱

2013年宁夏在综合经济竞争力方面仅好于甘肃，全省各城市均值为0.037，全国排名第32位，省内城市之间差距不大，方差全国排名第2；变异系数为0.439，排在第10位。可以说宁夏和甘肃类似，城市整体经济竞争力较弱，同时各城市之间差异较小。从综合增量竞争力来看，宁夏均值为0.017，排在全国最后1位，第33位。宁夏综合效率竞争力，略好于综合增量竞争力，指数均值排在第30位，为0.002，标准差同样不大，排名第5。变异系数为1.089，排在第17位。由此可见，宁夏城市整体竞争力不强，同时增量竞争力居后，城市的经济增长和发展问题依然没有得到有效的解决（见图17-5）。

（二）宜居城市竞争力：竞争力水平较差，宜居方面仍显落后

2013年宁夏该指数均值为0.329，全国排名第29位，属于竞争力水平最差的省份之列；方差排在第7位，为0.011；变异系数为0.317，排名第18位。省内所有城市均在100位之后，排位最靠前的为固原（第120位）。可以看出宁夏城市在社会环境、生态环境、居住环境等宜居方面仍比较落后，城市间差异不大，在构建宜居城市方面整体不足。

（三）宜商城市竞争力：城市之间差距大，首府银川属较具竞争力之列

2013年宁夏该指数整体均值为0.165，排名第30位；方差为0.015，排名第8位；变异系数为0.744，排在第21位。整体来看，宁夏城市在宜商城市竞争力方面落后于宜居竞争力，宁夏城市整体在实业发展方面起步较晚，底子薄，城市之间差异较大。银川仍是一马当先，全国排名第82位，其他城市均在200名之后。未来银川要发挥带头和辐射作用，加快其他城市宜商城市环境的改善。

中国（西北地区）城市竞争力报告

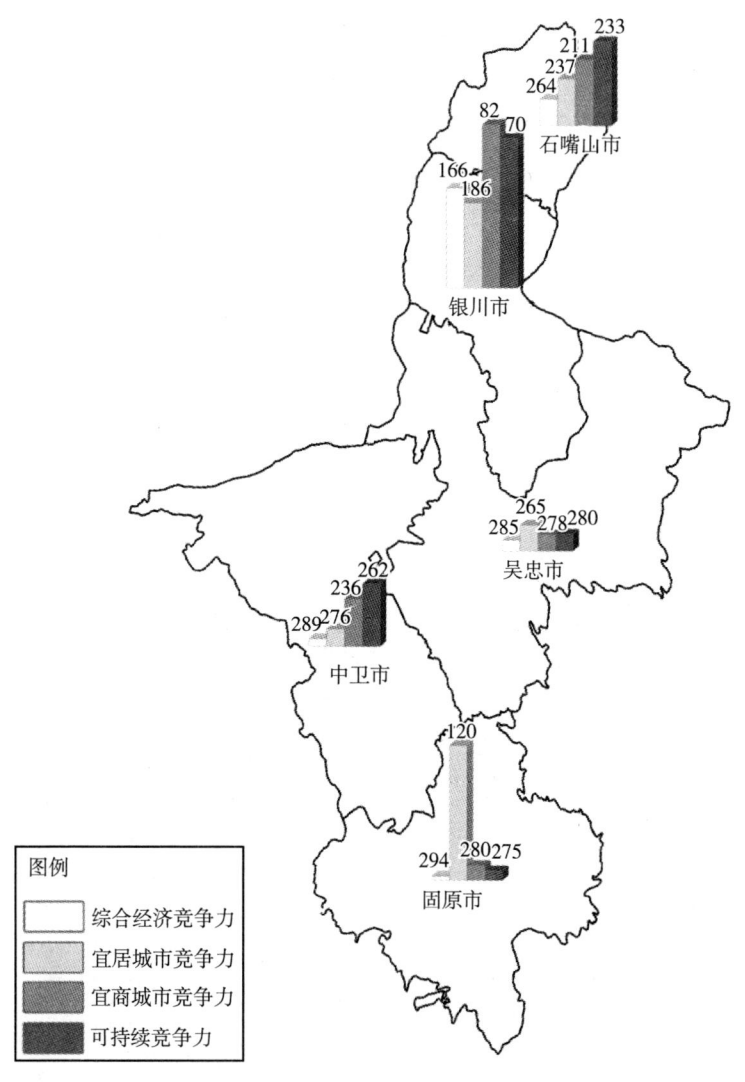

图 17-5　2013 年宁夏回族自治区城市竞争力排名

（四）可持续竞争力：银川独占鳌头，省内其他城市落后

2013 年宁夏可持续竞争力指数均值为 0.174，排在第 29 位；方差为 0.015，排第 21 位；变异系数为 0.705，排在全国第 23 位。同样与甘肃类似，相比综合经济竞争力，宁夏可持续竞争力排名要好于综合经济竞争力，可以说

宁夏发展的可持续性相比经济竞争力要好。省内差距较大，省会银川独占鳌头，排名第70位，而省内其他城市排名均在200名之后。从排名可以看出，可持续竞争力方面自治区首府银川相对较好，但其他城市与宁夏差距较大，且在全国横向比较中也相对落后（见表17-3）。

表17-3 2013年宁夏回族自治区城市宜居、宜商城市、可持续竞争力及其分项

城市	宜居城市竞争力指数	宜商城市竞争力指数	知识城市竞争力指数	和谐城市竞争力指数	生态城市竞争力指数	文化城市竞争力指数	全域城市竞争力指数	信息城市竞争力指数	可持续竞争力指数
银川	0.390	0.356	0.481	0.240	0.398	0.484	0.360	0.484	0.382
石嘴山	0.312	0.189	0.234	0.105	0.221	0.205	0.313	0.322	0.183
吴忠	0.247	0.061	0.136	0.114	0.182	0.163	0.140	0.127	0.081
固原	0.475	0.056	0.126	0.213	0.220	0.195	0.090	0.060	0.089
中卫	0.222	0.161	0.081	0.293	0.249	0.151	0.104	0.276	0.136
指数均值	0.329	0.165	0.212	0.193	0.254	0.239	0.201	0.254	0.174
指数方差	0.011	0.015	0.026	0.007	0.007	0.019	0.016	0.028	0.015
指数变异系数	0.317	0.744	0.757	0.421	0.330	0.578	0.626	0.659	0.705
城市	排名	排名	排名	排名	排名	排名	排名	排名	排名
银川	186	82	57	222	176	30	42	100	70
石嘴山	237	211	178	277	250	178	67	187	233
吴忠	265	278	242	275	265	223	220	277	280
固原	120	280	248	240	251	190	256	287	275
中卫	276	236	274	189	238	233	247	216	262
指数均值	29	30	28	31	30	23	22	28	29
指数方差	7	8	18	4	2	21	23	21	21
指数变异系数	18	21	22	20	12	19	21	23	23

资料来源：中国社会科学院城市与竞争力指数数据库。

其中，知识城市竞争力方面，宁夏在此指数的均值为0.212，全国排名第28位，方差和变异系数分别排在第18和第22位。其中银川排在全国所有城市中的第57位，说明银川在通过发展知识经济来带动经济和城市发展方面可圈可点。其他城市的表现就不如银川那么好，均在全国170位之后。

和谐城市竞争力方面，宁夏排名相对靠后，排在全国第31位，均值仅为

0.193。从各个城市排名来看，整体表现差强人意。所有城市排名均在180位之后，排位最高的是中卫，第189位。同时方差较小，仅为0.007，排在第4位，由此可见，宁夏的城市整体在构建社会公平和社会保障方面仍显滞后。

生态城市竞争力方面，宁夏该指数均值为0.254，排在第30位；方差非常小，仅为0.007，排全国第2位；变异系数为0.330，排名第12位。从各城市排名来看，在全国排位均比较靠后，排名最高为银川，但仅排在第176位。可以看出，宁夏在城市环境和生态保护方面还有待改进。

文化城市竞争力方面，该指数宁夏均值为0.239，排在第23位；方差相对宁夏其他竞争力指数略大，为0.019，排在第21位；变异系数为0.578，排在第19位。该指数是宁夏排名相对第二好的指数，说明宁夏在文化利用方面处于全国中游水平。从城市排名来看，银川高居全国第30位，但其他城市相对靠后，未来银川应在文化发展方面发挥带动作用。

全域城市竞争力方面，宁夏在该指数方面是所有可持续竞争力分项指数中表现最好的，全省整体均值为0.201，排名第22位；方差和变异系数分别为0.016和0.626，排名第23位和第21位。从省内城市来看，差距相对较大，银川和石嘴山排名相对较高，分别为第42位和第67位，而其他城市均在200位之后。说明银川和石嘴山在公共服务和公共设施建设方面成绩不俗，但其他城市有待提高。

信息城市竞争力方面，宁夏该指数在全国排名第28位，整体均值为0.254；方差为0.028，排在全国第21位。宁夏所有城市排名均在100位之后，其中银川排位最高，为第100位，其他各城市相对靠后。总体来看，宁夏城市在信息化建设方面步伐依然较慢。

（五）结论与政策建议

总体来看，宁夏城市整体发展状态比较滞后，各个方面的排名不尽如人意，加快发展仍然是不变的主题。同时省会银川一枝独秀的特征比较明显，未来应发挥银川的辐射带头作用，促进宁夏其他城市的发展，从而实现共同发展。

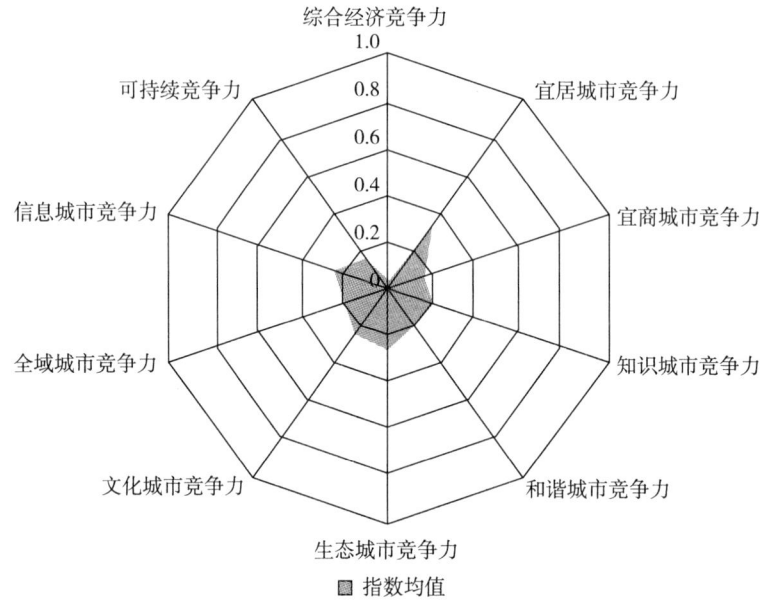

图 17 - 6　2013 年宁夏回族自治区城市竞争力

资料来源：中国社会科学院城市与竞争力指数数据库。

四　中国城市竞争力（青海）报告

青海省为我国青藏高原上的重要省份之一。面积为 72.23 万平方千米，东西长 1200 多千米，南北宽 800 多千米，辖 6 州、2 市、51 个县级行政单位。有汉、藏、回、土、撒拉、维吾尔、蒙古、哈萨克等民族。2012 年青海省实现生产总值 1884.54 亿元，比 2011 年增长 12.3%。其中，第一、第二、第三产业分别同比增长 5.2%、14.1%、11.1%。第一、第二和第三产业对生产总值的贡献率分别为 3.9%、65.6% 和 30.5%。年末全省就业人员 310.86 万人，比 2011 年末增加 1.68 万人。

（一）综合经济竞争力：排名不高，经济效率略好

关于青海省的城市竞争力，只考察其省会城市——西宁。在综合经济竞

争力方面，2013年西宁经济竞争力指数排名全国第188位，在省份层面，青海省排名第27位（见图17-7）。综合增量竞争力指数和综合效率竞争力指数方面，西宁分别排名第189位和150位。可以看出，西宁乃至整个青海省经济竞争力方面仍处于靠后的水平，综合经济竞争力不高。可喜的是西宁的效率竞争力相对好于增量竞争力。

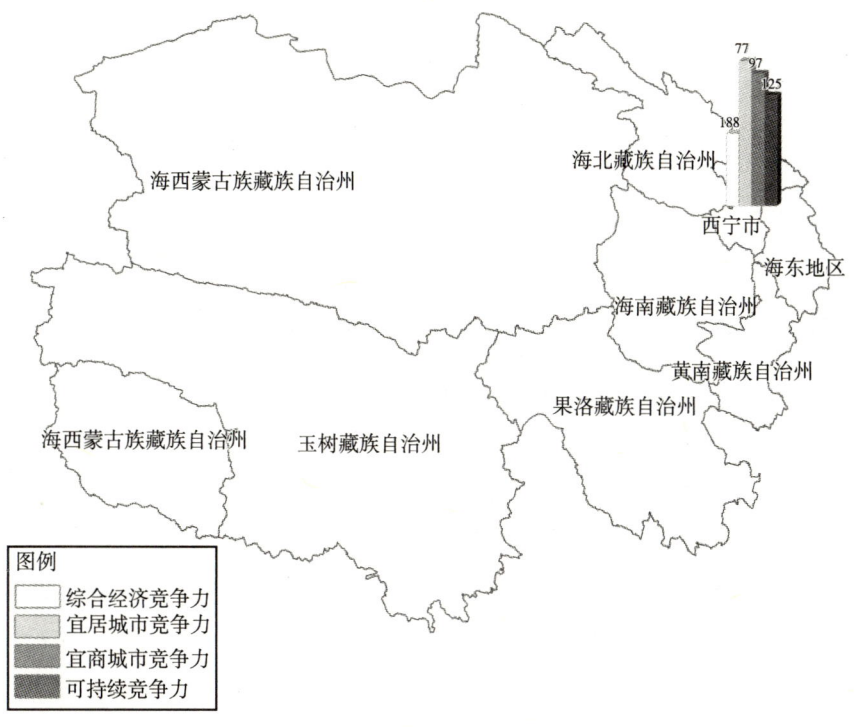

图17-7　2013年青海省城市竞争力排名

（二）宜居城市竞争力和宜商城市竞争力：西宁处于全国中游，属于较具竞争力之列

2013年西宁宜居城市竞争力指数为0.549，排在第77位，处于全国中游，说明西宁在宜居方面做得不错；在宜商城市竞争力方面，西宁排位不错，在第97位，可以说西宁在招商环境营造方面处于全国中游。

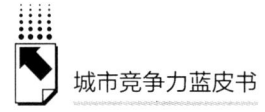

（三）可持续竞争力：排名中游，发展潜力不错

2013年西宁可持续竞争力排名第125位；青海省在省份中排名第18位，略好于综合经济竞争力，可以看出未来西宁以及整个青海省发展潜力巨大（见表17-4）。

表17-4 2013年青海省城市宜居、宜商城市、可持续竞争力及其分项

城市	宜居城市竞争力指数	宜商城市竞争力指数	知识城市竞争力指数	和谐城市竞争力指数	生态城市竞争力指数	文化城市竞争力指数	全域城市竞争力指数	信息城市竞争力指数	可持续竞争力指数
西宁	0.549	0.334	0.395	0.294	0.284	0.241	0.399	0.428	0.305
指数均值	0.549	0.334	0.395	0.294	0.284	0.241	0.399	0.428	0.305
城市	排名	排名	排名	排名	排名	排名	排名	排名	排名
西宁	77	97	86	187	222	136	31	130	125
指数均值	11	14	11	23	29	21	7	16	18

资料来源：中国社会科学院城市与竞争力指数数据库。

其中，知识城市竞争力方面，西宁排在第86位，西宁依托省会城市的优势在创新方面和发展创新型经济方面成绩较好；和谐城市竞争力方面，西宁排名相对较靠后，排在第187位，意味着西宁在建设社会公平以及改善社会保障方面还需改进；生态城市竞争力方面，西宁该指数是所有指数中最差的一项，排在第222位，说明生态保护和资源利用是未来西宁发展中需要注意的重中之重；文化城市竞争力方面，西宁排在第136位，处于全国中游；全域城市竞争力方面，西宁该指数在各分项中全国排名最高，第31位，说明西宁在公共服务改善和公共设施建设方面表现不俗；信息城市竞争力方面，西宁排在第130位，表现一般，西宁城市信息化进程要加快。

（四）结论与政策建议

西宁一个城市可能很难代表青海省整体城市的发展，但其具有一定的代表性。对青海而言，发展还是首要问题，是解决一切问题的根本所在。未来青海省要因地制宜，特别是要发挥自身的资源和能源优势，解决城市的发展问题，同时注意对生态环境的保护，提高城市的可持续发展能力是关键（见图17-8）。

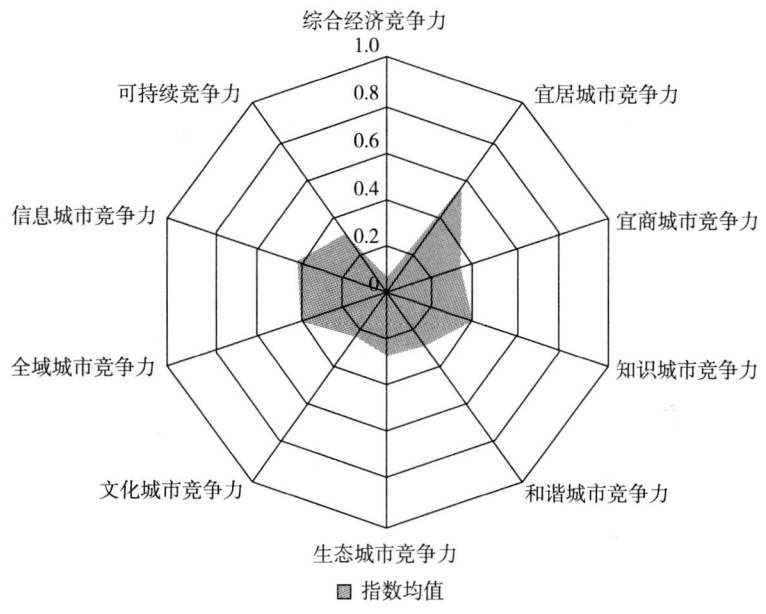

图17-8　2013年青海省城市竞争力

资料来源：中国社会科学院城市与竞争力指数数据库。

五　中国城市竞争力（新疆）报告

新疆维吾尔自治区，地处中国西北边陲，总面积为166.49万平方千米，占中国陆地总面积的1/6，周边与俄罗斯、巴基斯坦、蒙古、印度、阿富汗等8个国家接壤，是中国陆地边境线最长、毗邻国家最多的省区。新疆石油、天然气资源丰富，是西气东输的起点，是我国西部大开发的主要阵地。截至2010年底，新疆维吾尔自治区辖2个地级市、7个地区、5个自治州，11个市辖区、21个县级市、62个县、6个自治县。2012年自治区实现地区生产总值（GDP）7530.32亿元，比2011年增长12.0%。其中，第一产业增加值1320.57亿元，同比增长7.0%；第二产业增加值3560.75亿元，同比增长

13.7%；第三产业增加值2649亿元，同比增长12.3%。人均地区生产总值33909元，同比增长10.8%。新疆维吾尔自治区把握"稳中求进、进中求变"的基调，围绕跨越式发展和长治久安两大任务，取得了不俗的成绩，改革创新取得新突破。

（一）综合经济竞争力：处于全国中游水平，两市差距较大

2013年新疆综合经济竞争力全省均值为0.068，排在第23位，处于全国中等位置。乌鲁木齐和克拉玛依两个城市分别排在第111位和第231位，两省之间差距也不小，乌鲁木齐达到全国平均水平，而克拉玛依相对比较靠后。从综合增量竞争力指数和综合效率竞争力指数来看，新疆综合增量竞争力指数表现不错，排名第23位，乌鲁木齐排名第86位；而综合效率竞争力指数，新疆两个城市均在100之后（乌鲁木齐第124位，克拉玛依第148位）且两市差异不大（见图17-9）。

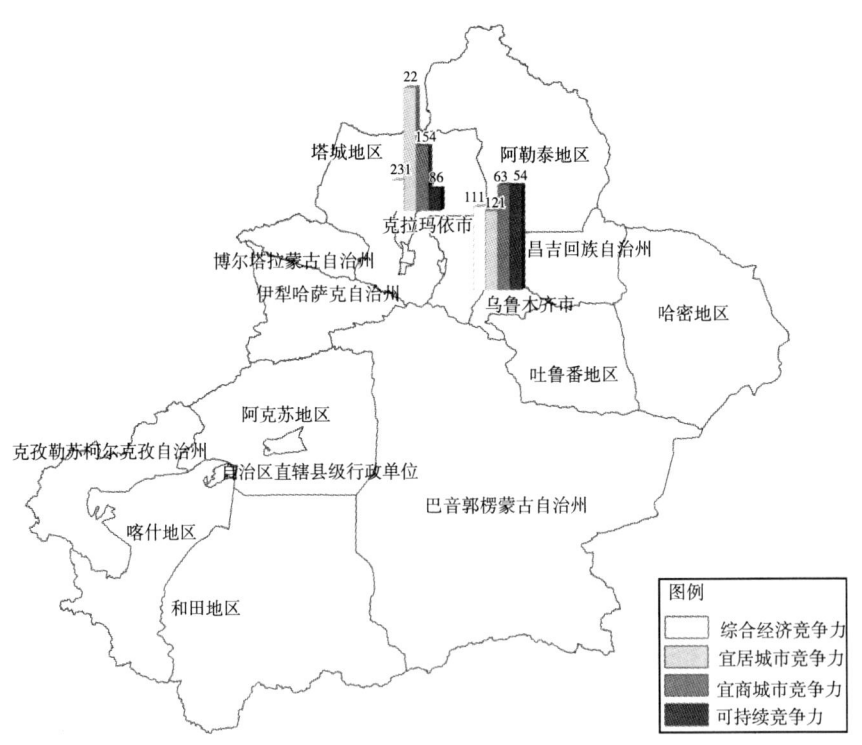

图17-9 2013年新疆维吾尔自治区城市竞争力排名

资料来源：中国社会科学院城市与竞争力指数数据库。

(二)宜居城市竞争力：属于较具竞争力之列，克拉玛依跻身最具竞争力之列

2013年新疆该指数均值为0.582，排名第9位；方差为0.024，排在第22位。从方差可以看出，两个城市之间差距较大，其中克拉玛依排在第22位，说明克拉玛依宜居竞争力相对不错。

(三)宜商城市竞争力：两市竞争力水平处中等偏上水平，整体在宜商城市方面可圈可点

2013年新疆该指数均值为0.330，排名第15位；指数方差和变异系数分别为0.013和0.352，均排在第4位。乌鲁木齐进入前100位，排名全国第63位；而克拉玛依排名第154位，说明两市在宜商城市环境营造方面还是有不错成绩的。

(四)可持续经济竞争力：两市处于中上游水平，具有可持续发展能力

2013年新疆可持续竞争力均值为0.386，排在第12位。其中乌鲁木齐排在第54位，克拉玛依排在第86位。总体情况好于综合经济竞争力，可以看出新疆在可持续竞争力方面表现相对要好一点。从两市在全国的排名来看，均在前100位，处于全国中上游，说明两市在谋求可持续发展方面做得相对不错（见表17-5）。

表17-5　2013年新疆维吾尔自治区城市宜居、宜商城市、可持续竞争力及其分项

城市	宜居城市竞争力指数	宜商城市竞争力指数	知识城市竞争力指数	和谐城市竞争力指数	生态城市竞争力指数	文化城市竞争力指数	全域城市竞争力指数	信息城市竞争力指数	可持续竞争力指数
乌鲁木齐	0.472	0.412	0.538	0.213	0.454	0.281	0.594	0.561	0.419
克拉玛依	0.691	0.248	0.418	0.336	0.568	0.203	0.547	0.225	0.353
指数均值	0.582	0.330	0.478	0.275	0.511	0.242	0.571	0.393	0.386
指数方差	0.024	0.013	0.007	0.008	0.006	0.003	0.001	0.057	0.002
指数变异系数	0.266	0.352	0.177	0.317	0.156	0.228	0.059	0.606	0.120

续表

城市	宜居城市竞争力排名	宜商城市竞争力排名	知识城市竞争力排名	和谐城市竞争力排名	生态城市竞争力排名	文化城市竞争力排名	全域城市竞争力排名	信息城市竞争力排名	可持续竞争力排名
乌鲁木齐	121	63	42	239	142	110	8	64	54
克拉玛依	22	154	79	141	87	179	11	250	86
指数均值	9	15	9	24	13	19	5	18	12
指数方差	22	4	1	6	1	1	2	25	1
指数变异系数	11	4	1	10	2	1	1	21	1

资料来源：中国社会科学院城市与竞争力指数数据库。

其中，知识城市竞争力方面，新疆表现良好，整体均值为0.478，全国排名第9位。其中乌鲁木齐和克拉玛依均在前80位，分别为第42位和第79位，说明两市通过创新和科技发展经济和城市的能力较强。和谐城市竞争力方面，新疆该指数均值为0.275，排在第24位，是可持续竞争力各分项中最差的；方差为0.008，列第6位。其中乌鲁木齐由于一系列民族和安定问题，城市和谐环境不尽理想，排在第239位，克拉玛依则是处于一般水平，排在第141位。生态城市竞争力方面，新疆整体均值为0.511，排在第13位。克拉玛依在此方面远远好于乌鲁木齐，排名第87位，乌鲁木齐排在第142位。从全国来看，克拉玛依在保护生态环境方面成绩不错。文化城市竞争力方面，新疆该指数均值为0.242，排位第19位。乌鲁木齐和克拉玛依分别排在第110位和第179位，可以看出新疆在利用传统文化发展文化产业方面还略显一般。全域城市竞争力方面，该指数是新疆在所有可持续竞争力分项中表现最好的。整体均值为0.571，全国排名第5位。乌鲁木齐和克拉玛依分别排在全国第8位和第11位，说明以两市为代表的新疆在公共服务和公共设施建设方面走在全国前列。信息城市竞争力方面，新疆整体均值为0.393，排名第18位。乌鲁木齐和克拉玛依之间排名差距较大，乌鲁木齐由于其省会城市的优势，交流便捷程度远远高于克拉玛依，在全国也属于中上等水平，排名第64位；而克拉玛依由于地处边陲，信息便捷度明显不高，全国排名第250位。

（五）结论与政策建议

综上所述，地处边陲的新疆，城市整体发展程度不高，由于乌鲁木齐和克拉玛依两市特殊的地理位置，在可持续竞争力的某些分项指标上表现不错。但是如何在边陲与邻近国家发展边境经济，如何保持稳定和谐的环境，如何提高城市宜居宜商城市水平，是新疆亟待解决的现实问题（见图17-10）。

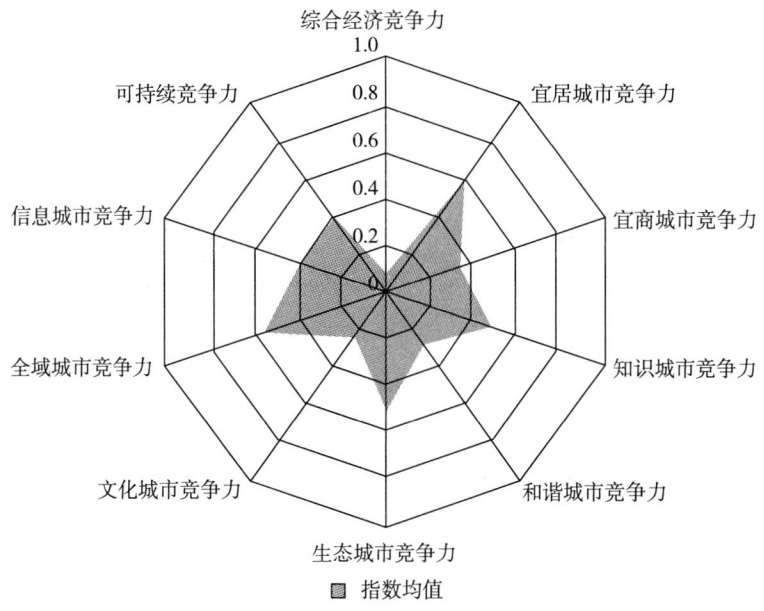

图17-10　2013年新疆维吾尔自治区城市竞争力

资料来源：中国社会科学院城市与竞争力指数数据库。

六　中国城市竞争力（内蒙古）报告

内蒙古自治区，首府为呼和浩特。位于中国北部边疆，紧邻蒙古和俄罗斯，面积为118万平方千米。以蒙古族和汉族为主，还有朝鲜、回、满、达斡尔、鄂温克、鄂伦春等民族。全区分设9个辖地级市，3个盟；其下又辖12个县级市、17个县、49个旗、3个自治旗。2012年内蒙古自治区实现生产总值15988.34亿元，同比增长11.7%。其中，第一、第二、第三产业分别同比增长5.8%、14%和9.4%。第一、第二、第三产业对经济增长的贡献率分别为4.3%、67%、28.7%。人均生产总值达到64319元，同比增长11.3%。全年居民消费价格总水平比2011年上涨3.1%。2012年末全区就业人员1300.9万人，比2011年末增加51.6万人，增长4.1%。内蒙古自治区在"十二五"关键之年经受住了各种困难和风险的考验，经济和社会实现了持续稳定发展。农牧业获得丰收，以工业为主导的第二产业保持较快增长，第三产业稳步发展，物价相对稳定，城乡人民生活水平进一步改善，全面建成小康社会加快推进。

（一）综合经济竞争力：整体居中，经济效率普遍不高

2013年内蒙古综合经济竞争力整体均值为0.077，全国排名第18位；方差不大，为0.001，列全国第10位；变异系数为0.355，排在第4位。整体来看，内蒙古城市综合经济竞争力处于全国中游，达到全国平均水平，且城市之间差距并不是很大。从省内排名来看，资源型城市（包头、鄂尔多斯、呼和浩特）综合经济竞争力明显好于其他城市，均排在前100位。从全国来看，内蒙古在前100名的城市有3个，100~200名的城市有4个，200名之后的有2个，绝大多数城市经济竞争力属于中等偏上水平。另外，内蒙古综合增量竞争力指数排名全国第14位，位次相当不错，且好于综合经济竞争力；但是反观综合效率竞争力指数，内蒙古整体排名比较靠后，第28位，同时有6个城市排在所有城市的200位之后，说明内蒙古城市在发展过程中有一个重要的问题，即效率不高，这对未来城市进一步发展来说是个警醒（见图17-11）。

（二）宜居城市竞争力：竞争力水平较差，省内城市之间差距较大

2013年内蒙古该指数整体均值为0.368，居全国第25位；方差和变异系数分别为0.018和0.366，分列第18和第20位。省内比较，鄂尔多斯独占鳌头，远远高于其他城市，而其他大城市，如呼和浩特和包头，则在构建宜居城市方面略显一般。整体来看，内蒙古在创建社会环境、居住环境以及保护生态环境和构建宜居城市方面仍需进一步努力。

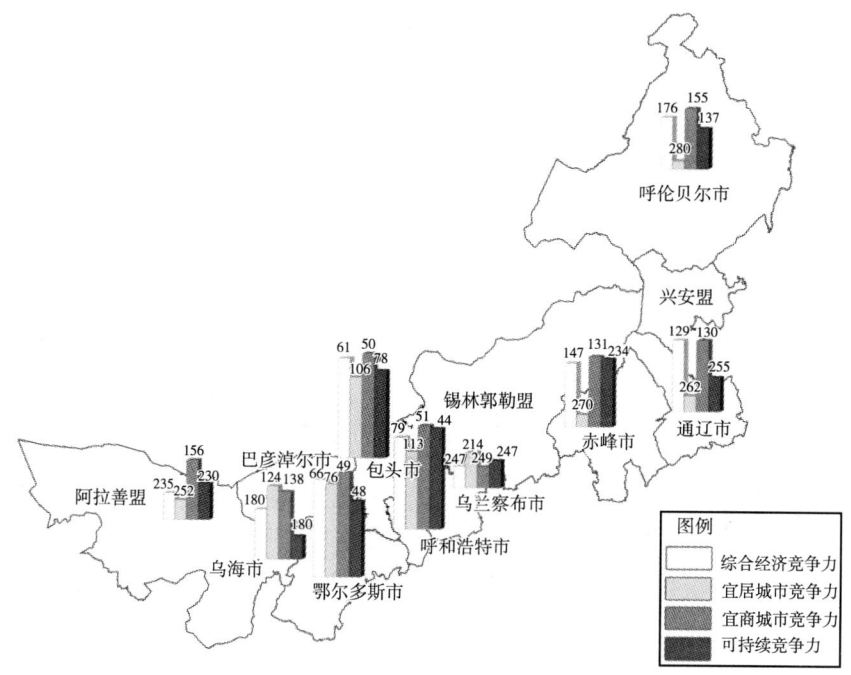

图 17-11　2013 年内蒙古自治区城市竞争力排名

（三）宜商城市竞争力：好于宜居城市竞争力，竞争力水平属中等偏下

2013 年内蒙古该指数整体排在第 16 位，均值为 0.317。方差和变异系数分别为 0.013 和 0.359，排在第 2 位和第 7 位。说明内蒙古各城市在宜商城市方面差距较大。工业相对发达的鄂尔多斯、包头和呼和浩特在内蒙古各城市中遥遥领先，其他城市除了乌兰察布外均主要分布在 100 名到 200 名之间。从全国来看，总体来说内蒙古在宜商城市环境营造方面的能力明显好于其他西北省份。

（四）可持续竞争力：弱于综合经济能力，资源类城市需警醒

内蒙古在可持续竞争力方面的表现没有经济竞争力那么好，2013 年整体均值为 0.271，排在第 22 位；方差为 0.014，排在第 18 位；变异系数为 0.434，居

第19位。从城市排名来看，呼和浩特、鄂尔多斯和包头排在前100位，100~200位的有2个，分别是呼伦贝尔和乌海，其他城市均在200位之后。可见内蒙古整体可持续竞争力明显弱于综合经济竞争力，特别是资源类城市要十分注意构建城市的可持续发展能力（见表17-6）。

表17-6 2013年内蒙古自治区城市宜居、宜商城市、可持续竞争力及其分项

城市	宜居城市竞争力指数	宜商城市竞争力指数	知识城市竞争力指数	和谐城市竞争力指数	生态城市竞争力指数	文化城市竞争力指数	全域城市竞争力指数	信息城市竞争力指数	可持续竞争力指数
呼和浩特	0.486	0.454	0.552	0.418	0.399	0.485	0.325	0.585	0.442
包头	0.491	0.456	0.458	0.294	0.386	0.363	0.365	0.498	0.366
乌海	0.467	0.273	0.182	0.377	0.215	0.273	0.416	0.238	0.240
赤峰	0.244	0.283	0.205	0.233	0.267	0.116	0.155	0.413	0.181
通辽	0.254	0.283	0.185	0.181	0.195	0.167	0.190	0.273	0.143
鄂尔多斯	0.556	0.463	0.221	0.446	0.903	0.305	0.394	0.452	0.434
呼伦贝尔	0.180	0.246	0.119	0.261	0.729	0.246	0.319	0.303	0.293
巴彦淖尔	0.281	0.245	0.118	0.231	0.418	0.198	0.193	0.281	0.191
乌兰察布	0.354	0.146	0.076	0.254	0.140	0.239	0.281	0.249	0.153
指数均值	0.368	0.317	0.235	0.299	0.406	0.266	0.293	0.366	0.271
指数方差	0.018	0.013	0.026	0.009	0.065	0.012	0.009	0.016	0.014
指数变异系数	0.366	0.359	0.687	0.309	0.63	0.415	0.323	0.341	0.434
城市	排名	排名	排名	排名	排名	排名	排名	排名	排名
呼和浩特	113	51	39	75	173	29	57	58	44
包头	106	50	63	186	186	58	40	91	78
乌海	124	138	216	112	254	115	26	244	180
赤峰	270	131	195	225	231	251	203	137	234
通辽	262	130	215	253	258	219	171	218	255
鄂尔多斯	76	49	187	57	4	90	33	118	48
呼伦贝尔	280	155	253	205	23	128	61	203	137
巴彦淖尔	252	156	255	228	161	185	169	213	230
乌兰察布	214	249	275	209	273	140	91	234	247
指数均值	25	16	25	22	22	17	13	23	22
指数方差	18	2	19	9	25	14	15	12	18
指数变异系数	20	7	20	8	24	10	6	15	19

资料来源：中国社会科学院城市与竞争力指数数据库。

其中，知识城市竞争力方面，内蒙古整体排在第 25 位，均值为 0.235；方差为 0.026，排在第 19 位。省内来看，呼和浩特和包头分别排在第 39 和第 63 位，远远高于其他城市。其中，其他指标相对不错的鄂尔多斯在知识城市竞争力分项上仅排在第 187 位，同时共有 5 个城市在 200 位之后。可以看出内蒙古城市在知识投入和知识产出方面明显不足，知识经济发展程度较低。

和谐城市竞争力方面，内蒙古整体平均值为 0.299，排在第 22 位；方差和变异系数分别为 0.009 和 0.309，列第 9 和第 8 位。从省内来看，城市之间差异不小，最好的是鄂尔多斯，排在第 57 位，排名最后的是通辽，第 253 位，两者之间差距 196 位。整体来看，大城市如呼和浩特在构建和谐城市方面走在前列，但其他城市差距较大。

生态城市竞争力方面，内蒙古城市该分项均值为 0.406，全国排名第 22 位；方差和变异系数都比较大，分别列第 25 位和第 24 位，这说明内蒙古城市在生态方面差距非常大。从省内来看，鄂尔多斯一枝独秀，排名第 4 位，呼伦贝尔也表现不俗，排在第 23 位，而其他城市均在 160 位之后，处于中等偏下的水平。

文化城市竞争力方面，内蒙古该项指数均值为 0.266，排在第 17 位；方差和变异系数分别为 0.012 和 0.415。依然是呼和浩特、包头和鄂尔多斯在前 100 位，整体来看，内蒙古各城市在利用文化发展文化产业方面仍需积极探索。

全域城市竞争力方面，是内蒙古可持续竞争力分项中表现最好的指数，均值为 0.293，排在全国第 13 位；方差和变异系数分别排在第 15 位和第 6 位。省内来看，其中有乌海、鄂尔多斯、包头、呼和浩特、呼伦贝尔和乌兰察布共 6 个城市排在全国前 100 名，仅有 1 个城市在 200 名之后。可见，内蒙古城市整体在公共服务和公共设施建设方面走在全国前列，在西北地区也居首位。

信息城市竞争力方面，内蒙古在指标上均值为 0.366，排名第 23 位；方差和变异系数分别为 0.016 和 0.341，排名第 12 位和第 15 位。从城市排名来看，呼和浩特和包头排在前 100 位，100~200 位有 2 个城市，剩下 5 个城市均在 200 名之后。可以看出内蒙古在信息化建设方面还是相对比较滞后，除了省内个别大城市外，其他城市需加强交流和流通方面的建设。

（五）结论与政策建议

综上所述，内蒙古自治区城市近些年来经济发展成绩斐然，综合经济竞争力在西北地区居首位。但内蒙古内部城市发展不均衡特征较为明显，几个规模较大城市的发展远远将其他城市甩在身后。未来如何发挥大城市的辐射带动作用，促进内蒙古城市经济、环境和社会良性发展是关键所在。同时内蒙古各城市知识经济的发展也略显不足，如何促进知识创新技术革新，如何发展知识经济是提高可持续发展能力的关键（见图17-12）。

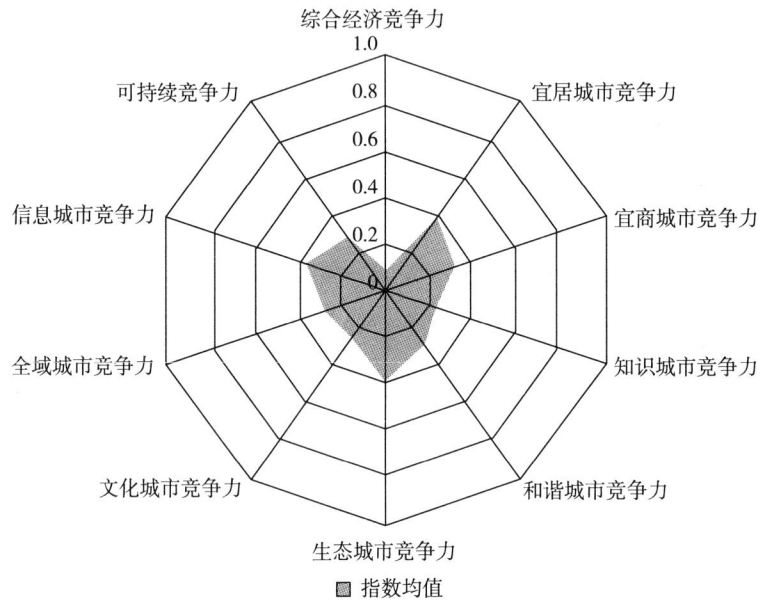

图 17-12 2013 年内蒙古自治区城市竞争力

资料来源：中国社会科学院城市与竞争力指数数据库。

B.18
中国（港澳台地区）城市竞争力报告

沈建法　刘成昆　周晓波*

一　中国城市竞争力（香港）报告

香港地处中国华南，珠江口以东，与广东省深圳市隔深圳河相望，濒临南中国海，是通向中国内地的主要门户城市。香港 2013 年人口为 721.9 万人，外籍人士占 8%，总面积为 1070 平方千米，是全球人口最密集的地区之一。2013 年因欧美经济的缓慢复苏和外部需求的提升，香港经济实质增长 1.4%，地区生产总值为 18898 亿港元，人均 GDP 为 285146 港元。在"十二五"时期，国家进一步支持香港巩固和提升国际金融中心、贸易中心、航运中心的地位，增强全球影响力。2013 年，香港特区借助国家支持，发挥自身优势，坚持"适度有为、稳中求变"，继续发展离岸人民币服务、国际资产管理服务，建设高价值货物存货管理及区域分销中心。

（一）综合经济竞争力：总体保持首位，但增速乏力、后劲不足

从总体上来看，在综合经济竞争力方面，2013 年香港依旧保持在全国首位。但在综合经济竞争力分项上表现稍有差异，从综合增量竞争力分项指数来看，香港整体很好，但作为一个成熟的经济体，在税收、人才、软硬件设施等方面的优势逐渐弱化，创新创业气氛并无明显提升，土地稀少形成的高额租金也阻碍了中小企业的发展，同时过分倚重金融、房地产等少数行业，缺乏稳定的增长点，其指数为 0.363，排名全国第 18 位，相比 2012 年全国第 8 的位置下降了 10 名，落后于台北、北京、广州、天津、深圳等城市，也被中西部城

---

*周晓波，兰州大学 2011 级经济学硕士研究生。

市重庆、成都和长沙超越；从综合效率竞争力分项指数来看，香港整体很好，指数为0.733，排名全国第3位，仅落后于台北和澳门，地均GDP优势明显，这得益于其人口和商业密集，经济集聚程度高以及商业规则简约、政府廉洁、配套设施及服务效率高（见图18-1）。

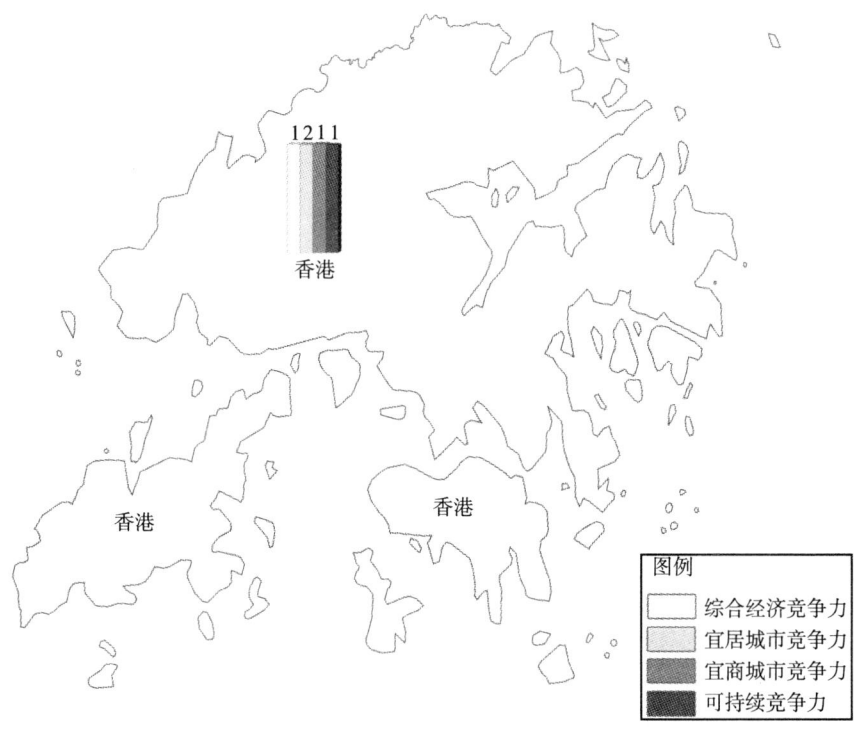

图18-1　2013年香港特别行政区城市竞争力排名

（二）宜居城市竞争力

宜居城市竞争力整体领先，突出表现在城市环境好，公共交通发达，生活便利，人口素质高，相互之间公平包容，但是香港房屋性支出较多，市民的住房负担较重，影响了市民的生活质量。

（三）宜商城市竞争力

宜商城市竞争力整体领先，营商环境继续保持全国首位，作为一个没有贸易障碍的免税港，香港税率低，税制简单，政府廉洁高效，政府对经济干预很少，金融与银行业限制很少，对薪酬与价格干预很少，产权观念牢固，维持低程度的规管，非常规市场活动很少，拥有一个大市场、小政府的自由市场环境。李嘉诚旗下公司的"撤资"传闻，如下半年频频出售本港房地产项目，可能会对香港整体的宜商城市竞争力产生影响。

（四）可持续竞争力：整体领先，"知识城市"是短板，"信息城市"弱化

2013年香港在可持续竞争力方面整体领先，其指数为1.000，排名全国首位。香港经济近年来保持了整体良好的发展态势，但同时也必须看到目前香港所面临的挑战。知识城市方面落后于北京、上海和深圳。

首先，产业结构向创新科技方向转型无明显突破，经济高度依赖金融业和房地产。土地和房屋供给的严重不足使得房地产价格过快增长，经济过度依赖房地产。一是经济日趋虚拟化、泡沫化。房产增值的速度远远高于经济收入，房地产炒作完全凌驾于正常的经济活动之上，社会炒作氛围浓厚。二是增加了香港的通货膨胀压力。房屋和商铺租金价格的过快上涨提高了企业的经营成本，增加了市民的生活压力，推高了通胀水平。三是使香港失去了创业和创新的潜力。过高的租金挤压了其他行业的利润空间，阻止了新兴产业的发展。

其次，人口老龄化加速，2012年香港65岁以上的人口为98万，占香港总人口的14%，未来这一比例将持续增加。据测算，到2041年，65岁以上人口将增加至256万，占香港人口的30%。老龄化的加速，将对香港形成巨大挑战，劳动力结构老化，影响产业结构升级。

最后，国际和国内城市的竞争。一是新加坡、上海在金融、跨国公司营运总部等方面与香港形成竞争。新加坡战略定位清晰，环境稳定，一些产业与香港形成直接竞争，香港与新加坡在经济发展质量、可持续性以及发展后劲上的差距越来越大；上海市在2013年设立了中国（上海）自由贸易区，自由贸易区对于上海市物流、金融的集聚效应将更加显著。二是珠三角产业重工业化及高科技化，香港参与能力有限。香港90%以上的企业是小型企业，缺乏重工

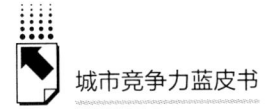

业和科技产业的发展基础，其与内地特别是珠三角产业之间的互补性变弱，原有的"前店后厂"模式面临挑战。三是随着中国改革开放的深入，内地形成对香港服务业的替代。内地特别是珠三角地区形成的港口群影响香港的传统经贸桥梁和中介作用。香港服务业特别是生产性服务业整体规模较小，品牌知名度较低，企业在选择服务性企业时往往选择知名度较高的跨国企业或成本较低的内地企业。尤其是香港信息城市竞争力开始出现弱化的迹象，这可能是因为内地城市在信息软硬件建设方面的超越和追赶。

从各分项来看，香港知识城市竞争力落后于北京、上海、深圳，指数为0.749，全国排名第4位，研发开支占GDP的比重远低于日本、韩国、新加坡以及内地，缺乏大胆的支持科技的计划和有力的科技创新激励制度，科技创新氛围不足，科技转化能力较弱。与内地合作实施高技术产业重大工程和高技术产业化重大专项，加强投融资和创新科技等领域的合作，取长补短互通有无，将能够促进国家产业创新技术和生产经营一体化，也可为香港的产业重组创造条件。

和谐城市竞争力总体领先，香港经济发达，廉政公署严格执法，社会公正、开放和廉洁，使多数人依靠自身努力向上流动成为可能，形成了大量的中层阶级，成为社会和谐稳定的巨大力量。同时政府大力推行公屋、义务教育、新市镇等系列民生政策，满足了各阶层的公平求求。但香港本地居民与外来人口，尤其是内地精英人才之间由于就业机会、教育机会、医疗资源分配等的矛盾不断激化在一定程度上削弱了香港和谐城市竞争力。

生态城市竞争力总体领先，香港政府近几年在竭力打造健康优质的生活环境上，推行了一系列环境保护政策和措施以及各种提高公众环保生活意识的计划，目前香港的空气、水质均有较大幅度的改变，同时香港提出了提高能源效益，推出《建筑物能源效益守则》，通过立法和非立法渠道进一步推广减废及回收，在创建生态城市方面领先内地所有城市。

文化城市竞争力总体领先，香港作为一个国际化的大都市，连续18年被评为世界经济自由度最高的城市，高度自由宽松的管理体制使香港文化充满生机活力，同时也吸引各跨国公司和世界各地人口的入驻，带来不同的文化，一百多年的东西方文化互相融合碰撞以及积淀的过程中，既保留了中国传统文化，也形成了香港独特的自由开放、多元包容的特色文化。

全域城市竞争力总体领先，香港自开埠以来从一个数千人的渔岛发展成700多万人口的国际化都市，高密度的城市建设和城市人口背后是一系列予以支撑的社会服务机制，如公屋制度、社工体系、医疗福利、教育及劳工制度等，这些软环境共同运作方能保证其高密度城市化模式的可持续发展，内地在城市化过程中需要借鉴这一方面。

信息城市竞争力总体领先，香港是亚太地区的交通枢纽之一，公共交通系统以铁路、小渡轮、公共汽车等组成运输网，几乎伸展到港内每一角落。海陆空交通发达，航运业目前已与186个国家和地区的472个港口有航运往来，形成了以香港为枢纽，航线通达五大洲、三大洋的完善的海上运输网络。香港还拥有完善的信息和通信基础设施，电子商务等信息产业发达（见表18-1）。

表18-1 2013年香港特别行政区城市宜居、宜商城市、可持续竞争力及其分项

城市	宜居城市竞争力指数	宜商城市竞争力指数	知识城市竞争力指数	和谐城市竞争力指数	生态城市竞争力指数	文化城市竞争力指数	全域城市竞争力指数	信息城市竞争力指数	可持续竞争力指数
香港	0.978	1.000	0.749	1.000	1.000	1.000	1.000	0.959	1.000
指数均值	0.978	1.000	0.749	1.000	1.000	1.000	1.000	0.959	1.000
城市	排名	排名	排名	排名	排名	排名	排名	排名	排名
香港	2	1	4	1	1	1	1	4	1
指数均值	1	1	3	1	1	1	1	2	1

资料来源：中国社会科学院城市与竞争力指数数据库。

（五）结论与政策建议

香港各方面指数，除在信息城市竞争力、知识城市竞争力方面落后少数几个城市外，其他均处于领先地位，这也体现其强大的竞争力（见图18-2）。但是也必须看到在内地城市追赶的过程中，两者差距在逐渐缩小，香港需要居安思危，解决自身所面临的一些问题，同时要在与内地合作的过程中抓住机遇。以下提出香港在未来发展过程中的几点建议。

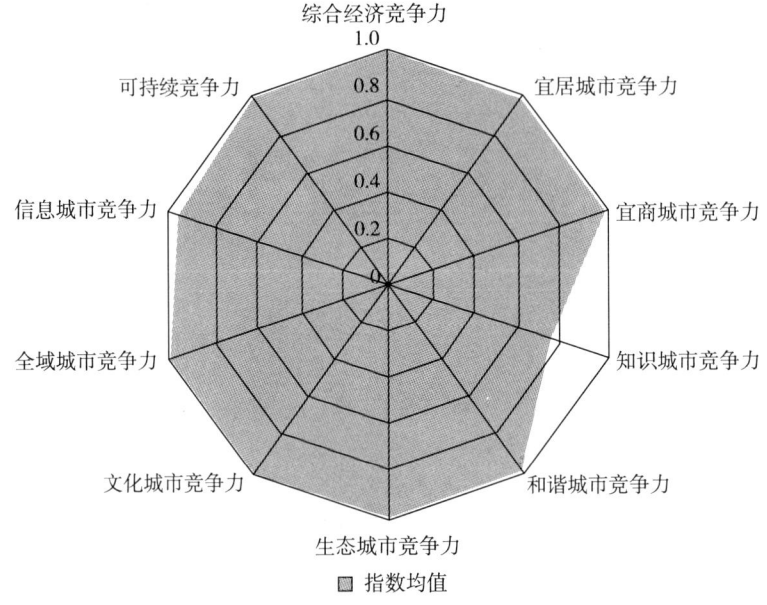

图 18-2　2013 年香港特别行政区城市竞争力

资料来源：中国社会科学院城市与竞争力指数数据库。

（1）转变政府施政理念，制定长期发展规划。坚持"适度有为、稳中求变"的施政主张，重新审视政府与市场之间的边界，发挥政府在经济发展中的作用，制定关系香港发展的重大专项发展规划。一是检讨土地政策，增加土地供给，做好城市发展规划。二是制定金融、航运物流、贸易及专业服务等支柱产业升级发展规划，应对国际与国内城市竞争。三是制定科技创新、文化创意、环保及检测认证等新兴产业发展规划，培育新的经济增长点。四是制定长远人口政策和可持续发展目标，增加退休年龄弹性，应对人口老龄化问题。五是制定人才发展规划，采取措施吸引年轻专才留港，优化专业教育，提升人才素质，应对人才大量外流的问题。

（2）根据中国经济新形势重新定位，发挥独特作用和影响。根据国家发展变化，利用各自优势，共同发展。一是利用国家经济结构调整，与内地政府共同努力，向内地的港资企业在内销渠道、品牌建设、企业收购兼并等方面提供帮助。推动 CEPA 在广东的先行先试，与内地进一步加强合作，开拓和服务内地市场。积极推动落实《粤港合作框架协议》、落实广东对香港服务业开放

"先行先试"措施以及协助推动深圳前海地区发展,以促进区域合作的双赢。在全面实施"一国两制"的条件下,香港应该借鉴世界上发展自由贸易区的成功经验,建立粤港澳自由贸易区,以更好地深化区域内粤港澳三方的合作。二是加强香港企业与内地企业在联合投资、联合招标、联合承揽项目等方面的合作,共同开拓国际市场。进一步优化人民币结算平台,推广人民币的使用范围,吸引更多的企业使用人民币进行结算。三是充分借鉴美国、欧洲、日本以及内地的经验,完善科研体制和产业环境配套措施;与内地合作建设知识产权交易平台,同时吸引更多的科技企业在香港科技园建立研发中心。四是参与大珠三角经济圈建设。让香港民众充分认识到两地合作对于地区繁荣稳定的重要性;加强两地基础设施的衔接,构建大珠三角完善的基础设施体系;重视民间与官方的交流与合作;加快推进前海、南沙和横琴三个重点区域的合作开发。

(3) 促进科技创新,引领知识经济。一是进一步巩固香港在金融服务、贸易及物流、旅游和专业及工商业支援服务四个方面的传统优势,进而带动其他行业的发展。创造就业,这是提升稳固香港城市竞争力的基石。二是继续大力推动检测和认证、医疗服务、创新科技、文化及创意产业、环保产业及教育服务这六项香港具有优势的产业,使这些产业的潜质得到充分发挥,提升香港的可持续竞争力。三是实行"走出去"和"引进来"。如成为"深港创新圈"的参与者与推动者,学习苏州新加坡工业园的模式,在深圳设立香港高科技园,实行产研一体,发挥香港科技研发优势和珠三角地区的制造优势,实现共赢;建设亚洲知识产权交易与服务中心,把香港的"知识产权交易中心"纳入国家知识产权交易市场体系,强化香港在国家知识产权交易市场中的地位。

二 中国城市竞争力(澳门)报告

澳门地处珠江三角洲的西岸,隔海东望即是香港,北方的澳门半岛连接广东珠海,而南方则是由氹仔、路环和路氹城所组成的大岛,属海岛市(见图18-3)。2013年澳门经济增长11.9%,本地生产总值为4135亿澳门元,人均69.75万澳门元,约合87306美元。澳门经济增长主要动力仍然源自旅游博彩业的持续旺盛,2013年博彩业带动服务出口达到12%的增幅。为了逐步促进澳门产业结构的相对优化、减少博彩业快速发展所带来的副作用，澳门特区政府将进一步大力推进经济适度多元的发展，提升特区整体竞争能力。

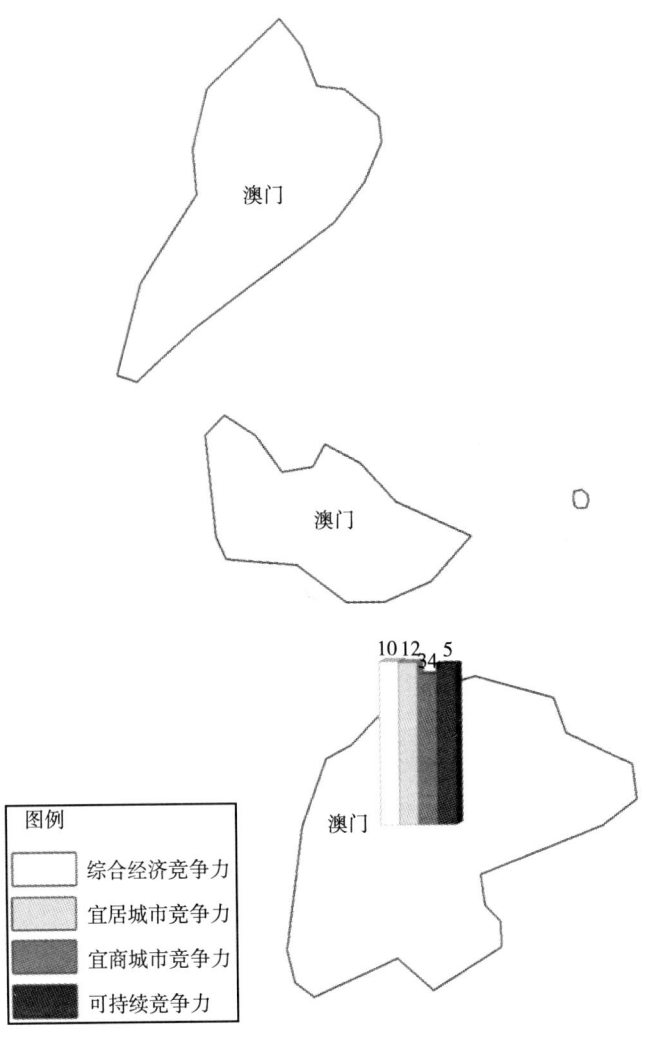

图 18-3　2013 年澳门特别行政区城市竞争力排名

（一）综合经济竞争力：位居前列，增量和效率竞争力此低彼高

2013 年澳门综合经济竞争力指数为 0.405，在 33 个省（直辖市、自治区和特别行政区）中排名第 5 位，仅次于香港和三大直辖市（上海、北京和天

津），高于台湾和重庆；在294个地级及以上城市中排名第10位，属于最具竞争力之列（见图18-3）。综合增量竞争力指数为0.038，在省级区域排名第30位，仅高于海南以及甘肃和宁夏两个西北省区；在地级城市中排名第213位，竞争力水平较差；综合效率竞争力指数则高达0.917，在省级区域中雄居榜首，在地级城市中亦位列第2，仅次于台北，高于香港和四大直辖市。

构成澳门综合经济竞争力指数的两个分指数呈现"此低彼高"的"跷跷板"效应，即综合增量竞争力指数偏低而综合效率竞争力指数甚高。一方面，澳门是一个高度开放的微型经济体，经济增长的对外依赖强、波动性大。每当外部环境发生变化时，澳门的支柱产业博彩业乃至整个经济就会受到较大冲击。近五年（2007～2011年）来，澳门GDP增长迅速，年平均率达到18%，但五年的经济增长跌宕起伏，2007年增长率高达33.2%，其后受全球金融危机爆发以及中央政府收紧内地居民赴澳门"自由行"政策的影响，增长率陡然下落；2008年增长率降至15%，2009年甚至出现负增长（-2.4%）；而后美国推出量化宽松货币政策以及中国内地推出"四万亿"财政刺激政策，2010年增长率急剧拉升至27%，2011年又回落至20.7%。由于2009年负增长，增量GDP为负数，影响了综合增量竞争力。

另外，澳门又是一个高度发达的城市经济体，集聚效应明显，吸引了大量外部资源进入，包括来自美国、澳洲和中国香港等地的博彩资本投入以及占就业人口30%左右的外地雇员，失业率创出1.7%的新低，劳动力市场充分就业，30平方公里的土地上实现了将近3500亿澳门元的产出。从地均GDP来看，开放、发达的澳门具有明显的综合效率竞争力。

（二）宜居城市竞争力：高房价削弱了宜居竞争力

2013年澳门宜居竞争力在地级以上城市中排名第12位，低于香港和上海，但高于天津、北京和重庆。在构成宜居竞争力的指标中，澳门的人口素质、生态环境、市政设施等指数均值均较高；社会环境和居住环境略低，其中每万人刑事案件数偏高，约是宜居竞争力排名第2位的香港的3倍，拉低了社会环境数值。此外，澳门房价自2009年第三季度回升以来，持续大涨，连续五年每季平均上涨40%，2013年首两季更是飙涨60%～70%；相对高企的房

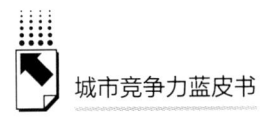

价，增长缓慢的收入，不合理的房价收入比影响了居住环境，降低了宜居竞争力。

（三）宜商城市竞争力：单一产业结构降低了宜商城市竞争力

2013年澳门宜商城市竞争力在地级以上城市中排名第34位，低于排名前三位的香港、上海和北京，亦低于天津和重庆（分列第8名、第10名）。澳门是一个自由港和单独关税区，实行简单低税政策；对外区域合作方面，澳门正在加快建设中国与葡语国家经贸合作服务平台，又具有CEPA（《内地与澳门关于建立更紧密经贸关系的安排》）的优势，粤港澳自贸区呼之欲出。在构成宜商城市竞争力的指标体系中，当地要素、制度环境和基础设施等指标良好。由于澳门以博彩业为主，上市公司多为博彩公司，澳门尚无一家世界500强企业，产业结构单一，大企业指数偏低；此外，由于地域狭小，批发零售贸易业商品销售总额和城市货运量并不高，致使企业本体、当地需求和主体联系指标受限，从而影响了宜商城市竞争力。

（四）可持续竞争力：整体领先，多项指标名列前茅，创新驱动欠佳

2013年澳门可持续竞争力指数为0.787，在地级以上城市中排名第5位，低于香港、上海和北京，高于天津和重庆。构成澳门可持续竞争力的分项指数中多数位居前列。其中，环境友好的生态城市指数排名第3位，次于香港而高于四大直辖市。澳门的地均GDP亦位居全国前列，这表明澳门在保持经济高速增长的同时，山清水秀的生态环境亦得以保持，避免了很多城市以牺牲环境为代价换来经济增长的粗放模式。

公平包容的和谐城市和城乡一体的全域城市指数均排名第2位，仅次于香港而高于四大直辖市；多元一本的文化城市指数排名第5位，低于香港、上海和北京，高于天津和重庆。这三类指数侧重于社会民生，也强调了政府善治、为居民提供城市公共服务。近年来，澳门特区政府在全力建设教育、社会保障系统、医疗卫生及住屋保障四大民生长效机制的同时，致力于向市民提供资源、平台和机会，成效比较显著。开放便捷的信息城市指数排名第16位，仅

高于重庆,低于香港和其他三大直辖市;创新驱动的知识城市指数排名第51位,低于香港和四大直辖市。知识城市和信息城市竞争力排名欠佳,成为影响澳门可持续竞争力的制约指标。具体表现在:科技经费支出占财政收入比重严重偏低,知识需求不足;大学指数尚有提升空间,知识投入需加强;专利数和论文数偏少,知识产出不高;科研、技术、金融从业人数较少,知识经济不发达。

澳门社会已经认识到人才的重要性,特区政府在2014年施政报告中明确提出"人才建澳"的基本理念,构建人才培养长效机制,以配合经济适度多元发展的迫切需求,适应澳门可持续发展的客观需要。特区政府努力构建家庭、学校、政府、社会联动,以短、中、长期政策和资源配套,提供第二次教育机会与精英培养互补的人才培养社会系统(见表18-2)。

表18-2　2013年澳门特别行政区城市宜居、宜商城市、可持续竞争力及其分项

城市	宜居城市竞争力	宜商城市竞争力	知识城市竞争力	和谐城市竞争力	生态城市竞争力	文化城市竞争力	全域城市竞争力	信息城市竞争力	可持续竞争力
	指数	指数	指数	指数	指数	指数	指数	指数	指数
澳门	0.733	0.517	0.503	0.747	0.941	0.643	0.999	0.750	0.787
指数均值	0.733	0.517	0.503	0.747	0.941	0.643	0.999	0.750	0.787
城市	排名	排名	排名	排名	排名	排名	排名	排名	排名
澳门	12	34	51	2	3	5	2	16	5
指数均值	4	6	8	2	2	4	2	5	4

资料来源:中国社会科学院城市与竞争力指数数据库。

(五)结论与政策建议

总括而言,澳门经济增长快速但波动较大,综合增量竞争力排名靠后;同时作为一个开放、发达的微型城市经济体,澳门的有限资源得以优化配置,综合效率竞争力排名十分靠前。两项竞争力指数一高一低,综合经济竞争力仍表现不俗。

澳门在宜居、宜商城市方面排名较为靠前,仍属理想,但需要警惕高房价会削弱宜居竞争力,以及以博彩业为主的单一产业结构对宜商城市环境的掣肘。澳门的可持续竞争力位居前列,环境友好、城乡一体、多元一本、公平包容等方

面的竞争力一流,开放便捷尤其是创新驱动竞争力相对较弱(见图18-4)。澳门需统筹兼顾,扬长补短,以人为本,不断增强可持续的城市竞争力。

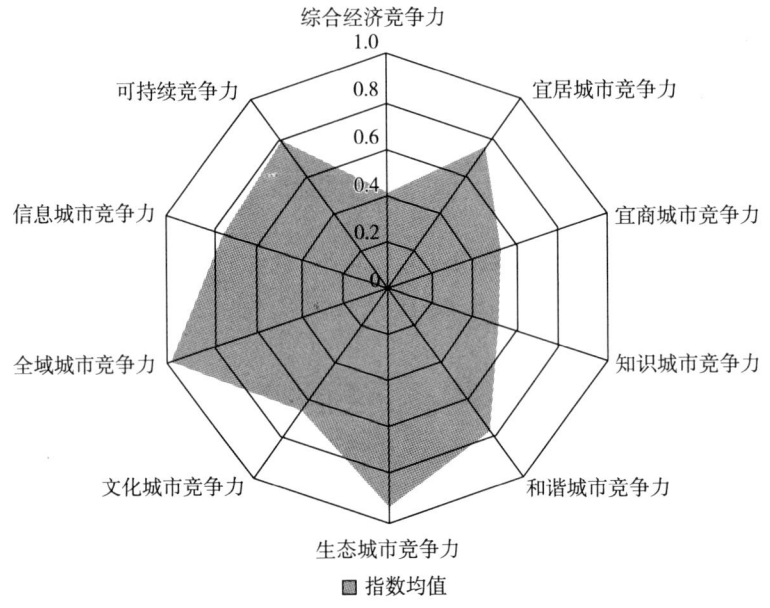

图18-4　2013年澳门特别行政区城市竞争力

资料来源:中国社会科学院城市与竞争力指数数据库。

三　中国城市竞争力(台湾省)报告

台湾省位于中国东南沿海,台湾自古以来就是我国的神圣领土。台湾岛美丽富饶,资源丰富,被誉为"祖国的宝岛"。全省总面积约3.6万平方千米,2013年全省总人口约2337万人。伴随着欧美经济的复苏回暖和外部需求的提升,台湾经济在新的挑战中缓慢增长,2013年经济增长率为1.74%,略高于上年的1.48%。2013年,台湾经济总体表现与发展可概括为:"经济衰、民生闷、改革难、亮点少。"经济增长乏力,连续两年增长率低于2%;产业转型困难,除旅游等少数产业外,整体产业表现欠佳,尤其是电子、石化等重要产业,表现不如预期;民生问题突出,工资增长停滞成为最大挑战;经济改革进展缓慢，严重制约经济发展；经济发展亮点少，除两岸经贸合作保持良好发展态势外，台湾在涉外经济合作方面没有取得重要进展与突破。

在全球化的冲击下，城市的重要性相对提升。台湾推动"五都"升格，希望提高城市竞争力，但"五都"选战从头至尾并未呈现升格后应有的高度与格局，台湾极欲重振经济，关于升格后的"五都"能扮演什么角色，至今未找到清晰的思路。

台北市，位于台湾岛北部的台北盆地，四周均与新北市接壤，是台湾政治、经济、文化、商业与传播等的中心。面积272平方千米，人口267万余人。面积位于台湾第16位，人口位于台湾第4位，人口密度为台湾第1位。

新北市，台湾五大院辖市之一，位于中国台湾本岛最北端。新北全境环绕台北市，东北与基隆市为邻，东南接宜兰县，西南邻桃园县，其前身为台湾省台北县，2010年12月25日台北县正式改制升格为院辖市，定名为"新北市"。其人口众多并汇集许多来自台湾各地的移民，有高度都市化的区域，也有乡间风情与自然山川风貌，样貌多元，人口组成及经济产业具多样性，堪称是台湾社会的缩影。新北市的辖区主要是由以台北市区为中心而发展的卫星市镇构成，是台湾组团式都市的代表。

台中市，台湾五大直辖市之一，位于台湾中部，北与苗栗县、新竹县接壤，南临彰化县、南投县，东隔中央山脉与宜兰县、花莲县相邻，西临台湾海峡。面积约2215平方千米，人口达268万人（2012年数据），是台湾人口第三多的都市行政区。2012年，台中国民生产总值位居台湾各市县第四位。台中市辖区原分属台湾省辖内之台中市及台中县，于2010年12月25日合并升格为直辖市，成为台湾中部唯一的直辖市。其为台湾中部的发展核心，并与邻近的彰化县部分地区构成台中彰化都会区。

高雄市，台湾五大省辖市之一，位于台湾本岛西南部，成立于2010年12月25日，由既有的高雄市与台湾省高雄县合并而来。是当前台湾境内面积最广大的直辖市；也是台湾人口第二多的直辖市。高雄自19世纪末开港，日据时代发展为港埠城市与军事要地，并在20世纪中叶后期成为台湾南部的政治、经济及交通中心，与屏东县部分地区构成高雄都会区。高雄市是以重工业为主的重要港口城市。

台南市，台湾五大直辖市之一，位于台湾省西南部的嘉南平原，西临台湾海峡、东依阿里山山脉、北接嘉义县、南与高雄市接壤，是台湾重要农业及蔗糖产区。台南市旧名赤崁城，2010年12月25日起由原省辖台南县和台南市合并升格改制为直辖市，全市面积2192平方千米，人口约188万人（2012年数据），是台湾第四大城市。2012年国民生产总值位居台湾各市县第六位（见图18-5）。

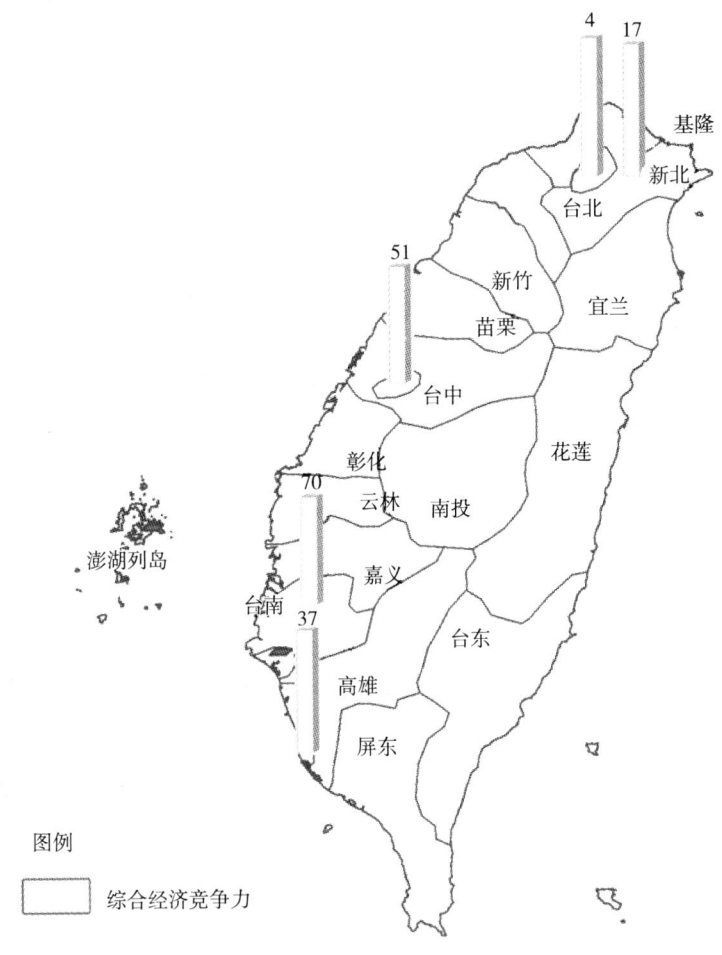

图18-5 2013年台湾省城市竞争力排名

（一）综合经济竞争力：总体领先，综合效率高，经济增长缓慢

台湾城市总体综合经济竞争力位于全国前列，各城市经济状况存在差

异。综合经济竞争力各分项中,综合经济效率竞争力较强,但是综合长期增长竞争力较为薄弱。在经历工业化和城镇化的高速发展时期之后,台湾城市表现出经济效率高,但是经济增长放缓的趋势。这样的特征是台湾城市经济转型过程的必经阶段。2013年,台湾城市综合经济竞争力平均指数是0.260,在全国各省排名第6;综合经济竞争力指数方差是0.051,位列全国各省第26名;综合经济竞争力变异系数是0.867,位列全国各省第25名(见表18-3)。

表18-3 2013年台湾城市综合经济竞争力表现

城市	综合经济竞争力指数	全国排名	综合增量竞争力指数	全国排名	综合效率竞争力指数	全国排名
台北	0.653	4	0.106	82	1.000	1
新北	0.252	17	0.108	80	0.134	6
台中	0.131	51	0.041	204	0.075	12
高雄	0.159	37	0.074	120	0.068	13
台南	0.108	70	0.036	224	0.052	16
指数均值	0.260	6	0.073	20	0.266	3
指数方差	0.051	26	0.001	6	0.170	26
变异系数	0.867	25	0.470	2	1.550	24

资料来源:中国社会科学院城市与竞争力指数数据库。

在综合经济竞争力总体较强的基础上,台湾各城市的表现各不相同,形成特点鲜明的竞争力格局。"五都"人口数占台湾总人口数的59.63%,其中新北市人口数近390万人,为人口最多的"直辖市"。第一,从省内综合经济竞争力排名来看,台北市一枝独秀,并且长期保持领先地位,台北市作为台湾面向国际的代表性城市,短期内难以被超越。2013年,台北市的综合经济竞争力位于全省第一,其余四市与台北市的差距较大,其余"四都"的排名依序是新北市、高雄市、台中市与台南市。第二,从省内竞争力格局来看,台北市、新北市和高雄市的综合经济竞争力较强,台中市、台南市的综合经济竞争力相对落后。台北是台湾的经济中心,地均GDP居全省首位,综合经济效率竞争力最强;新组建的新北市GDP总量已经与台北市相近;台中是台湾中部

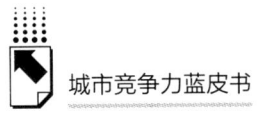

的商业都会，工商和金融业发达，经济转型趋势增强；高雄是台湾最大的港口城市和国际商埠，工业基础完善，经济发展稳定；台南是台湾的历史文化名城，经济规模相对局限，产业层次和收入水平有待提升。通过对城市区位和产业规模等进行比较，台湾城市综合经济竞争力表现出如下格局：以台北和新北为代表的台湾北部城市综合经济竞争力较强，工业城市综合经济竞争力表现突出。第三，从各城市历史比较来看，与2012年相比，高雄和台南的综合经济竞争力基本维持不变，台中的综合经济竞争力有所下降，短期来看，"五都改制"并没有显著提高城市竞争力。

台湾城市综合经济竞争力在全国具有优势。2013年，台湾城市综合经济竞争力集中分布在全国最好和较好的水平。按照综合经济竞争力排名，台北、新北和高雄位于全国前50名之内，为综合经济竞争力最好的城市；台中和台南分别为综合经济竞争力较好的城市，台中被全球智慧社区论坛（Intelligent Community Forum）评为"2013全球七大智慧城市"之一。按照综合经济竞争力分项指数排名，台湾城市的综合长期增长竞争力表现一般，综合经济效率竞争力在全国较好，台北的综合经济效率竞争力全国第一。

台湾城市综合经济竞争力总体较强，经济效率高，但是经济增长乏力，后劲不足使得台湾城市的综合经济竞争力提升充满挑战。此格局的优势在于，全省整体经济水平领先，经济总量和经济效益并重。但是，台湾城市经济增速偏低，综合长期增长竞争力相对于内地增速较快的城市整体处于劣势，综合经济竞争力的提升空间有限。

（二）宜居、宜商城市和可持续竞争力：总体较好，各项标准表现均衡，统筹发展需要加强

总体上，当前台湾城市发展的基本思路和价值取向符合宜居、宜商城市和可持续竞争力的要求。人居环境逐步改善，规划合理、生活舒适；金融贸易优势突出，工商实业较为发达；知识经济推动创新，智慧城市前景广阔；社会建设取得进展，和谐和平众所期盼；城市经济转型增长，生态环境明显改善；大都会区功能齐备，整体发展开放多元；城乡统筹联系密切，一体发展较为均衡；交通通信便利快捷，信息城市生机勃勃（见表18-4）。

中国（港澳台地区）城市竞争力报告

表18-4　2013年台湾城市宜居、宜商城市及可持续竞争力特点与格局

城市	以人为本宜居城市	创业至上宜商城市	创新驱动知识城市	公平包容和谐城市	环境友好生态城市	多元一本文化城市	城乡一体全域城市	开放便捷信息城市
台北	人口稠密合理布局	经贸发达收入较高	科技引领智慧城市	都市社会倡导公正	重视生态降低能耗	国际都市多元发展	县市合并统筹规划	交通发达通信便利
新北	配置齐全空间拓展	科学工业信息产业	高校林立企业聚集	制定规则有序管理	环境优美治理转型	引进外资汇聚人才	县市合并城乡整合	高效物流信息网络
台中	得天独厚低碳宜居	产业优势消费城市	智慧城市科技重镇	注重管理保障有力	依山傍海气候宜人	文化创意活力中部	县市合并统筹规划	中部枢纽便利畅通
高雄	人文生态相得益彰	港口经济工业重镇	传统转型知识经济	维护权益促进公平	热带风光海港城市	古今交融国际都市	县市合并统筹规划	港口优势便捷畅达
台南	都市规划拓展空间	工商服务商贸繁荣	产业升级培育科技	互信互利参与共享	加强环保健康生态	历史名城文化深厚	县市合并统筹规划	交通局限有待改进

注：由于台湾城市相关的数据收集不够全面，本报告没有对台湾城市可持续竞争力的分项指数算出得分。此处按照可持续竞争力的定义和分项标准，对台湾城市可持续竞争力的现状格局进行分析和评价。

（三）结论和政策建议

台湾城市的特点和优势在于，可持续竞争力总体在全国表现优异，各城市的竞争力格局较为均衡。台湾注重总结工业化和城市化过程中的经验和教训，明确经济社会与资源环境之间的关系，提出生态城市、永续发展的理念。台湾城市在追求经济增长的同时，注重提升城市综合、实质和长期的发展水平，在长远的意义上提高城市可持续竞争力。同时，台湾城市可持续竞争力也存在相应的问题，主要表现为统筹区域均衡发展和应对国际城市竞争准备不足。在现有城市格局的基础上，台湾需要加强不同区域的均衡协调，更好地建设城乡一体的全域城市。台湾北部城市竞争力强，中部和南部城市竞争力提高空间广阔，其他县市同样具有较大潜力。"五都改制"对台湾城市竞争力的影响可能存在短期负效应和长期正效应，长期来看，台湾五大都会区将带动周边县市，实现区域资源整合，共同提高可持续竞争力，但短期可能会出现县市融合摩擦和县市资源整合的利益冲突，因此会削弱城市竞争力。

在全球城市竞争的背景下，台湾城市需要持续提升开放程度和国际化水

平。尤其是台中和台南等非港口城市，应当进一步优化贸易、投资和人员往来的便利程度，促进经济、科技和文化交流。此外，台湾城市在向大都会区转变的过程中，规划建设日益趋同，城市特色逐渐弱化。为此，台湾城市应在原有特色和优势的基础上，塑造独特、个性化的城市魅力。未来，台湾提升城市竞争力的关键在于实现均衡、协调、可持续发展，保持综合经济竞争力，提高可持续竞争力。台湾的城市化进程和城市发展具有良好的基础，城市竞争力整体水平较高。在这样的条件下，台湾需要加强传统优势，克服城市转型中的问题，应对全球城市竞争的挑战。同时抓住大陆新一轮经济改革启动和岛内自由经济示范区全面启动的契机，推动都市的更新改造，提升城市竞争力。

B.19 附录

一 理论框架

城市竞争力是城市在竞争和发展过程中,凭借以自身要素与环境为基础所形成的外部经济优势与内部组织效率,不断吸引、控制、转化资源及占领、控制市场,更多、更高效、更快地创造价值,获取经济租金,从而不断为其居民提供福利的能力。因此,城市竞争力就是城市当前创造价值并在未来仍能持续创造价值的能力。城市当前创造价值的规模、速度和效率就是城市这一能力的短期表现,也就是城市竞争力的产出;城市要素与环境状况决定了城市这一能力的可持续性和长期表现,也就是城市竞争力的投入;城市以要素与环境为基础,通过人才、企业等经济主体的集聚,构成产业体系的绝对优势、比较优势和竞争优势,在获取经济租金上与其他城市的产业和企业竞争的过程,就是城市竞争力的过程。从而可以构建城市竞争力模型如下:城市竞争力的投入通过城市竞争力的过程决定城市竞争力的产出,城市竞争力的产出又通过城市竞争力的过程反过来影响着城市竞争力的投入。

(一)城市竞争力的产出

城市竞争力的产出方面我们称为城市综合经济竞争力。城市综合经济竞争力实质上就是城市当前创造价值、获取经济租金的能力。这一能力的强弱就通过城市在当前一段时间内获得的竞争成果体现出来,因此城市综合经济竞争力就表现为城市产出的、当前的和短期的竞争成果,城市综合经济竞争力就是城市竞争力产出的、当前的和短期的方面。

以往的研究在这一点上没有太大的争议,大家的争议主要集中在竞争成果即城市综合经济竞争力的集中表现上,也即城市哪个方面的表现最能集中体现

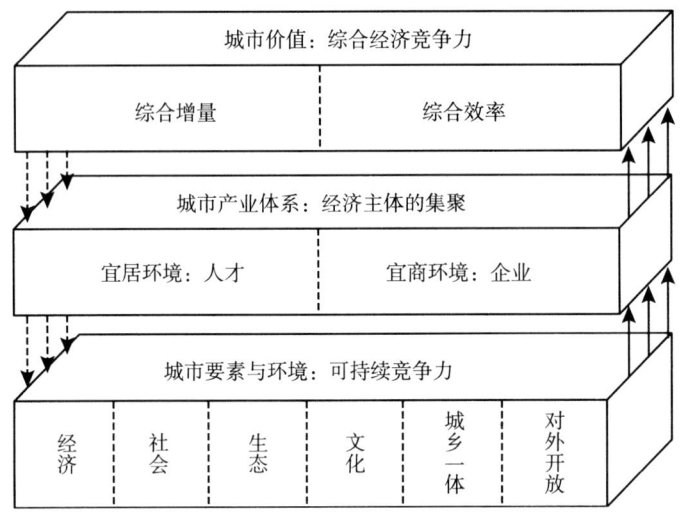

城市的综合经济竞争力。对此,以往用于衡量城市综合经济竞争力的主要有三类指标:生产率、国际市场份额和增长率。这三个指标都能在一定程度上体现城市综合经济竞争力,但作为单一指标的衡量方法也都有其各自明显的缺陷,这就提示我们应该寻找指标的某种组合,能够涵盖城市创造价值的规模、速度和效率方面的内容,以克服单个指标各自的不足,综合衡量城市综合经济竞争力。对此,我们提出城市综合经济竞争力主要表现为城市经济综合长期增长和综合经济效率,并分别采用GDP连续5年平均增量和地均GDP来衡量。

城市综合经济竞争力 = F(综合长期增长,综合经济效率)

综合长期增长:城市吸引、占领、争夺、控制资源和市场创造价值的能力、潜力及持续性决定于GDP的长期增长。增长是一个动态的概念,应包含两方面的内容,一是城市收益规模的变动,一是这种变动的速度。城市GDP的增量综合反映了这两个方面的内容,即城市收益扩展的速度及规模变动,克服了增长率在不同规模城市之间可比性较差的缺陷。在此,采用GDP连续5年平均增量作为衡量综合长期增长的指标。

综合经济效率:城市的竞争也是综合经济效率的竞争,城市总是力图充分利用资源,最大限度地获得产出。城市的地均GDP(严格地讲应该是地均绿色GDP)综合反映了城市单位空间上的经济租金和经济收益及对土地这一重要资源的利用效率，即反映了城市创造和聚集财富的效率。而且作为一个单位概念，它可用于城市之间的比较，在此就采用地均 GDP 作为衡量综合经济效率的指标。

（二）城市竞争力的过程

城市竞争力的投入通过城市竞争力的过程，即城市的产业体系，转化为城市竞争力的产出，同时，城市竞争力的产出也通过城市竞争力的过程反过来影响城市竞争力的投入。城市的产业体系是各产业的总和，各产业又是产业中各企业主体的总和，企业的经济活动最终是通过人的劳动和创造得以实现的，人和企业是在城市产业体系中发挥作用的行为主体。因此，城市产业体系的层次和结构取决于城市对人才和企业的吸引能力。这一过程，我们将其分解为宜居城市竞争力和宜商城市竞争力。

1. 宜居城市竞争力

人的劳动和创造是一切价值的源泉，宜居城市竞争力决定了城市对于人才（特别是高端人才）的吸引力，从而影响城市的产业体系竞争力。宜居城市竞争力由人口素质、社会环境、生态环境、居住环境和市政设施五个方面构成。

宜居城市竞争力 = F（人口素质，社会环境，生态环境，居住环境，市政设施）

人口素质：人口素质是城市环境宜居程度的最直接体现，可分为精神和物质两个层面。人口素质的精神层面至少应包括人的道德水平、文化程度、思想观念等几个方面，这些方面的形成主要是教育的结果；人口素质的物质层面主要指的是人的健康状况。

社会环境：社会是人类生活的直接环境，涵盖人类生存及活动范围内的社会物质、精神条件的总和。良好的社会服务和管理，安定繁荣的社会政治、法制和文化环境对于人的发展意义重大。

生态环境：生态环境是与人类密切相关的，影响人类生活和生产活动的各种自然因素及其作用的总和，是人类赖以生存和发展的物质条件的综合体。随着经济高速发展过程中环境问题的日益凸显，建设生态文明已成为城市发展的重要目标。

居住环境：安居才能乐业，居住是城市最基本的功能，是工作劳动、社会交往、休闲娱乐等其他一切人类活动的基础。城市的居住环境体现为城市为人们提供衣、食、住、行等生活条件的能力。

市政设施：市政设施涵盖道路、水、电、气、热、通信等城市生活的方方面面，是舒适便捷的城市生活的基本物质条件。

2. 宜商城市竞争力

城市竞争力的过程是城市的单个企业在竞争中不断形成自身竞争力，并同行业其他企业共同构成单个产业的竞争力，最终又构成城市产业体系竞争力的过程。宜商城市竞争力决定了城市对企业本体的吸引力，进而影响了城市竞争力的实现过程。宜商城市竞争力由企业本体、当地要素、当地需求、制度环境、主体联系和基础设施六个方面构成。

宜居城市竞争力 = F（企业本体，当地要素，当地需求，制度环境，主体联系，基础设施）

企业本体：企业是人类追求经济效率所形成的组织体，城市企业通过业务表现显示出城市整体的营商环境，通过促进知识向实际生产力的转化不断提升城市的产业层次，从而为城市的可持续发展提供直接的动力。

当地要素：要素禀赋是指城市拥有及便于利用的直接生产要素和间接环境要素的总和，其中最基本的至少应包括人才、资本、科技等。当地要素的相对规模和范围决定着城市的竞争优势和比较优势。

当地需求：城市需求的规模影响着城市产业的规模，城市需求的层次影响着城市产业的层次，城市需求的增长潜力影响着城市产业的增长，因此当地需求对城市的产业集聚和经济发展都具有关键意义。

制度环境：公共制度是政府制定的约束经济主体交往、维护社会发展的行为规则，良好的制度可以有效降低交易成本，提高交易效率，可以对经济主体产生有效的激励与约束，可以保证公民获得应得的福祉，减少不平等和歧视，从而为城市提供良好的制度保障。

主体联系：社会的专业分工要求经济主体之间必须进行联系和交往，这种联系最终表现为产业在城市空间上的聚集及产品市场和要素市场的形成。主体联系在空间上分为城市内部、城市之间以及对外联系，在内容上涉及政治、经济、社会和文化等各方面联系。

基础设施：良好的基础设施是主体之间建立联系并使得这种联系能够高效地转化为经济成果的物质基础。城市内部主体间的联系依赖于城市内部的基础设施，城市间的联系依赖于城市间的基础设施。城市基础设施为城市之间的物质、能量、信息交流提供了物质基础。

（三）城市竞争力的投入

城市竞争力的投入方面我们称为城市可持续竞争力。城市可持续竞争力实质上就是城市的要素与环境的状况。城市的要素与环境作为城市发展过程中的决定性因素，其状况不仅对城市当前的发展，而且对城市未来的发展也有决定性的影响。因此，城市可持续竞争力就是城市竞争力投入的、可持续的和长期的方面。

根据我们多年的研究，城市的可持续竞争力包括经济、社会、生态、文化、城乡一体和对外开放六大方面，分别体现为创新驱动的知识城市、公平包容的和谐城市、环境友好的生态城市、多元一本的文化城市、城乡一体的全域城市、开放便捷的信息城市。

城市可持续竞争力＝F（创新驱动的知识城市，公平包容的和谐城市，环境友好的生态城市，多元一本的文化城市，城乡一体的全域城市，开放便捷的信息城市）

创新驱动的知识城市：只有创新才是城市经济社会可持续发展不竭的、最终的动力。理想的城市应该是不断以新知识驱动经济社会发展的地方，知识经济发达，知识产业成为城市的主导产业，知识既是经济中最主要的投入要素，也是最主要的产出。

公平包容的和谐城市：以公平的社会制度和包容的社会精神为保障的，顺畅有序地运转的城市，才能实现可持续的发展。理想的城市应该是人与人平等和睦相处的地方，各种社会矛盾冲突都能通过合理的机制疏导和加以解决，使得矛盾冲突各方的利益平衡，所有人的利益都得到了尊重和体现。

环境友好的生态城市：理想的城市应该是人和自然和谐相处的地方，人们的生产和生活过程被作为自然循环的过程之一，与其他自然循环过程相协调，低碳经济发展模式形成，生态环境建设成为城市建设的有机组成部分，人工环

境与自然环境有机地融为一体。

多元一本的文化城市：文化是城市魅力的最终来源，理想的城市应该是各种文化碰撞、交融、交相辉映的地方。在自由开放的社会文化吸引下，世界各地的人们来此工作、生活，为城市文化注入新的元素，古今中外各种文化融会于此，共同绘出一幅独一无二的、绚烂多彩的城市文化画卷。

城乡一体的全域城市：理想的城市应该是以城市为本的城乡全面一体化的地方，中心城区与小城镇、乡村作为一个有机整体，在各方面共同发展，城乡居民在田园般优美的环境中享受着现代城市所提供的优质公共服务和便利基础设施，城市和乡村完美融合。

开放便捷的信息城市：理想的城市是不断高效地进行着信息和物质交流的地方，信息技术的广泛应用，一方面为城市生产和生活的精细化和动态化提供支持，让城市活动更加"智慧"，另一方面为城市管理和服务的广泛社会参与创造条件，汇集公众智慧，推动城市管理和服务的不断创新。

二 指标体系

（一）城市综合经济竞争力指标体系

指标含义	指标	指标衡量方法	资料来源
经济增长	综合增量	GDP 连续 5 年平均增量	国家统计局
经济效率	综合效率	地均 GDP	国家统计局

（二）宜居城市竞争力指标体系

指标含义	指标	指标衡量方法	资料来源
人口素质	人均预期寿命	—	国家统计局
	大专以上人口比例	—	各城市六普公报
社会环境	每万人拥有医生数	—	国家统计局
	千人小学数	—	国家统计局
	每万人刑事案件数	—	国家统计局

续表

指标含义	指标	指标衡量方法	资料来源
生态环境	空气质量	城市空气质量等级	环保部及各省环保厅环境公报
	气温舒适度	年平均温度	中国天气网
	绿化覆盖率	—	国家统计局
居住环境	房价收入比	(住宅平均售价×90)/(城镇居民人均可支配收入×3)	国家统计局
	每万人餐饮购物场所数	—	Google 地图搜索
市政设施	人均道路面积	—	国家统计局
	排水管道密度	—	国家统计局
	用水普及率	—	国家统计局

(三) 宜商城市竞争力指标体系

指标含义	指标	指标衡量方法	资料来源
企业本体	大企业指数	世界500强及上市公司数	《财富》500强名单,上海证券交易所,深圳证券交易所和香港交易及结算所有限公司网站
	企业增长指数	企业数量增长率+企业规模增长率	国家统计局
	企业经营指数	销售额资产比、产值资产比和利税资产比方差加权	国家统计局
当地要素	大专以上人口比例	—	各城市六普公报
	专利指数	专利申请授权量	国家统计局
	人均存款余额	—	国家统计局
当地需求	GDP规模	—	国家统计局
	社会消费品零售总额	—	国家统计局
	限额以上批发零售贸易业商品销售总额	—	国家统计局
制度环境	开办企业便利度	证件办理指数+企业开办指数+经营纳税指数+资质认定指数	中国软件测评中心政府网站绩效测评
	企业税收负担	地方财政一般预算内收入占GDP比重	国家统计局
	信贷不良率	—	《中国地区金融生态环境评价(2009~2010)》

续表

指标含义	指标	指标衡量方法	资料来源
主体联系	城市货运总量	—	国家统计局
	城市客运总量	—	国家统计局
	国际商旅人员数	接待海外商旅人数	国家统计局
基础设施	公路交通便利程度	连接城市的国高、国道和省道数	交通部中国公路信息网
	铁路交通便利程度	连接城市的高铁、双线电气化铁路、单线电气化铁路、双线铁路、单线铁路数及是否有主要车站	铁道部铁路运营图及高铁线路图
	航空交通便利程度	机场飞行区等级和起降架次	全国运输机场生产统计公报及各机场网站
	利用海运便利程度	城市距最近海港距离和距天津、上海及香港距离	根据Google地图城市经纬度数据计算

（四）城市可持续竞争力指标体系

一级指标	二级指标含义	二级指标	指标衡量方法	资料来源
创新驱动的知识城市	知识需求	科技经费支出额占财政收入比重	—	国家统计局
		人均教育支出	—	国家统计局
		每百人公共图书馆藏书	—	国家统计局
	知识投入	中等以上学生占全部学生比重	—	国家统计局
		大学指数	各城市大学排名	世界大学排名（Webometrics Ranking）
	知识产出	专利指数	专利申请授权量	国家统计局
		论文发表数	—	Web of Science三大引文库（SCI/SSCI/A&HCI）
	知识经济	每百万人金融、计算机服务和科学研究从业人数	—	国家统计局
		高科技产品进出口总额	—	科技部

续表

一级指标	二级指标含义	二级指标	指标衡量方法	资料来源
公平包容的和谐城市	政府善治	行政透明度	信息公开指数	中国软件测评中心政府网站绩效测评
		群众需求关注度	互动交流指数+证件办理指数	中国软件测评中心政府网站绩效测评
	社会公平	户籍与非户籍人口之间的公平性	根据各城市落户政策打分	各城市政府网站
		各阶层之间的公平性	教育服务指数+社保服务指数+就业服务指数+医疗服务指数+住房服务指数+交通服务指数	中国软件测评中心政府网站绩效测评
	社会保障	人均社会保障、就业和医疗卫生财政支出	—	国家统计局
		社会保障程度	参加医疗、失业、养老保险人数占常住人口比重	国家统计局
	社会安定	每万人刑事案件数	—	国家统计局
		每万人交通、火灾事故死亡人数	—	国家统计局
环境友好的生态城市	资源节约	单位GDP耗电	—	国家统计局
		单位GDP耗水	—	国家统计局
	环境质量	空气质量	城市空气质量等级	环保部及各省环保厅环境公报
		单位GDP二氧化硫排放量	—	国家统计局
		地表水水质	河流、湖泊水质状况，涉及沿海城市时，还包括其近海海水水质状况	中国环境监测总站及下属各省市监测站、水文信息网、中国环境保护部及下属各省市环保厅、环保局,全国、各省市环境公报以及各省市水资源公报
	生态状况	人均绿地面积	—	国家统计局
		旅游景区指数	4A和5A级旅游景区数量	全国4A级及5A级旅游景区名单
		国家级自然保护区指数	国家级自然保护区数量和面积	国家级自然保护区名录
		降水丰沛度	年平均降水量	中国天气网

续表

一级指标	二级指标含义	二级指标	指标衡量方法	资料来源
多元一本的文化城市	历史文化	历史文化指数	历史文化名城批次	国家历史文化名城名单
		非物质文化指数	非物质文化遗产数量	中国非物质文化遗产名录数据库系统
	现代文化	现代文化艺术指数	文化艺术场所数	Google 地图搜索
		每万人剧场、影剧院数量	—	国家统计局
	文化多元性	城市国际知名度	城市拼音名 Google 英文搜索结果条数	Google 搜索
		语言多国性指数	城市星级酒店提供语言服务种类数	假日酒店网站及 51mice.com 中国旅业参考
	文化产业	每百万人文化、体育和娱乐业从业人数	—	国家统计局
		外国入境旅游人数	—	国家统计局
城乡一体的全域城市	居民收入	城乡人均收入比	城镇居民人均可支配收入/农村居民人均纯收入	国家统计局
	公共服务	人均教育支出比（全市/市辖区）	全市人均教育支出/市辖区人均教育支出	国家统计局
		每百人公共图书馆藏书量比(全市/市辖区)	全市每百人公共图书馆藏书量/市辖区每百人公共图书馆藏书量	国家统计局
		每万人拥有医生数比（全市/市辖区）	全市每万人拥有医生数/市辖区每万人拥有医生数	国家统计局
	公共设施	每千人国际互联网用户数比(全市/市辖区)	全市每千人国际互联网用户数/市辖区每千人国际互联网用户数	国家统计局
	结构转换	城市化与工业化适应性	非农业人口比重与非农产业产值占 GDP 比重的差别	国家统计局

续表

一级指标	二级指标含义	二级指标	指标衡量方法	资料来源
开放便捷的信息城市	客体的贸易	外贸依存度	(进口总额+出口总额)/(2×GDP)	国家统计局
		当年实际使用外资额占固定资产投资比例	—	国家统计局
	主体的交流	外资工业企业比重	外资工业企业数/工业企业数	国家统计局
		国际商旅人员数	接待海外商旅人数	国家统计局
	信息交流	千人国际互联网用户数	—	国家统计局
		千人移动电话年末用户数	—	国家统计局
	物质交流	公路交通便利程度	连接城市的国高、国道和省道数	交通部中国公路信息网
		铁路交通便利程度	连接城市的高铁、双线电气化铁路、单线电气化铁路、双线铁路、单线铁路数及是否有主要车站	铁道部铁路运营图及高铁线路图
		航空交通便利程度	机场飞行区等级和起降架次	全国运输机场生产统计公报及各机场网站
		利用海运便利程度	城市距最近海港距离和距天津、上海及香港距离	根据Google地图城市经纬度数据计算

三 样本选择

报告中的样本城市包括中国34个省、区、市和特别行政区的294个城市，具体为内地287个地级以上城市和香港、澳门、台北、新北、台中、台南、高雄。

报告还以"两横三纵"的城镇化战略格局为背景，对五大轴线内部、轴线之间以及轴线内外的城市竞争力进行了全面分析比较，"两横三纵"各轴线的样本城市选择见下表。

轴线		涵盖城市
两横	陆桥通道	乌鲁木齐、克拉玛依(天山北坡城市群)、西宁、兰州、酒泉、张掖、金昌、武威、定西、天水(兰州—西宁城市群)、西安、宝鸡、咸阳、渭南、铜川(关中城市群)、郑州、洛阳、开封、三门峡、新乡、焦作、许昌、商丘(中原城市群)、徐州、枣庄、淮北、宿州、宿迁、连云港(徐州城市群)
	长江通道	上海、南京、苏州、无锡、徐州、镇江、扬州、南通、泰州、淮安、盐城、连云港、宿迁、常州、杭州、宁波、嘉兴、湖州、绍兴、台州、金华、温州、丽水、衢州、舟山(长三角城市群)、合肥、芜湖、六安、淮南、蚌埠、滁州、马鞍山、铜陵、池州、安庆(皖江城市群)、九江、南昌(昌九城市群)、武汉、黄石、鄂州、黄冈、孝感、咸宁、荆州、宜昌(武汉城市群)、长沙、株洲、湘潭、岳阳、常德、益阳(长株潭城市群)、重庆、成都、眉山、遂宁、内江、南充、资阳、自贡、广安、绵阳、德阳(成渝城市群)
三纵	沿海通道	大连、锦州、营口、盘锦、葫芦岛、北京、天津、廊坊、唐山、秦皇岛、东营、潍坊、烟台、威海、青岛、日照(环渤海城市群)、上海、南京、苏州、无锡、徐州、镇江、扬州、南通、泰州、淮安、盐城、连云港、宿迁、常州、杭州、宁波、嘉兴、湖州、绍兴、台州、金华、温州、丽水、衢州、舟山(长三角城市群)、福州、厦门、泉州、漳州、莆田、宁德、汕头、潮州、揭阳(海峡西岸城市群)、广州、深圳、香港、澳门、珠海、惠州、东莞、肇庆、佛山、中山、江门(珠三角城市群)、南宁、北海、钦州、防城港、湛江、海口、三亚(北部湾城市群)
	京哈京广通道	哈尔滨、大庆、绥化、长春、吉林(哈长城市群)、沈阳、四平、铁岭、抚顺、本溪、辽阳、盘锦、锦州、葫芦岛(辽中南城市群)、北京、天津、唐山、秦皇岛、廊坊、保定、石家庄、邢台、邯郸(京津冀城市群)、太原、阳泉、晋中(太原城市群)、安阳、鹤壁、新乡、郑州、洛阳、开封、许昌、漯河、驻马店、信阳(中原城市群)、孝感、武汉、黄石、鄂州、黄冈、咸宁(武汉城市群)、岳阳、长沙、株洲、湘潭、衡阳、郴州(长株潭城市群)、韶关、清远、广州、深圳、珠海、香港、澳门、东莞、佛山、中山、江门(珠三角城市群)
	包昆通道	包头、呼和浩特、鄂尔多斯、榆林、延安(呼包鄂榆城市群)、银川、石嘴山、中卫(宁夏沿黄河城市群)、铜川、西安、宝鸡、咸阳、渭南、汉中(关中城市群)、成都、重庆、广元、绵阳、德阳、眉山、遂宁、内江、资阳、自贡、攀枝花(成渝城市群)、贵阳、安顺、遵义(黔中城市群)、昆明、曲靖、玉溪(滇中城市群)

四 计算方法

(一)指标数据标准化方法

城市竞争力各项指标数据的量纲不同,首先对所有指标数据都必须进行无量纲化处理。客观指标分为单一客观指标和综合客观指标。对于单一性客观指标原始数据无量纲处理，本文主要采取标准化、指数化、阈值法和百分比等级法四种方法。

标准化计算公式为：

$$X_i = \frac{(x_i - \bar{x})}{Q^2}$$

X_i 为 x_i 转换后的值，x_i 为原始数据，$\bar{x}$ 为平均值，Q^2 为方差，X_i 为标准化后数据。

指数法的计算公式为：

$$X_i = \frac{x_i}{x_{0i}}$$

X_i 为 x_i 转换后的值，x_i 为原始值，x_{0i} 为最大值，X_i 为指数。

阈值法的计算公式为：

$$X_i = \frac{(x_i - x_{Min})}{(x_{Max} - x_{Min})}$$

X_i 为 x_i 转换后的值，x_i 为原始值，x_{Max} 为最大样本值，x_{Min} 为最小样本值。

百分比等级法的计算公式为：

$$X_i = \frac{n_i}{(n_i + N_i)}$$

X_i 为 x_i 转换后的值，x_i 为原始值，n_i 为小于 x_i 的样本值数量，N_i 为除 x_i 外大于等于 x_i 的样本值数量。

综合客观指标原始数据的无量纲化处理是：先对构成中的各单个指标进行量化处理，再用等权法加权求得综合的指标值。

（二）城市竞争力计量的方法

1. 城市竞争力总指数：综合经济竞争力和可持续竞争力的计算方法

综合经济竞争力和可持续竞争力各项指标综合的方法是非线性加权综合法。所谓非线性加权综合法（或"乘法"合成法）是指应用非线性模型 $g = \prod x_j^{w_j}$

来进行综合评价的。式中 w_i 为权重系数，$x_i \geq 1$。对于非线性模型来说，在计算中只要有一个指标值非常小，那么最终的值将迅速接近于零。换言之，这种评价模型对取值较小的指标反应灵敏，对取值较大的指标反应迟钝。运用非线性加权综合法进行城市竞争力计量，能够更全面、科学地反映综合指标值。

2. 城市竞争力的解释指数：可持续竞争力分项竞争力的计算方法

尽管报告设计的解释性城市竞争力的指标为二级指标，实际上包括原始指标在内，解释性城市竞争力的指标为三级，在三级指标合成二级指标和二级指标合成一级指标时，采用先标准化再等权相加的办法，标准化方法如前所述。其公式为：

$$z_{il} = \sum_j z_{ilj}$$

其中，z_{il} 表示各二级指标，z_{ilj} 表示各三级指标。

$$Z_i = \sum_l z_{il}$$

其中，Z_i 表示各一级指标，z_{il} 表示各二级指标。

3. 城市竞争力分类指数

报告将城市分别按照区域、省份、城市规模和发展阶段进行了归类，各类别中某一类型的竞争指数是对该类别所有城市该项指标的竞争力指数求平均值。比如区域分类中，东南地区的区域经济竞争力指数是对东南所有 57 个城市的经济竞争力指数求平均值。

B.20 后　记

《中国城市竞争力报告 No.12》是由中国社会科学院财经战略研究院倪鹏飞博士牵头，数十家国内著名高校、地方院校、权威统计部门、企业研发机构的近百名专家参与，历经大半年时间，进行理论和调查、计量和案例等经验研究而形成的成果。《中国城市竞争力报告 No.12》的基础理论、指标体系、研究框架和重要结论主要由主编倪鹏飞博士做出。副主编天津大学应用数学中心侯庆虎博士（数学专家）负责计量和提供计算支持。特邀主编沈建法、林祖嘉、刘成昆分别负责香港、台湾、澳门的数据支持、审核和报告的讨论工作。副主编李超（中国社会科学院财经战略研究院）负责空间计量，协调调度等工作；副主编李冕（中国社会科学院研究生院博士研究生）负责报告的数据采集、具体计算、资料汇总、地图绘制等工作。

关于城市竞争力，本次报告将其分为城市综合经济竞争力、宜居城市竞争力、宜商城市竞争力、城市可持续竞争力四个部分，并分别设计了指标体系，从而对中国294个城市的综合经济竞争力和中国（除台湾外）289个城市的宜居竞争力、宜商城市竞争力、可持续竞争力进行了衡量。除总体报告外，本报告根据我国区域经济发展的新趋势，撰写了《沪苏浙皖：一个世界超级经济区已经浮现》的主题报告。此外，从城市竞争力的每一分项对样本城市进行了分析和比较，形成了八份分项报告。同时，还制作了中国七大区域的区域报告。报告的文稿是在锤炼理论、采集数据、进行计量并得出基本结论后，由执笔者撰写而成。

各章的文字贡献者是：第一章，中国城市竞争力2013年度排名，课题组集体；第二章，中国城市竞争力2013年度综述，倪鹏飞、李超（中国社会科学院财经战略研究院）；第三章，沪苏浙皖：一个世界超级经济区已经浮现，倪鹏飞、李冕（中国社会科学院研究生院）；第四章，中国宜居城市竞争力报

告,李光全(青岛行政学院);第五章,中国宜商城市竞争力报告,李清彬(国家发改委经济研究所);第六章,中国知识城市竞争力报告,赵英伟、董振兴(青岛科技大学);第七章,中国和谐城市竞争力报告,刘金伟(北京工业大学);第八章,中国生态城市竞争力报告,魏劭琨(国家发改委城市和小城镇改革发展中心);第九章,中国文化城市竞争力报告,王晖、李肃(首都经济贸易大学);第十章,中国全域城市竞争力报告,蔡书凯(中国社会科学院财经战略研究院);第十一章,中国信息城市竞争力报告,刘艺(清华大学);第十二章,中国(东南地区)城市竞争力报告,邹琳华(中国社会科学院财经战略研究院);第十三章,中国(环渤海地区)城市竞争力报告,杨杰(中国社会科学院研究生院);第十四章,中国(东北地区)城市竞争力报告,杨慧(中国社会科学院财经战略研究院);第十五章,中国(中部地区)城市竞争力报告,郭晗(西北大学);第十六章,中国(西南地区)城市竞争力报告,董杨(西南财经大学)、邹琳华;第十七章,中国(西北地区)城市竞争力报告,魏婕(西北大学);第十八章,中国(港澳台地区)城市竞争力报告,沈建法(香港中文大学香港亚太研究所)、刘成昆(澳门科技大学行政与管理学院)、周晓波(兰州大学);附录,倪鹏飞、侯庆虎、李冕。整个报告的计量数据,由倪鹏飞、侯庆虎领导下的课题组完成。

《中国城市竞争力报告 No. 12》和中国城市竞争力的研究得到报告顾问及诸多机构和人士真诚无私的支持。我们对所有支持和关心这项研究的单位和人士表示钦佩、敬意和感谢。

倪鹏飞
2014 年 3 月 20 日

皮书数据库

中国社会科学院 社会科学文献出版社

首页　数据库检索　学术资源库　我的文献夹　皮书动态　有奖调查　皮书报道　皮书研究　联系我们　读者留言　　搜索报告

权威报告　热点资讯　海量资源

当代中国与世界发展的高端智库平台

皮书数据库　www.pishu.com.cn

　　皮书数据库是专业的人文社会科学综合学术资源总库，以大型连续性图书——皮书系列为基础，整合国内外相关资讯构建而成。该数据库包含七大子库，涵盖两百多个主题，囊括了近十几年间中国与世界经济社会发展报告，覆盖经济、社会、政治、文化、教育、国际问题等多个领域。

　　皮书数据库以篇章为基本单位，方便用户对皮书内容的阅读需求。用户可进行全文检索，也可对文献题目、内容提要、作者名称、作者单位、关键字等基本信息进行检索，还可对检索到的篇章再作二次筛选，进行在线阅读或下载阅读。智能多维度导航，可使用户根据自己熟知的分类标准进行分类导航筛选，使查找和检索更高效、便捷。

　　权威的研究报告、独特的调研数据、前沿的热点资讯，皮书数据库已发展成为国内最具影响力的关于中国与世界现实问题研究的成果库和资讯库。

皮书俱乐部会员服务指南

1. 谁能成为皮书俱乐部成员？
- 皮书作者自动成为俱乐部会员
- 购买了皮书产品（纸质皮书、电子书）的个人用户

2. 会员可以享受的增值服务
- 加入皮书俱乐部，免费获赠该纸质图书的电子书
- 免费获赠皮书数据库100元充值卡
- 免费定期获赠皮书电子期刊
- 优先参与各类皮书学术活动
- 优先享受皮书产品的最新优惠

3. 如何享受增值服务？

（1）加入皮书俱乐部，获赠该书的电子书

　　第1步　登录我社官网（www.ssap.com.cn），注册账号；

　　第2步　登录并进入"会员中心"—"皮书俱乐部"，提交加入皮书俱乐部申请；

　　第3步　审核通过后，自动进入俱乐部服务环节，填写相关购书信息即可自动兑换相应电子书。

（2）**免费获赠皮书数据库100元充值卡**

　　100元充值卡只能在皮书数据库中充值和使用

　　第1步　刮开附赠充值的涂层（左下）；

　　第2步　登录皮书数据库网站（www.pishu.com.cn），注册账号；

　　第3步　登录并进入"会员中心"—"在线充值"—"充值卡充值"，充值成功后即可使用。

4. 声明

　　解释权归社会科学文献出版社所有

皮书俱乐部会员可享受社会科学文献出版社其他相关免费增值服务，有任何疑问，均可与我们联系

联系电话：010-59367227　企业QQ：800045692　邮箱：pishuclub@ssap.cn

欢迎登录社会科学文献出版社官网（www.ssap.com.cn）和中国皮书网（www.pishu.cn）了解更多信息

法律声明

"皮书系列"(含蓝皮书、绿皮书、黄皮书)由社会科学文献出版社最早使用并对外推广,现已成为中国图书市场上流行的品牌,是社会科学文献出版社的品牌图书。社会科学文献出版社拥有该系列图书的专有出版权和网络传播权,其LOGO( )与"经济蓝皮书"、"社会蓝皮书"等皮书名称已在中华人民共和国工商行政管理总局商标局登记注册,社会科学文献出版社合法拥有其商标专用权。

未经社会科学文献出版社的授权和许可,任何复制、模仿或以其他方式侵害"皮书系列"和LOGO( )、"经济蓝皮书"、"社会蓝皮书"等皮书名称商标专用权的行为均属于侵权行为,社会科学文献出版社将采取法律手段追究其法律责任,维护合法权益。

欢迎社会各界人士对侵犯社会科学文献出版社上述权利的违法行为进行举报。电话:010-59367121,电子邮箱:fawubu@ssap.cn。

社会科学文献出版社